小林道憲〈生命《いのち》の哲学〉コレクション 5

複雑系を哲学する

〈生成〉からとらえた〈存在〉と〈認識〉

小林道憲［著］

ミネルヴァ書房

著者の言葉

私は、なにがなしの憂愁の気をたたえながらも命の芽吹きへの感受性を育ててくれる風土に生まれ育ち、人生のほとんどを過ごしてきました。しかし、そういう地にも、時代を追うに従って、現代の情報洪水は否応なく押し寄せてきました。私が現代文明論に関するいくつかの著作を発表していった背後には、そのような時代背景がありました。

その後、この現代を乗り越えるしかたで思索していく中、見出した思想は、〈大地と生命の永遠〉という思想でした。この思想を基軸にして、生命の本質から宇宙の真理にまで及ぶ世界観を、自然、倫理、歴史、芸術、宗教、存在、認識、文明、古代に及ぼし、私は自分なりの哲学を展開してきたのです。私の哲学への歩み、思想の来歴を一言で要約すれば、「現代文明の批判的考察を通して、それを包み越える方向で、生命論的世界観を構築してきた」ということに尽きるでしょう。

今回、この私の思索の来歴を顧みることもかねて、主な著作を集め、分野ごとに整理し、加筆訂正、改稿、未発表の評論や断片も組み入れて、全十巻のコレクションにまとめることができたことを幸いに思っています。文化の低俗化が昂進していく現代、これからも、こころある読者に語りかけていきたいと思っています。

複雑系を哲学する――〈生成〉からとらえた〈存在〉と〈認識〉

目　次

複雑系の哲学
――二十一世紀の科学への哲学入門（一）――

はじめに　複雑系の科学の基礎づけ……3

〔複雑系〕

第一章　複雑系……11

1　相互作用からの自己形成……11
宇宙から生命まで／相互連関と相互作用／全体と部分の相互作用／有機体論と自己組織化理論／カオス理論／複雑系の科学

2　自己形成する世界……24
再帰的循環と自己言及／秩序と無秩序／複雑化とネットワーク／階層化

第二章　複雑系の中の自由……33

目　次

1　非決定性と不可逆性……33
対称性の破れ／偶然性の働き／非決定論的自然／不可逆な自然／自由と創造
2　近代科学批判……44
自然の単純化／相互作用の無視／世界の不完全性と生成
第三章　複雑系の思想……52
1　創造的形成……52
創造的進化／有機体の哲学／ブルーノからニーチェまで
2　モナドロジーの世界……57
弁証法的世界／モナドロジー／華厳の世界
〔相互連関〕
第四章　相互連関……67

1 個体性と出来事……67
個体とは何か／生成する個体／関係性としての個体性／縁起の意味／出来事としての個体性
2 相互連関性……76
相互連関の世界／関係の論理学／矛盾の論理／モナドロジーと華厳

第五章　相互連関の論理

第五章　相互連関の論理……87
1 一と多……87
地球生態系を考える／ライプニッツとホワイトヘッド／一即一切／世界のネットワーク構造／一即多
2 全体と部分……95
物質世界から宇宙まで／東西思想を振り返る／個別の中の全体／小宇宙の中の大宇宙

3　場と個……103
宇宙と物質世界／生命世界と人間社会

〔存在論〕

第六章　存在とは何か……109
1　実体の存在論……109
存在への驚きと存在への問い／存在は多様に語られる／実体とは何か／アリストテレスの動揺／普遍が先か、個物が先か
2　非実体の存在論……118
普遍と個物の相関性／判断式の意味

第七章　存在から関係へ……125
1　相関性と非実体性……125

主語と述語の相関性／実体論から関係論へ／実体は存在しない／『中論』の思想

2 出来事としての存在……131

真理の現成／出来事としての現象／場と出来事

第八章 関係から生成へ……137

1 存在を生成からとらえる……137

生成消滅の世界／生成としての存在／矛盾律の克服

2 生成の思想……141

ヘラクレイトスとパルメニデス／プラトンとアリストテレス／ヘーゲルとニーチェ／ベルクソンとホワイトヘッド／老荘思想と大乗仏教

結語 複雑系の存在論……151

註……153

用語・人名解説……160
あとがき……168

続・複雑系の哲学
――二十一世紀の科学への哲学入門（二）――

まえがき……173

〈認識のモナドロジー〉

第一章　自己形成的世界……177
1　相互作用からの自己形成……177
自己組織化／カオス／複雑系／相成／相互認識／進化

2 近代科学の限界……191
近代科学批判／科学法則とは何か／科学の不安定性と歴史性

第二章 世界内観測と世界内行為……201

1 不確定性原理……201
不確定性原理と相補性原理／観測するものとされるものの非分離／不確定性原理の拡張

2 世界内観測……208
複雑系と世界内観測／内部観測／主客の非分離／参加者としての観測者／世界内観測の論理

3 世界内行為……219
観測と実験／世界内身体／環境の改変／行為と形成

第三章　相互連関性の世界……228
1　関係性としての認識……228
連関の中の色彩／色の恒常性／関係としての知覚／主観客観図式の廃棄／相関性
2　相互連関性……243
相互連関性の世界／パースペクティヴィズム／ライプニッツのモナドロジー／ホワイトヘッドの抱握概念／創造的モナドロジー

〔行為的認識〕

第四章　感覚と知覚……255
1　感覚と行動……255
触覚と聴覚／視覚／視覚と運動感覚／感覚の統合／感覚とは何か
2　知覚と行為……269

探索と知覚／行動の選択／心の働き／行為としての知覚

3　運動する身体……277

身体の運動性／動物の空間知覚／奥行きの知覚と運動／空間知覚と運動する身体／身体の運動性と志向性／生態光学

4　知覚循環……290

知覚システム／行為的認識／運動と時間・空間、そして自己

第五章　意味と思考

第五章　意味と思考……299

1　意味と価値……299

環境の意味と価値／アフォーダンス理論／ギブソン批判／図式と仮説／主体と環境の相関

2　記憶と思考……312

記憶と文脈／記憶と身体行為／行為としての思考／理解とカテゴリー／予期・推理・洞察／主体・思考・環境

第六章　発達と進化……327
1　発達と学習……327
発達／学習／生得的行動と生得概念／進化論的学習
2　進化論的認識論……336
行動による進化／認識の役割／認識の階層的飛躍／認識とは何か
3　道具と認識……347
道具の使用と製作／道具と世界の認識／技術と科学／主体と環境の相互作用
註……356
用語・人名解説……361
あとがき……368

付　論

情報宇宙論覚書……373
新・モナドロジー……387
哲学入門……433
後　記……451

複雑系の哲学

――二十一世紀の科学への哲学入門（一）――

はじめに　複雑系の科学の基礎づけ

複雑系の科学の成立

複雑系の科学が、自然科学の新しいパラダイムとして注目を集め、人文・社会科学をも巻き込んで、科学の新しい潮流を形成し出したのは、およそ一九九〇年頃からだったと言えよう。複雑系の科学は、九〇年代には、二十一世紀の新しい科学の方向を指し示すものとして、広く歓迎された。すでに二十一世紀に入った現在、複雑系の研究は、むしろ、各分野での地道な事例研究に向かい、その地盤固めの段階に入ったと言える。

一九八〇年代の後半以来、急速に新しい研究分野として定着した人工生命研究も、複雑系研究の一つである。そこでは、コンピュータ上に生命現象と類似の挙動を再現することによって、生命の本質を理解しようとする研究が盛んになされてきた。

ラングトン*のセル・オートマトンの研究も、この研究の先駆けであった。コンピュータのディスプレー上に、セルと呼ばれる規則的な格子群をつくり、それらに単純な規則を与えるだけで、時間とともにその状態を更新させていくと、最初の二次元図形はまったく予想できないパターンに変形していく。そのパターンを分類すると、均一な状態に収束する場合、振動し続ける場合、無秩序な振舞いをする場合、複雑な振舞いをする場合に分けられる。このうち、複雑な振舞いをする領域が、増殖、成長、分裂、進化など、生命に似た動きをする。ラングトンは、この領域をカオスの縁《ふち》*と名づけて、数値化するとともに、秩序と無秩序の間にあるカオスの縁で必死に適応進化していこうとするのが生命の本質だという考えを提出した。

このセル・オートマトンの研究をはじめ、ここ十数年の人工生命研究の成果には、目覚ましいものがある。例えば、自己増殖し突然変異する要素群からなる人工生態系では、共進化現象が再現されている。また、捕食者のいる環境で生活している動物群を再現した動物行動進化モデルでは、一見、獲得形質が遺伝するように見える現象も発見されている。

人工生命の世界では、多くの要素の相互作用から新しい形態が創発して、それが生存や成長や進化などの能力を獲得し、生命現象に似た現象が再現される。ここでは、下位要素に局所的な規則を与えただけで、大域的な秩序が創発してくるのである。しかも、階層構造が形成され、上下二重の方向の階層間で相互作用がなされるため、要素の行動も、全体の挙動も、複雑で予測不可能なものとなる。だから、人工生命の全体の挙動は、それを構成する要素の性質には還元できない。

これこそ、複雑系の特徴である。このような特徴は、物質、生命、社会、精神、すべてに見られるから、複雑系の科学のパラダイムは、自然科学ばかりでなく、人文・社会科学にも及ぶことになる。複雑系の科学は、自然科学の方法を、人文・社会科学の方法に近づける役割を果たした。

だが、複雑系の研究そのものは、必ずしも一九九〇年頃から急に始まったというわけでもない。複雑系研究の源泉には、すでに、プリゴジン*などの自己組織化理論があった。例えば、プリゴジンが注目した例に、対流のベナール不安定性がある。この不安定性は、水平な液層の中にできた垂直方向の温度勾配によって起きる。この温度勾配によって、底面から上面に向かう恒久的な熱流束が形づくられる。設定された温度勾配が、ある閾値《いきち》に達すると、流体の定常状態は不安定になり、やがて分子集団の整然とした運動が始まり、対流が発生する。そのとき、系に特有の大きさの六角形の対流細胞（ベナール細胞）が形成される。

このような現象を、プリゴジンは、平衡から遠く離れた状態における自己組織化現象として位置づけた。ここでは、〈ゆらぎ〉が増幅されて、ある臨界値を越えると、自発的に新しい構造が形成される。非平衡状態の開放系では、要素の相互作用から新しい秩序が生成してくるのである。自己組織化理論は、このことに注目し、それまでの要素還元主義的・機械論的自然観を打破した。

複雑系の科学の源泉には、もう一つ、電気学や気象学から発見され、数学でも詳細に開発されてきたカオス理論がある。例えば、気象学者のE・N・ローレンツ*が提示した気象モデルなども、カオス現象の発見の最も早い時期のものであった。太陽熱による大気の対流をモデル化した三変数力学系を数値的に解いて調べると、そこには、周期性がなく不規則に走り回る予測不可能な複雑な振舞いが見られる。ここでは、初期値のわずかな誤差が指数関数的に増大し、結果として大きな相違を生み出す。その差は、初期値が原子の大きさほどしか離れていなくても、結果は、太陽から地球までの距離の約三倍にも拡大する。このことは、蝶が羽ばたいた程度の攪乱でも、大気の運動は巨大な影響を受けることを示している。この〈バタフライ効果〉と名づけられた有名な現象は、気象の正確な予報が実際上不可能であることを示唆している。

〈初期値鋭敏性〉と言われるこのような現象は、気象ばかりでなく、天体、地磁気、電気回路、レーザー、化学反応、流束、生体リズム、生態系、経済過程、神経活動など、物質、生命、社会、精神、あらゆる分野に見ることができる。

このカオス理論と自己組織化理論の総合のもとに、複雑系の科学は成立した。

複雑系の科学の提起するもの

複雑系の科学は、従来の自然科学の世界観に対して、再検討を迫るものを含んでいる。果たして、決定論的法則を打ち立て未来を予測することが、科学の本来の目的なのかどうか。また、自然を要素に分解していくことで、その全体は把握しうるのかどうか。さらに、われわれが観測し、実験し、行為することは、当然、自然の挙動そのものを乱すことになるが、そのことを、自然科学自身、自然の記述に正確に取り入れることができるのかどうか。一般に、従来の自然科学の方法は、自然を全体として正しくつかむ方法なのかどうか。複雑系の科学は、われわれに、このような問題を提起し、従来の自然科学の見方に大きな変更を求めた。それは、近代の自然科学を根底から変革する可能性をもっている。自己形成する自然を把握するには、自然科学自身、自然の見方そのものを覆して、自らの方法を〈分析から綜合へ〉と転換し、変貌していかねばならない。

なるほど、古典物理学は、機械論的自然観のもと、自然の中に決定論的法則を見出すことによって、未来の正確な予測を可能にした。また、それは、対象を要素の集合とみなし、これを要素に還元することによって、対象全体を理解する方法を確立した。しかし、自然には、このような決定論と還元論によっては理解できない現象がある。というより、地殻変動や気候、生命の誕生や成長や進化、生態系の変遷、宇宙の進化など、自然のほとんどの部分は、近代の機械論的自然観では解くことができない。

このような機械論的自然観に対する疑問は、すでに、二十世紀の相対性理論*や量子力学*によって提出されていた。それらは、どれも、自然の記述の中に、観測する者と観測されるものの相関性を読み込み、絶対系の不在や因果律の限界を明らかにした。さらに、その後の自己組織化理論やカオス理論も、開放系理論や要素間相互作用を、その理論の根幹に据えた。実際、自己組織化理論とカオス理論に源泉をもつ複雑系の科学は、この方向を徹底し、新しい生命論的世界観を提出しようとしている。その結果、すでに古典物理学の機械論的世界観は崩壊してしまっていると言わねばならない。

複雑系の科学は、従来の単純な解析方法では歯が立たない複雑な系を扱い、自己自身で自己自身を形成する系を対象としている。だから、複雑系の科学は、物理学や化学ばかりでなく、地質学や気象学、宇宙論など、自然科学の多くの分野で追究していくことができる。また、それは、その解析手段としての数学やコンピュータ科学の発達も促す。そればかりでなく、複雑系の科学は、代謝系や免疫系や脳神経系を擁する生命系の探究にも寄与する。したがって、また、それは、進化論や生態学、環境科学にも有効である。

さらに、複雑系の科学は、社会学や経済学、言語学や心理学など、人文・社会科学にも深い影響を及ぼしつつある。もともと、運命的に複雑な系を対象にせざるをえなかった人文・社会科学は、自分たちが対象とする系が従来の自然科学の方法によってはとらえることができないことを自覚していた。だが、自然科学自身、今までの方法を反省し、変貌してきたとすれば、自然、社会、人文、すべての分野を統一的に記述できる科学を追究しうる可能性が出てきたと言える。そのためには、従来の専門主義の垣根を破って、人文・社会・自然の諸科学の対話の可能性を開き、各分野を総合して、新しい見方を提出する必要がある。

哲学の役割

しかし、諸科学から共通のものを見出し、自然と人間の本質を探究する役割は、本来、哲学の役割であった。もともと、哲学の仕事には、科学の基礎づけという仕事があった。古典物理学の基礎づけはデカルト*やカント*が行なったが、複雑系の科学の哲学的基礎づけは、まだ、十分行なわれているとは言えない。それどころか、複雑系の科学はまだ始まったばかりであり、各種事例の研究が各分野で積み重ねられている段階にすぎない。

もっとも、近代科学の独断への批判は、哲学の立場からは、十八世紀以来、連綿と続けられてもきていた。近代の機械論的世界観では、生命や人間を把握することができなかったからである。長年にわたって続けられてきたこの哲学からの自然科学に対する批判は、近代科学の認識的技術的成果の勢いに押されて、拒否され続けてきたが、それにもかかわらず、哲学は、近代科学の機械論的自然観に対して、〈生きた自然〉を擁護する別の自然観を主張し続けてもきたのである。

だから、〈生きた自然〉をつかもうとしている複雑系の科学の基本思想は、哲学においては、すでに展開されている。近代科学の決定論と還元論では〈生きた自然〉をつかむことができないということに、自然科学者自身が気づいたとしても、哲学の立場から言えば、「自然科学者よ、ようやく気づいたのか」といった感じを拭えない。自然科学は、近代の独断から脱却するのに、三百年以上かかったことになる。とすれば、哲学の立場から言えば、すでに今まで東西の思想で論じられてきた世界観の再評価を交えながら、改めて、複雑系の科学の哲学的基礎づけを行なう以外にない。それは、また、二十一世紀の科学の基礎づけにもなるであろう。

〔複雑系〕

第一章　複雑系

1　相互作用からの自己形成

宇宙から生命まで

われわれの宇宙は膨張しつつあり、その中で、星と星、銀河と銀河など、諸天体は、互いに引き合ったり、衝突したり、合体したり、相互作用しながら、生きもののように、絶えず新しい形態の星や銀河を形成してきた。縦横な相互作用からおのずと自己自身を形成していく中で、宇宙のガスや塵は、超銀河集団や銀河集団、銀河や星団、星や惑星を形成していく。宇宙が、常に分化し、複雑化し、多様化し、階層化しながら、多くの構造を次々と創出し、動的に進化していくのは、宇宙が、それを構成する諸力や物質間の相互作用から自己自身を形成していく生きた系、つまり複雑系だからである。

物質世界でも、粒子と粒子は、互いに衝突したり、他の粒子を交換したりして、不断に相互作用し、休むことなく変化している。物質世界は、粒子と粒子が相互に作用し、互いに変動している相互連関の世界である。この粒子と粒子の相互連関と相互作用から、物質の構造は形成されてくる。例えば、ランダムな運動を繰り返しながら相互作用している電子群に、エネルギーを注入し続けると、ある臨界点を越えたところで、急に整然とした対流状態（プラズマ）を作り出す。原子や分子の形成、さらに分子と分子の化学結合なども、そのような粒子間の相互作用によって行なわれている。固体や液体や気体など、物質の状態形成においても、粒子間の相互作用が働いている。生物を構成する有機物質も、原子や分子の相互作用から形成される。

素粒子、原子核、原子、分子、結晶、すべてが、要素間相互作用から自己自身を形成する複合体である。物質そのものが、それぞれ単独に存在するものではなく、周囲との相互作用によってのみ理解しうるものであり、いつも、まわりと不可分に結びついている。物質世界は活動であり、過程であり、あらゆる事象が相互に連関し合っている動的世界である。一つの事象は、他のすべての事象と連関している。そのような相互連関からおのずと自己自身を形成していくのが、物質そのものの本性である。物質も、ただ単に、そこに静止して、変化もせず、運動もせずに存在するものではなく、常に生成変化し、自己形成していく複雑系として理解しなければならない。

生命世界も、相互作用からおのずと自己自身を形成していく複雑系である。生命世界は、遺伝子、細胞、器官、個体、生態系、どのレベルをとっても、それらは、相互作用から自己の構造や形態を形成していく生きた系である。生命世界における相互作用は、個体と個体の相互作用から、個体と環境の相互作用へと進展していく。生命体は、どのレベルでも、多くの生命体の相互作用によって自己の形態を決定し、さらに、まわりの環境との相互作用を通しても進化していく。それどころか、生命体は、自分でも環境を創造し、それを、また、自己自身の形態形成や進化の条件にしていく。生命体の個体は、どのレベルにあっても、孤立して存在するものではなく、常に他との相互連関の中にある。細胞の分化による形態形成や個体発生も、他の細胞やまわりの環境との相互作用から行なわれている。生命の進化も、種と種、種と環境との相互作用から起きる。地球上での生命の誕生から細胞の成立、単細胞生物から多細胞生物の成立、多細胞生物の進化から生態系の形成に至るまで、生命世界は、複合と分化と階層化を繰り返し、複雑化に向かって進化していく。しかも、それは、生命体間の受動や能動、競争や共存など、相互作用を通して行なわれている。

相互連関と相互作用

複雑系では、各事象は独立して生起することはできず、相互連関の網の目の中から、その都度出現してくる出来事としてのみ生起してくる。しかも、一つの事象の生起は、一つの事象の中に他の事象が浸透することによって生起してくる。事象と事象は、相互に他を含み、相即相入しながら、自己自身を形成していく。ここでは、一は多を映し、部分は全体を映し、個は場を映している。そして、多を映す一、全体を映す部分、場を映す個としての事象同士が、相互に作用し合うことによって、各事象が変化していくとともに、全体も変化していく。そして、その全体の変化に応じて、各事象も変化していく。

一つの事象を要素と言い換えるなら、要素と要素は互いに関係し、要素が変化すれば、関係が変化し、関係が変化すれば、要素自身も変化する。さらに、その要素自身の変化に応じて、関係もまた変化する。そのように、要素と関係が互いに互いを包み込みながら変化することによって、新しい創造は行なわれていく。要素は関係によって規定されると同時に、関係もまた要素に規定され、その相互規定の中から、新しいものが生成してくる。ここでは、要素と要素の間にも差異があり、要素と全体の間にも差異がある。その差異が変動をもたらす。したがって、一つの要素は、自己自身だけで自己を決定することはできず、他との相互連関の中からのみ、自己を決定する以外にない。存在は関係においてのみあるからである。

つまり、要素間相互作用と、その相互作用によって作り出される全体と諸要素の相互作用から、世界の自己形成は起きる。複雑な事象は、このような重畳とした相互作用から生まれてくるのである。実際、マクロの宇宙でも、ミクロの物質世界でも、天体と天体、粒子と粒子は、絶え間なく衝突と崩壊を繰り返し、相互作用しながら、新しい構造や事態を創出している。化学的段階でも、物質と物質は、常に反応し合い、新しい物質を形成し、一つところにとどまってはいない。生命世界でも、生命体と生命体は、競合と協力、攻撃と防御、闘争と共生など、様々な相互作用を行ないながら、互いに変化し、進化していく。昆虫と被子植物のように、複数の種が互いに生存や繁殖に影響を及ぼし合いながら共に進化する共進化現象は、その典型である。

われわれの社会でも、人、物、情報の交換が絶えず行なわれ、取引や交渉、競争や協調など、相互作用やコミュニケーションが絶えずなされて、そこから新しい構造や組織が創発してくる。ここでも、社会を構成する成員は、他の成員との相互作用、さらに、それによって形成される全体との相互作用から、新しいものを創造していく。しかも、ここでの相互作用、特に情報の交換（コミュニケーション）は、社会の新しい構造の創発にとって、大きな役割を果たしている。このような生成する社会の構造をモデルとして考えるとすれば、宇宙でも、物質世界でも、生命世界でも、無数の事象が相互作用している系、つまり複雑系なら、事象と事象は絶えずコミュニケーションをし、情報を交換して、新しい形態を作り出していることになる。

〈相成〉つまり〈相互作用からの自己形成〉、これが生成する世界の本質である。要素と要素、要素と全体の相互作用から、新しい組織や形態が創り出されてくるのが、われわれの生きている世界である。世界は、可能性から現実性へ、絶えず自己自身を創出しながら、瞬時も同じ一つのものであることはない。世界は、川の流れのように、常に新しい。ヘラクレイトス*の言うように、われわれは、絶えず新しい流れの中に立っている。世界は生成変化を繰り返し、生き

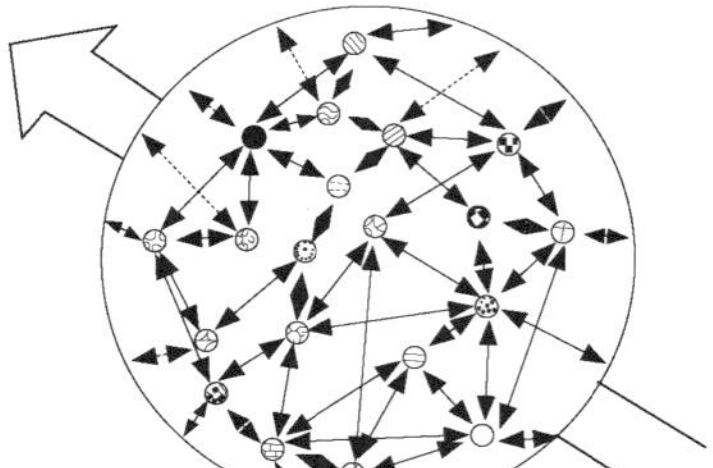

相成の世界

ている。そこには安定したものはなく、あるのは不断の変化だけである。

世界を自然に限るなら、自然は、休むことなく新しいものを生み出し、自分自身を新しく形成してやまない〈生きた自然〉である。それは、〈自然〉という言葉がすでに表わしている。〈自然〉とは、おのずから自己自身を形成するもの、つまり自己組織系なのである。われわれ人間も、そして、われわれが営む社会も、また、この〈生きた自然〉から生み出されてくる。社会も、生きた社会であり、自己組織系であり、複雑系である。

全体と部分の相互作用

複雑系の世界では、各部分は相互に映し合い、相互に作用し合って、常に変動する全体を形作っていく。しかも、その全体の変動に依拠して各部分も変化し、かくて変動はやむことがない。

複雑系においては、いつも、マクロな全体とミクロな部分の間に、秩序形成のフィードバック・ループができる。ここでは、部分と部分の相互作用から全体が形成されるとともに、その全体がまた部分部分に反映し、全体と部分の相互浸透が繰り返されることによって、秩序形成がなされる。全体の中に部分があるとともに、部分の中に全体があって、それぞれ影響し合いながら、世界は形成される。そのため、複雑系では、ごく小さな部分の変化だけで、全体が大きく変わる。ここでは、部分は独立したものではなく、どこまでも全体の中の部分として、全体を読み込みながら、自ら変化していく。逆に、全体から部分だけを切り離して取り出してくると、その振舞いは、全体の中での振舞いとはまるで異なってくる。

われわれの社会がそうであるように、複雑系においては、部分と部分の相互作用から、その総和以上の全体が形成されるとともに、その全体によっても、部分は規定される。と同時に、個人が社会を変革していくことがあるように、部分はまた全体の規定を越えてもいくから、全体は、そのことによっても変動していく。部分は、全体を映し包含するとともに、全体を乗り越える力をもっている。逆説的に言うなら、部分は全体よりも大きいことになる。全体と部分は切り離しがたく結びついているとともに、全体と部分の間には差異があって、部分は絶えず全体を破る可能性をもっている。全体と部分は、対立しながら、相互に限定し合い、生成変化していく。世界の生成は、全体と部分の矛盾葛藤から起きてくるのである。複雑系は、部分と部分が相互に限定し合い、全体と部分も相互に限定し合って、自己自身を形成していく創造的系なのである。

世界は、どの段階をとっても、多様性と関係性からなる複雑系である。多様な諸要素が相互に作用し合って、世界を形成するとともに、その世界が諸要素に映し取られて、世界は変動してやまない。われわれは、このような不断に変化し続ける世界の一部である。世界は、刻々として新たな世界であり、片時も一つところにとどまることはない。世界は、間断なく自己自身を再配置し続ける動的系である。世界は、そこにあるものではなく、絶え間なく生起する事件である。宇宙、物質、生命、社会、あらゆる系の動的形成を探究する複雑系の科学の存在論的根拠も、ここに求められねばならない。存在は生成の軌跡なのである。

有機体論と自己組織化理論

部分と部分の相関性から、部分の総和を越える全体が形成されることを強調して、有機体のあり方を説明しようとする考えは、従来から、システム論一般が持続してきた考えであった。特に、ベルタランフィ*以来の有機体論は、この考えによって、生命、社会、歴史、精神など、あらゆる部門を説明しようとしてきた。[1] ここでは、有機体は、常に環境と相互作用しながら自己形成していくシステムとしてとらえられてきた。しかも、有機体においては、より下位の系がより上位の系に編成されていくことによって、新しい系が形成される。そして、その新しい系には、もとの系にはない特性が現われる。

こうして、システム論は、各要素の相互作用から新しい秩序形成が行なわれるシステムの探究に向かっていった。関係から生成へ、動的平衡*から動的非平衡*へ、システム論の認識範囲は広がっていったのである。

プリゴジンらの自己組織化理論は、動的非平衡下における秩序形成を扱うシステム論であった。非平衡状態の開放系では、要素の相互作用から、新しい形態や構造が生成してくる。この要素間相互作用から新しい秩序が形成される自己組織化現象は、宇宙、物質、生命、社会、精神、すべての領域に見られる。プリゴジンらは、熱力学の新しい解釈によって、このような自己組織化現象を、特に物質界や生命界に見てきた[2]。

自己組織化理論でも、最も重要な概念は〈相互作用〉である。無数の要素が相互作用することによって、自発的に新しい秩序が形成される。ただし、この場合、自己組織化する系は、環境に開かれた開放系であって、しかも、平衡から遠く離れた状態になければならない。つまり、それは、生物の代謝のように、環境との間でエネルギーや物質や情報を交換し、環境と絶えず相互作用していなければならない。このとき、自己組織系は、環境に適応して柔軟に自己自身を作り変え、自己自身を変革していく能力をもつ。と同時に、そのことによって、それは積極的に環境を形成し、創造してもいく。しかも、その創造された環境に応じて、また、その系そのものが変化していく。自己組織系は、環境に対して受動的に適応すると同時に、環境に対して能動的に働きかけ、環境を改変してもいく。自己組織系は、自己の中に環境を受容するとともに、環境の中に自己自身を創造していくのである。内の中に外を入れるとともに、外の中に内を作り出すのである。このような環境と系との相互作用の中から、新しい秩序が形成されてくる。

プリゴジンは、このような自己組織系を〈散逸構造〉(dissipative structure)と呼んだ。〈散逸構造〉では、絶えず、外部からエネルギーが流入するとともに、外部へエネルギーが消失する。〈散逸構造〉つまり〈平衡から遠く離れた開放系〉では、要素間にフィードバックを伴った相互作用が起こり、ある段階に達すると、新しい組織が自発的に形成される。このような現象を、プリゴジンは、〈ゆらぎからの秩序〉という概念によって把握した。相互作用する非平衡状態にあっては、全体の規則性から逸脱する不安定な〈ゆらぎ〉が増幅し、ある臨界点を越えると、高次の秩序への飛躍が起き、新しい意味が創出される。この自発的秩序形成や自律的形態形成は、〈創発〉(emergence)という概念でとらえられる。〈創発〉とは、諸要素の相互作用から、諸要素の総和以上の新しい構造や形態が出現することである。そこでは、下位レベルの要素間相互作用から、より上位の秩序が生成する。

プラズマの発生、対流のパターン形成*、結晶の生成、粘菌の移動*、都市の発生、技術革新など、相転移現象は、そのような創発現象である。相転移とは、水が氷になったり、水蒸気が水になったりするように、気体、液体、固体など、物質の多様な相が、温度や圧力の変化によって、別の相に急激に変化することをいう。ここでは、無秩序から秩序が自動的に形成されるから、熱力学第二法則に反して、エントロピー*（乱雑さの度合い）は常に減少することになる。つまり、閉鎖系の不可逆変化では、熱力学第二法則に従って、エントロピーは常に増大するが、開放系の非平衡状態では、エントロピーは減り、秩序が生成する。化学反応、気象の変動、地球の内部や大気圏に生じる対流、大陸の移動、物質からの生命の誕生、生命の進化、社会の変動、脳の進化や精神の発達など、どれも、このような創発現象を伴う自己組織化過程としてとらえることができる。ここでは、〈ある〉ことは〈なる〉ことであり、存在は生成に還元される。

市場経済なども、自己組織系である。市場経済の担い手である多数の主体は、必ずしも、世界に関する全情報に基づいて行動する合理的主体でも、中央にコントロールされたロボットでもない。それらは、むしろ、互いの利益を目指して取引し、相互作用しているだけなのだが、そこから、自然に市場経済の秩序が生まれてくる。しかも、それは動的秩序であって、均衡するとは限らない。市場経済をはじめ、一般に、社会は、相互に依存した多くの主体の相互作用から、その総和以上の秩序を自発的に生み出す自己組織系である。

自己組織系は、また、多くの要素が共振しつつ相乗的に変化する非線形系*である。自己組織系を構成する要素は、相関的にのみ発現し、自立的実体として存在するものではない。この要素と要素の相関性と連動から、緊密な非線形相互作用が起き、新しい秩序が形成される。ここでは、小さな要素のわずかな〈ゆらぎ〉でも、他の要素との連動によって増幅され、全体として大きな変動が現出する。しかも、その全体の変動が、また、要素同士の相互作用に影響を与え、かくて、常に変動していく。非線形相互作用においては、部分が部分の中に入り込み、全体が部分の中に入り込み、それぞれ緊密に絡み合っているから、その過程を各要素に分解することはできない。そのため、非線形相互作用においては、小さな部分のわずかな変化が、全体の大きな変化を呼び起こし、新しい組織や形態を自動的に生み出す。

相互触媒作用によって新しい物質が生産される化学反応なども、非線形相互作用による自己組織化現象である。ここでは、諸分子が互いに触媒となり、他の多くの同類の分子を集め、相互作用を活性化させる。そして、ある臨界点に達すると、多様な分子が集合して、新しい物質ができる。結晶の生成や生命の誕生も、相互触媒作用による。単細胞生物の誕生、多細胞生物の形成、生物の進化、昆虫の巣作りなどに見られる創発現象も、どれも非線形相互作用による自己触媒現象である。世界は単に存在するのではなく、絶えず生成していくのである。

カオス理論

カオス理論も、多くの構成要素の非線形相互作用から生じる大規模な複雑さをとらえている。おびただしい数の要素が互いに依存し合って相互作用している系では、初期条件に極くわずかな誤差があっても、それは要素間相互作用を通して指数関数的に増幅され、結果として、全く予測のできない巨大な変動がもたらされる。ここでは、初期値のわずかな不確定性や偶然が、未来の予測できないカオスを生み出してしまう。このカオスの〈初期値鋭敏性〉は、決定論的法則の中にも不規則性や不安定性が内在していることを明らかにした。このような非線形相互作用では、未来の結果を予測するには、初期状態を無限に精密に測定しなければならないことになるから、初期条件によっては結果を予測することができない。

もっとも、カオス現象の中には、不安定性や非周期性ばかりでなく、軌道が一定方向に収束する安定性や、軌道が規則的に周期を描く周期性が生じることもある。だが、それでもなお、突如として非周期的で不規則な軌道に転ずることもあるから、カオスは複雑である。カオス現象には、収束、振動、回帰、分岐、分散、無秩序化など、様々な形態がある。このような非線形現象は、部分と全体、ミクロとマクロが不可分に絡み合った複雑な構造から起きてくるのだが、しかし、これはまれな現象ではなく、自然や社会のどこにでも見られる現象である。むしろ、自然や社会のほとんどは、カオスによって成り立っているとみなければならない。

天体も、カオスによって成り立っている。そこでは、太陽系の惑星運動のように、安定な周期性をもつ場合もあるが、摂動が次第に大きくなってくると、その周期運動は崩れて、軌道は不安定になる。そして、さらに摂動が大きくなると、カオスが生じる。例えば、三つの天体が互いに引力を及ぼし合っている場合の軌道の厳密解は、解析的には求めることができない。このいわゆる三体問題は、ニュートン力学に基づいた決定論的方程式の中に決定不可能性が含まれていることを明らかにするとともに、天体運動が計算可能な時計仕掛けの運動ではないことを指摘したものである。これは、天体におけるカオス現象の最も早い発見であった。一般に、小惑星や惑星、星や銀河などの多体間相互作用は、互いの相互連関によって動き、カオス的な軌道を描く。それは、基本的に非線形運動であり、そこには、典型的な初期値鋭敏性が見られる。

もともと、この宇宙そのものがカオスなのであろう。たとえ、この宇宙が決定論的法則によって支配されていたとしても、その中には、必ず非決定論的要素が含まれる。ここでは、初期条件のわずかな違いが増幅されて、その進化や変動は、川の流れや大気のように、予測できない巨大な変化に成長する。超銀河構造や銀河、星や惑星の誕生なども、このようなカオス現象として理解することができる。今日の宇宙論も、非線形、非決定を前提するカオス理論によって作り変えられねばならないであろう。

乱流も、カオス現象の一つである。水の流れなど、流体は、その流量が増すに従って、周期的な流れから不規則な流れへと変化する。この複雑で規則性のない流れを、乱流という。そこでは、流体の各小部分が不規則に交じり合い、非線形的に相互作用することによって、その速度や圧力が複雑かつ不規則に変化する。地球の大気も、多くの変数が絡み合ってできる乱流である。百万年ほどの単位で起きる地磁気の反転現象も、地球内部の電荷をもったマントルの対流が、時間発展とともにカオスを起こすためであろう。宇宙も、おそらく、このような乱流によって形成されていくのであろう。

人間が営む経済現象にも、カオスが見られる。流体と同じく、経済にも、収束や均衡ばかりでなく、周期や循環、無秩序など、多様なパターンがある。ブライアン・アーサー*が指摘した製品の使用に伴う収穫逓増現象も、カオスの一種としてとらえられる。この場合の収穫逓増とは、一定の製品や技術が必ずしも技術的にすぐれていなくても、偶然の原因や条件によって雪だるま式に普及し定着するような現象である。ここでも、初期条件や順序にわずかの違いがあるだけで、その先の発展の様子が全く違う現象、履歴現象が見られる。ここには、「隣の人がその製品を買っているから、私も買う」という消費者同士の相互作用や、「他の製品との組み合わせが便利がよい」というような製品同士の相互作用が働いている。これは、非線形相互作用の一種である。経済も、必ずしも収束や均衡に向かうとは限らないのである。[3]

複雑系の科学

複雑系の科学は、このカオス理論と自己組織化理論の総合によって成り立ち、世界の相互連関性と形成の過程を把握しようとするものである。

特に、複雑系の科学の発見のうち、〈カオスの縁〉の発見は、その目覚ましいものの一つであろう。カオスの縁、つまり混沌と秩序の狭間《はざま》にあるとき、秩序と無秩序は均衡し、安定性と流動性が最もよく混交した状態にある。それは、極端な秩序状態に固定されてもいないし、極端な無秩序状態に分解してもいない。カオスの縁で、自然は、盛んな自己形成能力を発揮し、豊かな形態を作り続けていく。あまりにも極端な秩序状態にはまり込みすぎると、環境に適応する柔軟性が失われ、硬直化と画一化が支配することになる。しかし、逆に、あまりにも無秩序状態にはまり込みすぎても、環境に対する適応能力が失われ、新しい秩序が作り出せない。カオスの縁にあるとき、事態は柔軟な適応力をもち、流動的な変化を見せる。カオスの縁こそ、新しい秩序が創発する場であり、進化や変革が進展する場である。宇宙の自己形成、物質の相転移、生命の誕生と進化、社会の変動、心の形成と発達、どれをとっても、世界は、秩序と無秩序の狭間で、両者のバランスを取りながら、自己自身を形成していく。

カオスの縁では、系は、内外の環境の変化に合わせて、自律的に自分自身を変え、新しい環境に適応した新しい秩序を自発的に創造する。このような能力をもつ系は、特に〈複雑適応系〉と名付けられた。柔軟に自分自身の構造を組み換えていく遺伝子集合、共進化する生物群、自己調節する生態系、常に変化していく経済や社会などは、カオスの縁に向かって進化する複雑適応系である。われわれの宇宙も、混沌と秩序の中間領域にあって進化していく複雑適応系とみることもできる。

混沌と秩序の間の均衡状態を保つためには、創造作用とともに、逆説的ではあるが、絶滅現象が必要である。実際、休むことなく進化し新しいものを生み出していく複雑系は、絶えず、絶滅の雪崩現象を引き起こしている。その絶滅の規模と頻度は、小さい規模のものは頻繁にあり、大きい規模のものはまれにあるという一定の法則に基づいている。地球上の生物の進化でも、約五億三千万年前のカンブリア紀の進化の爆発後、小規模な絶滅を繰り返しながら、五回ほどの大絶滅現象を経験し、その度ごとに生物相を大きく変化させてきた。絶滅した種にのみ注目すれば、地球上に存在した生物種の九九パーセント以上にのぼると言われている。新しい種が誕生するためには、古い種が滅びる必要があり、進化のためには、絶滅が必要だということになる。

この生物進化における絶滅と進化の繰り返しは、経済や技術で言えば、シュンペーター*が主張した〈創造的破壊現象〉に当たる。経済や技術においても、大小の雪崩のような破壊が、新しい技術革新の前提になっている。実際、新しい技術が開発されると、それに連関した技術や製品が次々と開発され、旧来の技術が急激に絶滅していくことがある。経済や技術も、多数の要素の相互作用から古いものを捨てて新しいものを創発していく複雑系なのである。

複雑系は、多様な要素の相互作用から多様な形態を創発する創発特性をもつ。それは、絶えず予想外の新しいものを生み出す無限の創造体なのである。したがって、複雑系には、永続する実体と言えるものは存在しない。複雑系科学の存在論は、状態を多対多の関係からとらえる非実体論でなければならない。自己組織化理論やカオス理論、その総合としての複雑系理論の存在論的パラダイムは、〈関係からの生成〉、より正確には〈相互連関からの自己形成〉というところにある。複雑系の科学は〈相成〉の科学なのである。

2　自己形成する世界

再帰的循環と自己言及

複雑系には、自己の作用が自己自身へと回帰してくる再帰的循環過程が見られる。ここでは、部分の振舞いによって、全体が形成されるとともに、形成された全体によって、部分もまた形成されていく。ここには、秩序形成に伴う円環構造が見られる。部分の振舞いは、この円環を通って増幅され、さらに部分自身へと帰ってきて、部分自身の変化を促す。このような循環によって成り立つ連鎖のもとでは、結果が原因に回帰するから、何が原因で何が結果かは、明確には確定することができない。ものごとの連続的な産出は、多くの場合、このような再帰的循環の繰り返しによってなされている。

スチュアート・カウフマン*の提唱した集合的自己触媒作用も、この再帰的循環過程の反復によって行なわれる。カウフマンは、古代ギリシアのアナクシマンドロス*のように、宇宙や生命の生成を、ある程度の多様性をもった無限定な原初の混沌状態から、諸要素の集合的自己触媒によって、多様なものが自発的に創発する過程としてとらえた。そこには、自己強化的な循環機構と再帰的な反応過程が見られる(4)。

地球上の生命も集合的自己触媒系であり、自律的な反応ネットワークによって成り立っている。生命は、おそらく、核酸やタンパク質の集合的自己触媒作用によって誕生したのであろう。そのように考える方が、多様なものを生み出しながら自己自身を再生産する能力をもった生命の誕生がよく理解できる。そこには、反応で生成される分子集合が反応自体を触媒する自己触媒的な再帰的循環が見られる。以前に、ＲＮＡ（リボ核酸）の自己触媒的増殖によって生命が発生したという考え（ＲＮＡワールド説）があったが、それだけでは、生命の誕生を十分説明したことにはならない。ＲＮＡワールド説では、そこからＲＮＡ以外のものが生成してくることが必ずしも解けないからである。生命誕生以前の地球上の原始の海にも、ある程度の複雑さが最初から発生し、それらの相互触媒作用から生命が誕生したと考えるべきであろう。

この再帰的循環過程には、自己言及的サイクルが見られる。自己言及的サイクルのもとでは、自己は自己自身に関係するとともに、そのことによって他者と関係し、他者と関係することによって、自己と関係する。自己と他者を、自己と環境と言い換えるなら、この自己言及的過程では、自己が環境に働きかけることによって、逆に環境から働きかけられるという循環が成り立っている。自己と環境の相互作用が、繰り返し自己自身の生成過程に組み込まれ、自己は休むことなく変化していく。

しかも、そのような無限級数的な循環を、自己は、自己自身で、自己自身の境界を決定することによって作ることができる。自己が環境との間につくる境界は、自己と環境を区別すると同時に、自己と環境を相互に浸透させる境界ともなる。境界は、自己と環境との同一性と差異性との矛盾を統合している。その意味で、自己は、境界を通して、環境に対して開かれているとともに閉じており、閉じているとともに開かれている。細胞膜を通して物質やエネルギーや情報の代謝を行ない、自己自身の維持を図っている細胞のように、自己は、境界を通して、自己を開放するとともに閉鎖し、閉鎖するとともに開放している。境界は、自己と環境を分離するとともに、結合するのである。自己は、自己と他者を区別することによって自己同一性を保つが、その自己同一性は、同時に、他者との同一性なくしては成り立たない。自己は、同一性と差異性との同一性によって成り立つのである。

　このようにして、自己言及的循環のもとで、自己自身の行為が巡り巡って自己自身に帰ってきたとき、自己はそれだけ一歩前へ前進する。このとき、自己は、自己の中に自己を位置づけ、そこからまた新たな自己を生み出す。自己には、単なる再帰性や循環性だけでなく、未来への成長がある。自己は連続しているとともに、連続していない。自己は、日に日に生起している。自己は、絶えず自己自身を更新し、自己超出していく運動である。

　自己は、そこに静止して存在するものではなく、ダイナミックに自己自身を形成していく。自己は、差異性における同一性である。自己は変化しながら、同時に自己である。自己は、自己の中から自己でない自己を生み出し、それを自己に連結し、こうして自己は自己を乗り越えていく。自己は、自己であって自己でない。それが、自己を、生成変化する自己として、自己形成していく自己として把握したときの論理である。

　その意味では、この生成の論理は、形式論理を越えている。生成は、形式論理の矛盾律や同一律を越える動きである。自己形成する世界は、自分で自分を変化させていくから、それは、自己を要素として含む集合として記述されねばならない。とすると、形式論理から言えば、自己言及のパラドックスが起き、矛盾や循環に陥ってしまう。つまり、「私の言うことはすべて嘘だ」というような命題に現われているように、自己破壊や無限背進に陥ってしまう。ここでは、その命題の真偽が限りなく確定しない。しかし、自己形成を理解するには、この矛盾や循環を排除してしまうことはできない。形式論理からはどんなに矛盾や循環に見えようとも、自己形成する世界を表現するには、矛盾や循環をもってする以外にない。生成のためには、逆説的な自己言及が必要である。世界は、運動しつつ自己自身に立ち返ってくる運動であり、循環しつつ高次化していく複合螺旋運動である。それは、本来動くものを静止的に見ようとする形式論理ではつかむことができない。形式論理は静の論理であって、むしろ、その静の論理が自己矛盾によって崩れていくことを通して、動の論理が起きてくるのである。

　マトゥラーナ*やヴァレラ*のオートポイエーシス理論は、このような自己形成する世界の自己言及的側面に特に注目した。オートポイエーシス・システムは、自己自身の要素を自己自身で産出し、そこからまた自己自身を産出する系をいう。ここでは、産出と産物が一致する。産物でありながら、同時に、それは産出するものである。それは、自ら作動する領域を自分自身で産出し、境界を自己自身で定義し、自己自身を再産出していく。自然を連続的に産出し続ける自律的システムとしてとらえるのが、オートポイエーシス理論である。(5)

このオートポイエーシスは、結晶の生成、生命の誕生につながる化学進化、遺伝子の自己複製、細胞の自己増殖、免疫系や神経系の形成、生態系や大気の循環、社会における流行現象やコミュニケーションの生成などに見られる。特に、これらの過程で見られる自己触媒反応は注目される。その過程では、ある一つのものが同じものを作り出し、それが互いに触媒として働き合って、自己増殖が行なわれる。オートポイエーシス・システムは、産出が産出を呼び込む自己言及的システムの典型である。自然や社会の重要な局面として、このような自己言及という現象が見られることは確かである。

秩序と無秩序

複雑系の世界では、無秩序から秩序が自発的に形成される。無秩序は秩序の対極にあるが、同時に、秩序を創造する契機でもある。秩序の中には、いつも無秩序が含まれる。その無秩序は、秩序を解体するが、しかし、同時に、そこから新しい秩序が形成される。無秩序は、破壊力と創造力をもっている。秩序の中に無秩序があり、無秩序の中に秩序があることによって、無限の創造的世界は形成される。

秩序とは、多くの事象が有機的に組み込まれて統一ある状態に保たれていることを意味する。そこでは、多くの事象が規則正しく作動しており、安定した平衡を維持している。それに対して、無秩序とは、多くの事象が散乱した状態を指す。そこでは、不安定と不統一が支配している。無秩序状態には、諸事象を制御する規則はなく、ものごとの成り行きは偶然と恣意に任されている。このように、秩序と無秩序は相反する状態を意味するが、しかし、秩序の中にもいくらかの無秩序が宿り、無秩序の中にも秩序の萌芽が潜んでいる。この相反するものの相入によって、新しい創造が起きる。どのレベルにあっても、この世界が生成してやまないのはそのことによる。

この生成してやまない世界のうち、特に、無秩序から秩序が生成してくる面を強調したのが、自己組織化理論であった。自己組織化理論は、〈混沌からの秩序〉を標語に、無秩序が新しい構造や形態を自発的に形成していくことに注目した。つまり、平衡から遠く離れた系においては、秩序の中にも、その秩序に反する〈ゆらぎ〉があり、その〈ゆらぎ〉が増幅されて、ある臨界点を越えると、一つの秩序は崩壊し、急激に新しい秩序形成に向かう。自己組織化理論は、このような現象に注目して、世界の自己形成の構造を解こうとしたのである。それに対して、カオス理論は、むしろ〈秩序からの混沌〉を強調する。つまり、決定論的法則の初期条件のわずかな誤差が増幅されて、予測できない大域的混乱が生じる現象をとらえた。自己組織化理論は〈混沌からの秩序〉に着目し、カオス理論は〈秩序からの混沌〉に着目し、どれも、生成する世界のそれぞれの断面をとらえたと言える。

自己組織化理論とカオス理論を総合する複雑系の科学は、秩序と無秩序の相関に関しても、両者の考えを総合した。そして、〈カオスの縁〉という概念を提出し、常に自己形成していく世界を把握しようとしたのである。

複雑系の科学は創発の科学である。世界は、無数の要素の相互作用から自律的に新しい秩序を創発する。雪の結晶の形成、水の氷結と沸騰など、相転移現象は、自然の創発現象の最も顕著な様相である。生命の誕生から、真核生物*の発生、多細胞生物への進化なども、相転移現象である。カンブリア紀の進化の大爆発なども、ある臨界点を越えると突如として相転移が生じ、新しい秩序が創発することを示している。宇宙も、超銀河構造や銀河、星や惑星の形成など、相転移によって進化してきた。自然は飛躍するのである。

もしも、秩序を形相と言い換え、混沌を質料と言い換えるなら、混沌の中にこそ秩序はあるのだから、形相はむしろ質料に内在し、質料から出現してくるものだと言わねばならない。アリストテレス*は、形相に向かって生成する質料を考えることによって、その目的論的世界観を提示した。しかし、この形相は、質料の外にある外在的目的ではなく、質料の中に潜在する内在的目的と考えるべきであろう。形相は、質料の無限の形成過程に現われる一断面であり、質料から自成的に創発してくる秩序である。存在は生成の一瞬一瞬の断面であり、決して静止してはいない。今、ここに咲く一輪のユリの花も、静止した形相ではなく、それを構成する無数の要素の離合集散の一瞬の軌跡なのである。ヘラクレイトスは、世界を絶えず変化し永遠に生成していく不断の流れとして理解したが、同時に、そこにロゴス（秩序）が生成してくることも語っていた。(6) 自然は、生成変化の過程で自ら秩序を生み出す。ヘラクレイトスは、すでに自然の創発性と相転移について認識していたのだと言わねばならない。

世界の創世神話でも、世界は原初的無秩序から生成してきたものと考えられている。天と地、陰と陽がまだ分かれていない混沌とした状態から、凝《かたま》りが生じ、世界が形成されてきたという。これは、〈混沌からの秩序〉あるいは〈創発〉という概念の神話的表現であったと言えよう。そして、それは、後の老子やアナクシマンドロスの思想にも受け継がれていった考えであった。

複雑化とネットワーク

混沌から秩序が形成され、その秩序の中の混沌からまた新しい秩序が形成されてくるとすれば、この世界は、常に複雑化に向かって自己形成してきたことになる。

複雑化の過程には、〈複合〉と〈分化〉の相反する二方向がある。そのうち、複合の方は、多から一への方向であり、異質なもの同士が共生または合体して、新しい性質や機能を作り出す方向である。それは、新しい統合や融合をもたらし、新しい連関性を創発する。それは、天体の合体や化学反応など、宇宙や物質世界に見られる。また、原核生物*

の内部共生による真核生物の発生なども、生命世界に見られる複合による複雑化である。生態学で観察される諸生物の共生関係も、この種の複雑化である。われわれの社会でも、国家の統一や会社の統合など、複合の例は数多く見られる。

他方、この世界は、分化によっても複雑化していく。分化とは、一から多への方向であり、差異性の増大である。差異性の増大によって、機能分化、つまり分業が成立するとともに、様々な形態分化が起きる。世界は、分化によっても、複雑化していく。われわれの宇宙も、超銀河構造が分化して銀河構造が現われ、銀河構造が分化して星が現われ、長い時間の経過とともに段階的に複雑化してきた。それは、ちょうど、一個の受精卵が分化して、多種多様な器官を作り、一個の個体に成長するのに似ている。生物の進化も、複合や共生による進化ばかりでなく、各々の種が分化していくことによっても起きる。人間の社会や技術の進歩も、同様である。ここには、新しい型や構造が現われると、それが多種多様な方向に劇的に分化していく現象が見られる。

進化は複雑化である。複合にしても、分化にしても、どれも進化をもたらす。その意味では、宇宙も、物質も、生命も、社会も、進化する。この世界は、複雑化に向かって、不可逆的に進化してきたのである。

複合や分化によって生成してきた新しい事象は、また、相互につながり作用し合いながら、ネットワークを形成する。それらは、あらゆるものの連関の中から生起し、相互連関の網の目を作る。この相互連関のネットワークの中では、各事象は、そのネットワークを通して変動していく。そこでは、一つの事象の中に他のすべての事象が参加しているから、自己と他者も分離することができない。だが、それゆえにこそ、この相互に浸透する諸事象のネットワークは柔軟性をもつ。諸事象は、ネットワークを形成することによって、自己自身を維持するとともに、環境の変動に対して内部状態を変え、柔軟に適応していく。このネットワークの中の相互作用から、新しい飛躍は起きてくる。ここでは、一の中に多が含まれるから、ネットワークの中に新しい変異が生じたり、外の環境から突然の変異を受けた場合には、わずかな変異でも、相互連関の網の目を通って増幅され、新しい秩序が形成される。そして、それが、新しいネットワークに成長する。生命や社会が可塑性をもっているのは、そのことによる。

宇宙や物質も、自己形成する諸事象のネットワークによって成り立っている。銀河と銀河、星と星、粒子と粒子は、それぞれ自立した実在ではなく、相互作用のネットワークの部分として、生成変化していく。化学変化も、様々な物質ネットワークによって起き、生命も、そこから誕生してきた。遺伝子も、細胞内小器官も、細胞も、複雑なネットワークを形成し、そこから一個の生命体を生み出す。さらに、その生命体も、様々な物質循環の化学的ネットワークによって形成され、動物の場合には、循環器系や内分泌系、免疫系や神経系などの高度なネットワークによって維持されている。生態系における種同士のネットワークにしても、人間社会における様々な関係のネットワークにしても、この世界は、相互連関性のネットワークによって形成されている。そして、そこにおける相互作用と飛躍から、新しい複雑化が起きてくるのである。世界は、常に動くネットワーク構造によって成り立っている。

世界は、相互に結合した事象と事象の相互連関によって形成される動的ネットワークである。ここでは、個と個は分かち難く結びついている。そのような相互連関の場で、個と個は相互作用を行ないながら、場を読み込み、それに合わせて、その働きや性質や表現を変えていく。個は、ネットワークの連結点として立ち現われ、場に応じて変化していく関係項である。そのことによって、個と個は、また、新しいネットワークを形成していくのである。

階層化

世界が階層性をもつのも、そのことによる。ネットワークが、次々と新しいネットワークを創発し、それを積み重ねていくことによって、階層分化が生じ、それに応じて機能分化も生まれる。

世界は、入れ子構造になっている。つまり、より大きな系の中に、より小さな系が存在し、そのより小さな系の中に、さらに小さな系が存在する。そのことによって、世界は自己を維持するとともに、柔軟に変化していく。しかし、この存在の階層は、決して静的なものではなく、世界の生成過程として、動的にとらえねばならない。世界は、上から下へ、あるいは下から上へ、複合と分化を通して、様々なレベルの階層を形成し、変動し続けていく。しかも、上位の階層は、下位の階層を土台として、これを放棄することなく、新しい階層を次々と形成していく。上位の階層には、下位の階層にはない新しい特性が発現するから、上位の階層を下位の階層に還元してしまうことはできない。世界は、相互作用を繰り返し、幾重もの階層を形成しながら、より複雑な方向に生成発展してきたのである。

宇宙も、超銀河集団、銀河集団、銀河、星団、星、惑星と、階層構造を形成し、物質世界も、クォーク、素粒子、原子核、原子、分子、高分子、結晶と、階層構造を作り、常に自己形成してきた。生命世界も、遺伝子、細胞内器官、細胞、組織、器官、個体、生態系と、階層構造を作り、人間社会も、個人、家族、血縁、地縁、地域共同体、利益共同体、国家、国際社会と、階層構造を形成し、変動してやまない。自然も、社会も、この世界は、次々と階層構造を形成しながら、自己形成していく。

存在するとは、このような世界の自己形成の一瞬の軌跡に参加することなのである。このことを理解するには、存在を関係に、関係を生成に還元する哲学が必要である。

第二章　複雑系の中の自由

1　非決定性と不可逆性

対称性の破れ

鏡に物を映したときのように、自然は対称性をもっており、対称性のある法則によって支配されているという考えは、古典物理学から現代物理学に至るまで、自然科学の基本的思考であった。素粒子の分類においても、基本的な対称性が常に求められていた。しかし、自然が対称性をもつという考えは、自然を、生成ではなく存在として、動的なものではなく静的なものとして眺めようとする傾向をもつ知性の産物である。

自然は、むしろ、自発的な対称性の破れによって、自己自身を形成してきた。たとえ、法則そのものが対称性をもっていたとしても、その実現においては、対称性は破られねばならない。もともと、われわれの宇宙そのものが、物質と反物質*の対称性の破れから形成されてきたと言われる。われわれの宇宙は、膨張開始直後において、物質の方が反物質に比べて少しだけ寿命が長かったために、対称性が破れ、物質だけの宇宙が形成されたという。われわれの宇宙は、物質によってのみ構成されており、反物質は、実験室でまれに作り出されるだけである。ここには、極端な非対称性が見られる。宇宙の進化過程でも、宇宙は、一定方向への対称性の破れによって、様々な自己形成を行なってきた。

自己組織化理論が記述する自然現象においても、平衡から遠く離れた条件下では、対称性を破る不安定性が現われる。そこでは、系内部に生じた小さな〈ゆらぎ〉が、非平衡下の相互作用によって増幅され、ある時点で、どちらの方向に進めばよいか分からなくなる分岐点に差しかかる。そのとき、偶然が働いて、対称性が破れ、一定方向への自己増殖的な自己形成（相転移）が起き、全体構造が一変する。自発的な対称性の破れは、新しい構造や形態を形成する上で、重要な役割を果たしている。

世界は、対称性が破れていくことから、無限の分岐が起き、より複雑化してきた。非平衡状態では、ある段階で安定状態が崩れ、多くの分岐が生じる。分岐現象の多くは、対称性の自発的破れを伴っている。だから、この世界は、対称性をもった単一の基本原理には還元することができない。自然は、まるで一つの意志をもっているかのように、一定方向に自己自身を形成する傾向性に支配されてきたのである。自然にはいつも傾きがある。

このような対称性の破れと分岐現象は、宇宙創成時の力の分岐、素粒子の対称性の破れ、物質の状態変化や相転移、細胞分化、生物の成長や進化、技術革新など、宇宙から社会まで、すべての領域で見られる。宇宙にしても、物質世界にしても、生命世界にしても、人間社会にしても、その形成過程には、いつも〈ゆらぎ〉があり、どちらの方向に進んでいけばよいのか迷っていることがある。そのような迷いの中で、どちらか一方を選択することによって、世界は一変するのである。

もしも、行為という言葉によって、人間の意図的行為ばかりでなく、自然の運動や作用なども含めて考えることが許されるなら、宇宙、物質、生命、社会、どこでも、二者択一する行為が、世界を限定し、世界の形成を起こしていると言える。行為するということは、対称性を破ることであり、選択である。そして、それが世界の新しさを創造する。世界への行為の投げ出しが、世界を形成していく。世界は生成する。しかも、生成するということは、行為することである。〈ある〉ことは〈なる〉ことであり、〈なる〉ことは〈なす〉ことなのである。世界は、必ずしも、不変・不動の法則によって支配されているのではない。

偶然性の働き

世界が対称性の破れによって自己自身を形成し、しかも、それが、その時々の行為の選択によるとすれば、そこでの偶然性の果たす役割は大きい。宇宙や物質、生命や社会、どれをとっても、その生成変化は、それを構成する諸要素の偶然の出会いから起きる。偶然の出会いが、多くの分岐点をつくり、複雑性を作り出していく。世界は、偶然から作り出される即興劇である。宇宙から社会まで、思いもかけないことが次々と起き、多くの偶然が重なって、一つの流れが作られる。ほんのちょっとした事件をきっかけとして、予想をはるかに超えた巨大な事件が生起する。偶然は、人生同様、世界の運命を左右している。

自己組織化理論でも、系内部の〈ゆらぎ〉や、それが成長して形成されてきた分岐点では、偶然性が働く。自己組織系の分岐点においては、系の次の状態を、決定論的法則によってあらかじめ予測することができない。むしろ、偶然の相互作用が、一方向への選択を決断させる。偶然が決断を促し、迷っている系を、新しい方向へと突き動かしていくのである。カオス理論でも、それが把握する系では、たとえ方程式が決定論的に記述されていても、初期条件のわずかな誤差という偶然が、結果の巨大な変動をもたらす。最初の極めて小さな原因が、無視できない大きな差異を生む。そこでは、必然性の中に偶然性が含まれている。確かに、古典力学や相対性理論は、決定論的法則のもと、偶然性を排除し、無視しようとしてきた。しかし、それは世界の理想化にすぎず、現実の世界を記述するものではない。

相互連関から自己形成してやまない現実の世界は複雑系であり、偶然に満ちている。そして、その偶然が、世界の形成の方向を左右している。

もともと、この宇宙の誕生そのものが、反物質に対する物質の寿命のわずかのズレという偶然から出発していた。また、生命の誕生においても、化学進化の途上、たまたま右巻のRNAが誕生し、それが急激に自己増殖したために、この地球上には、右巻の螺旋配列をもった遺伝子からなる生命しか生まれなかった。さらに、アフリカ大陸で、樹の上に住んでいた類人猿が、たまたま草原に降りてきて、道具を作ったことから、人類社会は形成されてきた。いつも、原初は偶然によって開始される。

天体と天体の出会い、素粒子と素粒子の出会い、分子と分子の出会い、生命体と生命体の出会い、人と人との出会い、どれも偶然に依存している。世界は、偶然の出会いから一つの方向を定め、もはや歴史的に逆戻りのできないものにまで拡大してしまう。人間の歴史ばかりでなく、宇宙や物質、生命の形成や進化そのものが、常に偶然によって左右されている。確かに、宇宙の誕生から生命の発生まで、その生成は必然であったかも知れないが、そこには、また、多くの偶然が含まれるのである。

今ここに咲く一輪のユリの花も、一つの出来事であって、今ここにそのような形をもって存在する決定論的必然性が、必ずしもあるわけではないのである。

非決定論的自然

自己形成する世界の至るところで、偶然が大きな働きをしているとすれば、この世界は非決定論的に動いているのだと言わねばならない。

なるほど、古典力学は、一つの系の振舞いはその初期条件によって決定されていると考え、決定論的世界観を提示した。古典力学によれば、系の初期状態（位置と速度）が分かれば、その後の系の状態を厳密に決定することができる。いわば、宇宙は、神の一撃によって運動し始め、以来、不変の運動方程式に従って、時計のように運動し続けているということになる。実際、ニュートン*の打ち立てた力学的自然観では、宇宙は因果律に支配された巨大な機械であって、未来は原理的に正確に予測できるものと考えられた。この点では、現代物理学でも、相対性理論は、古典力学の考えを引き継ぎ、最後まで決定論の牙城を死守しようとしてきたと言える。

しかし、この古典力学から相対性理論に至るまでの決定論的世界観は、現代物理学のもう一つの原理を用意した量子力学によって破られている。よく知られているように、ミクロの物質世界では、不確定性原理によって、粒子の位置と運動量は、ただ、確率論的にのみ予測できるだけである。例えば、電子の位置と運動量を同時に確定しようとして、測定のための光を照射すると、光子と電子とが相互作用し、電子の位置や運動量を同時には確定できなくなる。量子力学は、このことを明らかにし、非決定論的自然の扉を開いた。もっとも、量子力学は、粒子の存在や粒子の崩壊を確定的に予測することはできないが、確率的には予測できるとするものであって、そこにはなお、決定論的考えが残っている。量子力学的世界観は、神様がサイコロを振っているかのような法則性に従って現象が起こるという見方をしているのである。

だが、その後、熱力学の新しい解釈から登場してきた自己組織化理論は、自然の非決定性を、量子力学以上に強調した。自己組織化理論によれば、系内部の〈ゆらぎ〉の増幅によって形成された分岐点では、決定論的記述が不可能になり、系全体は、どちらの方向へ自己組織化していくのか予測できなくなる。むしろ、一定方向への自己組織化は、そこでの確率論的偶然が決定することになる。

カオス理論でも、その方程式は決定論的に出来ていても、その振舞いは、初期条件への鋭敏な依存性のために、確率論的になる。初期条件のわずかの誤差が増幅されて、結果として、大域的な不確定性が出現するのである。カオス理論は、決定論的法則の中に非決定論的現象が含まれることを明らかにし、決定論と確率論、必然性と偶然性、秩序と無秩序が密接に結ばれていることを発見した。

自己組織化理論でも、カオス理論でも、自己形成する自然においては、初期条件を定めても、一義的な結果を演繹することができず、系の将来を正確に予測することはできない。科学は一般に法則定立を志向してきたが、ここでは、その法則定立そのものの限界が露呈する。カオス理論が明らかにしたように、初期条件のほんのわずかな変化でも未来の振舞いを大きく変えるから、たとえ決定論的法則が立てられたとしても、そこには予測不可能性が含まれる。自然の大部分は、むしろ、非決定論的に生成発展し、創発していくものだと考えねばならない。

非決定論的自然を決定論でつかもうとすると、決定論ではつかむことのできないほとんどの領域が残ってしまう。自然は、決定論的法則によってつかめたと思ったとたん、すぐに別の様相を現わし、遠退いていく。自然は、予測を頑として拒む部分をもっている。今までの科学は、自然の中の理想に近い部分、つまり、初期条件から決定論的に演繹できる部分だけを扱っていたにすぎなかったのである。

実際、この宇宙でも、古典力学的な決定論は、比較的短い時間の範囲内では成り立つが、何十億年にもわたる長い時間の範囲でも成り立つわけではない。どこにどのような銀河が形成され、どこにどのような星が誕生するか、何一つ決定論的法則によっては予測できない。宇宙は一つの乱流であって、銀河や星の分布も一様ではない。たとえ宇宙の始まりが決定論的法則で記述されえたとしても、初期条件のちょっとした誤差によって、その後の宇宙の方向は大きく変わる。宇宙は、生命に似て、分岐と分化を繰り返しながら、絶えず新しいものを生み出し、進化してきた。そのような宇宙の創造性を、決定論的法則で予測することはできないのである。

ミクロの物質世界でも、量子力学と古典力学との境界領域には、厳密な数学的取り扱いのできないカオスが生じるし、生命世界では、ますます決定論は成り立たなくなる。例えば、生物の進化を決定論的法則で予測することはできない。進化する生命世界では、その後に現われる形態や構造をあらかじめ記述することはできない。遺伝子が生物の進化を決定しているのではない。むしろ、遺伝子そのものが、環境の変動に応じて柔軟に組み変わっていく。また、生命は、ダーウィンの言うような自然選択という外的決定要因がなくても、時に爆発的な分岐を生じ、進化することがある。動物の行動や習性も、環境との相互作用によって主体的に獲得されていくものであり、機械論的決定論では解くことができない。生命は学習し向上する能力をもっているから、決定論的法則の初期条件だけでは、その将来の方向は把握できないのである。

人間の社会や歴史に至れば、そのほとんどが非決定論的要素によって支配されている。人間の営む社会は、無数の成員の相互限定によって成り立っているから、そこには二重三重の偶然性が生まれ、社会や歴史の未来は不確実となり、予測することができない。社会や歴史に、決定論的法則を立てることはできない。

諸要素の相互作用から自発的に自己自身を形成していく複雑系の構造は、物質世界や宇宙、生命世界や社会すべてに見られる。決定論的法則では、この自発性をつかむことができない。決定論は、世界の次の段階に創発してくる新しいものを予測することができないのである。そこには、決定論的法則では把握しきれない飛躍がある。人間の社会や歴史も、不確実であり、意外な出来事によって変化していく。自然にも偶然性が忍び込み、予期に反した事件が起きる。決定論的法則が成り立つ部分は、自然界でも限られており、そのほとんどの部分は、非決定論的世界である。世界は、計算可能な範囲をはるかに超えているのである。科学は、このような非決定論的世界を、非決定のままで把握する努力をしなければならない。

同じことになるが、複雑系としての自然や社会を、単純な因果律によっては把握できない。複雑系では、諸要素は相互に連関し合っているから、原因―結果の関係は錯綜する。ここでは、たとえ同じ一つの原因があっても、それを可能にする条件や、それを受け取る内部状態が違えば、結果はまるで違ったものとなって現われてくる。また、結果が原因へ回帰してきて、原因を変化させ、それがまた結果の変化をもたらすという循環論も成り立つ。そのため、一因に対して一果を対応させる単純な因果律は、ここでは成り立たない。

世界は、過去から現在へ、現在から未来へと、絶えず発展し成長していっている。したがって、このように進化していくものを、単純な因果律によって、決定論的に記述することはできないのである。因果律には、過去は現在を規定し、現在は未来を規定しているという時間的因果に関する臆見がある。しかし、実際には、宇宙も物質も、生命も社会も、いわば過去の経験を乗り越えて、現在を確立し、現在の経験を乗り越えて、新しい未来を獲得しようとしている。このような世界は、単純な機械論的因果律ではつかめない。因果律を突き詰めれば、太古の初期条件によって、現在も未来も規定され、その結果は前もって決定されているという考えになる。しかし、ここでは、現在が過去を乗り越え、未来が現在を乗り越えていくことが度外視されている。自己自身を形成する複雑系としての世界は、単純な因果律では把握できないのである。

不可逆な自然

不断に進化していく世界の過程は、宇宙の進化や生物の進化に見られるように、不可逆である。世界は逆戻りすることはない。この世界では、過去に遡って同じ条件を設定しても、同じことが起きるとは限らない。

ところが、古典力学では、その自然法則は、時間を反転しても変わらないと考えられてきた。古典力学の可逆的法則では、世界の軌跡は、法則通りに過去へ遡ることができる。ちょうど、巻き戻しで見るビデオ映像のように、古典力学の世界では、逆戻り現象がありうると考えられている。これは、古典力学の驚くべき先入観であり、むしろ、自然認識上の欠陥だと言わねばならない。この古典力学の仮定では、不可逆な自然をつかむことができない。古典力学の可逆的法則では、実際の自然を記述することができないのである。

実際、われわれが目にする自然においては、老人が壮年や青年や幼児に逆戻りすることもなければ、壊れた壺が自然に元へ戻ることもない。自然は、予測できない出来事や偶然によって重大な結果をもたらす。自然は一つの歴史であって、しかも、歴史は繰り返さない。このような不可逆な自然は、可逆で均質な時間の中では記述することができない。ヘラクレイトスの言うように、われわれは同じ流れに立つことはできないのである。

古典力学ばかりでなく、二十世紀初めに登場した相対性理論も量子力学も、どれも可逆な世界を前提していた。この点では、相対性理論も量子力学も、古典力学の仮定を引き継いでいたことになる。なるほど、量子力学は、自然の非決定性はわずかにとらえた。しかし、自然の不可逆性をとらえることはできなかった。この辺に、なお、量子力学の限界がある。可逆的仮定では、宇宙や物質、生命や社会の〈進化〉というものが解けなくなるであろう。無秩序から秩序へ発展していく不可逆な過程を、古典力学も現代物理学も把握できなかったのである。

もっとも、熱力学は、古典力学の仮定に反して、すでに自然の不可逆過程を問題にしていた。熱力学第二法則が認識していたように、閉鎖系では、エントロピーは常に増大し、最終的には無秩序な熱平衡に至る。しかも、その逆はない。

二十世紀後半の自己組織化理論は、この熱力学が認識していた自然の不可逆性を再解釈して、不可逆性と無秩序が、むしろ秩序の源泉になることを明らかにした。不可逆性は、混沌から秩序を生み出す。非平衡下の開放系では、エントロピーは逆に秩序を生み出すという解釈が提出されたのである。宇宙も、地球も、生命も、社会も、エントロピーを外部に放出しながら、内部のエントロピーを減少させて、自己組織化していく。自己組織系は、エントロピーの増大に対する戦いである。この考えは、自然観に大きな転換をもたらした。今日の自然科学の新しい方向も、決定論的で可逆な過程を記述する科学から、非決定論的で不可逆な過程を記述する複雑系の科学へと、大きくベクトルを変えてきた。このことに、自己組織化理論の果たした役割は大きかった。

生命や社会はもちろんのこと、宇宙や物質世界でも、不可逆過程は世界の建設的な役割を果たしている。例えば、われわれの宇宙も、誕生以来、短時間で急激に膨張し、温度の低下とともに、熱力学的相転移を繰り返し、進化してきたと言われる。その相転移とともに、重力、強い相互作用、弱い相互作用、電磁気力と、宇宙の力も分岐し、クオーク、素粒子、電子、原子核、原子、分子、銀河、星、惑星と、多様な宇宙構造を生み出してきた。われわれの地球も、その過程で誕生し、やがて生命を生み出すとともに、それらは相互に作用しながら、互いに成長進化してきた。

その過程は、分化と多様化であり、複雑性の増大にほかならなかった。それは、膨張する宇宙が非平衡であったからであり、自己組織系だったからである。自己組織系内部では、エントロピーは減少し、複雑性は増大する。宇宙の進化も、地球や生命の誕生も、そのような複雑性の増大の過程で生じ、どれも不可逆な過程である。不可逆な過程では、絶えず新しい出来事が生成し、その過程は非決定論的である。宇宙は、いわば自分自身の法則を選択しながら、進化してきたことになる。生命の営みも、人類の歴史も、この宇宙の不可逆な進化の一過程を担っている。

世界は不可逆な歴史をもつ。人間の歴史ばかりでなく、自然もまた過去の履歴をもち、その上に現在の経験を積み重ね、未来の新しい経験に引き継いでいく。宇宙も、物質も、生命も、不可逆な歴史をもつ人間社会に似ている。非決定的で不可逆な自然の過程を記述する科学が求められねばならない。そのためには、むしろ、人文科学や社会科学的な世界観を、自然科学の世界観に及ぼしていく必要がある。近代物理学は、対象の〈いま〉〈ここ〉の瞬間のあり方しか記述せず、対象の履歴をあまりにも無視してきた。

もしも、この世界が決定論的で可逆な法則に支配されているのなら、思いもかけない予測不可能なことが起きるということもなく、新しいものが登場するということも何一つないはずである。しかし、世界は時々刻々新しい。世界には、絶えず、新しい出来事が積み重なっていく。新しい出来事が付け加わった分、過去と現在には飛躍があり、非連続がある。かつて生起したものは、再び生起することはなく、現在生起しているものは、将来再び生起することはない。永遠の新しさ、それが、常に自己自身を形成していく不可逆な世界の真理である。ヘラクレイトスの言うように、万物は流転し、太陽は日に日に新しい。(1)

自由と創造

不断に新しいものが生成している世界にこそ、自由はある。現在の創造の瞬間から、新しいものが生まれる。瞬間はいつも新しさを含んでいる。その新しいものを生む創造性は、予測することができない。予測することができない創造性にこそ、自由は宿っているのである。

世界の自己形成の過程には分岐点というものがあり、その分岐点には多くの可能性がある。その可能性のうち、どの道を選択するかということに関しては、人間世界や生命世界はもちろんのこと、物質世界や宇宙においてさえ、不確定性と自由度がある。確かに、どの系も、その分岐点では、どの方向を選ぶか逡巡している時がある。しかし、その逡巡を断ち切って、一つの方向を選択することから、新しい自己形成は始まる。そして、そこに、過去からの延長では予見することのできない自由がある。

なるほど、古典的な自然法則では、一般に、初期条件を一定にすれば、その後の事態はすべて予測できるとされている。その後の事態は、すべて、初期条件の中に含まれていたものの展開にすぎない。しかし、この決定論的自然観では、現在の創造の瞬間をとらえることができない。創造の瞬間には、自由がある。したがって、たとえ初期条件が一定であっても、結果は一義的には定まらない。同じ初期条件からでも、多くの結果が生じうる。自己形成する世界は、人間世界や生命世界はもちろん、物質世界でも、初期条件には縛られない自由をもつ。

古典的自然法則が則っている因果律は、過去から現在をつかみ、現在から未来をつかもうとする。しかし、生成する世界の途上においては、進行しつつある事態そのものが、その因果律に従うかどうかは、必ずしも定かではない。

現在は、過去にのみ束縛されてはいない。未来も、現在にのみ拘束されてはいない。自由は必然に属さない。自由は、むしろ偶然と親しい。自由は偶然を含み、偶然の中から新しい方向を見出し、新しいものを創造していく。

なるほど、われわれの太陽系の動きや地球上での物体の落下は、必然的な決定論に従っているように見える。そこには、何一つ自由というものはないように思われる。しかし、それは、ある極限された範囲内で近似的に成り立っているにすぎない。もっと広大な宇宙や物質世界では、いつも予見可能な必然的法則が成り立つとは限らない。むしろ、宇宙や物質は、決定論的法則ではつかめない面をもっており、それを破る自由をもっている。まして、それ以上の生命世界や人間世界においては、自由度はより高まる。むしろ、法則を破る自由な行為によって、世界は新しく自己自身を形成していくのである。

世界は変化してやまない。世界は絶え間なく自己を差異化している。生成する世界は、休むことなく自己を乗り越え、新しいものを創造し進化している。そこに、世界の向上と飛躍がある。自由の源泉も、そこに求められねばならない。

2　近代科学批判

自然の単純化

確かに、ニュートンは、その力学体系の中で、三つの運動法則と万有引力の仮説のみで、天上の惑星の軌道や地上の物体の運動を、その決定論的な法則に支配されたものとして、統一的に記述した。そこでは、均質で一様な絶対空間と絶対時間が前提され、さらに、質量をもちながらも空間を占めることのない質点というものが仮定され、質点と質点の間に働く運動法則が打ち立てられた。そうすれば、初期条件における質点の位置と速度のみを知ることによって、その後の質点の位置は、すべて計算することができる。こうして、ニュートン力学においては、世界は、数学的関数によって決定論的に記述することができる機械論的体系となった。ここでは、すべては初期条件によって決定されているから、未来は例外なく予測可能である。このような決定論的な記述のもとでは、事物は、古典的因果律のもと、一定の法則に支配されて、決められた軌道に沿って動いているだけにすぎない。そこには、何一つ自由というものはない。世界は、一定の運動方程式に支配された機械論的秩序の中に固定されてしまったのである。

　このような機械論的自然観が確立されるには、時計が普及した西欧十七世紀の社会状況も考慮しておかねばならない。多くの歯車やゼンマイによって動く時計という自動機械は、目に見えない時間を目に見える数値に変換し、時間の計測を可能にした。ちょうど、それと同じように、自然もまた時計仕掛けの巨大な自動機械であって、最終的には、数学的法則に則るものと考えられるようになったのである。デカルトやニュートンは、このような機械論的な自然観を確立するのに大きく貢献した。

　近代科学の機械論的自然観の特徴は、何よりも、複雑なものを単純化するというところにあった。それは、自然を、まず、単純な要素の集まりで構成され、単純な数学的法則に従って動く機械とみなしたのである。ちょうど、ピュタゴラス*が、この宇宙を、単純な数の比例によって構成された秩序と調和であると考えたように、ニュートンは、自然を、単純な数学的法則に従うものと考えた。これは、近代自然科学の決定的モデルとなった。本来、複雑な系を単純な系に還元し、単純な図式で説明することは、不可能である。ところが、近代の自然科学は、単純化し理想化したモデルを立てることによって、単純な法則に支配された自然という幻想を作り上げた。

実際の物理空間は、一定の広がりをもった剛体によって占められ、その運動や衝突には、摩擦もあれば誤差もあり、多くの偏りや損失がある。ところが、古典物理学は、理論の単純化のために、そのような剛体が置かれている連関性や場を無視してしまった。古典物理学は、自然の複雑性を捨象し、抽象化してしまったのである。単純な決定論的法則によって自然を説明するには、逆に、自然を、数学的法則によって説明しうる範囲内に限定し、その限られた範囲内で、特定の理想化された抽象物を扱う以外にない。しかし、現実の生成する自然へ戻ってきたなら、この単純化された機械論的自然観はほとんど成り立たないことが分かるであろう。

もともと、この世界のすべてのものを決定論的法則によって説明しうるとする考えには、限界がある。世界に生起する事象は、必ずしも、必然的法則に支配されてはいない。確かに、古典物理学は、惑星の軌道や物体の運動を、決定論的法則に基づいて予測することができたが、その決定論的法則は、自然の極く限られた範囲内で成り立つものにすぎなかった。古典物理学の正確さは、一種のフィクションである。その意味では、古典物理学の決定論的世界観をなおまだ引き継いでいる相対性理論にも、限界があると言わねばならない。古典物理学はもちろんのこと、相対性理論でも、相互連関性から自己自身を形成していく複雑系としての自然は解けない。

一般に、古典物理学が単純化した自然ではなく、現実の複雑な自然においては、何が起きるか予測できない。先々の天候や地震の発生を法則に基づいて正確に予報することができないように、多くの変数が相互作用する系においては、時間が経過すればするほど、カオスが現われ、その振舞いは予測することができなくなる。まして、生命の進化などに至れば、どのような形態のものが生み出されるか、予測することができない。自然は、物質、生命、精神と、階層的秩序が高まるに従って、自由度が高まり、ますます決定論的法則によってはとらえにくくなる。しかも、その自由は、宇宙や物質の創成そのものから始まっているのである。

生成変化するということ、絶え間なく新たなものが生成するということが、実在そのものの姿であって、それは予見不可能である。自然は、常に、決定論的法則を破る自由をもっている。そのような自然を、決定論的自然法則によって、無理やり把握しようとしたなら、自己自身を形成してやまない自然を殺してしまうことになるであろう。法則定立とか予見可能性は、むしろ、科学の本質ではないと考えねばならない。

相互作用の無視

近代の機械論的自然観は、また、要素還元主義によっても特徴づけられる。要素還元主義は、デカルトが考えたように、複雑な対象を単純な構成要素に分割し、複雑さを除去することによって、自然の明晰な認識に至りうるとする。この考えを徹底すれば、この世界は、物理学のクォーク・レベルにまで還元され、それが、世界のすべてを決定していることになる。要素還元主義は、世界をその最終的要素にまで分解した後、その要素の総和として、自然を再構成しうると考えたのである。機械論的自然観と要素還元主義、決定論と還元論は、近代科学を推し進めてきた車の両輪であった。

しかし、実際には、自然は複雑系である。そこでは、無数の要素が相互に連関し、相互に浸透し、相互に作用し合っているから、それを、独立した諸要素に切り離すことはできない。諸要素は相関的にのみ存在し、相互連関の場において働き合っているのだから、クォークやＤＮＡが見つかっても、それでもって、すべての物質現象や生命現象を決定論的に記述できるわけではない。クォークやＤＮＡが、すべてを決定しているのではない。むしろ、それらの相互作用から、それらの要素にはなかった構造が創発してくるのが、実際の自然である。自然は、基本要素の単なる集合ではない。要素還元主義は、部分の総和以上のものを生み出しうる自然の自己形成能力を捨象してしまった。宇宙、物質、生命、社会、精神と、世界は、より上位の階層に飛躍すればするほど、より複雑でより新しい特性を創発してくる。近代科学の要素還元主義は、この創発する世界をとらえ損なったのである。

古典力学は、さらに、自然の不可逆過程を記述することができなかった。古典力学は、可逆な系しか記述しない。だが、実際の自然は、相互連関性からなる複雑系であって、不安定性を常にもち、不可逆である。それは、古典力学の可逆な運動法則には則らない。それどころか、飛んで行く矢のように、時間そのものが不可逆である。古典力学は、このような自然の不可逆過程や時間の不可逆性を無視してしまったのである。

実際、宇宙も進化し、物質も複雑化し、生命も進化する。社会も発展し、われわれの精神も、経験を積み重ねて成長する。その過程は不可逆であり、不断に新しいものを産出する過程である。生命や社会はもちろんのこと、宇宙や物質も、一回限りの歴史をもつ。このような不可逆な世界を考えるなら、古典力学による自然の可逆な記述はほとんど成り立たない。それどころか、古典力学を引き継いで、なお可逆な時間を前提する相対性理論や量子力学でも、自然の不可逆過程を記述することはできない。相対性理論や量子力学も、今日の宇宙論で試みられているように、逆に、不可逆過程を記述しうるように改良されねばならないであろう。

わずかに、古典科学で、自然の不可逆過程を記述していた熱力学は、初期条件に支配された決定論的過程ではなく、初期条件に支配されない非決定論的過程を認識していた。だから、この熱力学の再解釈に基づく自己組織化理論は、自然の単純化ではなく、複雑化を、要素への還元ではなく、要素の相互作用からの自己形成を説いた。複雑系の科学は、この理論に源泉をもっている。

古典物理学は、つまるところ、自然における複雑な相互作用を無視し、それをできるだけ消去する方向に向かっていた。古典物理学は、自然を単純化し理想化するために、要素間の相互作用や環境との相互作用を度外視し、それに伴う誤差を消去しようとしたのである。しかし、この要素間相互作用や環境との相互作用と、それに伴う誤差が、実は、自然を大きく変化させていく。現実の自然は、個と個、場と個、部分と部分、全体と部分の相互作用の中で自己自身を形成していく複雑系なのである。

自然は、いわば、歯車と歯車が相互作用している時計のようなものである。その時計は、確かに、時間を、算術的に等分化した数値として表現することはできない。しかし、実際の自然は、不安定性や無秩序、複雑性やムラをもった時間しか表示できない時計のようなものである。古典物理学は、そのような自然から、複雑性や不安定性や無秩序を排除しようとしてきた。

自然が、要素間相互作用によって複雑な様相を呈し、非決定性を内に含んでいるということは、すでに、古典物理学内でも、多体問題が解けないというところに現われていた。つまり、三個以上の物体が相互作用している系は、極めて複雑な軌道を描き、その振舞いは、初期値のわずかな誤差によって大きく変動し、初期条件からは決定論的に予測できない。

また、量子力学でも、ハイゼンベルク*の不確定性原理は、観測される系と観測者との相互作用を、その体系の中に読み込んだ。観測という行為が観測される世界を乱し、世界は不確定になる。観測という行為と観測される系は相互作用する。このような現象は、ミクロの世界ばかりでなく、生命や社会など、それ以上のレベルの世界になれば、むしろ始終現われる。というより、そういう相互連関と相互作用によって、世界は常に変動しているのである。

世界の不完全性と生成

宇宙は、ピュタゴラスが描いたように、完全な秩序でも比でもない。宇宙は完成されていない。だからこそ、宇宙は進化する。世界は、不完全ゆえに、生成するのである。ゲーデル*の不完全性定理*は、このことを、隠喩として含んでいた。無矛盾の数学的公理体系でも、その中には必ず真偽の証明の不可能な論理式が含まれてしまい、その体系そのものは不完全だというのが、ゲーデルの不完全性定理である。無矛盾の体系の無矛盾性を、その体系自身によっては証明できない。不完全性定理は、数学や論理学の体系の完全性への信仰を打ち砕いた。しかし、これは、むしろ、数学や論理学の公理体系の不完全性や無根拠性を暴くことによって、その体系の発展性あるいは開放性を主張したものと解釈しなければならない。そればかりか、われわれの世界そのものが不完全であり、それゆえにこそ、発展していくのである。

世界はもともと不完全な体系であって、それを記述しようとすれば、その記述を超える沈黙の領域が現われ、いつも無限遡及や循環論や自己言及に陥る。無限遡及や循環論や自己言及は、形式論理から言えば矛盾であるが、世界は、まさに、この矛盾によって自己形成していくものなのである。無限遡及こそ、世界の無限の形成を可能にし、循環論や自己言及こそ、新しい世界を作り出していくことに貢献している。無限遡及こそ、世界を、常に動くものとして、形成しゆくものとして見ていくなら、無限遡及や循環論や自己言及も、矛盾ではなくなるであろう。むしろ、それらは、生成のためには必要なものである。科学は、世界を単純化するものであってもならないし、世界の完全性を追求するものであってもならない。むしろ、不完全なものを不完全なままに、生成するものを生成するままに理解する科学が必要である。複雑系の科学は、確かにその可能性をもっている。

われわれは、生きた自然、創造的自然をとらえる努力をしなければならない。自然は、自分で自分を産出する系であり、新しいものを生み出し、自己自身を形成しゆく創造的な系である。機械論的自然観は、このような生きた自然、生産的自然を、何一つ説明しえなかった。機械論的自然観では、一個の受精卵から一個の個体が発生してくることも、生物が成長し進化することも解けない。それでも、なお、機械論的自然観を生きた自然に無理に当てはめようとすれば、自然を単なる惰性の体系に貶めたり、生きものを、単に刺激に対して機械的に反応するだけの刺激反応機械にすぎないものとしてしまうことになろう。近代の科学は、生きたものを、あまりにも死の平衡状態から見すぎていた。

生成するものを存在するものとしてではなく、生成するものを生成するものとしてみなければならない。複雑なものを単純なものとしてではなく、複雑なものを複雑なものとしてみなければならない。自然は、自己自身を形成しゆく創造的自然である。このような自己形成する自然を理解するには、存在を生成として理解しなければならない。世界は絶え間ない流れのうちにある。世界は、自己自身を生産し、千変万化する生成する世界である。世界は、〈ある〉のではなく、〈なる〉のである。

第三章　複雑系の思想

1　創造的形成

世界を生成する世界とみ、自然を、自己自身を形成する自然とみる考えは、必ずしも、複雑系の科学に始まるわけではない。

創造的進化

例えば、二十世紀の前半でも、〈持続〉(durée) を事物の生命そのものとみ、これを根源的実在と考えたベルクソン*は、哲学を生成一般の探究とした。世界は運動であり、変化であり、生成であり、創造である。動くことこそ、実在である。そして、動き、変化し、生成する持続そのもののうちに、自由がある。出来事や行為の進行しつつある状況そのものが持続であり、そこには選択の自由があり、予見不可能な自由がある。それに対して、機械論的物理学のもとでは、物理的な法則と因果関係によって、すべては決定され、計算されうるものとされた。そこでは、事物の予見可能な惰性的側面しか見られず、持続の創造的な相は顧みられない。物理的決定論のもとでは、すべては与えられており、法則の必然性のもとで、同一性が反復されるだけである。物理的決定論は、事物の自発性や創造性を度外視し、自由を抹殺してしまうと、ベルクソンはみる。[1]

一般に、知性は、予見不可能なものを許容せず、あらゆる創造を退ける。そして、持続から瞬間を切り離し、瞬間ごとの静止した映像を拾い集めて、運動を再構成しようとする。ベルクソンは、これを知性の映画的傾向と呼んで、批判するとともに、不動のものから運動をとらえようとする知性から、真の運動を守ろうとしたのである。運動は分解できないし、再構成もできない。運動は、静止からは説明できない。ベルクソンは、生成の創造性を強調する。生成する世界は、絶え間なく新たなものを生み出し、変化し続ける。そこには、生命の飛躍（élan vital）があり、予見不可能な創造性と不確定性がある。そして、その予見不可能性と不確定性にこそ、自由がある。このような生成の創造性は、同一性の反復からは説明できない。同一性の反復によって世界を見ようとする知性は、歴史のどの瞬間にも生起する新しいものを取り逃がすことになる。世界は、自己自身のうちに自己の強度を高めていこうとする内在的目的をもち、不断に成長していく。世界は創造的進化の過程であり、生命の飛躍の軌跡であると、ベルクソンは考えるのである。[2]

存在を生成から理解し、絶えず新しいものを創発して自己自身を形成していく生きた世界を明らかにした点、さらに、そこに、機械論的決定論ではとらえることのできない創造的自由を見た点で、ベルクソンの思想は、今日の複雑系の科学を先駆する面をもっていたと言えよう。

有機体の哲学

ホワイトヘッド*の有機体の哲学も、存在を生成からとらえ、自然を〈生きた自然〉として理解する〈生成の哲学〉であった。ホワイトヘッドによれば、世界は、時間的にも、空間的にも、自己を展開する出来事（event）の過程である。出来事は相互に連関し、有機体を構成する。その意味では、物質も、また、相関的な出来事から生起する出来事であり、一つの推移する有機体である[3]。

ホワイトヘッドは、また、世界の究極的単位としての出来事を、活動的実質（actual entity）と呼んだ。この活動的実質は、物質的なものと精神的なものとの区別がなされる以前の世界の究極の源泉である。したがって、活動的実質は、物的であると同時に心的である。無機物、植物、動物、人間、神、すべてが活動的実質である。その意味では、無機物といっても、心的要素を含む。活動的実質は、複合的で相関的な経験の一雫であり、実体として存在するものではない。もともと、事物は、相関的にのみ生起してくる活動的実質であり、実体として、他から独立して存在するものではない。宇宙は、無数の活動的実質の連帯であり、相互連関の世界である。だから、任意の一つの活動的実質のうちには、他のあらゆる活動的実質が共在している。世界は、無数の事物が相互に他を含みつつ生成する世界である[4]。

ホワイトヘッドは、事物が相互に他を含む働きを、また、抱握（prehension）とも言う。活動的実質は、抱握し合うゆえに、含み合っている。事物が相集まって抱握による統一体をなすことが、事物の実現である。すべての事物は、それが生起してくる世界を抱握する主体である。抱握によって、世界は形成されていく。活動的実質は、世界のうちに含まれながら、世界をそのうちに含み、世界を一歩進める[5]。

ホワイトヘッドは、事物が世界を内に含みながら抱握的統一体をなす過程を、また、合生（concrescence）とも言う。合生とは、多が一へと、共に成長することである。この合生によって、移行が起き、新しい秩序が生まれる。かくて、世界は、素粒子、原子、分子、細胞、植物、動物、人間と、階層的秩序を形成する。そこでは、より高い秩序は、より低い秩序のすべての特徴をもち、しかも、より高い秩序の中には、より低い秩序にはない新しい特性が付け加わる。この点では、ホワイトヘッドは、生きていないものと生きているものを連続的にとらえ、絶対的な裂け目はないとみている。ホワイトヘッドにとって、生きているものも、生きていないものも、すべては結合体（nexus）であり、社会（community）である。生物も、物質も、多様な複合性をもった社会から構成される生きた有機体である。[6]科学は有機体の研究であり、物理学は、比較的小さな有機体を、生物学は、比較的大きな有機体を研究するにすぎない。[7]

世界は創造的な過程である。宇宙は新しさへの創造的前進であり、無機物から有機物まで、すべて、創造されたものから創造するものへ、自己自身を創発していく自己創造的被造物である。創造性とは、新しさの生成であり、多が複合的統一性に入っていくことである。多は一となり、一つだけ増し加えるのである。世界は、無秩序から秩序を形成する創造的過程である。そのかぎり、創造的過程には自由がある。世界は自由を求めんとする努力であり、過去から現在への因果性を越えて、現在から未来へ向かう自己超越体である。[8]

ホワイトヘッドも、このことから、自然を無味乾燥な目的なき物質のひしめきにすぎないとみる近代科学の機械論的自然観を批判する。近代科学の機械論的自然観は、一つの抽象にすぎない。近代科学は、この抽象的なものを具体的なものと取り違える誤謬に陥っている。近代科学は、有機的関係を機械的関係に還元し、精神を物質に還元し、形相因や目的因を、質料因や作用因に還元する誤りを犯している。機械論的自然観は、自然を創造性のない受動的な機構と考え、生きた自然をとらえることができなかった。しかし、実際の自然は、生きた全体であり、どこまでも動的である。[9]

自然を〈生きた自然〉と考えるホワイトヘッドの〈有機体の哲学〉は、全自然を生命あるものとみる形而上学的宇宙論であった。それは、世界を〈過程〉としてとらえ、活動するもののみが実在すると考える〈創造的前進の哲学〉であった。ホワイトヘッドの哲学も、自然を、相互作用から自己自身を形成する系としてとらえる今日の複雑系の科学を先取りするものであったと言えよう。

ブルーノからニーチェまで

しかし、自然を〈生きた自然〉としてとらえる思想は、西洋でも、必ずしも、ベルクソンやホワイトヘッドに始まったわけではない。

西洋近世でも、例えば、ジョルダノ・ブルーノ*やスピノザ*は、自然の中において自然を生み出すものが自然だと考え、自然の本質に能産的自然（natura naturans）を見た。ブルーノやスピノザを受け継ぎ、自然を能産的自然ととらえたシェリング*も、自然は無限の生産力であり、無限に生産物を産出しながら、自己を具体化すると考えた。自然は産出するものであると同時に、産出されたものでもある。今日のオートポイエーシス理論のように、自然を不断の産出的活動としてとらえるのが、シェリングの自然哲学であった。自然の無限の生産力は、何らかの抵抗に出会うことによって、生産物を生じ、それが物質から有機体までの階層を形成する。シェリングによれば、その活動は決して固定したものではなく、瞬間ごとに再生産される連続的な反復過程である⑽。

このようなシェリングの自然観は、またニーチェ*にも通じる。ニーチェは、ソクラテス以前の思想家の自然（physis）概念に遡及し、〈生きた自然〉を復権させる。そして、生の本質に、力への意志、つまり自己超出と自己増大を見た。ニーチェにとって、世界は生成であって、存在ではなかった。

ベルクソンやホワイトヘッドも、それ以前のこれらの〈生成の思想〉を受け継いでいるのである。

2　モナドロジーの世界

弁証法的世界

わが国の西田幾多郎*も、世界を、自己形成する世界として把握した。西田は、このような世界を歴史的世界と呼び、その典型を、人間が営む社会の構造に見たが、それは、また、それ以下の生命的世界や物質的世界にも見ることができるであろう。なるほど、西田は、物質的世界を、機械論的に現在が過去から限定される世界とみなし、生命的世界を、目的論的に現在が未来から限定される世界とみなした。そして、歴史的世界において、真に現在が現在自身を限定する創造的世界が展開されると考えた。しかし、この見方はいくらか図式的にすぎる。実際、西田は、ホワイトヘッド同様、物質的世界、生命的世界、歴史的世界の連続性にも注目している。物質の目的は有機的生命であり、有機的生命の目的は精神である。歴史的生命の世界は、絶対現在の自己限定として、物質の世界から、生物の世界、さらに人間の世界へと、自己自身を形成していく。世界はどこまでも歴史的形成的なのである[11]。

西田は、このような歴史的世界を、また、弁証法的世界とも呼び、それを、絶対矛盾的自己同一*の論理によって説明した。つまり、世界は、個物と一般、さらに個物と個物が相互に限定し合い、その相互限定を通して不断に自己自身を創造していくものである。西田においては、個物と一般、自己と世界が、相互に包摂し合い、相互に限定し合うことによって、世界は世界自身を形成していく。しかも、その世界の自己形成は、個物が個物自身を形成することと一つである。個物と個物は相互に限定し合い、不断に自己自身を形成していくと同時に、世界を創造していく。この場合、個物は一般によって限定されると同時に、一般を逆限定すると考えられている。個物が、自己自身を限定するということは、逆に、一般を限定することである。そのことによって、世界が世界自身を限定するのである(12)。

個物的限定即一般的限定として、矛盾的自己同一的にあるのが、世界と個物の弁証法的あり方である。これを媒介にして、世界は、作られたものから作るものへと、自己矛盾的に自己自身を形成していく。かくて、西田においては、物質から生命へ、生命から人間へと発展する世界の自己形成過程が、作られたものから作るものへの論理によって説明される。人間の社会を考えれば分かるように、その成員である個人は、社会的に限定されていると同時に、その社会そのものをも限定して、新しいものを創造していく。それが、作られたものから作るものへ、作られて作りゆくということの意味である。ここでも、世界に対する個物の独自性が強調される。個人が逆に社会を限定し、社会を改造する創造的意義をもつように、個物は世界を創造する主体なのである(13)。

西田は、また、この自己形成しゆく世界を、全体的一と個物的多の矛盾的自己同一、あるいは、一即多、多即一の論理によって説明する。世界は、全体的一と個物的多との矛盾的自己同一によって、一即多、多即一として、弁証法的に自己を限定し、自己自身を形成していく。一と多の矛盾的自己同一の世界においては、無数の個物の相互限定として、世界の唯一なる形が決定される。それとともに、無数の個物は、自己自身を形成する世界の形成的要素として、世界の形成に参与する。

西田は、この一即多、多即一の世界の構造を、〈創造的モナドロジー〉と名づける。世界は、自己の中に、矛盾的自己同一的に自己表現的要素を含む。個物は、この世界の自己表現的要素として、世界の創造的先端であり、世界の自己射影点である。これを通して、世界は自己自身を限定していく。個物は、創造的世界の創造的要素である。われわれの自己は、世界の一構成要素であるとともに、創造的世界の創造的要素として、各々の観点から世界全体を表わす表現点でもある。われわれは、表現することによって世界を映し、世界の一観点として自己自身を形成し、世界を形成する。(14)

この考えは、ライプニッツ*が、『モナドロジー』において、モナド*が相互に限定し合いながら世界を映すとみた考えに通じている。しかし、ライプニッツのモナドがどこまでも表象的モナドにとどまったのに対して、西田の個物は、どこまでも表現的個物として、世界の自己形成の先端とされている。この点で、西田は、ライプニッツを乗り越えている。だからこそ、西田は、自己の論理を〈創造的モナドロジー〉と呼んだのである。

その意味では、西田の考えは、ホワイトヘッドのコスモロジーに近い。現に、ホワイトヘッドの有機体の哲学では、活動的実質が世界を抱握し、世界を抱握する活動的実質がまた相互に抱握し合うことによって、世界は自己形成していくと考えられていた。西田の説く世界も、個物が世界を限定し、世界を限定する個物がまた相互に限定し合う創造的世界であり、自己形成的世界である。その点で、同時代人のホワイトヘッドと共通している。そして、それは、また、今日の複雑系理論を先取りするものでもあった。

モナドロジー

西田の〈形成の思想〉の下敷きになり、ホワイトヘッドのコスモロジーの源泉ともなったライプニッツのモナドロジーも、より深く理解するなら、また、宇宙の自己形成を説く宇宙論的形而上学であったとも解釈することができる。

モナドとは、広がりも姿形もない分割不可能な単純な精神的実体である。それは、個体がそこで個体となる個体の個体性であり、ホワイトヘッドの出来事や西田の個物に当たる。ライプニッツにおいては、この世界は、互いに異なった多様なモナドから形成されており、しかも、それらは相互に連関している。そのようなモナドの相互連関の中で、モナドは、他のすべてのモナド、および世界全体を自己の中に表象する。モナドの表象作用は、一の中に多を表現する。モナドの表現あるいは表出（exprimer）は、自己の内に他のモナドを映し、全体を映す働きである。モナドは、宇宙の生ける鏡として、それぞれに宇宙を反映している。しかも、モナドとモナドは、能動や受動の相互作用を通して、相互に映し合いながら、世界を映している[15]。

このライプニッツの考えは、西田の言う〈個物と個物の相互限定即一般者の自己限定〉という論理に当たる。また、一の中に多を表現するモナドの表象作用は、ホワイトヘッドの抱握概念に通じている。

しかも、ライプニッツのモナドも、ホワイトヘッドや西田同様、自己自身の内に目的を内在させ、自分自身の力で自発的に活動し生成していくものである。さらに、それは、他のモナドとの相互の映し合いの中で行なわれているから、すべてのモナドの動きは、水が湧き出るように、あるいは稲妻が放電するように、一挙に全体に影響を及ぼす。そして、宇宙は、川の流れのように、生きて動いていく。ライプニッツにおいては、宇宙は、部分の中にさらに部分があるという階層的構造を形成しながら、完全性の実現に向かって、不断に進化していくものと考えられている[16]。

ライプニッツのモナドロジーの描く世界も、必ずしも静態的な世界ではなく、ホワイトヘッドや西田同様、常に自己形成していく動的な世界だとみることができる。そして、それは、今日の複雑系の科学が分析しようとしている世界にも通じている。

華厳の世界

しかし、このような複雑系の思想は、東洋一般の生命思想の説いてきた考えでもある。特に大乗仏教、なかでも、『華厳経』*を独特に解釈した華厳哲学*は、今日の複雑系の思想の最も早い先駆であった。

華厳哲学も、他の大乗仏教思想がそうであるように、縁起思想から出発する。つまり、あらゆる存在者は相関的にのみ存在すると考える。したがって、あらゆる存在者は実体性をもたず、ただ事象としてのみ存在する。そして、事象と事象は互いに連結され、つながりをもち、分離することができない。すべての事象は相互連関性においてのみある。

この事象同士が重々無尽に連関している世界を、華厳哲学は〈事事無礙法界〉と呼んだ。事事無礙法界は、事象と事象が無障無礙に働き合う場所であり、事象から事象が生起する世界である。事事無礙法界は、万華鏡のように、無数の事象が絡み合いながら生成し続ける場であり、事象と事象が相交わり合いながら、不断に自己を生み出していく世界である。事事無礙法界における諸事象は、他の事象との連関によってのみ動的に変化し続ける運動そのものである。

華厳哲学で言う〈事〉は、ホワイトヘッドの言う〈出来事〉に当たる。ホワイトヘッドにおいても、華厳哲学同様、〈出来事〉は、世界の中で生起する出来事から離れて存在する実体とはみられず、相関的にのみ生起してくる世界の究極的単位と考えられている。ホワイトヘッドは、この〈出来事〉を〈活動的実質〉とも呼んだ。

華厳哲学の〈事〉は、また、西田哲学で言う〈個物〉に当たる。西田においても、個物と個物は相互に限定し合いながら、一般者を表現するものであった。この個物と個物の相互限定の場所が、華厳哲学で言う事事無礙法界に相当するのである。

華厳哲学は、事事無礙法界における事象同士の相互作用を、一即一切、一切即一、一入一切、一切入一の〈相即相入の論理〉によって説明する。華厳哲学は、事象と事象の相互連関と相互作用を、事象同士の相互写映と相互包摂によって説くのである。相即は相互連関を語り、相入は相互作用を語っている。事事無礙法界においては、すべての事象は相互包摂的に働き合い、相互に他を表現し合いながら相互作用し、世界を形成していく。このことは、ホワイトヘッドが、活動的実質は互いに抱握し合い、互いに含み合って事物を実現しているとみたことに通じる。また、それは、西田が、個物は相互に限定し合いながら自己を表現し、そのことによって世界を形成していくとみたことにも通じる。

華厳哲学でも、事象と事象が互いに働き合う事事無礙法界の動的相互連関から、世界は不断に形成されていくものと考えられている。無数の事象の相互作用を通して、新たな関係が発現し、世界は刻々として新たに創造されていく。この華厳哲学がとらえる事事無礙法界の事態は、今日の複雑系の科学がとらえる事態と同じである。複雑系においては、多対多の要素間相互作用から自発的に新たな秩序が一挙に創発してくる。華厳哲学では、これと同じことを、〈挙体生起〉と言う。

ここでは、全体は部分を含み、部分は全体を含み、部分と全体が能動的に相入し、世界は生成していく。部分は、他の部分と相互に作用し合いながら、全体を形成するが、その部分は、また、その全体からも影響を受けて変化し、変化することによって、また、全体に影響を及ぼす。したがって、ここでは、全体を部分に還元してしまうこともできず、部分を全体に統一してしまうこともできない。部分と全体が、相互に他を含みながら、螺旋的に変動していくのが、事事無礙の世界である。

華厳哲学は、また、このような事象と事象の相互連関の構造を、インドラ・ネットワークの比喩によっても説明している。互いに映し合う無数の宝珠によって荘厳された網のあるインドラの宮殿のように、世界は相互に映し合う無数の事象によって成り立っている。そこでは、各事象は、インドラ・ネットワークの一つ一つの宝珠のように、互いに他を映し合い、互いに他に作用し合いながら変化していく。事事無礙法界にあっては、各事象の働き合いは、無限の相互連関のネットワークにおいて起きている。各事象は、この相互連関の結びつきのつなぎ目に現出する。ここでは、ネットワーク全体が各事象を産出するとともに、その各事象の相互連関が、また、ネットワーク全体を再産出する。このような自己言及的な循環構造によって、世界の生成は起きているのである。

華厳哲学は、このような重々無尽の事象間相互作用から、世界の重層構造が形成されることをも説いている。事事無礙法界では、事象同士が相礙《あいさまた》げることなく互いに入り込むと同時に、階層を作り、その階層同士もまた相礙げることがない。一微塵の中に大宇宙が収まり、収まった大宇宙における一微塵にも、また大宇宙が収まっている。一楼閣の中に大楼閣が映され、その映された大楼閣における一楼閣の中にも、また、大楼閣が映されている。このように、どのような領域にも、全体が次々と折り込まれて、無数の階層をなしている動的な構造を、華厳哲学も見ていたのである。このことは、今日、自己組織化する複雑系が固有の階層構造を形成し、それらが入れ子構造をなしていると考えられていることに通じる。

この世界は、常に差異を生み出しながら、自発的に変動している。華厳哲学は、このような世界の動的あり方を、その動くままにとらえようとする。華厳哲学は、世界の流転を流転のままにとらえ、現実を生成と運動としてみる〈生成の哲学〉であり、万物を常に前進する生命としてとらえる〈生命哲学〉である。そして、それは、また、今日の複雑系の科学の認識しようとするところでもある。

〔相互連関〕

第四章　相互連関

1　個体性と出来事

個体とは何か

銀河、星、惑星、太陽、月、地球、植物、動物、人間など、われわれが経験する事物は個体として立ち現われている。〈植物〉にしても、〈動物〉にしても、〈人間〉にしても、そのような普遍概念を、われわれは直接経験しているわけではない。われわれが実際に住んでいる世界は、個体によって満たされている。現実に存在するものは、互いに異なった多くの個体なのである。

個体または個物は、通常、空間的には有限であり、時間的には持続性をもつ。空間的にも、時間的にも、唯一性と同一性をもつこと、それが個物の個体性である。われわれが日常経験する事物は、そのような個体として存在し、各々自立し、他と混同されることを拒否する。そのため、アリストテレスは、個物を第一の実体とし、それに様々な属性が付帯することによって、個体性は成り立つと考えた。しかも、この個物の本質を分割不可能な形相にみ、その形相と質料が結合することによって、個物は成り立つとしたのである。

確かに、われわれは、〈この花〉なら〈この花〉を、一つの個体としてまざまざと経験している。しかも、どの個体をとっても、決して同じものはない。どんなによく似た個体でも、必ず違いはある。物の色彩や形態をとっても、あらゆる色は個性的であり、形も個性的である。同じように見える雪の結晶でも、実際には、どれ一つとして同じものはない。同じように見える木の葉でも、一枚一枚が異なっている。ライプニッツの言うように、もし多くのものがあるなら、それは互いに異なったものでなければならない。およそ互いに区別することのできない二つの個体など存在しない。(1)

私の目の前には、一輪のユリの花がある。この一輪のユリの花は、まさに、今ここに存在している。それは、かけがえのない個体である。さらに、それを眺めている私自身も、他人によっては代えられない個人である。一輪のユリの花、それを眺めている私、どれも一つの個体である。この世界にただ一つ、ただ一人しか存在しない個体である。そのような個体にこそ、存在者の存在性はまざまざと立ち現われている。

ハイデッガー*は、存在者と存在を区別し、存在する者が一様に存在するといわれるその〈存在〉、つまり〈存在者の存在〉*の意味を問うことに、その全思索を傾注した。しかし、存在者の存在の真理は、むしろ、個々の存在者そのもののうちにこそ顕現すると考えねばならない。個々別々の存在者の中にこそ、存在は表現される。存在者なくして、どうして存在がありえようか。

生成する個体

しかし、存在するものは、生成するものである。この生成の視点から見るかぎり、個体が統一的な存在としてあるという常識的な考えは覆される。確かに、事物は、通常、同一性を保っているように見える。しかし、いつまでも同一性を保っているという保証は、どこにもない。どんなに堅固な岩でも、瞬間ごとに変化し、風化していっている。一輪のユリの花も、やがて実を結び、枯死していく。私という個体も、生まれた時から死に至るまで、常に存続する同一の個体のように思われているが、実際には、幼年、少年、青年、壮年、老年と、休むことなく変化している。身体を構成する物質も、常に入れ代わっている。精神的経験も、絶えず積み重なっている。個体が同一性を保つという観念は、先入観にすぎない。個体も、まさに生成の中にある。

ヘーゲル*も、『論理学』の「有論」において、〈定有〉(Dasein)の中では、有と無はそのまま一つになっていると言っている。そして、或るものは、それ自身〈成〉(Werden)であり、有から無、無から有への推移であり、変化であると言う(2)。個体は常なる変化としてのみある。

同じ一つの川は、確かに一つの個体である。しかし、この川も、長い時間では変わっていく。と同時に、その川を成り立たせている水も、常に入れ代わっている。片時も、同じ水であることはない。ヘラクレイトスの言うように、われわれは、同じ川に入っているとともに、入っていない。次々と異なった水が流れ来たる。瞬時も同じものではありえない水によって、川という個体は成り立っているのである。しかも、その川の水をどのように分解していっても、独立した個体としての水は認めることができない。分解に分解を重ね、水の分子に至っても、それはさらに分割可能である。そして、それは、最終的には、場の振動のようなものにまで還元されてしまう。一体、水の個体性、川の個体性というものはあるのであろうか。

ちょうどそれと同じように、物体も、われわれの身体も、絶えず入れ代わる構成要素によって一時的に形成されている渦のようなものでしかない。個体性という概念は曖昧な概念である。個体性を確立しようとすればするほど、個体性は崩れ、個体性は、他の個体との関係や、その関係によって形成される場の中へと消えていく。

われわれ自身の個体性、つまり自己というものの根源を追究していっても、それは、他の物とつながっていくことになる。私と、私が立っている大地とは一つであり、大地と、その上に咲く一輪のユリの花とは一つであり、したがって、そのユリの花と私も一つである。万物は一つなのである。

雲は水蒸気の塊である。水蒸気がより濃厚に集まっているものを、われわれは雲として認識している。一つの入道雲、それは個体には違いない。しかし、それは、次の瞬間には形を変えていく。そして、その個体性の根源は、結局、水素と酸素から成る水の分子の諸関係へと消えていく。われわれが目前に見る岩や山、木や花も、どれも個体としてあるが、同時に、雲のように、その個体性は、万物の諸関係の中に消えゆくものである。個体の個体性は、絶え間なく渦巻いている流れの中に消滅する。

関係性としての個体性

個体が何であるかということを追究していくとき、われわれは、そこに、他者との関わりを見出す。個体は、それだけで存在するものではないのである。物体にしても、生命体にしても、多種多様であり、変化しつつある。それらは、変化しながら、まわりの個体と相互関係をもつ。個体は、もともと、自己同一性をもって独立する実体ではなく、他に依存してのみ生起する非実体である。個体がそこに実体として存在するとみるのは、一つの抽象であり、虚構である。個体がそれ自身で同一性を保ち存続しているという考えは、われわれの先入見にすぎない。

個体は関係においてある。関係を離れて個体はない。個体は、自己自身に関係しながら、同時に、他の個体と関係している。個体の状態は、個体と個体の関係性からしか把握できない。個体の個体性を追究していけばいくほど、その根拠が曖昧になってしまうのは、もともと、個体の個体性が、他の個体との関係によって決定されるものだからである。

したがって、また、初めに個体と個体が自己同一の実体として存在し、かくて後、関係性が生じるというものでもない。実体そのものが、もともと関係である。関係の離合集散によって生成変化する過程の一断面が、実体と見えるにすぎない。あらゆる事物は、他とのつながりの中で自己自身を決定する。いかなる事物も、実体的なものではなく、関係的なものである。各個体を、実体として理解するのではなく、どこまでも、相関性においてある変動態として理解しなければならない。

個体は、むしろ、関係の項にすぎない。そうである以上、関係項としての個体は、関係の変動によって変化し、関係そのものと密接に連動する。関係項としての個体は、関係に従って自己を決定し、いつも他との関係において変化していく。関係項は、他の関係項と関係全体との相関性から、自己自身を変え、そのことによって、また、関係そのものをも変えていく。

事物の意味も、それ自身によって決まるのではなく、他との関係の中で決まっていく。他との関係によって、事物は、はじめて、その意味を明らかにする。事物の諸関係に先立って、事物の意味が最初からあるのではない。言葉の意味も、文脈によって定まってくるのである。例えば、〈赤いリンゴ〉という言葉も、それが買物においてか、食事においてか、素描においてか、算数の時間においてかで、意味が変わる。ちょうどそれと同じように、関係の網を理解することなくして、事物の意味を考えることはできない。

物質世界を例にとっても、一つの粒子は、他の粒子との相互作用を考えずして理解できない。もともと、粒子という個体は、場の表現として生成してくるのだから、一つの粒子の振舞いは、常に他の粒子の振舞いと連動している。だから、他の粒子の振舞いを考慮に入れることなく、一つの粒子を理解することはできない。現代の物理学で、剛体としての粒子という考えが廃棄されてしまったのに、諸契機の関係性が重視されたためである。従来の古典物理学では、互いに自立した物体があって、それらが種々の関係をもつと考えられてきた。しかし、実際は、独立した物体は存在せず、終始、他との関係によって変化している物体しか存在していないのである。

物理的世界ではなく、それを越えた生命世界でも、生命体は、常に、他との関係の中で生命体でありうる。生命体は、代謝し、増殖し、進化するが、それらは、すべて、他の生命体との関係、さらに、まわりの環境との関係によって営まれている。

生命世界を越えて、人間の営む社会を考えても、私という一個の個人の同一性は、他者との関係なくして成立しない。他者との関係によってのみ、自己は成り立つ。人は、人と人との関係によってのみ、人でありうる。現に、一人の人間が他人と接するとき、もしも、機械のように、ただ一つの態度しか取りえなかったなら、人間関係は成り立たないであろう。人が、他者との関係に応じて、様々な態度をとることによって、社会は成り立っているのである。社会におけるわれわれの行為を考えても、その行為の意味は、それ自身において決まるのではなく、他との関係において決まる。私が右手を挙げたとしても、それが単なる運動か、合図か、応答か、挨拶か、怒りの表現か、宣誓かは、他者との関係において決まることである。

存在は関係である。世界のすべてのものは関係においてあり、世界は関係と関係し合う項から成り立っているのである。

縁起の意味

仏教でいう〈縁起〉は、〈あらゆるものが関係性においてあること〉を意味していた。〈縁起〉は、その言葉の原義に帰れば、〈それぞれが働いて、ともに生じていること〉を意味している。縁起が、因縁と理解され、〈ものはすべて原因や条件によって生起する〉という意味をもつようになったのは、そのことによる。

しかし、縁起の最も深い意味は、龍樹*（ナーガールジュナ）が解釈したように、〈すべてのものは相関性においてのみある〉というところにある。「是あるがゆえに、彼あり。是なきがゆえに、彼なし。是生ずるがゆえに、彼生ず。

彼滅するがゆえに、彼滅す」と言われるように、縁起とは〈縁《よ》って起きる〉ことであり、〈ものはすべて相関的にのみある〉という意味である。自も他も互いに相手を待ってはじめてありうるものであり、相依相待の関係にある。あらゆる存在者は、他の存在者に依存して生起する。この相互依存関係を、仏教では、〈縁起〉というのである。一切の存在は縁起するものである。龍樹が、『中論』の中で、

「未だ曾《かつ》て一*法も、縁起より生ぜざるもの有らず[3]」

と言っているのは、このような一切の存在の相関性を語ったものである。

相関的にのみ存在するものは、それ自身として独立して存在しえない。したがって、また、縁起は〈実体〉という観念を否定する。いかなる存在も、実体として存在するものではない。龍樹が、縁起を無自性空と解して、存在するものの自己同一性を否定したのは、この縁起するものの非実体性を見たからである。縁起によって成り立っているもの、つまり関係性においてあるものは、空である。

華厳哲学を完成した法蔵*は、『華厳五教章』の中で、この縁起においてあること、つまり関係性においてあることを、依他起性《えたきしょう》と名づけている。依他起性とは、その名の通り、他に依って起きるということであり、すべてのものは関係の中で成立するということである。この他に依ってあるあり方が、妄想されたあり方に変ずると遍計所執性《へんげしょしゅうしょう》となり、完成されたあり方に転ずれば円成実性《えんじょうじっしょう》となる[4]。遍計所執性は、存在者を、それ自身として独立に存在するもの、つまり実体としてみ、それに執着するあり方を意味する。それに対して、すべての存在者が他の存在者に依ってのみあるあり方をそのままにみ、すべての存在者をその生起するままに受け取るあり方が、円成実性である。しかも、この三性は相互に二重構造をなして一つであるというのが、法蔵の説くところである。華厳哲学も、世界のすべてのものの関係性を深く見ていたのである。

出来事としての個体性

あらゆるものが関係性においてのみあるとすれば、この世界に存在するものは、諸事象の関係の結節点として、その都度〈出来事〉として現出してくるものだということになる。諸事象の関係は集合して、一つの出来事として生成し、離散すれば、一つの出来事は消滅する。或るものが存在するということは、関係によってあるということである。しかも、その関係は常に変動しているから、〈ある〉ことは〈なる〉ことであり、存在することは生成することである。ただ出来事のみが生起してくる。

関係の結節点としての個体性

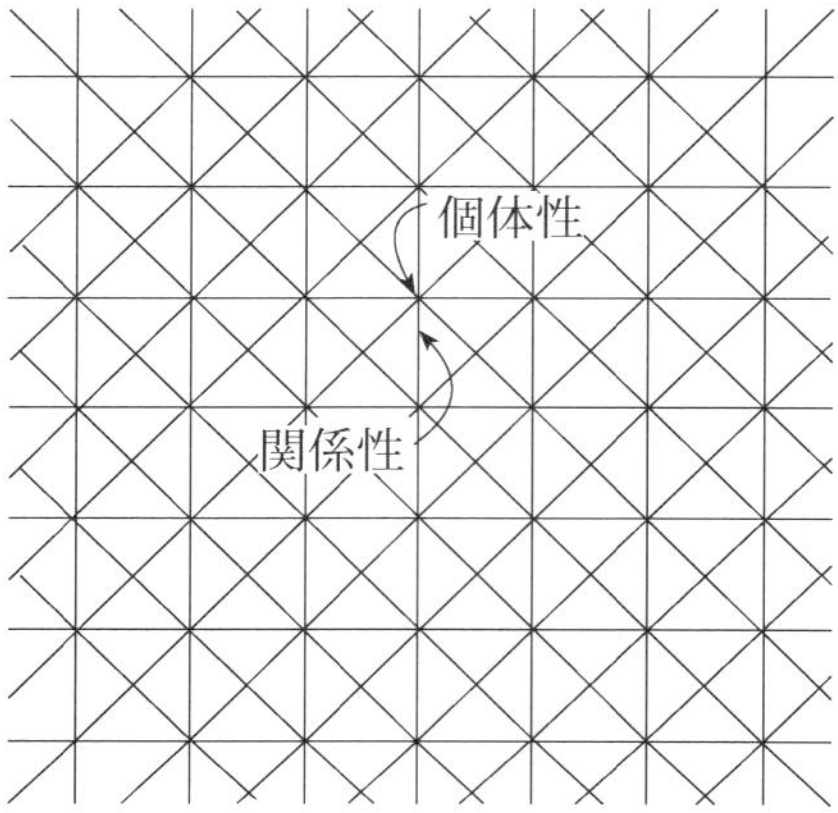

だから、個体性とは、自己同一なものが存続することではなく、出来事として新しく生成してくることと考えねばならない。物とか個体といわれるものは、果てしない途上にあり、そこに、永続する実体を求めるべきではない。それ自体は変化もせず動きもしない独立した個体は存在しない。そこには、ただ事象と事象の相関関係があるのみであり、物の実体性はない。存在は出来事であり、事象である。物《もの》ではなく、事《こと》である。世界は、無数の出来事によって構成され、動いている。存在するものは、働きであり、動きである。実在するのは、出来つつあるものであり、生成しつつあるものである。しかも、事態は絶え間なく動き、何一つ止まってはいない。

ある一つの出来事が生起してくるには、それ以前のすべての出来事、さらに現在のすべての出来事が縦横に関係している。一輪のユリの花の存在も、それを眺めている私の存在も、世界のすべての出来事の集結として生起してくるものである。それは、どれも一回きりの出来事なのだから、一輪のユリの花と私との出会いも、また、一回きりの出会いである。

現代物理学でも、粒子は孤立した物体ではなく、相互に連関づけられた出来事として生成してくるものである。だから、それは、それぞれ、それ以前の来歴をもっている。ここでは、究極の物理的実在はもはや事物性をもってはいない。相異なる時点において同一であり続ける物質という考えは、すでに無意味になっている。物質は、一つの出来事として生成してくるのである。そして、われわれが物質の確固とした属性と呼びならわしているものは、出来事の一つの関数と化す。

現代物理学の影響のもとに、世界の究極的実在を〈出来事〉に求めていったのは、ホワイトヘッドであった。その著、『科学と近代世界』によれば、世界の究極的実在としての出来事は、どこまでも生起してくるものであり、活動するものであり、単に存在するものではない。だから、ここでは、事物の個体性も、実体としてではなく、出来事としてとらえられる。時空連続体において生起する出来事が、事物の個体性を一時的に形成するにすぎない。事物は一連の出来事によってである。存在が出来事によって生起してくるのであって、出来事が存在から生起してくるのではない。しかも、出来事と出来事は、相互に重なり合い、相互に流れ込み合う。一個の孤立した出来事というものはない。諸々の出来事が絡み合い、互いに関係し合っている。そのような出来事の時空的相互連関から、一つの出来事がすべての出来事を統合しつつ生起してくることを、われわれは、事物の生成として理解しているのである。(5)

ホワイトヘッドは、この〈出来事〉という概念を、『過程と実在』では、〈活動的実質〉と言い換え、これを、世界がそれから構成される究極的なものとした。〈出来事〉は、生成における連続的生起を強調するのに対して、〈活動的実質〉は、生成の非連続的生起を強調する点で違いはある。しかし、どれも、生成の単位という意味をもっている点では、同じ概念と考えてよい。したがって、活動的実質は、出来事同様、独立した実体でもなく、変化の中の恒常的主体でもない。活動的実質は、どこまでも生成するものである。活動的実質よりも実在的なものを見出そうとして、活動的実質の背後へ行くことはできない。活動的実質においても、一つの活動的実質のうちには、あらゆる活動的実質間の関係が含まれている。すべての活動的実質は、他のすべての活動的実質のうちに現存している。新たに成立した活動的実質は、その内に活動的実質のすべてを含んでいる。そして、活動的世界を統一するとともに、新しい要因を付加する。(6)

ホワイトヘッドの思想は、あらゆるものが関係性において生起するものであり、実体性をもたず、常に生成するものであることを強調している。その点で、大乗仏教の中観哲学や華厳哲学で言われる〈縁起〉の思想に通じるものがある。

2 相互連関性

相互連関の世界

物質世界は、本質的に相互連関的世界である。どのような物質現象も相互に関係し合っており、一つのことを説明するには、他のすべてのことを説明しなければならない。素粒子も相互に作用し合っており、その相互作用を通してのみ、素粒子の性質は定義することができる。物質世界では、時間と空間、質量とエネルギー、粒子と粒子、いずれも相互に浸透し合う。素粒子は独立して存在する実在でもなく、互いに分離された物質の基本的構成要素というものでもない。素粒子の世界は、構成部分に分割することのできない不可分な世界である。物質世界は複雑に入り組んだ織物であって、そこでは、様々な種類のつながりが交錯し、そのことによって、その図柄が決定されていく。物質世界では、あらゆる部分は他の部分と相互に連動している。物質世界は、本来、そのような相互連関によって全体の構造が決定される系、つまり今日で言う複雑系なのである。

物質世界より高次の生命世界も、同じように、相互連関的世界であり、複雑系である。生命世界も、多種多様な要素が相互に密接な関係を保ちながら、動的に新しいものを創造していく。ここでも、各要素は、他の要素と分離することができない。生命世界も、それ自身が一体となった全体的世界であり、本来、部分に分割することのできない世界である。遺伝子と遺伝子、細胞と細胞、器官と器官、個体と個体、種と種が、相互作用しながら、環境に適応し、新しい構造を創発していくのが、生命世界である。遺伝子から種に至るまで、それぞれの個体は、他と分離されて独立しているのではなく、他と常に連関している。だから、生命世界の各部分は、いつも、全体の中の一部分としてのみ存在しうる。

人体における免疫系や代謝系を取り上げても、それは、無数の要素が相互に連関して循環をなしている複雑系である。そのように、多様なものの連関によって環境を取り込み、環境に適応していくのが、人体の構造である。生命体の個体と個体、種と種によって形成されている生態系も、食べられたり、食べたり、協力し合ったり、競い合ったり、あらゆる要素が縦横無尽に相互作用している全一的な世界である。そこでは、すべての生命体が密接な関係性の中にある。生命体と生命体も、相互に浸透し合っている。生命の進化も、このような生命体同士の相互連関から起きてくる。

人間の営む社会も、相互連関性と相互依存の世界である。コミュニケーションや法、制度や組織、市場などによって形成される社会は、多様な関係のネットワークによって成立している。したがって、その部分と部分は相互に連動し合い、一つの全体を形成している。そこでは、一つの社会的出来事は、それ以前のあらゆる出来事の影響のもとに出現する。また、一つの行為の影響は、他のあらゆる方面に及ぶ。社会は、関係のネットワークによって成り立っているからである。社会の変動や進化も、この相互連関から起きてくる。個人と個人、集団と集団、集団と個人が、相互に作用し合いながら、環境に適応し、新しい構造を構築して、そのことによって、環境をも変えていくというのが、人間の営む社会の特徴である。そのような相互連関的社会では、自己と他者も切り離すことができず、互いに他の内に浸透し合っている。自己も他者も密接な連関をもって動的に動いていく複雑系、それが社会である。だから、社会を構成する個人は、独立した存在ではなく、全体から切り離された単なるアトムでもない。個人は、社会の全体的構造の一部なのである。

宇宙空間も、相互連関の世界である。ここでは、銀河、星、惑星、宇宙の塵やガスなど、宇宙の各種の物質が相互に連関し合い、相互に作用し合っている。宇宙は、その中の構成要素が、牽引し、反発し、衝突し、融合し、爆発し、運動し、常に相互作用している活動態である。したがって、宇宙に存在する物質も、相互に密接なつながりをもち、宇宙空間に孤立して存在しているのではない。宇宙に生起する無数の出来事も、互いに連動しながら新しいものを創造していく。星は誕生し、成長し、死滅していく。宇宙の進化も、その中の構成要素の縦横無尽の相互連関から起きてくる。宇宙も、不断に生成流転を繰り返している生きものなのである。

ミクロの物質世界からマクロの宇宙に至るまで、この世界は複雑系である。ここでは、相互連関性の中で、無数の要素が相互に作用し合い、絶えず新しい形態や構造を創造していく。しかも、この相互連関の場では、一つの要素の動きが他のあらゆる要素の動きに影響を与え、その影響がまた元の要素に及ぼされ、その要素自身がまた変わっていく。

関係の論理学

　このような相互連関の世界の論理を考えるとすれば、ものごとを相互の関係の中でとらえる〈関係の論理学〉を必要とする。

　あるということは、関係のうちにあることである。あらゆる事物は関係によって成立している。多様な要素の多様な関係が複合して、多様な関係の網の目を作り、多様な相互連関の世界を成立させている。

　ここでは、多くの要素が、密接な関係の中で、縦横に相互作用を行なっている。この相互連関の場では、要素と要素は、あるいは反発し、あるいは引き合い、あるいは作用を及ぼし、あるいは反作用を被りながら、相互作用を繰り返している。だから、この相互作用の場では、能動的であることは、同時に受動的である。つまり、多くの要素が、互いに限定し合っている。他を限定することは、自己を限定することである。私が他者にある行動を投げかけるということは、私も他者から投げかけられることであり、私が他者を束縛することは、私も他者から束縛されることである。したがって、このような相互作用の世界での因果関係は、原因が結果となり、結果が原因となり、矛盾錯綜する。

　相互連関の世界では、あらゆる要素が、それぞれ他の要素との連関において規定されている。ここでは、一つの要素は、他と切り離されて存在するのではなく、他の一切の要素との結合の中にある。一つの要素は、独立した存在でもなく、孤立した存在でもない。相互連関の世界は、生物の個体と環境のように、本来分離することができない世界であり、多くの要素が相互に浸透し合っている世界である。

　相互連関の世界では、このように、あらゆる要素が結合しているから、それらは互いに連動している。それゆえ、ここでは、地球生態系のように、すべてのものがすべてのものに影響を及ぼす。一つの出来事の生起には、すべての出来事が影響する。また、どんなに小さな部分の動きも、その影響はあらゆる範囲に及ぶ。

この世界では、すべてのものは媒介されている。すべてのものは、すべてのものの媒体になっている。その意味では、あらゆるものは、あらゆるものの述語であると言わねばならない。実体が、主語として、世界の基本的な要素を構成し、この実体に、性質や関係が述語として付随するというのが、古典的な主語－述語関係である。しかし、このように、実体と属性という観点から、物を他から分離された実体として扱うと、見えなくなってしまうものがある。事態は、むしろ、主語があって述語があるのではなく、述語があって主語がある。或るものは、他のすべてのものとの関係においてのみあり、或るものの中には、他のすべてのものとの関係が内包されているのである。一つのものは、互いに他を含み、他に含まれる。一つのものを、それ自身としてではなく、関係性の中で理解する〈関係の論理学〉の必要な理由がここにある。

個体は、相互連関性の網の目の連結点のようなものであり、独立した実体ではない。個体は常に他とのかかわりを含む。すべての個体は連なっている。個体と個体は非連続であると同時に、連続している。

また、個体の内と外という概念も、不動なものではなく、実在性をもったものではない。代謝する生命体がそうであるように、個体は、他のものが入ったり出たりしうる柔軟なものである。内なるものが外へ出、外なるものが内に入ってくる。内と外は、互いに入れ代わりうる。

相互連関の世界では、事象と事象は互いに区別されると同時に、互いにつながり、共通性をもつ。確かに、相互の連関性が成り立つには、事象と事象はまず区別され、相異なっていなければならない。区別されるということは、それぞれの事象が、相互に独立性をもつということである。しかし、あらゆる事象は同時に関係し合ってもいるのだから、その関係が成り立つためには、相異なる事象と事象の間に、共通性が見出されねばならない。生命体に同化と異化の両方の作用があるように、相互連関性のもとでは、差異性と同一性が同時に存在しなければならない。

したがって、また、諸事象の自己同一性は、相互の差異性を含意する。A＝Aという自己同一性を表現する命題は、その背後に、すでにAと非Aとの区別を前提している。自己同一性は、自己自身の中に区別を含み、この区別によって、はじめて自己同一性である。自己同一性を徹底すれば、差異性に出会う。しかし、同時にまた、この差異性は自己同一性を含まねばならない。自己同一性と区別は、相対立するようにみえるが、相補的なものである。自己同一性と区別とは、同じことの両面なのである。赤が赤であるためには、それが青でもなく、緑でもなく、黄でもないことによらねばならないのである。

相互連関の世界は、無数の事象が重なり合い、錯綜し、影響し合っている網の目によって成り立っている。だから、一つの事象が生起するには、それ以外のすべてのものが作用している。事象の相互連関性は、空間的にも、時間的にも、無限に広がっているから、一つの事象の生起には、無数の原因や条件の連鎖が働き出ている。したがって、現在の一つの事象は、それ以前のあらゆる事象の働きを前提していることになる。

この相互連関の世界では、一つの原因に対して一つの結果が生じると考える単純な因果関係は成り立たない。相互連関の世界は、時間的にも、空間的にも、無数の事象が連動している複雑系の世界だから、無数の原因から無数の結果が生まれると考えねばならない。一つの事象は、宇宙全体と切り離された存在ではありえないから、一つの結果には、無数の原因や条件が働き出ているのである。したがって、また、同じ原因から、全く正反対の結果が生まれたり、全く違った原因から、同じ結果が生まれたりする。相互連関の世界は多因多果であって、一つの原因で多くの結果が生まれることもあれば、多くの原因が一つの結果を生み出すこともある。ここでは、原因だけでなしに、結果を左右する無数の条件が働き出ているからである。だから、同じ条件下で同じ原因が働いていても、その結果は違って現われることがある。近代科学は単純な因果関係に立脚していたために、この点を見落としていた。多様なものの相関を単純な因果に還元することはできないのである。

矛盾の論理

相互連関の論理は、矛盾の論理である。相互連関の世界では、一つの事象は、他のすべての事象との相互連関性において、それ自身である。すべての事象の生起は、他のすべての事象との連関の中で起きる。だから、すべての事象には、他のすべての事象が包含されている。ここでは、矛盾律は乗り越えられている。相互連関性の世界では、AはAであると同時に、非Aでもある。むしろ、AがAであるという自己同一性は、AがAでないがゆえにである。A＝Aは、A＝非Aを含意していなければならない。相互連関の世界では、Aと非A、肯定と否定という対立するものが両立するのである。そして、そのことによって生成が起きる。

相互連関の世界では、相異なるものが同時に浸透し合っているから、同一性と差異性という相対立する項が、同時に両立しなければならない。AがAであるという自己同一性は、AがAでないという差異性によって成り立っている。また、同じことであるが、ここでは、あらゆるものは自己の中に他者への関係を含んでいるから、自己が自己であるのは、他者があるかぎりにおいてである。自己は、むしろ、他者の他者としてのみある。自己と他者という相対立するものが、自己の中で両立しているのである。

相対立するものの両立を〈矛盾〉というとすれば、この相互連関の世界は、矛盾によって成り立っていると言わねばならない。肯定と否定、同一性と差異性、自己と他者ばかりではない。連続と非連続、内と外、能動と受動、原因と結果など、相対立するものが両立し浸透し合う矛盾の世界が、相互連関の世界、つまり複雑系なのである。

このような矛盾の世界を理解するには、生命世界をモデルとして考えるとよい。例えば、生物の個体は、植物にしても、動物にしても、外皮によって覆われているが、これは、個体と環境を区別するとともに、同時に、外のものを内に、内のものを外に出し入れして、個体と環境を連続させてもいる。ここでは、実際、内と外、自己と他者、同一性と差異性、連続と非連続など、相対立するものが浸透し合っている。そして、そのことによって、生物は変化していく。

このような矛盾の論理をあますところなく展開したのは、ヘーゲルであった。

ヘーゲルは、『論理学』の中で、相対立するものは互いに他者において自己をもつとみ、対立するものの両立を全面的に説いた。そして、対立するものの両立を〈矛盾〉と呼び、この矛盾を世界の原理としたのである。(7) したがって、ここでは、同一性は区別を含み、区別は同一性を含み、同一性と区別の対立は統一される。また、内が外であり、外が内であり、内と外との対立も統一される。交互作用における能動と受動、原因と結果の対立も、統一される。ヘーゲルの『論理学』は、相対立するものが互いに関係し、互いに限定し合い、媒介し合っているとみる〈関係の論理学〉であった。

龍樹も、『中論』の中で、関係性の論理を展開した。

龍樹は、一切の存在を〈縁起〉という関係性の上にみ、一切の事物は依存関係によってあることを明らかにする。例えば、同一性と差異性という相対立する概念も、相互依存関係にある。区別され、対立させられるものも、互いに他者を前提しなければ成立しないという意味で、依存関係にある。ヘーゲルは、この同一性と区別の相互依存関係とその矛盾から、その統一をはかった。それに対して、龍樹は、そこから、両者の不成立を説く。原因と結果の場合も、同じである。ヘーゲルは、原因と結果の相互依存関係と矛盾から、両者の統一をはかるが、龍樹は、原因と結果つまり因と果の相互依存関係と矛盾から、縁起関係一般の否定に至る。(8) 相互依存関係は矛盾的であり、したがって、相互に依存し合うものは成立しないというのである。ただ、この龍樹の全面否定は、一切の絶対肯定に至るための一過程にすぎなかった点に、留意しておかねばならない。

モナドロジーと華厳

あらゆる事象がつながりをもち、結合されているという世界観を、明解な形而上学の理論に仕上げたのは、ライプニッツであった。ライプニッツは、『モナドロジー』の中で、この世界は、分割不可能な精神的実体としての多くのモナドから成ると考えた。しかも、多くのものは互いに異なっているから、モナドは、互いに弁別される個体として存在する。しかし、これらの異質な個体として存在する多くのモナドは、互いに無関係ではなく、それらは、相互に根拠づけ合う関係にある。事物は、事物の連続の中に、それが存在する十分な根拠をもつ。モナドは、事物の連続それ自体に根拠づけられている。[9]ライプニッツも、世界を、相互に連関した事象の連続の中でとらえたのである。

ホワイトヘッドも、ライプニッツを引き継いで、事象と事象の結合性を説き、宇宙を、多くの活動的実質の相互内在性として記述した。ホワイトヘッドは、世界にある一切の事物は、実体としての性格をもたず、相互に他を含んでいると考え、これを相関性の原理と名づける。そして、活動的実質は他の活動的実質の内にあると言う。したがって、宇宙のあらゆる活動的実質は、一つの活動的実質の構成要素となっている。ホワイトヘッドは、そこから、過去と現在の統一や因果性の問題も考えたのである。[10]ホワイトヘッドの哲学は、すべての活動的実質の共在性を説く〈相互連関の哲学〉であった。

しかし、〈相互連関の哲学〉をあますところなく展開し、万物の融通無礙を説いた思想の最高峰は、華厳哲学である。華厳哲学は、世界を、空間的にも、時間的にも、相互に連関した諸事象によって成り立つとみて、宇宙の本質的存在連関を明らかにした。それは、あらゆるものが相依相待の関係性においてあるという縁起思想の独自の解釈であった。

華厳哲学は、われわれが経験する同じ一つの世界を、その見方によって、四つの世界に分ける。事法界、理法界、理事無礙法界、事事無礙法界が、それである。そのうち、事法界は、それぞれの事物がその自己同一性を主張し、互いに否定し礙《さまた》げ合うとみる立場である。他方、理法界は、それらの事物がすべて関係性においてあるとみて、一切の事物の空をみる立場である。これに対して、理事無礙法界は、理と事つまり空と事物の無障無礙を説く。ここでは、すべての事物は、空の場から性起する出来事としてみられる。事事無礙法界は、そのような空の場で、事物と事物が礙げ合うことなく融通無礙につながり、他と一つとなるとともに、同時に、それ自身である世界である。

このうち、華厳の世界観の究極は、事事無礙法界である。ここでは、各事象はそれぞれ異なったものとして働き出るが、同時に、それらは互いにつながり、融通無礙である。事事無礙観は、互いに異なる事と事の円融無礙を説く。事象と事象は、それぞれ別々でありながら、相互に礙げ合うことなく、相互に交わり合っている。

華厳哲学は、事象と事象の円融無礙を説明するのに、相即相入という概念をもってする。相即とは、相異なるものの相互依存、相反するものの不二同一であり、存在論的な面から見た相互内在性のことである。それに対して、相入とは、相異なるものが、その働きにおいて相互浸透関係にあることであり、作用論的な面から見た相互内在性のことである。存在論的と作用論的の違いはあるが、相即も相入も、相反するものの相補性を語り、万物の相互内在性を語っている。全宇宙の一切の事象は、相互に他を含み合い、円融無礙である。

華厳哲学は、このように万物の円融無礙を説くが、同時に、また、そのような円融無礙の場で、万物はそれぞれ異なった事象として立ち現われていることを、全面的に肯定する。そして、これを有力・無力という概念で説明する。万物は本質的に円融無礙の状態にあるが、存在の現象面では、有力な要素だけが浮き出て、無力な要素は隠れる。このように、力が異なったしかたで顕現することによって、それぞれ、無限に異なった事象が立ち現われると考える。(11)

華厳哲学の事事無礙観は、あらゆる事物が相互連関性においてあること、そして、その相互連関性においてのみ、それぞれでありうることを語り尽くしている。しかも、この華厳哲学が語る事事無礙の世界は、静的な世界ではなく、事象と事象が休むことなく働き合って生成している動的な世界である。

事象と事象が休むことなく働き合って生成している動的な世界、これこそ、複雑系の世界である。複雑系の世界は、無数の要素が相互に作用し合い、相互に連動し、動的に新しいものを創発していく相互連関的世界である。宇宙も、物質世界も、生命世界も、人間社会も、そのような相互連関的な動的世界であり、複雑系である。この複雑系の世界の論理構造を明らかにするには、〈相互連関の論理〉が必要である。

第五章　相互連関の論理

1　一と多

地球生態系を考える

例えば、地球生態系にあっては、植物や動物や微生物など、各生物は互いに関係し合い、一つの体系を作り上げている。しかも、生態系の各部分は絶えず動いており、そのリズムがまた生態系全体にも広がり、生態系は絶えず変化していく。生態系は、外部からの変動に対しても、内部からの変動に対しても、敏感に反応して、自ら適応していく。地球生態系も、相互に連関し合った無限の事象から成り立ち、どの事象も他の事象から切り離すことのできない相互連関の世界であり、複雑系の世界なのである。

この地球生態系では、無数の生命体を通って、水や炭素や窒素や栄養塩類が循環し、この物質循環を通って、太陽や地球内部のエネルギーが、各生命体を通って流れていく。かくて、原始的なバクテリアも、原生生物も、植物も、動物も、人間も、物質の循環やエネルギーの流れに貫かれて、連続している。無機物も、微生物も、植物も、動物も、人間も、孤立した存在ではなく、連続した存在である。人間も、他の動物や植物、さらに、地・水・火・風、すべてのものとつながっている。万物は、それぞれ、かけがえのない個体として、その個性を発揮しているとともに、互いに結びつき、一つである。

実在は、個別性として、多として現われるとともに、それらは互いにつながり、連関し合って一つになっているのである。多でありながら一であり、一でありながら多である。多なる一であり、一なる多である。一の中の多、多の中の一、それが実在の原理である。全体的一と個別的多は相即する。あらゆるものは多様性に満ち、差異性に満ちているが、同時に一体でもある。存在は、多様性における統一性であり、統一性における多様性である。

地球生態系では、また、それを構成する諸要素が相互に作用し合い、流動的世界を形成している。そこでは、一つの構成要素の変化は、他の多くの構成要素に直接間接深い影響を及ぼす。生態系の世界は、要素間の相互作用が融通無礙に行なわれている世界である。各生命体が他の生命体と密接に連関し合い、相互に映し合うことによって、生態系は成り立つ。

つまり、ここでは、個別的一は全体的多を映し、全体的多は個別的一を映している。ここでも、一は多であり、多は一である。多は一の中にあり、一は多の中にある。一輪のユリの葉先に宿る一滴の露にも、山川草木、日月星晨、無数のものが映し出されている。と同時に、山川草木、日月星晨、無数のものが、一滴の露を映しているのである。

ライプニッツとホワイトヘッド

ライプニッツのモナドロジーも、一の中の多、多の中の一という論理に基づいている。ライプニッツは、互いに区別される異質な個体としてのモナドに、実在性を見た。しかし、これら多くのモナドは、相互に連関し、対応し、共感し合っている。したがって、一つのモナドへの集中は、同時に、全宇宙に広がる。各々のモナドは、それが存在する十分な根拠をもつが、その根拠は、すべてものが相互に基礎づけ合っている事物の連続性そのものの中に求められる。一は多として現われ出るとともに、その多なるものは、また、互いに連結され、一へと統一されてもいるのである。[1] モナドロジーが語る世界も、一と多、全体的一と個別的多の相即の世界である。

しかも、ライプニッツは、モナドの本性を〈表象〉*に見る。各々のモナドが互いに異なるのは、表象作用の程度においてであるという。かくて、各々のモナドは、その程度に応じて、他のすべてのモナドを表象するとともに、全宇宙を表現する。モナドは、何かある事物が出入りできるような窓を持ちはしないが、しかし、あらゆるものを表象するかぎりでは、すべてが窓だとも言える。モナドは、自己の内に全宇宙を映し、全宇宙を表現する。モナドの表象作用は、多を一の中に映し、表現する作用である。多を含み、それを一の中に表現するのが、モナドの表象作用である。表象作用は、一における多にほかならない。[2] つまり、ここでは、個別的一の中に全体的多が表現されていることになる。

宇宙は、宇宙自身の中に無数の表現点をもち、至るところに無数の中心をもっている。この宇宙にはどこにも中心がなく、同時に、至るところが中心である。モナドロジーが描く世界は、一と多、全体的一と個別的一と全体的多の相即相入の世界、つまり複雑系の世界なのである。

ホワイトヘッドも、『過程と実在』の中で、ライプニッツのモナドに当たるものを活動的実質と呼んだ。しかも、モナドの表象作用同様、活動的実質は、互いに他を含み合っていると考えた。したがって、一個の活動的実質の自己形成は、世界万物の参与を媒介にしている。モナド同様、活動的実質は、いわば多を一へと統合する働きである。現実の世界における一切の事物は、相互に他を含みながら生成してくる。[3] このホワイトヘッドの見方は、個別的一が全体的多を含みつつ自己形成していく面を強調している。そのような意味で、ホワイトヘッドも、一と多の相即相入を説いている。

一即一切

華厳哲学も、〈一即一切〉を説き、個別的一と全体的多の相即を語ってあますところがない。華厳哲学も、あらゆる事象が相互につながり、相互に映し合い、相互に含み合うことによって、世界は成り立っているとみる。だから、一つの事象の生起に注目するなら、その生起自体の中に、他のすべての事象が含まれていることになる。逆に、また、一つの事象の生起は、他のすべての事象の生起に含まれることにもなる。あらゆる事象は他のすべての事象からなる。このことを、華厳哲学は、一即一切、一切即一という論理によって説明する。一切が一の中にあり、一が一切の中にある。一切が一の中に入り、一が一切の中に入る。一切が一を摂し、一が一切を摂する。このように、華厳哲学は、一と一切の相即相入を説き、一と一切の無礙を説く。

華厳哲学の語る世界は、それぞれの中にすべてがあり、すべての中にそれぞれがある〈事事無礙〉の世界であり、複雑系の世界である。実際、華厳哲学を完成した法蔵は、『華厳五教章』の中で、この一即一切、一切即一の哲学を、その強靱な思索力によって細かく展開している。この華厳の世界観は、その論理を、相即の方からも、相入の方からも、空間の側からも、時間の側からも説く壮大な体系である。そして、それは、また、互いに映じ合う十面の鏡の比喩でも説明される。上下、四方八方、すべてが鏡でできている部屋の中に、一つの仏像を置くと、その像がすべての鏡に映り、映った像がまた無限に重なり合って映っていく。このように、ありとあらゆるものが無限に重なり合って相即相入しているのが、事事無礙の世界である。そこでは、一の中に一切が、一切の中に一が映っている。法蔵は、このような巧みな比喩を用いて、個別的一と全体的多の相即を説明したのである。(4)

法蔵の哲学は、大乗仏典の『華厳経』の解釈に基づくものであるが、『華厳経』では、法蔵が一即一切、一切即一の論理で説明したことを、毛孔や微塵の比喩で語っている。普賢菩薩*の一毛孔の中に、全仏国土が入り、その一々の毛孔から、一切の全仏国土の微塵の数に等しい雲が放たれるという。また、一微塵の中に一切の法が入り、一切の法の中に一微塵が入るともいう。『華厳経』では、このように、一微塵の中に全世界が映され、全世界の中に一微塵が映され、一切のものが融通無礙にある有様が繰り返し語られている。(5)

『華厳経』では、また、一即一切、一切即一の世界観を、大楼閣の譬えでも語っている。無数の宝石によって飾られている荘厳な大楼閣の中に、何千何万という楼閣があり、しかも、それらは互いに侵害し合わないという。一つの楼閣に入れば、全部の楼閣に入ることになり、全部の楼閣に入ることは、一つの楼閣に入ることと同じである。ここでは、一国土と一切の国土、一法と一切法、一刹那と一切の時、一劫《ごう》*と一切劫が、相即相入しているとみられている。大楼閣は、個別的一と全体的多が相即するわれわれの宇宙の構造そのものを譬えたものなのである。(6)

『華厳経』は、また、このような世界観を、インドラの網の譬えでも説明していた。無数の宝珠で荘厳されたインドラの宮殿の網では、すべての宝珠が一つの宝珠に映し出され、一つの宝珠がすべての宝珠に映し出されている。さらに、映し出されている宝珠の中に、また、他の宝珠がすべて映されている。宝珠と宝珠は互いに映し合い、重々無尽のネットワークを形成している。(7) このインドラ・ネットワークの譬えも、一即一切、一切即一の論理、個別的一と全体的多の相即相入の論理を語っている。

世界のネットワーク構造

われわれの世界は、ミクロの物質世界からマクロの宇宙に至るまで、無数の要素が相互に連関する網の目構造によって成り立っている。世界は、要素と要素が縦横に連関し、相互に作用し、相互に浸透し合っている関係のネットワークである。ここでは、存在するものは、独立して存在することはできず、すべて連関し合っている。だから、一つのものの存在にも、すべてのものが参加している。自己と他者も、分離することはできない。ここでは、あらゆる要素が互いに情報を交換し、その情報のネットワークを通って、一つの要素の変化が、他のすべての要素に波及する。

そして、ネットワークの構造全体を変化させる。さらに、その構造全体の変化が、また、要素そのものにも影響を与え、要素そのものが変わっていく。われわれの世界は、そのような再帰的な循環構造から自己自身を形成していく動的なネットワークである。つまり、複雑系なのである。

実際、ミクロの物質世界でも、絶え間なく変化する場で、粒子と粒子は絶えず相互作用し、緊密なネットワークを形成している。粒子の変化とともに場も変化し、場の変化とともに粒子も変化する出来事のダイナミックなネットワーク社会、それがミクロの物質世界である。

物質世界よりも上位の生命世界も、各要素のネットワークによって成り立っている複雑系である。遺伝子の相互作用から起きてくる発生や進化なども、遺伝子間のネットワークを無視しては解明できない。人体の循環系や免疫系、神経系や内分泌系も、各要素の相互作用によって成り立つネットワーク構造をしている。免疫系一つをとっても、それは、免疫細胞同士が情報伝達物質を通して綿密に結ばれたネットワーク構造によって成り立っている。免疫系は、そのようなネットワークによって、自己を認識し、環境の変化に即興的に対応し、人体の生存を維持しているのである。神経系も、緊密なニューロン・ネットワークによって形成されており、しかも、それは、免疫系や内分泌系とも縦横にネットワークを形成している。

人間社会も、また、個々人が相互に関係し合い、作用し合って成り立っているネットワーク社会であり、複雑系である。人間社会は、人と人との関係のネットワークの中で営まれる相互作用から形成されている。通信、技術、経済、政治、教育、宗教、あらゆる人間の社会的活動は、そのような人と人とのネットワークによって形成されている。それが、社会の結合と統合と変化を形作る。そればかりでなく、地球生態系や宇宙そのものが、無数の要素のネットワークによって成り立っている。

この世界は、無数の要素の相互連関によって自己自身を形成していく複雑系である。その論理構造は、一と多の相即相入、つまり、個別的一と全体的多、全体的一と個別的多の相即相入というところにある。『華厳経』が語るインドラ・ネットワークの構造は、このような世界のネットワーク構造を象徴的に表現している。

密教の曼荼羅も、華厳の世界観を背景に、一と多、つまり、全体的一と個別的多、個別的一と全体的多の相即によって成り立つ世界のネットワーク構造を象徴的に表現したものである。曼荼羅を構成する無数の諸仏は宇宙生命の表現であり、それぞれがその個性を発揮しているとともに、それらは互いに結びついて、一つである。つまり、一は多であり、多は一である。全体的一と個別的多は相即する。と同時に、また、諸仏は、宇宙生命の分身として、それぞれが互いに映し合い、無礙の世界を作っている。つまり、ここでは、個別的一と全体的多の相即が成り立つ。曼荼羅は、一と多の相即によって成り立つ全宇宙の縮図なのである。

一即多

一と多が相即する世界の論理構造を執拗に追究したのは、西田幾多郎であった。西田は、ライプニッツのモナドロジーを評価し、特に、モナドの表現作用に注目した。一において多を映すことが表現であり、そのことによって、モナドは世界を映すとともに、世界のパースペクティヴの一観点となる。そして、その観点から、世界を世界の中において構成し、創造していく。この場合、ライプニッツは、一において多を表現することを〈表象〉と考えたが、西田は、これを単に表象だけに限定せず、行為的なものとしても理解した。西田においては、世界の一観点としてのモナドは、より創造的・形成的なものとして把握されている。(8)

西田は、この創造的世界を歴史的世界と呼び、歴史的世界は、一と多の矛盾的自己同一によって常に形成されていくものと考えた。歴史的世界における行為や形成も、一と多の矛盾的自己同一の原理によって理解されるのである。

西田は、このような歴史的世界を、特に人間的世界において見る。それに対して、生命的世界や物質的世界では、まだ、このような一と多の矛盾的自己同一としての歴史的世界は、十分その本質を現わし出していないとみている。西田によれば、物質的世界は、化学結合にも見られるように、〈多の一〉あるいは〈多から一へ〉の世界であり、生命的世界は、胚の分裂にも見られるように、〈一の多〉あるいは〈一から多へ〉の世界である。それに対して、歴史的世界に至ってはじめて、社会の統合や分化に見られるように、〈多の一〉であると同時に〈一の多〉、〈多から一へ〉であると同時に〈一から多へ〉の世界となる。つまり、一即多、多即一の世界は、真に歴史的世界において立ち現われると考える。歴史的世界こそ、個物的多と全体的一の矛盾的自己同一の世界なのだという。(9)

もちろん、物質的世界、生命的世界、歴史的世界の論理構造を、西田のように単純化できるかどうかは、問題である。地球生態系の例でも分かるように、物質的世界も、生命的世界も、本来、全体的一と個別的多、個別的一と全体的多の相即相入によって形成されていく世界であり、歴史的世界そのものだと考えねばならない。人間的な歴史的世界において、はじめて、一即多、多即一が成り立つのではない。物質世界、生命世界、人間世界、さらに宇宙そのものが、一貫して、歴史的な自己形成的世界である。

さらに、西田の一と多の用語法には多くの混乱が見られ、その叙述は極めて曖昧で多義的である。一によって全体的一を表わす場合もあれば、個別的一を表わす場合もある。それに応じて、多という言葉も曖昧な使われ方をしている。ただ、そのような難点を大目に見るなら、西田の一と多の矛盾的自己同一の論理は、相互連関性から自己自身を形成していく複雑系の構造を論理的に表現しようとした努力として、評価することができる。

世界は、物質世界、生命世界、人間社会、地球生態系、宇宙そのものに至るまで、各要素が相互に関係し、相互に映し合いながら、自己自身を形成していく相互連関の世界であり、複雑系の世界である。そして、その論理構造は、どの位相でも、一と多、つまり、全体的一と個別的多、個別的一と全体的多の相即相入によって成り立っている。世界は、いわば、一と多の相即相入という同じ論理で表現できるフラクタル構造*になっているのである。

2　全体と部分

物質世界から宇宙まで

現代物理学の明らかにするところによれば、粒子と粒子は相互に連関し、互いに離れていても、不可分な全体をなしている。あらゆる粒子が密接に結ばれていることこそ、実在の真相である。たとえ、独立して振舞っているように見える部分でも、実際には、不可分な全体がとる特定の形態にすぎない。物質の構成要素は、孤立した実体ではなく、統合された全体の部分として把握されねばならない。物質世界でも、全体から部分を分離することも、部分から全体を分離することも困難である。だから、物質の由来を求めて、これを究極の構成要素に還元していっても、物質の基本原理はほとんど理解できない。部分が全体と密接に結びついているところでは、部分の中に全体が包まれるから、全体を部分に分割するだけでは、全体を理解することができないのである。また、部品を組み立てるように、単に部分と部分を重ね合わせただけでも、全体は理解できないのである。

物質世界より高次の生命世界においても、同じことが言える。単細胞生物が共生して多細胞生物になる場合でも、多くの器官の協同によって営まれる身体でも、いつも、全体は部分の総和以上のものになる。ここでは、部分部分が、有機的に組織された全体の一部として働くことによって、部分には見られない新しい特性を発揮する。この点から言えば、部分なくして全体はないとともに、また、全体なくして部分はないと言える。生命とは、部分を結合して全体を組織する統合力であり、この統合力が失われたなら、それを構成していた器官や細胞は、その意味を失う。また、一つの受精卵が分裂していくことによって、各器官が作られる点に注目しても、全体は部分に先立つと言わねばならない。全体がまずあって、それが部分部分に分かれ、機能を分担していくことによって、生命体は成り立つのである。

それどころか、ここでも、部分の中に全体がある。例えば、よく知られているように、プラナリアを細分割しても、それぞれの部分から全体の成体が再生してくるし、二細胞期から八細胞期までのカエルの胚を分割しても、それぞれの細胞から完全なカエルの成体が育つ。さらに、イモリの変異体で、染色体数が二倍になり、細胞の大きさが二倍になったものでも、細胞数が二分の一になることで、元とほぼ同じ体を作る。また、サンショウウオの脳のかなりの部分を切除しても、それがもっている記憶は失われることはない。これは、細胞や脳のどの部分にも、全体を呼び起こすのに必要な情報が含まれているということを示す。細胞や脳は、部分の中に全体が折り込まれているホログラフィー*のような構造をしているのである。ここでは、いつも、部分は全体を読み込み、全体を理解して、自己を決定している。このことは、また、細胞や脳が複雑なネットワークを形成していることと深くつながっているであろう。

生命世界でも、物質世界同様、全体と部分は密接に結びつき、全体の中に部分が含まれると同時に、部分の中に全体が含まれている。全体と部分は分離することができず、全体と部分が相即することによって、生命世界は成り立っている。したがって、ここでも、全体を部分に分解して、その機能や構造を解明する要素還元主義は成り立たない。

人間が営む社会も、全体と部分の相即によって成り立っている。社会は、個人と個人の関係によって成り立つが、しかし、社会関係なくして、個人もありえない。そのかぎり、個人の成立は、社会の存在を前提している。社会は、個々人なくして存在しないとともに、個々人も、また、社会なくして存在しない。人間社会においても、部分があって全体があり、全体があって部分がある。あるいは、部分なくして全体はなく、全体なくして部分はないのである。

確かに、社会は個々人の集まりによって構成されているが、しかし、それは、個々人の総和を超える。だから、社会を、その要素である個人に還元することはできない。そのかぎり、全体は部分に先立つと言える。個々人は、社会という全体的なものがなかったなら、個々人としても成り立たないのである。

もっとも、個人は、しばしば社会と対立する。個人は、社会全体と否定的関係に立つときがある。社会も、また、個人と対立し、否定的関係をもつことがある。個人と社会の関係は、相互依存的であるとともに、同時に相互否定的でもある。だが、そのことによって、個人も社会も変動していく。

個々人は、社会全体を自己自身の中に映し、全体を了解して、協調的にせよ、離反的にせよ、自らの行為を決断している。そのことによって、社会そのものも変化していくのである。個々人の中に社会全体が反映され、それが行為として表現されることによって、社会は変動していく。社会の中に個人があるとともに、個人の中に社会があり、かくて社会は生成していく。全体の中に部分があるとともに、部分の中に全体があることによって、全体が変化していく。全体と部分が密接に結びつき、全体と部分が相即することによって、社会は成り立ち、動いていくのである。

全体と部分の相即は、宇宙と、宇宙の中に存在するものとの間にも成り立つ。銀河、星、惑星、物質、生命体、人間など、宇宙に存在するあらゆる個体は、宇宙の表現である。宇宙は、大河のように、間断なく生成変化していく流れである。その流れに生じる渦のようなものが、宇宙に生まれ出る個々の個体である。だから、宇宙に生まれる個々の個体は、宇宙全体の一部であり、宇宙全体を反映している。人間ばかりでなく、あらゆる生命体が、日や月、季節や年単位の多種のリズムを体内にもち、宇宙のリズムと共鳴し合い、交感しているのも、その一つの現われである。われわれと宇宙を、分離したものと考えることはできない。われわれが生きているということは、常に、雄大な宇宙と密接につながっているということなのである。地球も、その上に生存している生命も、全宇宙から比べれば、砂粒のようなちっぽけな存在にすぎない。しかし、そのちっぽけな存在そのものの中に、全宇宙は宿っているのである。ここでも、全体は部分に内在し、部分は全体を映している。

一般に、部分なくして全体はありえないとともに、全体なくして部分もない。全体は部分に依存するとともに、部分は全体に依存している。全体と部分は相互依存関係にある。全体と部分が相互に依存し合って、世界は生成する。全体はどこまでも部分に依存しているから、部分がなくなれば、全体は崩壊する。しかし、同時に、部分はどこまでも全体に依存しているから、全体が崩壊すれば、部分も意味をもたなくなる。全体が部分を含むとともに、部分が全体を含み、世界は自己自身を形成していくのである。

宇宙も、物質世界も、生命世界も、人間社会も、あらゆる位相において、世界は、全体と部分の相即相入によって成り立つ複雑系なのである。

東西思想を振り返る

全体と部分について独自の考えを残したのは、カントやヘーゲルであった。そのうち、カントは、有機体を部分と全体の関係において考察し、特に、全体が部分に先立つ点を強調した。有機体においては、部分を単に集めただけでは、全体にはならない。むしろ、すべての部分が互いにそれぞれの原因にもなり結果にもなるというしかたで統合して、統一ある全体は形作られ、しかも、その全体に関係することによってのみ、各部分は成り立つ[10]。このカントの考えは、できるだけ多くの小部分に分かつことによって問題を解こうとしたデカルトを乗り越えるとともに、すでに、今日の複雑系の考えを先取りするものとして注目すべきであろう。

他方、ヘーゲルは、全体と部分を相関的なものとしてとらえる。全体は部分から成立し、部分を欠いてはありえない。したがって、全体は、その存立を自己自身の中にもたず、かえって、これをその他者の中にもつことになる。全体は、自己の否定を自己自身のうちに含んだものとして、自己自身に帰るのである。だが、一方、部分は全体によって成立し、全体がなかったなら存在しない。部分は、全体の中でのみその存立性をもち、全体を自己の契機としてもつ。部分は、全体を内に含むという形で、部分でありうる。全体と部分は、互いに自立的でありながら、互いに相関的なのである。全体と部分は、一つの円環運動である。[11] 全体と部分を相即するものと考えるこのヘーゲルの考えも、複雑系の分析には有効である。

ヘーゲルの説く全体と部分の相関性は、華厳哲学の主張するところでもある。華厳哲学を完成した法蔵は、『華厳五教章』の中で、全体と部分の関係を、総相と別相、同相と異相、成相《じょうそう》と壊相《えそう》の三対六相の概念で分析し、これが互いに円融無礙の関係にあるという。そして、これを、屋舎の譬えで説明する。総相とは、全体としての屋舎の統一相を指し、別相は、屋舎の各部分の差別相をいう。また、同相とは、屋舎の各部分が共同して全体をなす相をいい、異相は、屋舎を構成している各部分が個々別々である相をいう。また、成相とは、屋舎の各部分が縁となって全体をなす面をいい、壊相とは、屋舎の各部分がどこまでもそれ自身の個別性を主張して交じり合うことがない面をいう。だが、これら、総相や同相や成相、別相や異相や壊相は、別物ではなく一つであるというのが、華厳哲学の主張である。[12] これは、全体と部分が、それぞれ独自性を主張しながら、同時に結合し、不即不離の関係にあるということを主張するものである。全体は部分によってあり、部分は全体によってある。

西田幾多郎も、全体と部分の相即を主張している。特に、西田は、部分の中に全体が含まれることによって、世界が創造的に形成されていく面に注目した。自己の内から自己を限定することによって、世界は創造的に形成されていく。しかも、それは、常に、部分の中に全体が含まれるということによってである。部分の中に全体が映されることによって、部分が全体を限定する。このような全体と部分の矛盾的自己同一によって、個物は、表現的に自己自身を限定し、行為的に世界を創造していく。社会の変動も、個人が社会を映しながら行動することによって起きるように、全体と部分の矛盾的自己同一によって起きてくるのである。[13]

相互連関の世界では、全体と部分の相互依存関係において、全体と部分が相即し、全体と部分が相互に他の中に含まれる。だから、ここでは、部分を理解しなければ全体が理解できないが、同時に、全体を理解しなければその部分も理解できないという循環が成り立つ。かくて、全体が部分を限定し、部分が全体を限定することによって、世界は自己を形成していく。これこそ、今日盛んに探究されている複雑系の世界の構造である。

個別の中の全体

これと同じことは、全体と部分を、全体と個別と言い換えても言えるであろう。個々別々の事象の相互連関性によって成り立つ世界では、それぞれ、個性をもった個別が相互に作用し合うことによって、全体が形成される。そのかぎり、全体は個別に依存し、個別によって規定される。と同時に、個別は、また、全体によって規定され、自己の振舞いを決定し、変化していく。全体と個別は切り離すことができない。個別と個別、個別と全体の螺旋的な相互限定によって、世界の自己形成は行なわれる。世界は、個別と個別、個別と全体の相互連関によって生成していく複雑系なのである。

そのように、世界が、全体と個別の相互限定によって生成していくのは、個別が全体の中にあると同時に、個別が全体を包含しているからである。個別は、全体の中にあることによって、全体を自己の中に映し取り、動いていく。そのことによって、また、全体も変化していくのである。

このことは、社会と個人の関係で考えれば、よく理解できるであろう。個人と個人の相互連関と相互作用から、社会は成り立っている。しかも、同時に、個々人は、また、その社会からも規定されている。個人は、社会における個人である。全体としての社会は、個別としての個人の中に映し出されており、宿っている。社会においても、全体の中に個別があると同時に、個別の中に全体がある。だから、全体を含んだ個別が互いに相互作用することによって、社会を変革していくこともできるのである。社会も、全体と個別の螺旋的な相互限定によって変化していく複雑系なのである。

和辻哲郎*も、『倫理学』の中で、人間を、個人性と全体性という二つの契機をもった存在とみている。そして、それらは、いずれも、それ自身においては存せず、ただ他者との連関においてのみ存すると考えている。しかも、個別性は全体性を否定し、全体性は個別性を否定し、この全体性と個別性の否定の運動によって、人間存在における不断の創造はなされるという。(14) もっとも、和辻は、このうち、全体性によって個別性が否定され、個別性が全体性に帰還するところに、倫理の本質を見ようとする傾向が濃厚であった。しかし、社会における不断の創造は、個人が社会を規定し、個別性の中に全体性を映し、行動することによってである。個別性によって全体性が限定されることによって社会が変動していく面も、社会と倫理の本質として取り出すべきであろう。

しかし、人間社会のこのような構造は、人間社会だけにとどまらず、生命世界にも、物質世界にも成り立つ構造である。また、地球生態系や宇宙にも成り立つ構造だと言わねばならない。

西田幾多郎は、この世界の構造を、世界と個物の関係としてとらえている。西田においては、個物は世界の中にあり、世界は個物の中にあり、世界と個物は相互に包み合い、映し合う関係にある。個物は、世界の一構成要素であるとともに、同時に、自己を限定することを通して、世界の創造的契機となる。個物が個物自身を形成することが、世界が世界自身を形成することである。個物の創造的行為は、世界自身の創造的形成である。個物の創造的行為なくして、世界の歴史的形成はない。世界は、個物と個物の相互限定、および個物と世界の相互限定を通して、絶えず自己を創造していくのである。(15)

このことを、世界と自己の関係に置き換えても、同じことが言える。自己は、世界の外にあるのではなく、世界の内にあって、世界の創造的要素として働く。自己が知るとか、働くとかいうことも、世界の中で行なわれる歴史的出来事である。自己が自己自身を限定することは、世界が世界自身を限定することと一つである。世界の側から言えば、世界は、世界自身の中に、自己という自己表現的要素を含んでいることになる。西田においては、世界と自己は、相互に限定し合うことによって、相即している。

「世界が自覚する時、我々の自己が自覚する。我々の自己が自覚する時、世界が自覚する」(16)

というよく知られた西田の言葉は、このことを端的に表現している。

ただ、西田は、この歴史的世界の構造を、人間世界よりも以下の生命世界や物質世界には、十分な形では認めない傾向にある。しかし、物質世界においてさえ、結晶が欠損した部分を自分で修復する現象が見られるように、個別の中に全体が読み込まれることによって、自己形成がなされていく。このことを考え合わせるなら、西田の言う歴史的世界の構造は、物質世界から宇宙に至るまで、世界そのものの構造だとみなければならないであろう。

小宇宙の中の大宇宙

部分や個別の中に全体が宿り、個物や自己の中に世界が入り込むことによって、世界は形成されていく。この世界の構造は、また、大宇宙と小宇宙の関係としてもとらえることができる。世界の中の個々の事象は、世界全体を、表現し表出している。この宇宙に存在する無数の事象は、宇宙全体を映す表現点である。われわれ人間も、動物も、植物も、その個体は全宇宙の表現である。われわれは、宇宙の中に生きているとともに、宇宙も、われわれの中に生きている。世界の中のあらゆる事象は、大宇宙を映す小宇宙である。しかも、そういうしかたで、万象は自己自身を表現し、形成していく。そして、そのことによって、宇宙も、また、常に流動変化していくのである。

野に咲く小さな花、砂の一粒、一滴の露、あらゆるものの中に全宇宙が宿るとみる思想は、東西を問わず、古くからあった。しかし、それは、その表現に見られるように、静態的なものではなく、動態的なものとみなければならないであろう。花や砂や露が、片時もとどまることなく変化していくことによって、宇宙そのものも変動していくのである。宇宙は万物の内にあり、万物は万物の内にあり、共に変化していくのである。

ライプニッツも、この世界に存在するあらゆる個体（モナド）を、宇宙の生きた鏡とみていた。モナドは、その表象作用によって、宇宙全体を表現する。モナドは、大宇宙を映す小宇宙である。[17] ただ、ライプニッツにおいては、モナドは、表象作用を中心にしてみられたために、宇宙を映すモナド同士の相互作用から、宇宙そのものが創造的に形成されていく面が、比較的影に隠れている。

小宇宙の中に大宇宙が映し出されるという思想は、『華厳経』の語るところでもある。『華厳経』の語る世界観は、一つ一つの個体の中に宇宙全体が宿り、有限なものの中に無限なものが宿るという世界観である。しかし、それは、ライプニッツとは違って、単なる表象作用による映し合いのみを意味してはいない。華厳の思想では、一つ一つの小宇宙が宇宙全体を表現することによって、小宇宙も、大宇宙も、時間的に変動し、形成されていく面が見られていた。その点で、華厳思想は、今日の複雑系の科学の基本思想を先駆していたと言える。

3　場と個

宇宙と物質世界

宇宙に存在するものは、常に他の存在と連関している。この相互連関性のもとで、それらは連動している。だからこそ、宇宙の片隅で生じたどんな攪乱でも、巡り巡って宇宙全体に及ぶのである。この宇宙では、万物は相互に結合し、緊密に結びついて、一つの場を形成している。宇宙に存在する物質も、他の物質と分かちがたく結びつき、全体の場と連続している。この宇宙は、統一された場なのである。宇宙に存在するすべてのものは、一つの場に組み込まれた部分として、絶えず生成しているのである。

物質世界でも、同じことが言えるのであろう。現代物理学では、粒子と言っても、場から独立した個体としてではなく、むしろ、それは、場が織りなす編み目のようなものと考えられている。力という古典物理学的な概念も、場における粒子間の相互作用と考えられる。粒子間の相互作用は、場特有の量子の交換として記述され、それが力という概念に置き換えられる。ここでは、たとえ二つの粒子が互いに引き離されていても、それらは密接にかかわり合っているという現象が見られる。このような粒子間の非局所的な相互結合性は、物質世界では、もともと、個々別々の局所的な存在はありえないということを物語っている。物質世界では、粒子は、分割不可能な場の一部として立ち現われているのである。そればかりでなく、ここでは、物質、質量、エネルギー、時間、空間、すべてが、場の中へと統一され、場において相互に連関し、切り離すことのできないものとしてとらえられている。すべては相互に結合し、不可分な全体をなしているのである。

場の理論の本質をなすものは、関係の概念である。物質世界は、統合された場の様々な部分が作り出す関係のネットワークである。粒子の本質も、他の粒子との一連の関係の中で理解される。物質世界では、物質は、場に深く織り込まれたエネルギーの束であり、場から立ち現われてくる出来事とみられる。だから、その出来事は、それが立ち現われてくる場と深く結びついている。物質の生成変化も、場の変動として理解されるのである。

生命世界と人間社会

生命世界でも、遺伝子と遺伝子、細胞と細胞、器官と器官、生命体と生命体が、相互作用しつつ場を形成し、その形成された場とも相互作用しながら、常に流動変化している。例えば、遺伝子は、それ自身一つの生命体として、外部から情報を取り込み、環境に応じて自己自身を組み換え、変化していく。また、免疫系でも、多様な免疫細胞が、場の状況に応じて、遺伝子を異なった文脈で読み替え、危機管理を行なっている。それは、外部の状況を読み込む免疫細胞間の相互作用によって行なわれる。さらに、器官の発生においても、幹細胞は、自己の置かれた場を読み込み、自分自身の方向を決め、遺伝子から必要な情報を取り出して、自己形成していく。だから、幹細胞は、違った状況に置かれると、別の系列の細胞を作ることができる。細胞も、自己の置かれた状況を理解しながら、自分自身の状態を決定していくのである。

生命世界での場は、また、環境とも言われるが、その環境は、生命個体相互間の関係によって形成される。さらに、この環境との相互作用によって、生命個体そのものも変化していく。しかも、その変化とともに、環境そのものも新しく創造されていく。今日の地球環境も、原始地球という環境から生命体が生まれ、その生命体が環境との相互作用によって変化し、新しい環境が次々と創られていったことによって、形成されたものである。このような循環的な相互作用によって、無限の創造性を発揮しているのが、生命世界である。

人間社会も、人間関係の場によって成り立っている。そこでは、自己と他者は分離することができず、個々人は相互に結合し、連関している。この相互連関性の網の目によって、社会の場は形成される。そして、この場によって、行為の意味や価値が規定されると同時に、その行為によって、場も規定され、変化していく。例えば、われわれは、様々な場に合わせて服装を変えたり、市場という場の動向に合わせて商品を作る。と同時に、その新しい服装や商品によって、人間関係の場や市場も変えられていく。

個人と個人の相互作用から場が形成され、社会が形成される。しかし、同時に、その形成された社会によって、個人もまた規定されていく。個人と個人、社会と個人の相互作用から、社会は変化していくのである。個人が動いて社会が変わり、社会が動いて個人が変わる。個人は、社会という場から孤立した存在ではないのである。

宇宙、物質、生命、社会、どこをとっても、世界は相互連関の場である。そこでは、個と個が縦横に相互作用するとともに、そのことによって場が形成され、その場と個がまた相互に作用し合い、世界は螺旋的に生成変化していく。個が場を限定し、場も個を限定し、場も個も変化していく。個と個は、相互作用して場を形成するとともに、その場を自己自身の中に読み込み、それに合わせるように自ら変化し、その変化によって、また、場そのものを変えていく。個の中に場が働き出、場の中に個が働き出、個と個、場と個の相互作用の中から生成は起き、その生成がまた新しい場を生み出していく。世界は、場と個の相互限定を通して流動変化していく世界であり、生成の世界であり、創造的な複雑系の世界なのである。

〔存在論〕

第六章　存在とは何か

1　実体の存在論

存在への驚きと存在への問い

よく知られているように、プラトン*やアリストテレスは、哲学は〈驚き〉から始まると考えている。現に、プラトンは、『テアイテトス』の中で、

「なぜなら、実にその驚きの情《こころ》こそ哲学者の情なのだからね。つまり、哲学の始まりはこれよりほかにはないのだ[1]」

と言っている。また、アリストテレスも、『形而上学』の中で、次のように言っている。

「けだし、驚きによって、人間は、今日でもそうであるが、あの最初の場合にも、あのように哲学し始めたのである。[2]」

だが、この哲学の出発点としての驚きは、何に対する驚きなのであろうか。

考えてみれば、何かが存在するということ、また、世界そのものが存在するということは、実に不思議なことであって、それは、何よりもまず、われわれに驚きの感情を起こさせるものである。存在するものが存在するというまさにそのことが、驚きなのである。プラトンやアリストテレスが、哲学することがそこから始まると言った驚きの感情は、このような存在するものがまさに存在するということへの驚きの感情であったであろう。

存在するものの存在に対する驚きから、存在とは何かを問う哲学が始まる。存在するものを存在するものとしている存在とは何か。これは、昔から問われ、今も問われ、これからも問われ、しかも、永遠に答えられない問いである。〈ある〉とはどういうことなのか。〈ある〉といわれるあらゆるものを〈あるもの〉たらしめている〈ある〉ということは、どういうことか。すべての存在するものを存在するものたらしめている〈存在〉とは、何を意味するのか。この問いこそ、哲学がまず最初に問わねばならい問いである。アリストテレスも、次のように言っている。

「存在を存在として研究し、またこれに自体的に属するものどもをも研究する一つの学がある。この学は、いわゆる部分的（特殊的）諸学のうちのいずれの一つとも同じものではない。というのは、他の諸学のいずれの一つも、存在を存在として一般的に考察しはしないで、ただそれのある部分を抽出し、これについてこれに付帯する属性を研究しているだけだからである。[3]」

諸々の学問は、それぞれ特定の存在領域を問題にするだけで、存在としての存在、つまり存在そのものを問題とはしていない。それに対して、存在するものを存在するものたらしめている存在そのもの、存在としての存在を問うのが、哲学、特に〈形而上学〉の役割である。つまり、現象を超越し、その背後にあるものの真の本質や存在の根本原理を探究する役割である。したがって、形而上学は存在論となる。アリストテレスは、この存在としての存在を扱う最も根底的な学問を、〈第一哲学〉と呼んだ。哲学は、存在への問いに始まり、存在への問いに終わる。哲学の第一の課題は、存在とは何かを問うことである。

しかし、この問いは最も困難な問いであり、これに答えることは容易ではない。プラトンも、『ソピステス』の中で、次のように言っている。

「われわれに対して充分に明らかにしていただきたいのです――あなた方が〈ある〉ということを口にされるとき、そもそも何を指し示そうと望んでおられるのかを。なぜなら明らかに、あなた方のほうはこうした事柄を、とっくのむかしから知っておられるのに対して、われわれは、以前には知っていると思っていたのに、いまはまったく困惑に行き詰まっているのですから[4]。」

この箇所は、ハイデッガーが『存在と時間』の冒頭に引用したために、よく知られている。ハイデッガーも言うように、「存在とは何か」という問い、存在の意味への問いは、西洋哲学が最初から問いつづけてきた根本の問いであったが、同時に、最もはなはだしく忘却されてきた問いでもある。確かに、存在という言葉は、使い古されていながら、しかも、同時に、いつも思惟されずにいるものである[5]。

存在は多様に語られる

しかも、存在は多様な意味をもっている。「あるということは、様々な意味において語られる」と、アリストテレスは『形而上学』の中で何度も語っているが、この存在の多義性の発見は、アリストテレスの大きな功績の一つであった。そして、アリストテレスは、この存在の多様な語られ方を例示して、存在の様々なカテゴリーを導き出した。例えば、次のように言う。

「或るものはその主語のなにであるか〔実体・本質〕を意味し、或るものはそれのどのようにあるか〔性質〕を、或るものはそれのどれだけあるか〔分量〕を、或るものはそれが他のなにものかに対してどうあるか〔関係〕を、或るものはそれのすること〔能動〕またはされること〔受動〕を、或るものはそれがどこにあるか〔場所〕を、或るものはそれのいつあるか〔時間〕を指し示すものである……。」[6]

こうして、アリストテレスは、存在のカテゴリーとして、〈実体〉〈量〉〈性質〉〈場所〉〈時間〉〈状態〉〈関係〉〈所持〉〈能動〉〈受動〉の十個のカテゴリーを取り上げた。〈実体〉とは、〈何であるか〉つまり本質規定を表わし、例えば、〈人間〉や〈馬〉が、それにあたる。〈量〉とは、どれだけあるかを意味し、例えば、〈二尺〉とか〈三尺〉が、それにあたる。〈性質〉とは、どのようであるかを意味し、〈白い〉とか〈赤い〉が、それにあたる。〈場所〉とは、どこにいるか、どこにあるかを意味し、例えば、〈市場において〉が、それにあたる。〈時間〉とは、いつであるかを意味し、〈昨日〉とか〈去年〉が、それにあたる。〈状態〉とは、どのようにしているか、どうしているかを意味し、〈横になっている〉とか〈座っている〉などが、それにあたる。〈関係〉とは、何にかかわっているかを意味し、〈二倍〉とか〈半分〉とか〈より大きい〉が、それにあたる。〈所持〉とは、もっていることを意味し、〈靴をはいている〉とか〈鎧を着ている〉というのが、それにあたる。〈能動〉とは、なすことを意味し、〈切る〉とか〈焼く〉が、それにあたる。〈受動〉とは、なされることを意味し、〈切られる〉とか〈焼かれる〉が、それにあたる。

カテゴリー（katēgoria）とは、述語することによって決められる領域のことである。存在という語は、カテゴリーの各々の領域から述語づけられることによって、多様な意味をもつ。存在は一であるが、その意味は多である。一は多から規定されている。

実体とは何か

アリストテレスは、この存在の多くの意味のうち、〈実体〉（ousia, substantia）を最も重んじる。現に、実体は、どの意味においても第一のものであると言う。アリストテレスにとって、真にあるということは、実体としてあることであり、実体こそが、第一の独立存在者である。かくて、存在についての学は、第一義的には、実体にかかわる学だということになる。

「あの古くから、いまなお、また常に永遠に問い求められており、また常に難問に逢着するところの〈存在とはなにか?〉という問題は、帰するところ、〈実体とはなにか?〉である」[7]

という『形而上学』Z巻の言葉は、このことを表わしている。この点から言えば、アリストテレスは、存在を存在として考察しようとして、結局、存在一般ではなく、存在者を考察しようとしたことになる。

では、実体とは何なのか。アリストテレスは、〈実体〉の意味を四種に分ける。第一に〈ものの何であるか〉つまり〈本質〉、第二に〈普遍的なもの〉、第三に〈類〉、第四に〈基体〉。さらに、この〈基体〉には、〈質料〉と〈形相〉と〈両者からなるもの〉つまり〈個物〉の三つの側面を区別している。

そのうち、第四番目にあげられた〈基体〉(hypokeimenon) とは、もともと、〈下に置かれたもの〉を意味し、アリストテレスは、〈実体〉を、何よりこの〈基体〉の意味で受け取っている。われわれは、あらゆる存在者のうち、それ以上には遡って考えることのできない最後のものを考えることができる。それを〈基体〉というとすれば、〈基体〉とは、変化し動くものの中にあって、それだけは変化もしなければ動きもしないものということになる。そして、それこそが、〈実体〉であり、真にあるものということになる。したがって、〈実体〉とは、何かに依ってあるものではなく、それ自身で独立に存在するものであり、他のいかなるものの属性でもなく、それ自らが他の属性の〈基体〉であるところのものである。〈実体〉とは、他のものの属性とならない究極の〈基体〉であり、主語となって述語とならないものである。アリストテレスは、このような〈実体〉として、〈個物〉を考えている。

では、個物とは何か。個物は、存在としての存在であり、現存するものであり、第一の実体である。この第一の実体としての個物が存在しなかったなら、他のいかなるものも存在することは不可能であろう。ものの性質も、個々の個物を離れて、それ自身で独立に存在するものではない。性質、分量、関係などの諸カテゴリーは、実体に付帯する偶有性にすぎない。実体があって、性質や分量や関係など、属性がありうる。他のカテゴリーは、実体の偶有性として、派生的な意味しかもたない。

アリストテレスは、プラトンのイデア論に対抗して、個物を、厳密な意味における実体であると考えようとした。個物以外の他のすべてのものは、個物の述語となるか、または個物のうちに含まれているかである。

例えば、「ソクラテスは人間である」という命題において、本来、実体と呼びうるものは〈ソクラテス〉という個物だけであって、〈人間〉は、〈ソクラテス〉という個物を包摂する普遍概念にすぎない。なるほど、「ソクラテスは人間である」という命題のうち、アリストテレスは、〈ソクラテス〉も〈人間〉も、実体のカテゴリーの中でとらえている。しかし、この場合、アリストテレスは、〈ソクラテス〉という個物の方により大きな実体性を置き、〈人間〉という普遍概念を従属的なものと考えた。アリストテレスは、個物を主として、普遍は、それに連なるかぎりでのみ存在するものと考えようとしたのである。

アリストテレスの動揺

しかし、これだけでは、まだ、個物の何たるかを明らかにしたことにはならない。そのため、アリストテレスも、個物を定義して、質料（hylē）と形相（eidos）の一つになったものとする。質料と形相の結びついているものが、個物としての実体である。質料とは、物の素材のことであり、可能的存在である。それは、何かになることはできるが、まだ、明確に現われ出てはいないものである。形をもつことができるが、まだ、形をもっていないものである。変化を支えているものであるが、まだ、可能性にとどまるものである。したがって、質料からだけでは、実体は成立しない。質料が形をとり、形相をもたなければ、個物は成立しない。質料が、これこれのものでありうるのは、形相をもつかぎりにおいてである。

とすると、実体に個別性を与えるのは、形相であって、質料ではないということになる。形相をもつということが、個物としての実体を成立させる。ならば、形相や本質、したがって普遍概念にも、実体性を認めねばならなくなる。実際、アリストテレスは、実体の意味を四種に分けたとき、〈本質〉や〈普遍的なもの〉や〈類〉も、実体の中に数えていた。また、実体を〈基体〉と考えた場合でも、質料だけでなく、形相をも、基体の一側面としてあげていた。

本質とは、もの（個物）の何であるかを示すものであり、形相が特殊な質料に内在化する以前から、実在するものである。質料を伴うものは不完全で生成変化するが、本質は不変・不動で、完全なものである。実体を同一にとどまるものと考えるなら、本質は個物を統一しているものだから、本質こそ実体だと考えねばならない。「ソクラテスは人間である」という場合、〈ソクラテス〉という個物と並んで、〈人間〉という本質概念も実体としなければならないことになる。

かくて、アリストテレスは、『カテゴリー論』の中で、個物（これこれの人間、例えばソクラテス）を第一実体と呼び、普遍（人間一般など）を第二実体と呼ぶに至る。[8]実体とは、主語となって述語とならないものであったから、まず、第一義的には、個物が実体とされる。しかし、第二義的には、この個物を包摂する種や類も実体といわれる。〈ソクラテス〉という個物ばかりでなく、〈人間〉とか〈動物〉など、種や類も、実体である。実際、『形而上学』でも、実体の意味を、最終的には個物と形相の二つに絞っている。[9]〈あるところのもの〉(to on) と同時に〈あるということ〉(to einai)、〈がある〉と同時に〈である〉も、また、真にあるものとみなければならなくなる。もちろん、アリストテレスは、第一実体である個物の方を、第二実体である種や類よりも重視しようとした。しかし、この個物主義を、アリストテレスは徹底できなかったのである。

アリストテレスは、個物とは何かを把握しようとして、途中で挫折しているようにみえる。個物の方に実体性を求めても、究極的には限定しきれず、そのために、普遍の方に実体性を求めることになったのである。個物と普遍のどちらが真に実体性をもつのか、アリストテレスにおいては、まったく曖昧なことになってしまった。

アリストテレスは、確かに、個物の方に、より多くの実体性を認めようとしたが、それを十分には徹底しえず、プラトンの普遍主義に逆戻りしたとも言える。プラトンは、イデア論で、形相によって示される本質存在の絶対優位を説いた。プラトンは、〈ものの何であるか〉つまり〈本質〉や〈普遍〉や〈類〉が、それだけで、個々のものから離れて存在すると考えた。そして、それこそ真実在だと考え、これをイデア（idea）と呼んだのである。イデアは、単一で不変で自己同一である。常に変化する動的で多様な感覚的個物は、このイデアを分有することによって成り立つ。「ソクラテスは人間である」という場合、〈人間〉という述語の方向にイデアが見られ、これが真の存在とされたのである。アリストテレスは、このプラトンの考えに引き返したことになる。この点では、アリストテレスは、プラトンの正統な弟子であったと言える。

こうして、実体についてのアリストテレスの論は、極めて不明瞭な結果に終わった。その記述は、実際、動揺していると言わねばならない。アリストテレスは、「存在とは何か」という問題を「実体とは何か」に還元し、その実体の意味を明らかにしようとしたのだが、その実体の意味が、個物と普遍の間を絶えず動くことになってしまった。個物を実体として、その意味を明らかにしようとすればするほど、個物を規定している普遍をも実体と認めざるをえなくなる。また、普遍を実体と規定すれば、その普遍を取り集めて一つの現実態として存在する個物の実体性を無視できなくなる。この動揺はどこからくるのであろうか。

普遍が先か、個物が先か

普遍が先か、個物が先か。このアリストテレス以来の問題から、その後のヨーロッパ中世の有名な普遍論争も起きてきた。そのうち、普遍は個物に先立つとする実念論（realism）は、普遍的なものほどすぐれた意味において存在すると考え、普遍こそ実在だと考えた。それに対して、個物が普遍に先立つと考える唯名論（nominalism）は、実在するのは個物であって、普遍概念は、個物より先に存在することはできないと考える。個物こそ実体であり、普遍は実在しない。普遍は精神や言語においてのみ存在し、それは単なる音声にすぎない。普遍の機能は事物を表示することにあり、普遍概念は記号にすぎないという。

しかし、この普遍論争においても、個物と普遍の間での動揺は免れないであろう。実念論のように、普遍が個物に先立つと考え、普遍に実在性を置くにしても、その普遍がどのようにして個別化し、目に見える個物になるのかが問題になる。しかも、普遍が自己自身をどのように特殊化していっても、真の個物には到達することができない。また、唯名論のように、個物が普遍に先立つと考え、個物こそ実在だとしても、その個物がどのようにして普遍に属すのかが問題になる。たとえ、〈物のうちなる普遍〉を説いたとしても、なお、個物の中に、どのようにして普遍が宿りうるのかが説明されねばならない。普遍と個物は相関的であって、一方のみでは成り立たないのである。

このことは、また、本質（essentia）と存在（existentia）の問題としても、考えることができる。本質とは、ものの何であるかを意味し、存在とは、ものがあることを意味する。実念論は、これらのうち、本質が先立ち、存在が後になると考える。それは、存在に対する本質の優位を説く。〈である〉が〈がある〉に優先すると考えるのである。それに対して、唯名論の方は、存在の方が先立ち、本質の方が後になると考える。それは、本質に対する存在の優位を説く。〈がある〉が〈である〉に優先すると考えるのである。

しかし、ここでも、本質と存在の間での動揺は免れない。実念論のように、本質が先立つと考えても、そこから、どのようにして存在が立ち現われてくるのかが問題になる。たとえ、本質のうちにすでに存在は含まれると考えたとしても、なお、本質から存在がどのようにして出てくるのかが明らかにされねばならない。また、逆に、唯名論のように、存在の方が先立つと考えたとしても、その存在がどのようにして本質に属するのかが説明されねばならない。

本質と存在も相関的であって、一方のみでは成り立たないのだと言わねばならない。

2　非実体の存在論

普遍と個物の相関性

普遍と個物、本質と存在が相関的にのみ成立し、一方のみでは成り立たないということは、両者とも、それ自身としては実体性をもたないということである。主語があって述語があり、述語があって主語があるということは、主語がなければ述語も成り立たず、述語がなければ主語も成り立たないということである。主語と述語は、相依相待の関係にある。相依相待の関係にあるものは、どれも、それ自身としては独立自存に存在しえない。

このことは、普遍と個物、本質と存在のように、実体関係に言えるばかりでなく、実体と属性の関係にも言えるであろう。アリストテレスがあげた存在のカテゴリー、〈量〉〈性質〉〈場所〉〈時間〉〈状態〉〈関係〉〈所持〉〈能動〉〈受動〉は、いずれも実体の属性と考えられ、実体にとっては偶有的なものである。これらの属性が、実体にたまたま付帯する偶有性にすぎないとすれば、それは、実体にとって本質的なものではないことになる。とすれば、それら偶有的なものをすべて剝奪していっても、実体そのものの存在には何らの影響も及ぼさないはずである。それゆえ、実体から、それにとって偶有的な属性をすべて剝ぎ取っていくと、最後に、例えば、「ソクラテスは人間である」というような個物と普遍の関係を叙述する実体関係の命題だけが残ることになる。

さらに、ここで、アリストテレスの言うように、個物を第一実体とし、普遍を第二実体とするなら、この二つの実体の中で、より実体性の高いものは個物であって、普遍は、基体としての個物に結合された述語にすぎないことになる。それゆえ、最も実体性の高いもののみを残すために、第二実体としての普遍をも省くとするなら、最後に残る実体は、例えば、〈ソクラテス〉という個物だけになる。

しかし、このような意味での個物としての〈ソクラテス〉は、果たして実体性をもつのであろうか。ここでの〈ソクラテス〉は、もはや百何十センチというような背丈ももたず、皮肉屋であるというような性質ももたず、アテナイに住んでいるという場所性ももたず、紀元前五世紀に生きた人という時間性ももたず、その他いかなる属性ももたず、さらに、人間であるという普遍性さえもたない全く空虚な個物にすぎない。われわれは、このような空虚な個物としての〈ソクラテス〉を、ソクラテスと認識することはできないであろう。ソクラテスは一個の透明人間になってしまう。あらゆる属性を支える基体としての個物を追求しようとして、われわれは、極めて空虚なものに出会ってしまったことになる。とすると、あらゆる属性の支えになるような基体はないのだと言わねばならない。実体はない。個物としての実体は、むしろ非実体なのだと考えねばならない。

主語は、逆に、述語の集まりにすぎない。透明人間が、帽子を被ったり、包帯を巻いたり、コートを着たりして、はじめて人間に似た形を現わすように、諸属性の偶然の集合が、むしろ、基体を形づくっているのだと考えるべきではないか。百何十センチとか、皮肉屋とか、アテナイの住人とか、紀元前五世紀の人というような諸属性が集まって、はじめて〈ソクラテス〉という個物は形成される。主語は述語の十字路なのである。主語は、本来、それだけでは空虚であって、述語がそれに付け加わることによって、はじめて、主語として立ち現われてくる。アリストテレスは、主語となって述語とならないものとして、まず第一に、実体としての個物を考えた。しかし、個物は、もともと普遍や諸偶有性の集合にすぎず、本来は実体性をもたないと考えねばならない。

しかし、だからといって、普遍や属性など述語の方向に実体性を求めていけばよいというわけでもない。主語の何であるかを明らかにするためには、主語を規定する述語の何であるかが規定されねばならない。しかし、そのためには、述語は、さらにそれより大きな述語に包摂され、それによって規定されねばならない。こうして、述語は、次々とより大きな述語によって述語づけられねばならないことになる。しかし、それは、あたかも宇宙の果てを探るように、ここでも、再び空虚に出会うことになるであろう。

例えば、〈ソクラテス〉という個物の実体性を明らかにするために、その本質となる〈人間〉〈動物〉〈生物〉〈事物〉というように、普遍概念をより大きな包摂概念へと遡っていっても、これは、無限に遡及していかねばならなくなり、最後の実体は見つけられずに終わるであろう。また、〈このバラ〉という個物の属性を明らかにしようとして、〈赤〉〈色〉〈性質〉というように諸属性の概念を遡っていっても、同じことになる。

プラトンは、『パルメニデス』の中で、パルメニデス*やゼノン*にソクラテスの言説を批判させる形をとって、自分自身のイデア論の矛盾を明らかにしている。この『パルメニデス』の錯綜した議論のうち、いわゆる〈第三の人間〉のアポリア（難問）の部分は、基本的には、概念の無限遡及という矛盾に論拠をおいている。つまり、イデアの存在を認めるなら、〈個別の人間〉と〈人間のイデア〉のほかに、第三、第四、第五、……の人間が存在することになるという議論を展開している。もっとも、プラトンは、『パルメニデス』の中では、〈人間のイデア〉ではなく、〈大のイデア〉で議論している。いずれにしても、形相には形相の形相が考えられ、その形相の形相には、また、形相の形相の形相が考えられるということである。かくて、これは無限に遡ることができ、究極の形相は見出せなくなる。(10) 実体性を求めて、述語の方向に徹底していっても、徹底すればするほど、空虚にぶつかってしまうのである。

実体性を求めて、個物と普遍のどちらの方向を徹底していっても、この実体性を求める旅は、空虚の奈落に落ちて帰って来れなくなる。哲学は驚きから出発するといわれる。そして、そこから、存在とは何かという問いが出てくる。

この驚きや問いの背景には、それ自身には自覚されていなかったにしても、すでに、その背後に働き出ている空虚が予感されていたのである。

西洋の形而上学、つまり存在論は、プラトン、アリストテレス以来、中世・近世を通じて、主語の方に重きが置かれたり、述語の方に重きが置かれたり、いつも動揺していた。それは、どちらの方向に突き進んでいっても、存在論の範囲内では解けない〈空〉にぶつかることを暗黙のうちに感じていたからであろう。現に、「存在とは何か」という問題を「実体とは何か」という問題に還元し、その意味を明らかにしようとしても、その実体の意味が個物と普遍の間を絶えず動き、動揺をきたしていた。中世の唯名論と実念論の対立でも、唯名論の観点を徹底していくと、個物が何ゆえにある特定の概念のもとに組み込まれるのかが分からなくなり、また、実念論の観点を追究していくと、現実に存在する個物の多様な展開が説明できなくなった。それは、西洋の存在論（ontologia）が、存在（on）と、それを言い表わす言葉（logos）、つまり、存在と思惟の範囲内にとどまり、それが置かれている場としての〈空〉を、理解できないもの、思惟できないものとして除外していたからであろう。

西洋の存在論は、アリストテレス以来、「実体とは何か」を追究してきたが、実体はむしろ無いのだと言わねばならない。それは、まるで青い鳥を求めるように、この無いものを追い求めていたことになる。存在とは、空の海にたまたま浮かぶ孤島のようなものである。この孤島の上でのみ「存在とは何か」を追究しようとしてきた西洋の存在論は、最初から、あやふやな基盤の上に成り立っていたものだったのである。

判断式の意味

このことは、判断の構造を分析することからも言える。「ソクラテスは人間である」という命題は、一つの判断である。判断とは、主語について述語することである。だから、判断は、主語と述語の結合によって成り立っている。

したがって、判断式は、通常、主語と述語と繫辞の三項からなる。例えば、「ソクラテスは人間である」という包摂判断を、英語に翻訳すれば、〈Socrates is a man〉となり、Socrates が主語、man が述語、is が繫辞ということになる。そして、この繫辞（is）が、主語の述語への包摂を表わしている。

ところが、この包摂判断を、主語（個物）の方向へ徹底しても、述語（普遍）の方向へ徹底しても、実体は見出せなかった。とすれば、この包摂判断全体が、究極的には、空の海に浮かび出てくる波のようなものだということになる。したがって、ここでの繫辞、〈である〉(is) も空の表現だということになる。むしろ、空の表現だからこそ、主語と述語の関係を表わしえたのである。

このことは、例えば、「このバラは赤い」というような日本語の肯定判断の表現を、そのままに受け取るとき、よく見えてくる。この命題には、〈である〉も〈がある〉も現われてこない。このことは、存在がもともと非実体だということを表わしているものではないか。この日本語の判断表現を英語に翻訳すれば、〈This rose is red〉となり、繫辞としての存在（is）が明瞭に現われてくる。存在は、非実体の表現なのである。

〈This rose is red〉というような命題で、主語と述語を結び付ける繫辞（is）は、主語と述語の関係の表現である。そして、その関係は様々である。存在が多様に語られるということは、関係が多様だということである。アリストテレスがあげた存在のカテゴリーは、どれも、関係を表わすものと理解すべきである。アリストテレスのカテゴリー表の中では、関係のカテゴリーが最も重要なのではないか。主語と述語は関係の項にすぎず、それ自身は実体性をもたない。繫辞が表現するものは、非実体的関係である。「SはPである」という判断式を考えた場合、SにもPにも実体性はなく、〈である〉は関係を表現しているだけである。

主語も述語も非実体に帰し、主語と述語の関係を表現する繫辞も、非実体に帰す。しかし、この非実体はまた充実した非実体であり、繫辞として自分自身を表わし出し、かくて、主語と述語に分かれ出て、豊富で多様な存在関係を展開する。

ヘーゲルは、判断式において、普遍と個別が結び付けられることを、普遍の具体化、〈具体的普遍〉の実現と理解し、存在の意味を明らかにした。つまり、諸個物から共通要素を抽出して形成される普遍は抽象的普遍にすぎず、真の普遍は個別性から分離されえないと考えた。したがって、判断式における繋辞は、普遍の個別化を表わす。普遍は、自分自身を個別にまで開示する。この普遍の開示が〈判断〉だと、ヘーゲルは考えるのである。ヘーゲルにおいても、繋辞は、主語と述語の関係を規定するものである。ということは、繋辞に判断の根底があることにほかならない。かくて、〈判断〉(Urteil) とは、根源的一者の根源的分割 (die ursprünglige Teilung) だということになる。[11] しかし、ヘーゲルは、その背後から働き出ている空には思い及ばなかったのである。

これに対して、ハイデッガーは、存在は最も多く語られ、内容豊かなものであると同時に、最大限の空虚さと無規定性をもっているとみている。そして、それは、最も深く沈黙しているために、あらゆる把握に逆らう無根拠の深淵であるという。[12] それは、存在の背後に働き出ている空を凝視したものだと言えよう。

わが国の西田幾多郎は、この空あるいは無に没入して、その独特の論理によって、判断の構造を解釈した。西田は、アリストテレスの主語の論理を述語の論理へ転換し、主語となって述語とならないものではなく、述語となって主語とならないものを重視した。主語的なものは深く述語面の底に没入し、述語的なもののうちに包摂される。そして、述語となって主語とならない最も一般的な超越的述語面に、無の場所をみ、この無の場所の自己限定として、判断の構造を理解した。したがって、西田においては、主語と述語を結合する繋辞は、主語と述語をそれらに先立って根源的に結び付ける場所とみられる。この繋辞が表わす無の場所においては、主語面への超越の方向と、述語面への超越の方向は一つになっている。主語面に考えられた個物は、この無の場所においてある。そして、無の場所の自己限定として、個物は真に個物としてあることになる。[13] 西田の場所的論理*は、存在の奥底に働き出て存在を存在たらしめている無あるいは空をよく見ていたのである。

多くの要素の相互連関から自己自身を形成する系、つまり複雑系の存在論的基礎を明らかにするには、〈実体の存在論〉ではなく、この〈非実体の存在論〉に根拠を置かねばならないであろう。複雑系においては、〈存在〉は〈関係〉に、そして〈関係〉は〈生成〉に還元されねばならないからである。

第七章　存在から関係へ

1　相関性と非実体性

主語と述語の相関性

例えば、「この花はバラである」「バラは植物である」「植物は生物である」というような命題を例にとって考えるなら、この場合、〈この花〉という個物にとっては〈バラ〉が普遍であり、〈バラ〉にとっては〈植物〉が普遍であり、〈植物〉にとっては〈生物〉が普遍である。〈生物〉よりも上位の普遍概念も考えることができるであろう。

しかし、〈この花〉も、実際どんな花にも成り立つから、〈この花〉も、必ずしも個物とは言えない。〈生物〉や〈植物〉や〈バラ〉が普遍だというのなら、〈この花〉も普遍である。必ずしも、個物と規定してしまえるものではない。もしも、個物の立場に立って、唯名論のように、普遍は単なる音声にすぎず、実在ではないというのなら、〈この花〉も〈バラ〉も〈植物〉も〈生物〉も、すべて実在ではなく、一種の幻影だということになる。

個物と普遍の関係も、相関的なものにすぎない。一つの事物は、普遍と個物の関係においてのみ成り立つにすぎない。そして、その関係を表現するものが繫辞である。主語的実体とされた個物も、述語的実体とされた普遍も、それ自身としては、独立しては存在しない。すべては、相対的関係において成り立つものにすぎない。個物も、普遍も、実体ではなく関係である。関係の表現が、実体らしきものとして立ち現われてくるのである。

実体と属性の関係においても、同じことが言えるであろう。属性は、どれも他との関係においてのみ存在する。例えば、「ソクラテスは百何十センチの背丈をもつ」「ソクラテスは皮肉屋である」「ソクラテスはアテナイに住んでいた」「ソクラテスは紀元前五世紀に生きた」というような命題があったとする。この場合、〈百何十センチ〉とか、〈皮肉屋〉とか、〈アテナイの住人〉とか、〈紀元前五世紀の人〉というような諸属性は、どれも相対的なものにすぎず、他との関係においてのみ規定されるものである。一つの属性は他の属性を前提し、他の属性との関係において、はじめて、その属性として成立するものである。一つの属性は、他の属性との関係なしに、それ自身としては存在しえない。性質、分量、状態などの諸カテゴリーは関係の表現であり、これなくして個物は成立しない。もともと、自己同一性をもった実体としての個物というようなものは、存在しない。実際は、それは、諸属性の関係の結び目にすぎない。実体―属性関係は、関係とその項に還元される。

とすれば、主語―述語関係が、個物と普遍の関係、つまり述語への主語の包摂を意味するにしても、個物と属性の関係、つまり主語への述語の内属を意味するにしても、どちらにしても、それは関係を表現するものだということになる。主語―述語関係においては、主語や述語は相関的にのみ存在するのである。したがって、また、A is B という命題における繫辞（is）は、関係の表現である。存在は関係なのである。主語や述語は、関係によって立ち現われてくるものだとみなければならない。関係の方が実体に先立つのである。

存在が多様に語られるということも、存在者が、他の多様な存在者との関係において、存在者たりうるということからくる。存在者は、他者との関係の中で、多義性をもつ。一は、多との関係の中で、一である。事物は、その意味を初めからもっているのではなく、事物相互の関係の中から獲得するのである。

このことは、また、われわれの自我とか人格というものについても言えるであろう。事実、私が夫であり、父であり、教師であると言えるのは、常に他者との関係においてである。そのような諸関係の集積として、私はある。〈私〉も、主語的個物として存在するのではなく、ただ、他者との関係の結節点として働き出ているものなのである。

実体論から関係論へ

物とは関係態である。事物が何であるかは、諸事物との連関性のもとで知られる。諸事物間の関係が、当の事物を形成する。他との連関性から切り離された物自体*というものは、存在しない。事物は、諸々の関係から独立した実体として存在するのではなく、他との関係の連結点としてのみ存在する。物の性質も、そこから考えねばならない。とすれば、〈である〉の中に〈がある〉も含まれると考えねばならないであろう。〈がある〉は〈である〉に還元され、〈である〉は関係に還元される。物があるということは、諸述語がたまたまそこに集約して立ち現われているということである。ここに一輪の白いユリの花があるということは、そのユリの花が、赤ではなく、白であることによってである。しかも、それが白であるということは、それを見ている私も含めて、他者との関係によってである。

ヘーゲルも、すべての存在を関係においてみている。そして、事物は、すべて自と他の関係において成立し、必然的に矛盾を含むと考える。実際、『論理学』でも、この考えに基づいて、一者と多者、同一性と区別、反発と牽引、内と外の相関、対立、矛盾、本質と現象、力とその発現、全体と部分、根拠と根拠づけられるもの、実体性の相関、因果性の相関、交互作用などについて説明している。物自体についても、純粋な物自体というものは一つの抽象であって、真実ではない。物自体は、交互作用から考えねばならないと言う。そして、物自体は、物自体相互の相関関係によって成り立ち、多くの物自体の区別は、ただ、それらの関係の中でなされるにすぎないものだとみている。(1)

実体論は、事物を他と切り離して知ろうとするのに対して、関係論は、事物を他との関係の上において把握しようとする。

このような実体論から関係論への傾向は、近代から現代にかけての自然科学にも見られる傾向である。例えば、古典物理学でも、物の重さという実体論的概念は、物と地球の牽引力という関係論的概念によって説明されている。それればかりでなく、古典物理学は、力、運動、速さ、エネルギー、時間、空間などを、数学的な量に置き換え、その量と量の関係から、ある関数関係を導き出そうとするところから出発した。古典物理学は、この関数関係を法則化して、自然現象をとらえようとしたのである。だから、そこには、最初から、実体論を関係論的に解釈し直そうとする傾向があったことになる。

現代の物理学に至れば、その傾向はより強まる。例えば、相対性理論でも、古典物理学がまだ実体論的にとらえていた質量やエネルギー、時間や空間なども、相関的なものとして、関係論的に理解されている。さらに、量子力学でも、個々の粒子の振舞いは、場の振動として理解されている。場とは関係の全体である。したがって、これも、実体論を関係論的に理解する傾向と言えよう。古典物理学から現代物理学へ、実体の範疇ではなく、関係の範疇が重きをなしてきたのである。

実体は存在しない

あらゆるものが関係においてのみ成立するとするなら、物の支えになるような実体は存在しないことになる。アリストテレスの間違いは、「存在とは何か」を「実体とは何か」に還元し、独立存在者としての〈実体〉を求めようとしたところにあった。この場合、実体を主語の方向に見るか、述語の方向に見るかで、立場は二つに分かれる。しかし、実体を主語に見るにしても、述語に見るにしても、実体性は否定されねばならない。事物は関係においてのみ立ち現われてくるものにすぎないのだから、アリストテレスの個物主義も、プラトンの普遍主義も、乗り越えられねばならない。

実体は関係に還元される。諸々の事象の様々な関係の一時的な集合が、実体にすぎない。例えば、われわれの営む社会は、それ自身、独立した不変の実体ではない。それは、人と人との関係によって形成される変動態である。それと同じように、物体も、それを構成する諸要素の関係から形成される生成態であり、実体ではない。

個物というとき、われわれは、これを、空間的にも、時間的にも、個体性と同一性をもった実体として把握している。空間的には、一つの個物は、一時にただ一つの場所しか占めることができず、同時に複数の場所に現われることはできない。また、時間的にも、個物は、同一なものとして存続する。それが、個物の実体性を保証する。

しかし、そのような個物も、実際には、生成消滅するものである。例えば、われわれ生物の身体は、様々な物質の新陳代謝によって維持されており、一定期間たてば、すべてが入れ代わってしまう。ここでは、個物の個体性と同一性は、少なくとも質料的には認められない。とすると、生物の場合、個物の自己同一性は、形相的な自己同一性の持続に求めねばならなくなる。しかし、その個体の形相そのものも、常に変化し、生成消滅する。それと同じように、生物より以下の物体も、質料的にも、形相的にも、絶えず変化し、そこには、いかなる実体性も認めることはできないのである。あらゆるものは、瞬間ごとに生成消滅を繰り返していると言える。

この個物の生成消滅と実体の常住不変の間の矛盾を解くために、アトム論を導入することはできる。つまり、個物をこれ以上分割できない最小単位（アトム）にまで分割し、この最小単位を永遠不滅の実体とし、個物の生成消滅はこの最小単位の離合集散によって生じると考えることはできる。しかし、その最小単位そのものがどこまでも分割しうるものだとすれば、そこに、永遠不変の実体を求めることはできないであろう。自己同一的に持続するものは、この世界には何一つ存在しない。表向き充実した堅固な個体が存在するように見えても、それは無数の構成要素の相互作用にすぎない。物自体も、カントの言うように認識できないのではなく、もともと存在しないのだと言わねばならない。実体といわれるものも、諸構成要素の瞬間ごとの離合集散にすぎない。すべては現象にすぎないのである。

『中論』の思想

龍樹の『中論』でも、すべては〈縁起〉によって生じると考える。ここでいう縁起とは、相関性のことであり、関係性のことである。ここでは、実体は、他との依存関係において成立するにすぎない。依存関係を前提することなしには、実体は無意味なものとなる。

『中論』では、実体性のことを自性《じしょう》と言う。自性とは自己存在という意味であり、作り変えられることのないもの、また、他のものに依存することのないものを意味する。自性とは、物に固有な実体性のことであり、ものをしてそのものたらしめるものであり、常に自己同一性をもつもの、それ自体の本性を意味する。『中論』では、この自性が、縁起、つまり関係性によってのみ生じるにすぎないとみられ、それ自身としては存在しないと考えられる。自性は、他性《たしょう》、つまり他のものの自性を前提とする。自性は、他性なくしては成立せず、他性との依存関係においてのみ生じる。他がなければ自はなく、自がなければ他もありえない。一つの事物は、他の事物と区別されることによって、それ自身の固有の本質、つまり自性をもつことができる。もちろん、その区別自身、他の事物がなければできないことである。自性と他性とは相関的なのである(2)。

相関的にのみ生じるものは、他に依存することなくして存在しえないのだから、むしろ、無自性と言わねばならない。すべてのものは自性をもたず、それ自身の固有の本性は、存在しない。どんなに物に実体性があり、同一性と連続性があるように思われようとも、それは虚妄である。物がそれ自体として存在するという考えは、一つの虚構である。すべてのものは、蜃気楼のように、また夢、幻のように、実在性のない幻影である(3)。

こうして、『中論』では、縁起する一切《いっさい》のものの空を説く。一切の事物の固有な実体性は存在せず、無自性であり、無自性であるものは空であるという。龍樹は、原始仏教以来説かれてきた縁起説を、実体論から関係論へ解釈し直し、一切のものの空を説いたのである。

しかし、一切が空であるとしても、空というものが存在するわけではない。一切が空であるところにおいては、空そのものも空ぜられ、逆に一切が肯定される。

「空義あるを以ての故に、一切法は成ずることを得。若《も》し空義なくんば、一切は則《すなわ》ち成ぜず(4)」

という『中論』の句は、そのことを語っている。否定はさらに否定され、一切はあるがままに肯定されるのである。すべての否定は、否定そのものをも否定して、絶対肯定に転ずる。空は絶対的な否定でもあるが、絶対的な肯定でもある。絶対否定から絶対肯定への転換が、空の論理の目指すところである。真の空は、空・不空に偏せず、否定・肯定のいずれにも偏らず、有無を離れる。これが中道の意味である。

2　出来事としての存在

真理の現成

かくて、空は縁起を否定し、その否定の否定を通して、縁起を肯定する。空は、ものの自性を否定するが、また、その否定の否定を通して、自性を肯定する。空こそ、真に自性を成立させる。個々の事物は、否定を通して肯定される。一切が、空において、ありのままに肯定される。ここでは、虚妄の世界は、虚妄ではなくなる。空を空じ、否定を否定していくとき、あらゆる事物がそのままに現成《げんじょう》してくる。そして、現に生きて活動しているこの世界が如実に立ち現われてくる。

花は本来空であるが、その空なる花は、春まだ早い時期に、一輪の梅花となって花開く。そして、そこに、春が開花するのである。夜空に瞬く星々、野に咲く草花、一つ一つが現に現われ出たものであり、現前したものである。おのずと発現したものであり、創発してきたものである。

日本語の最も古い層でも、万物を〈成り出でるもの〉とみている。実際、日本語の〈である〉は、古くは〈なり〉であり、〈成り〉の意である。〈がある〉は、〈あり〉であり、〈生《あ》り〉であり、生まれるの意である。ラテン語の存在を表わす existentia の動詞形は existo であり、これも、〈突如現われる〉〈成る〉〈結果として生じる〉〈出てくる〉〈出現する〉の意味をもっていた。ここでも、存在は、もともと、現成するものとして理解されていたのである。

ハイデッガーも、古代ギリシアの出発点においては、存在は physis のもとにみられ、自らを明け開き、立ち現われ、輝き現われるものとみられていたと言う。実際、ギリシア語で自然を表わす physis は、元来、発現しつつ現われ出ることを意味していた。万物は、隠されたあり方から隠れなきさまへと立ち現われてくる。それが alētheia（真理）の意味だと、ハイデッガーは言う[5]。ハイデッガーは、また、このことを、Ereignis（出来事）という言葉でも表現している。Ereignis とは、そのものの自性（Eigen）が、そのままに現われ出ることを意味する[6]。始原の存在は現成（wesen）するものであり、それ自身の真相を生起させる。世界は現成する。

仏教でいう〈真空妙有〉は、このような事態を端的に表現している。存在するものは、空の場に、あるがままに現われ出ている。ここでは、あるものがまざまざとあるあり方が、そのままに受け止められている。真空妙有とは、存在即真理ということである。真理そのものは、目にも見えず、形も色も姿もないが、無量の領域を、その光によって包み照らし出している。真理は、まざまざと現前しているのである。この真理の現前の中で、存在のあるがままの如性があからさまになる。

華厳哲学を完成した法蔵も、真如随縁《しんにょずいえん》を説き、存在即真理を語っている。真如は、縁に従って汚れたものや浄らかなものを現わすが、それ自身は増減せず、その本性も浄らかさを失わない。明鏡は、明鏡ゆえに、汚れたものも浄らかなものも映し出すことができる。明鏡は自らは空であるが、それゆえに、あらゆるものを映し出す。しかも、映し出されているものと映し出す鏡とは、一つである。静かな水面も、風が吹けば波を立てるが、その波と水とは別物ではない。それと同じように、真如と万法は一つである。(7) 金という素材は、人の細工という縁に従って、獅子という差別の相を現わすが、金という性は増減せず、金と獅子は一つである。(8) ちょうどそれと同じように、万法は真如であり、森羅万象がそのまま真理であるということを説こうとしたのが、法蔵の真如随縁の考え方である。存在者を越えて、その外に真理があるのではなく、あるものがそのままにあるあり方そのものが、真理なのである。

出来事としての現象

存在即真理だとすれば、また、現象即実在ということになる。実在は、現象の外にあるのではなくて、現象の内にある。実在は現象を離れてはありえない。現象の世界を超越する真実在の世界に、実体とかイデアとか物自体を求める必要はない。現象の背後に本体を考えたなら、現象は単なる仮象となってしまう。プラトンは、仮象の世界を越える超感覚的な場所にイデアを考え、これを常住不変の実在とみた。しかし、このような二世界論では、仮象の世界と実在の世界が対立したままで残る。実在は、むしろ、現象としてのみ表現されるものと考えねばならないであろう。現象が実相である。それは仮象ではない。実在は、現象として、現成してくるのである。

すべてのものが関係性によって生じてくるものだとすれば、すべてのものは生起してきたものであり、出来事である。すべての存在者は現象として現成してくるのだから、存在するということは、出来事として立ち現われてくることである。世界は、無数の出来事によって形成されている。事物は、それ自身、自己同一的に永続するものではない。事物を、出来事として、事象として把握しなければならない。

ホワイトヘッドも、存在者（entity）は、生起（occasion）であり、出来事（event）であると言う。そこでは、個々のものは、もはや実体としてでなく、出来事として理解されている。アリストテレスは、主語―述語形式の中で、主語となって述語とならないものを実体と考え、この実体の意味を追究した。しかし、ホワイトヘッドにおいては、そのような実体性は否定され、出来事へと還元される。世界は出来事の集合である。しかも、それは、常に活動し、常に新たな創造に向かって自己自身を駆り立てているものとみられている。(9)

華厳哲学の言う〈理事無礙《りじむげ》〉における〈事〉は、このような意味での〈出来事〉という概念に通じる。理は、必ずその全体をあげて、事として性起してくる。空はそのまま色として顕現する。無差別平等な水は、種々の波となって現われる。しかし、波は水を離れず、水は波を離れない。それと同じように、理と事には、いかなる礙《さまた》げもない。理と事は別なものではない。理そのものがそれ自身の本性を現わし、事々が成り立つ。理性《りしょう》が随縁して、事法をなすのである。夜空の星々、野に咲く花々、どれも空の表現でないものはない。縁起によって生じる諸法は、そのまま真理の光に照らし出されている。現象としての事と、真理としての理は、相即円融している。真理と事象の間に何の礙げもないというのが、華厳哲学でいう理事無礙の境地である。

場と出来事

現代物理学でも、このことは、場の量子論*の考え方となって現われている。場の量子論では、場は量子の形をとって現われてくる。ミクロの世界で、粒子が現われたり消えたりしているのは、場の運動の姿である。場が局所的に凝縮した軌跡が、粒子である。ここでは、物質は場の産出物である。場は、物理学的諸関係の総体を表現し、そこから、その個々の部分や粒子を分離することはできない。物質が存在するということと、場とは切り離すことができない。宇宙は絶え間なく活動している場であり、この根源的場が一時的にとる様相が物質なのである。

今日の物理学では、物質的存在は場のエネルギーに還元されている。場のエネルギーの一変容が、物質的存在なのである。ミクロの世界では、場に十分なエネルギーがあると、粒子と反粒子が発生し、逆に、粒子と反粒子が衝突すると、純粋な場のエネルギーとなって消滅する。それは、まるで、真空から粒子が生まれ、再び真空の中へと消えていくかのようである。しかし、ここで、真空のように思われている場は、エネルギーで充満した場であり、この場において、無数の粒子が絶えず生成消滅を繰り返しているのである。

無数の粒子の振舞いは、場のエネルギーの振動であり、その振動のパターンが各種の粒子となって現われる。このとき、場のエネルギーは、粒子の質量となって現われる。この宇宙は無限のエネルギーの海であり、その海に生まれる波が物質として現われる。あるいは、この宇宙は不可分なエネルギーの織物であり、その織物が織りなす様々な模様が物質にほかならない。それどころか、この宇宙そのものが、巨大な真空のゆらぎから生成してきたとさえ言われる。真空は巨大なエネルギーをもち、そこから物質と反物質が生まれ、その対称性が破れて、物質から成るわれわれの宇宙ができたという。

粒子と波動の相補性の原理*も、このことからくる。電子をはじめ、あらゆる素粒子は、粒子の性質ももち、同時に波の性質ももつ。粒子は、場の振動であり、波動である。場の振動が一定のパターンをとったとき、それが粒子として現われてくる。粒子と波は、同一の実在の相補的な両面なのである。

とすれば、物の存在は、単に出来事として生じたものにすぎないことになる。素粒子も、原子も、分子も、それ以上の物質も、エネルギーをもった場の波動の一定の型と解釈される。世界は、物によって構成されているのではなく、出来事によって形成されているのである。ここでは、すでに、不滅の物理的実体とか、物理的実在としての独立した物体とか、空虚な空間に対置される充実した物質というような、古典的な物質概念は失われている。その意味では、ここでも、実体性は否定されている。

実際、素粒子を、もはや、独立した実在、あるいは自立的存在と考えることはできない。素粒子は、場の振動の軌跡であり、川の流れの渦のようなものである。川の流れの渦は、絶え間ない流体運動の中の相対的に安定したパターンにすぎず、渦という不変の実体が存在するわけではない。それと同じように、素粒子という不変の実体が存在するわけではない。だから、また、素粒子には自己同一性がない。たとえあるように見えても、それは、場の状態の継起的な布置関係の変化にすぎない。ここでは、すでに、自己同一の独立存在という物質概念は崩壊している。事物の自己同一性という古典的概念は、単なる抽象にすぎない。物は本来無自性であり、非実体なのである。

現代物理学の世界では、恒常的な諸性質を支える永続する実体という観念は崩壊してしまっている。現に、ミクロの世界では、存在と非存在さえ不明瞭になっている。粒子は、定まった場所に存在するわけでもないし、存在しないわけでもない。ただ、存在する傾向を言えるにすぎないのである。無量の水を湛えた海面に波が起きるように、事物は、出来事として、創造的な場から立ち現われてくるのである。

無数の要素の相互連関から自己自身を形成する複雑系の存在論的基礎を考える場合も、実体論を克服し、存在を関係に還元し、出来事として理解する必要があるであろう。出来事と出来事の相関から、新しい出来事が生成してくるのである。

第八章　関係から生成へ

1　存在を生成からとらえる

生成消滅の世界

確かに、ミクロの世界でも、素粒子より上位のレベルでは、原子核や原子や分子は比較的安定しているように見える。しかし、実際には、それらも、多くの素粒子の間断なき運動によって成り立っている。われわれの身のまわりの物体も、静かで動かないように見える。しかし、これも、ミクロのレベルに還元してみれば、無数の分子や原子が活発に活動していることが分かる。われわれは、物質に、個体性と安定性を認める傾向にある。しかし、実際には、物質は、静態的なものではなく、動態的なものである。何一つ安定したものはなく、変化することが常態である。物質は変化し、その状態も、性質も、絶えず変わっていく。近代の自然科学は、プラトン同様、変遷する自然の中に永遠に変わらない法則や同一不変の要素を見つけることによって、生成消滅という自然の本質を克服しようとしてきた。しかし、どうして、克服する必要があるのであろうか。

物質より以上の生命段階でも、植物や動物の個体は、誕生と成長と死滅を繰り返す。さらに、植物でも、動物でも、〈種〉の形態は進化していく。人間が営む社会も、絶えず環境の変化に合わせて、その構造を変えていく。

われわれの広大な宇宙も、常に生成変化している。現に、この宇宙では、星が絶え間なく生成消滅を繰り返している。宇宙に散在するガスは、収縮して星となり、その星も、膨張したり、収縮したり、合体したり、爆発したりして、休むことなく生成変化している。それどころか、宇宙そのものが生成し、消滅する。この宇宙は、誕生後、急激に膨張してきたが、これも、いずれ消滅するか、あるいは収縮して崩壊するといわれている。

ミクロの素粒子からマクロの宇宙まで、存在するものは、何一つ止まってはいない。存在の本質は、生成変化することにある。存在の意味、存在するものの存在を、生成として把握しなければならない。

生成としての存在

すべての実在は流動的であり、常に生成消滅している。現実の事物は、絶えず変化し、運動している。日に日に新しく創造されていくもの、刻々と変わっていく動的なもの、それが実在である。生成こそ実在である。古きものが去り、新しきものが現われる。存在するものは、一つとして永続しない。

存在は、むしろ生成の瞬間の軌跡である。不断に動く実在を一瞬一瞬止めて見るとき、存在として立ち現われてくるにすぎない。存在は、生成に対しては、永続性として把握される。自己同一性を保ち永続する〈実体〉という概念は、それを表わす。しかし、それは、現実から抽象化された概念にすぎない。現実には、何一つ常住不変なものはなく、永続する実体もない。

実体はもともと関係にすぎず、この関係の離合集散が生成なのである。生成のみがある。事物を事物としているものは、関係性から生じる出来事を取り集めている形成作用である。その形成作用がなくなれば、出来事は分散し、事物は消滅する。それとともに、新しい事物が生成してくる。関係性の或る瞬間での組み合わせは、次の瞬間では、別の組み合わせに変わっていく。それが、事物の生成消滅である。だから、〈ある〉ことは〈なる〉ことである。物があるということは、諸述語がたまたまそこに集約して物となっているということを意味するにすぎない。次の瞬間には、その組み合わせは変わる。次々と生じる出来事、絶えざる変化、それが実在である。

〈SはPである〉というときの〈である〉では、生成がつかめない。存在のみでは、生成を把握することができない。〈SはPである〉のではなく、〈SはPになる〉のである。Sは、PでないものからPになる。〈SはPである〉が〈SはPなり〉と言われたように、存在はもともと生成から把握されていたのである。〈ある〉は〈なる〉のである。〈なる〉の一コマが〈ある〉なのである。〈ある〉の哲学ではなく、〈なる〉の哲学を打ち立てねばならない。

ここに、一輪の白いユリの花がある。その色や形は時とともに変わる。個物は、常に変わり、滅んでいく。一つ一つが、生じまた滅する。永続する個物はない。個物は生成消滅する。個物の中に、恒常的な自己同一の実体を見出すことはできない。だからといって、普遍に実体を求めることもできない。どこに、永遠不変の〈ユリの花そのもの〉つまり〈ユリの花のイデア〉が見出しうるのであろうか。生成するものを、仮象として蔑《さげす》んではならない。生成消滅するものを、無常なもの、偶然に生まれてはかなく消えていくもの、つまり、仮象とみて、その背後に永遠不滅のものを求める必要はない。永遠不滅のものが生成に対立して存在するという考えは、誤りである。

われわれは、生成するものを生成するものとして、動くものを動くものとして、そのままに見なければならない。実在を、静的にではなく、動的にとらえねばならない。存在を、静的なもの、固定的なものと考えてはならない。動くものを、動かないものによって把握することはできないのである。動くものを動かないものから、生成を存在から見ようとするところに、誤謬がある。

矛盾律の克服

現実は生成であり、変化である。無から有へ、有から無への変化、それが、生成の本質である。生成に基点を置くなら、有と無の対立は解消される。生成の過程では、今ここに何かがあるとともに、ない。今ここで、何かが消失すると同時に、出現している。生成は矛盾を含むが、矛盾を含むことによって、生成は生成でありうる。

生成は、矛盾律を乗り越える。「或るものが、Aであってかつ非Aであることはない」というのが、矛盾律である。この矛盾律の前提には、「Aと非Aは区別され、Aが非Aになったり、非AがAになったりすることはない」という前提がある。つまり、ここでは、生成ということが否定されている。しかし、現実には、すべてのものは生成する。Aは非Aになる。生成は、軽やかに矛盾律を乗り越える。

同じことであるが、生成は同一律も乗り越えている。「AはAである」というのが同一律であり、これを裏返せば矛盾律になる。だが、この同一律の背景にも、「AはAであって、それ自体で独立に存在し、非Aになることはない」という前提がある。実体という概念はこれに基づく。同一律も、生成を否定していることになる。しかし、生成の立場からは、この同一律は乗り越えられる。「AがAでないものになる」のが、生成である。したがって、ここでは、同一律が克服されている。生成は同一性の否定を含む。「Aが非Aになる」という場合、「Aはどこまでも Aである」という自己同一性は廃棄されているのである。

同じことであるが、生成は、排中律も乗り越えている。矛盾律を裏返せば、排中律がでてくる。「或るものはAであるか、非Aであるかのいずれかである」というのが排中律である。しかし、生成は「Aが非Aになる」ことなのだから、それは、「或るものがAにもなり、非Aにもなる」ということを含んでいる。つまり、生成は排中律を克服しているのである。

矛盾律や同一律や排中律は、静態的論理である。ものごとを止めて見ようとするときの論理である。しかし、ものごとは常に動き、生成してやまないのだから、この静態的論理では、ものごとをつかむことができない。生成変化する現実を生成変化するままに把握するには、われわれは、この静態的な形式論理を乗り越えねばならない。矛盾律を乗り越え、同一律を乗り越え、排中律を乗り越えるなら、Ａが非Ａになり、存在が非存在になることは、何ら不思議なことではない。われわれは、生成を回復することができるのである。むしろ、有も無も、時間も空間も、生成から引き出されてこなければならない。

2　生成の思想

ヘラクレイトスとパルメニデス

このような生成の本質について、西洋で最初に深い思索の跡を遺したのは、ヘラクレイトスであった。ヘラクレイトスは、万物を生成流転の過程において見た。彼は、「すべては流れる」と言い、万物を絶えず流れ行く川のようなものとして見ている。

「同じ川の流れに、われわれは足を踏み入れているし、また踏み入れていない。われわれは存在しているし、また存在していない(1)」

というヘラクレイトスの言葉は、そのことをよく伝えている。ここでも、すでに、存在と非存在が矛盾しながら同居している生成の本質が述べられている。存在は生成から見られているのである。

生成変化は、また、相反するものの交代から起きる。

「不死なる者が死すべき者であり、死すべき者が不死なる者である。かのものの死をこのものが生き、かのものの生をこのものが死している[2]」

というヘラクレイトスの言葉は、そのことを語るものであろう。

現代物理学が、エネルギーを世界の変化の源泉とみるように、ヘラクレイトスは、〈火〉を万物の原理とし、万物を〈火〉の転成とみた。それは、燃えては消え、消えては燃える〈火〉を、〈生成〉の象徴とみたからであろう。

「火は土の死を生き、空気は火の死を生き、水は空気の死を生き、土は水の死を生きる[3]」

のである。しかも、万物の生成流転は、万物の闘争と、対立するものの矛盾から生じる。

「戦いは万物の父であり、万物の王である[4]」

というよく知られたヘラクレイトスの言葉は、生成が矛盾を含み、矛盾ゆえに生成が起きることを、端的に語っている。

なるほど、パルメニデスは、存在のみがあり、無は存在しないと主張し、生成を否定した。生成とは、無から存在が生じることであり、消滅とは、存在が無に帰すことである。どちらにしても、無が介入してくる。生成の立場は、存在と無が同居しうると考える。ところが、パルメニデスは、存在と無とを混同するところに、あらゆる臆見が生じるという。そして、存在からすべての無の要素を排除し、存在のみが認識でき、無は認識できないとした。存在は不生不滅であり、一であり、不可分であり、充満である。存在のほかには何もない。多も運動もない[5]。

しかし、このパルメニデスの考えは、同一律や矛盾律に基づいた考えである。同一律や矛盾律は、ものごとを静止状態においてのみ考える論理にすぎず、ものごとの一局面しかとらえていない。とすれば、このパルメニデスの立場も崩れ去るであろう。われわれが現実に認識している世界は、生成の世界であり、動く世界である。われわれは、この現実から出発しなければならない。生成を存在から、動を静から見ようとすると、現実を見誤ってしまう。

同じことは、パルメニデスの弟子、ゼノンについても言える。ゼノンは、パルメニデスの多と運動の否定を証明するために、有名なパラドックスを提出し、多と運動は矛盾を含むことを証明しようとした[6]。

そのうち、運動に関するパラドックスとしてよく知られているのが、アキレウスと亀の話である。アキレウスから少し先を進んでいる亀に、アキレウスが追いつこうとするとき、その亀のいたところにアキレウスが到達したとしても、亀はわずかでも先に進んでいる。このことは無限に続きうるから、結局、アキレウスは亀に追いつくことはできないという。

また、「飛ぶ矢は止まる」というパラドックスも、運動を否定するパラドックスとして、よく知られている。A点からB点に飛ぶ矢は、A点とB点の間の無限の点を通過しなくてはならない。この場合、矢は、それぞれの点で瞬間ごとに静止していると考えることができる。だから、矢は実は飛んではいないという。ゼノンは、このようなパラドックスを提出して、存在は不変不動であることを証明しようとしたのである。

しかし、よく言われるように、このゼノンの論証は、運動を空間に翻訳し、空間について成り立つことを、運動についても成り立つとしたところに、間違いがある。空間は無限に分割することができるから、運動もまた無限に分割することができるとしたところに、論理の飛躍がある。アキレウスの運動も、亀の運動も、矢の運動も、運動そのものは、実際には、空間のように分割することはできないのである。

ゼノンの議論も、ものごとを静止状態において考え、不動なものを真実とする前提に立っている。しかし、生成し運動している世界を、静止と不動の方からとらえることはできない。生成するものを生成するものとして、動くものを動くものとして、見なければならないのである。

プラトンとアリストテレス

なるほど、プラトンは、イデア論を立てて、ヘラクレイトスの生成の立場とパルメニデスの存在の立場を調停しようとした。イデアは、現象を越えた真の存在であり、普遍的なものである。イデアは、一なるものであり、恒常的なものである。イデアは、存在するものの範型であり、存在の根拠である。それに対して、生成変化する現象は、多であり、分割しうるものであり、限定できないものである。それは、流動するものであり、相対的なものである。生成消滅する現象は、一種の非存在であり、イデアの模造にすぎない。かくて、プラトンは、存在するということは、生成消滅する現象が不変のイデアを分有することにほかならないとみる。プラトンは、生成の立場と存在の立場を調停するために、世界を現象界と叡知界に分裂させ、叡知界のイデアを本来の存在に、現象界の諸々の存在者を非存在に貶めたのである。プラトンは、生成消滅する世界を越えて、イデアの世界に常住不変の真実在を見ようとした。この点では、プラトンは、パルメニデスを引き継いだことになる。

しかし、このプラトンの二世界論は妥当なのであろうか。すべては生成するのであって、生成するものを、仮象として見ることはできない。どうして、生成の世界を越えたところに、生成しない世界を見る必要があろうか。生成と存在、動と静の両方を救おうとして、世界を二分するなら、今度は、二つの世界の関係が問題となり、その説明は曖昧になる。

生成消滅するものを仮象とし、消極的にみたプラトンに対して、アリストテレスは、生成と運動を積極的に理論の中に取り入れた。アリストテレスは、生成と運動を説明するのに、形相（eidos）と質料（hylē）という固定的概念だけでは不十分なため、可能態（dynamis）と現実態（energeia）という相関する対概念を提出する。事物は、可能態から現実態へと進行するものとして存在する。こうして、この二つの概念によって、生成や変化、増減や運動を説明しようとしたのである。

アリストテレスにおいては、「存在とは何か」は「実体とは何か」に還元されて追究された。しかし、その実体は、実際には、止まっているものではなく、可能態から現実態へと運動し、自己自身を展開するものである。可能態としての質料が、現実態としての形相にまで自己を実現していくことが、生成であり、運動である。質料は可能態であるが、それは、また、変化するものであり、形をもつことができ、性質をもつことができる。可能的な質料が、現実的な形相をもって、見えるようになることが、生成ということにほかならない。アリストテレスにおいては、実体は質料と形相の結合とみられていた。だが、それは、質料から形相へ、可能態から現実態へと、常に動いていくものでもある。実体は生成発展するものとして、存在は生成するものとして考えられているのである。この点では、アリストテレスの考えは、ヘラクレイトスの生成の立場を復活させたものとして、評価することができるであろう。

ヘーゲルとニーチェ

西洋近代の哲学者の中で、生成の立場に立ち、その論理構造を分析したのは、ヘーゲルであった。ヘーゲルは、『論理学』の「有論」を〈純粋有〉(reines Sein) の記述から始めている。そして、純粋の有はどのようなしかたでも規定することはできないから、それは、直接的には無であると言う。しかし、〈純粋無〉(reines Nichts) も無規定であり、どのようなしかたでも言い表わすことができないから、反対のものに転化する。かくて、純粋有と純粋無は同じものとなる。有は無に、無は有に、推移してしまっている。この両者の同一性に着目して、ヘーゲルは、両者の統一としての〈成〉(Werden) を導き出す(7)。

有であって無であり、無であって有であるものが、成である。有と無の真理は成である。成において、はじめて、有は有とされ、無は無とされ、有は無になり、無は有になる。無が有になること、つまり生起と、有が無になること、つまり消滅は、成の二契機である。有と無の両者をその中に含まずに、生成消滅しないものはない。いかなるものも、その誕生そのものの中に、その滅亡の萌芽を宿している。ヘーゲルは、このように、生成の中に有と無の統一を見た。そして、その考えを最初に提出した哲学者として、ヘラクレイトスを高く評価したのである。(8)

かくて、ヘーゲルにおいては、矛盾こそより深いものであり、本質的なものとみられる。すべてのものは、それ自身において矛盾的であり、その中に矛盾を含むかぎり、生命をもつ。矛盾は、あらゆる運動と生命の根幹である。運動するということは、同じ瞬間に、ここにあり、ないということである。或るものは、それ自身の中に矛盾をもつかぎりにおいてのみ、運動する。矛盾を含むゆえに運動があると、ヘーゲルは考える。(9)

ニーチェも、存在に対して生成を対置し、生成を真理とした。ニーチェにおいては、存在することは生成することであり、それが生の真実であった。ニーチェにとって、存在するものの存在は、生成であった。

かくて、ニーチェは、生成の立場に立って、プラトン以来打ち立てられてきた背後世界を拒否し、二世界論を批判する。(10) 二世界論あるいは背後世界論は、われわれが目にしている生成変化する現実を仮象とし、これを越える彼岸に真の存在があると考える。しかし、この生成変化する世界の背後に虚構された世界は、悪しき妄想である。すべては生成している。絶対的な真理も、永遠の真実もない。ニーチェは、生成するものを生成そのもののうちに解放し、そこに真なる世界を見て、プラトン主義を逆転したのである。

ニーチェは、このようにして、混沌とした生成の世界そのものを無条件に肯定し、そこに価値を見出そうとする。そのため、西洋の伝統的形而上学によって仮象として貶められてきた生成の世界に実在を求め、逆に、仮象こそ真として肯定されねばならないとしたのである。真の世界を捨て去れば、仮象の世界も、仮象ではなくなる。それどころか、生成変化する現実に価値を置くなら、永遠の実在とか、不変の真理という考えこそ、逆に仮象となり、虚構となり、誤謬となる。(11)

この生成に真実を見る立場から、ニーチェは、万物のうちに生成を見たソクラテス以前の思想家たち、特に、無限定なものから世界の生成を説いたアナクシマンドロスや、万物流転を説いたヘラクレイトスの教説を評価した。ニーチェは、ソクラテス以前の思想家たちの中に、存在を生成とみる思想を見出し、その生成の立場に帰って、ヨーロッパ人の価値観を大きく転覆しようとしたのである。

ベルクソンとホワイトヘッド

二十世紀の哲学者の中で、生成の立場に立ってその思想をあますところなく展開した代表的な哲学者は、ベルクソンであった。ベルクソンによれば、実在は、不断の生成として現われる。ベルクソンが実在の真相とした〈持続〉(durée) は、変化の不可分の連続であり、生成そのものであった。持続を把握するには、われわれは、持続のうちに一挙に身を置かねばならない。持続は、思考によってではなく、直観によってのみ知られる実在の真相である。実在は常に変化し続けている。変化している状態のみが、実在するのである。しかも、変化の下に、変化を支えるものを考える必要はない。変化の下にあって、それ自体は変化せず、それ自体は動かないものがあるという観念は、放棄されねばならない[12]。

実在は動きであって、運動こそ実在である。静止は、どこまでも見せ掛けにすぎない。運動は、あくまでも不可分なものとして扱わねばならない。運動を否定したゼノンの間違いは、運動を、分解されうるものとした上に、その分解されたものから再構成されうるものとしたことにある。それはちょうど、映画が、運動を一コマ一コマの静止した映像に分解し、その集積として運動を再現するのに似ている。しかし、それは錯覚であって、本当の運動ではない。分割されたものから、運動を成立させることは不可能である。停止をいくら並べても、運動とはならない。真の運動は、分割不可能な純粋持続であって、この純粋持続は、運動を静止に還元する概念的思惟によってはとらえることができない。概念的思惟、つまり知性は、運動を不動から把握しようとする習慣が身についてしまっている。思惟は、事物の内的な生成に身を置く代わりに、事物の外側に立ってその生成を再構成しようとする。しかし、このような思惟によっては、真の運動はとらえることができないと、ベルクソンは言う。[13]

ホワイトヘッドも、生成の立場に立った哲学者として、二十世紀前半を代表する哲学者の一人であった。ホワイトヘッドは、世界を、間断なく生成する出来事の集合と考えた。[14]世界は、本質的に、生成として自らを示す。活動的世界は絶えざる生成のうちにあり、休むことなく、新しさに向かって創造的前進を行なっている。ホワイトヘッドの哲学は、生成を現実的とする非実体論的な哲学であり、それを、宇宙、物質、生命の全領域に及ぼした〈生成の哲学〉であった。

ホワイトヘッドにあっては、存在は生成によって形成されている。生成がないなら、存在もないであろう。生成こそ、存在を形づくり、個々の個体の同一性を形づくる。存在は生成の可能態であり、生成は存在の現実態である。可能態が現実態になるということが、生成にほかならない。そして、ホワイトヘッドは、この生成を過程(process)としてとらえ、事物を過程のうちにあるものとして把握する。この世界では、あらゆるものが、活動、変化、推移、創造的前進、つまり過程のうちにある。現実的世界は過程であり、実在は過程である。[15]

このように、ホワイトヘッドは、存在を過程の相のもとにとらえ、存在するものを、常に自分自身を形成していく生きた有機体として解釈したのである。ホワイトヘッドは、自らの哲学を〈有機体の哲学〉と呼んだが、それはまた、過程の哲学であり、生成の哲学であった。「すべては流れる」「誰も同じ川に二度と入ることはできない」というヘラクレイトスの思想を、壮大な哲学体系に組み立てたのが、ホワイトヘッドの思索であった。

老荘思想と大乗仏教

ヘラクレイトスよりいくらか後の中国にも、万物を生成の相のもとに見る思想が起きた。道(タオ)から万物が生じるとする老荘思想*が、それである。道とは、生成流転する宇宙の無限の活動の本源であり、それ自身永遠に変化し続ける実在である。道から一が生じ、一から二が生じ、二から三が生じ、三から万物が生じる。道は、語りえないものであり、形なきものであり、無であり、車軸の中心の動かないところ（枢《とぼそ》）のように、自らは隠れて、万物の生成を生じさせる。だから、これを道枢《どうすう》という。世界は変化し続ける絶え間ない流れであり、道の絶えざる流動である。生成消滅する物は、この常に流れる道の一時的な過程である(16)。

老荘思想も、あらゆるものを、運動と変化、流動と生成の過程において見る思想である。老荘が展開する世界は、どこまでも、動的なものであり、無限の生成の世界である。しかも、この万物の生成の過程は、陰陽、往来、伸縮、満ち欠け、寒暖、禍福など、相反するものの周期的変化によって生じるといわれる。陰が極まって陽に転じ、陽が極まって陰に転じる。禍は変じて福となり、福は変じて禍となる。老荘思想は、実在を、すでに振動によってとらえていたのである。絶えざる変化の中で、あらゆるものは盛衰する。しかも、老荘思想は、万物は道のもとで一つであるとし、この道に則《のっと》り自然に則るのを最高の生き方とした。生成に従い、生成に則る生き方を説いたのである。

大乗仏教も、一切のものの無常を説き、万象を生成の相において見る。例えば、龍樹も、『中論』において、すべては縁起によって生じるのだから、あらゆる存在は無自性であると言い、事物の実体性と自己同一性を否定する。したがって、物事は静止してあるということはない。すべては生成消滅する。

もっとも、龍樹は、すべてのものを否定し、否定に否定を重ねていくから、静止ばかりでなく、運動をも否定する。だから、また、生成変化をも否定する。つまり、龍樹は、生と住と滅、生成と存続と消滅すべてを否定する。生成も、消滅も、存続も、運動も、静止も、すべて縁によって生じるものだから、すべては夢、幻のようなものとみられる(7)。

しかし、龍樹の空の論理は、一切を否定するから、それは否定をも否定し、一切の肯定に転ずる。かくて、生成も、消滅も、運動も、変化も、すべてが肯定される。現実は、生成であり、消滅であり、変化であり、運動である。最終的には、否定の極、一切をあるがままに絶対的に肯定するのが、龍樹の『中論』の結論である。

一般に、仏教の論理は、有と無の対立を乗り越え、同一律や矛盾律を乗り越え、一切のものを、生成消滅、運動、変化の相のもとに見る。なかでも、すべてを生成と運動としてみ、生成の哲学を展開したのは、華厳哲学であった。華厳哲学は、存在を相互連関性から生じる〈事〉として、つまり、生滅し流転しゆく〈出来事〉としてとらえる。すべてのものは、瞬間瞬間において生成変化し続けている。縁起の法に基づくかぎり、この世界のものはすべて無常である。しかし、この無常なものは、同時にまた、空の表現でもあるから、無常はそのままに肯定される。無常が実相なのである。生成消滅が真理なのである。華厳哲学では、あらゆるものが動的に把握され、生成の相において見られている。

存在は関係であり、実体性をもたない。存在は生起し、生成する。生成こそ実在であり、真理である。存在は生成に還元されねばならない。無数の要素の相互連関から自己形成する複雑系の世界は、間断なく新しいものが生成してくる世界である。その存在論的基礎を考えるには、存在を関係に、関係を生成に還元し、実在を常に生成消滅する出来事にみる非実体論的哲学を究明しなければならない。

結語　複雑系の存在論

無数の要素の相互作用から自己自身を形成していく系を複雑系というとすれば、宇宙も、物質世界も、生命世界も、人間社会も、すべて複雑系である。複雑系は、不断に新しいものを創造していく動的系であり、生きた系である。

複雑系の世界は相互連関の世界である。そこでは、あらゆる要素は他の要素との連関においてのみ規定されているから、どの事象も、諸事象間の相互連関の中でしか把握されえない。複雑系が常に新しい構造や形態を創発する動的系であり続けるのは、そのためである。

複雑系の世界に生起してくる事象は、諸要素の相互連関から出現してくる出来事である。ここでは、存在するということは、出来事として現前してくることであり、創発してくることである。相互連関の世界では、あらゆる出来事がそれぞれ他の出来事との連関において規定されているから、出来事と出来事は切り離すことができない。言い換えれば、一つの事象は、他の事象と別々に存在するのではなく、他の事象との結合の中にある。相互連関の世界では、一つの事象は他の事象を含み、また他の事象に含まれている。諸事象の相互内在性こそ、相互連関性の世界、つまり複雑系の世界の本質である。

複雑系は諸要素の相互連関によって成り立っているのだから、複雑系を理解するには、〈関係の存在論〉が必要である。存在するということは、関係性のうちにあることである。複雑系においても、諸要素は相関的にのみ存在する。

諸要素は、関係に従って自己を決定し、関係の変動によって変化し、関係の変動と密接に連動する。と同時に、そのことによって、また、関係そのものをも変えていく。複雑系の存在論的基礎も、諸事象の相関性に求められねばならない。

関係性のもとでは、独立した実体は存在しない。たとえ永続する実体のように見えるものでも、実際には、諸々の事象の様々な関係の一時的な集合にすぎない。諸要素の関係によってのみ成り立つ複雑系においても、諸要素は関係においてのみ存在し、実体は存在しない。複雑系の存在論的基礎は、実体の存在論ではなく、非実体の存在論に求められねばならない。

あらゆるものは関係性において生起するものであり、実体性をもたない。実体性をもたないものは、生成変化する。世界は、どこまでも動的なものであり、絶えざる生成のうちにあり、常に新たな創造に向かって動いている。

複雑系の世界は、常に運動し、新しいものを創造していく世界である。このような複雑系の世界をとらえるには、世界を静的にではなく動的にとらえる哲学が必要であり、存在を生成からとらえる〈生成の哲学〉が必要である。

複雑系の存在論		
複雑系		存在論
多様性	……………	存在
↓		↓
相互連関	…………	関係
↓		↓
自己形成	…………	生成

註

第一章　複雑系

（1）ベルタランフィ『一般システム理論』長野敬訳　みすず書房　一九九二年

（2）プリゴジン、スタンジェール『混沌からの秩序』伏見康治ほか訳　みすず書房　一九九二年

（3）B・アーサー『収益逓増と経路依存』有賀裕二訳　多賀出版　二〇〇三年

（4）S・カウフマン『カウフマン　生命と宇宙を語る』河野至恩訳　日本経済新聞社　二〇〇二年

（5）マトゥラーナ、ヴァレラ『オートポイエーシス』河本英夫訳　国文社　一九九四年

（6）Herakleitos, *Fragment*, 1 31 45 50 72 115（『ソクラテス以前哲学者断片集』別冊　内山勝利編　岩波書店　一九九八年　三四〜五八頁）

第二章　複雑系の中の自由

（1）Herakleitos, *Fragment*, 6（『ソクラテス以前哲学者断片集』別冊　内山勝利編　岩波書店　一九九八年　三五頁）

第三章　複雑系の思想

（1）Bergson, *Essai sur les Données immédiates de la Conscience*, Oeuvres, édition du centenaire, P.U.F., 1963, chap. Ⅲ（『時間と自由』全集1　平井啓之訳　白水社　一九六五年　第三章）

（2）Bergson, *L'Évolution Créatrice*, Oeuvres, édition du centenaire, P.U.F., 1963, chap. Ⅳ（『創造的進化』全集4　松浪信三郎訳　白水社　一九六六年　第四章）

（3）Whitehead, *Science and the modern World*, Cambridge U.P., 1953, chap.Ⅵ（『科学と近代世界』著作集第六巻　上田泰治・村上至孝訳　松籟社　一九八一年　第六章）

（4）Whitehead, *Process and Reality*, Harper, 1960, part Ⅰ chap. Ⅰ Ⅱ（『過程と実在』著作集第十巻　山本誠作訳　松籟社　一九八四

年　第一部　第二章、第三章）

（5）ibid., part I chap.II（同書　第一部　第二章）

（6）ibid., p.32 pp.155–156 pp.321–323（同書　三五頁、一七四〜一七五頁、三六七〜三六八頁）

（7）Whitehead, *Science and the modern World*, pp.128–129（『科学と近代世界』一四二頁）

（8）Whitehead, *Process and Reality*, pp.31–32 pp.41–42（『過程と実在』三四〜三五頁、四六〜四七頁）

（9）Whitehead, *Science and the modern World*, p.64 p.69（『科学と近代世界』六七頁、七二頁）
Whitehead, Process and Reality, pp.128–129（『過程と実在』一四四頁）
Whitehead, Modes of Thought, Capricorn Books, Macmillan, 1958, VIII（『思考の諸様態』著作集第十三巻　藤川吉美訳　松籟社　一九八〇年　第八講）

（10）Schelling, *Erster Entwurf eines Systems der Naturphilosophie*, Werke Bd.2, Beck und Dldenbourg,1927. III

（11）西田幾多郎『哲学論文集第五』全集第十巻　岩波書店　一九七九年　三四三頁以下
西田幾多郎『哲学論文集第七』全集第十一巻　岩波書店　一九七九年　三一八〜三三五頁

（12）同『哲学の根本問題続編』全集第七巻　岩波書店　一九七九年　三〇五頁以下

（13）同『哲学論文集第三』全集第九巻　岩波書店　一九七九年　一四七頁以下

（14）同書　六九頁以下

（15）Leibniz, Monadologie, 1 14 49 52 56, Bibliotheqe de philosophie (éd.A.Robinet) P.U.F., 1954, p.69, p.77, p.99, p.101, p.103,（『モナドロジー』清水富雄・竹田篤司訳　世界の名著25「スピノザ・ライプニッツ」中央公論社　一九八二年　四三七頁、四四〇頁、四四九〜四五一頁）

（16）ibid., 18 67 71, p.81, p.111, p.113（同書　四四一〜四四二頁、四五四〜四五五頁）

第四章　相互連関

（1）Leibniz, *Monadologie*, 9, Bibliotheqe de philosophie (éd.A.Robinet) P.U.F., 1954, p.23（『モナドロジー』清水富雄・竹田篤司訳　世界の名著25「スピノザ・ライプニッツ」中央公論社　一九八二年　四三八頁）

(2) Hegel, *Wissenshaft der Logik* I, Ph.B. (Hrsg. Lasson), Felix Meiner,1963, S.96 S.103（『大論理学』上巻1 全集6a 武市健人訳 岩波書店 一九六四年 一一八頁、一二八〜一二九頁）
(3) 龍樹『中論』二四・一九 国訳一切経 印度撰述部中観部一 羽渓了諦訳 大東出版社 一九七六年 二二七頁
(4) 法蔵『華厳五教章』巻中 大乗仏典（中国・日本篇）7 木村清孝訳 中央公論社 一九八九年 六一〜八五頁
(5) Whitehead, *Science and the modern World*, Cambridge U.P., 1953, chap. VII VIII（『科学と近代世界』著作集第六巻 上田泰治・村上至孝訳 松籟社 一九八一年 第七章、第八章）
(6) Whitehead, *Process and Reality*, Harper, 1960, part I chap. II III（『過程と実在』著作集第十巻 山本誠作訳 松籟社 一九八四年 二九〜五一頁）
(7) Hegel, *Wissenshaft der Logik* I, Gesammelte Werke Bd.11, Felix Meiner,1978, S.279–S.283（『大論理学』中巻 全集7 武市健人訳 岩波書店 一九六九年 六五〜七一頁）
(8) 龍樹 前掲書 観合品第一四、観因果品第二〇 一四八頁以下、一八三頁以下
(9) Leibniz, op.cit., 39 32, p.69, p.73, p.89（前掲書 四三七〜四三八頁、四四五頁）
(10) Whitehead, op.cit., p.65 pp.79–80 pp.97–98（前掲書 六七頁、八五頁、一〇七頁）
(11) 法蔵 前掲書 八五〜九四頁

第五章 相互連関の論理

(1) Leibniz, *Monadologie*, 32 36–39, Bibliotheqe de philosophie (éd.A.Robinet) P.U.F., 1954, p.89, pp.91–93（『モナドロジー』清水富雄・竹田篤司訳 世界の名著25「スピノザ・ライプニッツ」中央公論社 一九八二年 四四五〜四四六頁）
(2) ibid., 7 13–16, p.71, pp.75–79（同書 四三七頁、四三九〜四四〇頁）
(3) Whitehead, *Process and Reality*, Harper, 1960, pp.29–32（『過程と実在』著作集第十巻 山本誠作訳 松籟社 一九八四年 三二〜三五頁）
(4) 法蔵『華厳五教章』巻中 大乗仏典（中国・日本篇）7 木村清孝訳 中央公論社 一九八九年 九五〜九六頁、一一〇頁
(5)『華厳経』入法界品 第五三章『さとりへの遍歴』下 丹治昭義ほか訳 中央公論社 一九九四年 四一三頁以下

（6）同書　第五一章　三一八頁以下
（7）『華厳経』如来十身相海品　国訳一切経　印度撰述部華厳部三　衛藤即応訳　大東出版社　一九七一年　七六九頁ほか
（8）西田幾多郎『哲学論文集第三』全集第九巻　岩波書店　一九七九年　六九頁以下
（9）同『哲学論文集第五』全集第十巻　岩波書店　一九七九年　四七七～四九一頁
（10）Kant, *Kritik der Urteilskraft* §65, Cassirer Bd.5, 1922, S.450–S.454（『判断力批判』全集9　牧野英二訳　岩波書店　二〇〇〇年　二七～二九頁）
（11）Hegel, *Wissenshaft der Logik* I, Gesammelte Werke Bd.11, Felix Meiner,1978, S.354–S.358（『大論理学』中巻　全集7　武市健人訳　岩波書店　一九六九年　一八六～一九一頁）
（12）法蔵　前掲書　一二四～一三四頁
（13）西田幾多郎『哲学の根本問題続編』全集第七巻　岩波書店　一九七九年　三三一頁、三四五頁
（14）和辻哲郎『倫理学』上　全集第十巻　岩波書店　一九七七年　一〇六頁以下
（15）西田幾多郎『哲学論文集第三』七九～八四頁
（16）同『哲学論文集第五』五五九頁
（17）Leibniz, op.cit., 56 63, pp.103–105, p.109（前掲書　五一頁、四五三～四五四頁）

第六章　存在とは何か

（1）Platon, *Theaetetus*, 155A（『テアイテトス』全集2　田中美知太郎訳　岩波書店　一九八〇年　二二〇頁）
（2）Aristoteles, *Metaphysica*, I 2 982b12（『形而上学』全集12　出隆訳　岩波書店　一九六八年　一〇頁）
（3）ibid.,IV 1 1003a20（同書　九一頁）
（4）Platon, *Sophistes*, 244A（『ソピステス』全集3　藤沢令夫訳　岩波書店　一九八〇年　八六頁）
（5）Heidegger, *Nietzsche* II, Gesamtausgabe Bd.6-2, V. Klostermann,1997, S.225（『ニーチェ』中　細谷貞雄訳　理想社　一九七七年　五〇〇頁）
（6）Aristoteles, op.cit., V 7 1017a24（前掲書　一五一～一五二頁）

(7) ibid., VII 1 1028b4（同書 二〇六頁）
(8) Aristoteles, *Categoriai*, 5 2a 11–19（『カテゴリー論』全集1 山本光雄訳 岩波書店 一九七一年 七頁）
(9) Aristoteles, *Metaphysica*, VII 10 1035a2（『形而上学』二三七頁）
(10) Platon, *Parmenides*, 132A–133A（『パルメニデス』全集4 田中美知太郎訳 岩波書店 一九八〇年 一八～二二頁）
(11) Hegel, *Wissenshaft der Logik* II, Gesammelte Werke Bd.12, Felix Meiner,1981, S.55（『大論理学』下巻 全集8 武市健人訳 岩波書店 一九六五年 七四頁）
(12) Heidegger, op.cit., S.223–S.226（前掲書 四九八～五〇二頁）
(13) 西田幾多郎『働くものから見るものへ』全集第四巻 岩波書店 一九七九年 二一八頁以下

第七章 存在から関係へ

(1) Hegel, *Wissenshaft der Logik* I, Gesammelte Werke Bd.11, Felix Meiner,1978, S.329–S.332（『大論理学』中巻 全集7 武市健人訳 岩波書店 一九六九年 一四七頁 一五二頁）
(2) 龍樹『中論』一五・四 国訳一切経 印度撰述部中観部一 羽渓了諦訳 大東出版社 一九七六年 九七頁
(3) 同書 七・三五、一七・三三、二三・八 一一四頁、一七一頁、二〇七頁ほか
(4) 同書 二四・一四 二一六頁
(5) Heidegger, *Einführung in die Metaphysik*,§39, Gesamtausgabe Bd.40, V. Klostermann, 1983, S.108–S.110（『形而上学入門』全集40 岩田靖夫訳 創文社 二〇〇〇年 一一二～一一五頁）
(6) Heidegger, *Holzwege*, *Gesamtausgabe* Bd.5, V. Klostermann,1977, S.39–S.43（『杣径』全集5 茅野良男訳 創文社 一九八八年 五二～五七頁）
(7) 法蔵『華厳五教章』巻中 大乗仏典（中国・日本篇）7 木村清孝訳 中央公論社 一九八九年 六三～六四頁
(8) 法蔵『金獅子章』大乗仏典（中国・日本篇）7 小林圓照訳 二四〇～二四三頁
(9) Whitehead, *Science and the modern World*, Cambridge U.P., 1953, chap. VII VIII（『科学と近代世界』著作集第六巻 上田泰治・村上至孝訳 松籟社 一九八一年 第七章、第八章）

第八章　関係から生成へ

（1）Herakleitos, *Fragment*, 49a（『ソクラテス以前哲学者断片集』別冊　内山勝利編　岩波書店　一九九八年　四四頁）
（2）ibid.,62（同書　四七頁）
（3）ibid.,76（同書　五〇頁）
（4）ibid.,53（同書　四五頁）
（5）Parmenides, *Fragment*, 2 3 6 8（同書　六八〜七三頁）
（6）Aristoteles, *Physica*, VI 9 239b5-30（『自然学』全集3　出隆訳　岩波書店　一九六八年　二五八〜二五九頁）
（7）Hegel, *Wissenshaft der Logik* I, Gesammelte Werke Bd.11, Felix Meiner, 1978, S.43f.（『大論理学』上巻1　全集 6a　武市健人訳　岩波書店　一九六四年　七八〜七九頁）
（8）ibid., S.44-S.48 S.56f.（同書　七九〜八四頁、一一二〜一一三頁）
（9）ibid., S.286f.（『大論理学』中巻　全集7　武市健人訳　岩波書店　一九六九年　七七〜七九頁）
（10）Nietzsche, *Also sprach Zarathustra*, Nietzsche Werke VI-1, Gruyter, 1968, S.31-S.34（『ツァラトゥストラはこう語った』全集第一巻（第二期）薗田宗人訳　白水社　一九八二年　四六〜四九頁）
（11）Nietzsche, *Götzen-Dämmerung*, Nietzsche Werke VI-3, Gruyter, 1969, S.74f.（『偶像の黄昏』全集第四巻（第二期）西尾幹二・生野幸吉訳　白水社　一九八七年　四七〜四八頁）
（12）Bergson, *L'Évolution Créatrice*, Oeuvres, édition du centenaire, P.U.F.,1963, pp.747-749（『創造的進化』全集4　松浪信三郎訳　白水社　一九六六年　三三八〜三四〇頁）
（13）ibid., pp.749-760（同書　三四一〜三五五頁）
（14）Whitehead, *Science and the modern World*, Cambridge U.P., 1953, chap. VII VIII（『科学と近代世界』著作集第六巻　上田泰治・村上至孝訳　松籟社　一九八一年　第七章、第八章）
（15）Whitehead, *Process and Reality*, Harper, 1960, pp.33-34 p.101（『過程と実在』著作集第十巻　山本誠作訳　松籟社　一九八四年　三七〜三八頁、一一一頁）
（16）『老子・荘子』小川環樹・森三樹三郎訳　世界の名著4　中央公論社　一九七四年　六九頁、一一七頁、一七七頁

(17) 龍樹『中論』七・三四、七・三五　国訳一切経　印度撰述部中観部一　羽渓了諦訳　大東出版社　一九七六年　一一三〜一一四頁

〔なお、本文の引用・言及箇所の訳や訓読で、註に挙げた邦文文献に必ずしも従わなかったところがあることを断っておかねばならない。〕

用語・人名解説（本文中で＊を付した用語・人名の解説、五十音順）

アーサー・B　（一九四五〜　）アイルランド生まれの数理経済学者。アメリカで活躍。経済や技術における自己強化現象や経路依存現象に注目し、特に製品の使用に伴う収穫逓増を数理的に解析した。近代経済学の均衡理論を逆転し、複雑系経済学の先駆者となった。著書に『収益逓増と経路依存』などがある。

アナクシマンドロス　（前六一〇頃〜前五四〇頃）古代ギリシアのソクラテス以前の哲学者。万物の根源を〈無限なもの〉とし、存在するものは、この〈無限なもの〉から生成し、そこへと消滅すると考えた。〈無限なもの〉は、質的にも量的にも無限定なものであり、神的なもの、永遠なものともいわれる。

アリストテレス　（前三八四〜前三二二）古代ギリシアの哲学者。プラトンの弟子。プラトンが、イデアを超感覚的な実在としたのに対し、個物を実在と考え、これを質料と形相からなるものとした。『形而上学』『自然学』をはじめ、論理学、倫理学、政治学、詩学などに関する多数の著作がある。

ヴァレラ　（一九四六〜二〇〇一）チリ生まれの認知生物学者。アメリカやフランスで活躍。神経細胞学、細胞生物学、認識論、サイバネティックス、応用数学の分野で独自の業績を残す。マトゥラーナとともに、オートポイエーシス理論を提唱、発展させた。著書に、『オートポイエーシス』『知恵の樹』『心の生命』『身体化された心』などがある。

エントロピー　乱雑さの度合いを表わす熱力学上の概念。エントロピーが大きい状態は乱雑さの度合いが大きいことを示す。

カウフマン・S　（一九三九〜　）アメリカの理論生物学者。生命世界に見られる自己組織化と進化の論理を、コンピュータ・シミュレーションを使って明らかにする。複雑系科学の第一人者。生物学ばかりでなく、物理学、医学、心理学、哲学、宇宙論、全般に及ぶ広い視野をもつ。著書に『自己組織化と進化の論理』『カウフマン、生命と宇宙を語る』などがある。

カオスの縁　ラングトンの人工生命の研究で発見された領域。二次元平面に敷きつめられたオートマトンの振舞いを、近傍からの入力を受ける度合いというパラメータで分類すると、収束的なパラメータ領域とカオス的な領域の間に、生命的な振舞いを思わせる領域がある。これをカオスの縁といい、そこへ向かって進化が起きると考えられる。

カント　（一七二四〜一八〇四）ドイツの哲学者。科学的認識の成立根拠を吟味、認識は、主観が感覚の所与を秩序づけることによって成立すると考えた。そのため、カント哲学では、超経験的な〈物自体〉は、科学的認識の対象ではなく、信仰の対象とされた。著書に『純粋理性批判』『プロレゴーメナ』『人倫の形而上学の基礎づけ』『実践理性批判』『判断力批判』『単なる理性の限界内における宗教』などがある。

ゲーデル　（一九〇六～一九七八）チェコ生まれの数理論理学者。後、アメリカに渡る。一九三一年の論文で〈不完全性定理〉を証明、学会に衝撃を与える。

華厳経　代表的な大乗経典の一つ。宇宙的なスケールで、仏の悟りの世界と、そこに至る菩薩の道を説き示す。六十巻のもの、八十巻のものなどがある。

華厳哲学　中国の隋から唐代初期に成立した華厳宗によって展開された哲学。特に、第三祖の法蔵はよく知られる。その世界観は、宇宙の中のすべてのものは互いに交わり合いながら流動しており、一の中に一切を含み、一切の中に一が含まれるとするところにある。

原核生物　核をもたない細胞からなる生物。細菌や藍藻など。

劫　サンスクリット語の kalpa の音写。インドの時間的単位のうち最も長いもの。極めて長い時間のこと。永遠の時間、無限の時間。

シェリング　（一七七五～一八五四）ドイツの哲学者。フィヒテ哲学を乗り越えて、ロマン派の哲学の代表者として活躍。ヘーゲル没後、ベルリンの学士院に迎えられ、大学の講壇にも立った。自然哲学に独自の業績を残す。さらに、芸術哲学に基礎をもった〈知的直観〉をもとにして、自然哲学と精神哲学の両方を含めた同一哲学を打ち立てた。著書に『先験的観念論の体系』『ブルーノ』『人間的自由の本質』などがある。

シュンペーター　（一八八三～一九五〇）オーストリア出身。後、アメリカで活躍。ケインズと並ぶ二十世紀最大の経済学者。新製品や新技術や新市場など、企業者の革新が資本主義的経済発展の原因であることを主張した。著書に『経済発展の理論』『経済分析の歴史』などがある。

真核生物　核をもち、細胞分裂の際に染色体構造を生み出す生物。

スピノザ　（一六三二～一六七七）オランダの哲学者。数学や自然学やデカルト哲学を研究。唯一の永遠にして無限な実体としての神は、万物の内在的原因であり、能産的自然であると考え、〈神即自然〉の思想に基づく独自の哲学体系を樹立。無神論者として非難をあびながら、貧困と孤独の中で病没。著書に『知性改善論』『エチカ』などがある。

絶対矛盾的自己同一　後期西田哲学の根本思想。歴史的世界の論理を表わす。個物と個物、個物と一般、自己と他者、時間と空間、一と多など、相対立するものは相互限定的である。そのことによって、世界は常に創造的・形成的であると考える。

ゼノン　（前四九〇頃〜前四三〇頃）古代ギリシアのソクラテス以前の哲学者。エレア学派のパルメニデスの弟子。背理法の創始者として有名。

相対性理論　アインシュタインが提唱した理論。特殊相対性理論と一般相対性理論によって構成される。特殊相対性理論は、光速度がすべての観測者に対して同じ値をもつという仮定と、自然法則は互いに等速直線運動をする観測者に対して同じ形式を保つという原理をもとに、組み立てられている。その後提出された一般相対性理論は、特殊相対性理論を一般化、加速度運動系を含む任意の座標系の観測者に対し、法則が同形になるという要請から、重力現象などを説明した。相対性理論では、時間と空間は互いに結びつけられて、四次元空間を構成している。

相補性の原理　N・ボーアの量子力学解釈における中心概念。物質や光は、時には、空間上を伝播する波としても振舞い、時には、エネルギーと運動量をもった粒子としても振舞う。ボーアは、この矛盾を解消するために、互いに矛盾するかのように見える現象も、互いに背反する記述様式のもとで現われる事象の両側面として解釈した。この原理は、物質ばかりでなく、生命や意識などの問題にも拡張された。

存在者の存在　ハイデッガーは、『存在と時間』の中で、存在者と存在を区別し、存在者を越えた存在の意味を明らかにしようとしたが、挫折した。本書では、この存在者の存在を、〈生成〉の観点から見ようとしている。

対流のパターン形成　ある程度大きな温度差が流体中にあると、定常な熱対流が生じる。その熱対流を上から見ると、多数の同じ太さの円柱を横にして並べたようなパターンや、多数の合同な六角柱を立てて密に並べたようなパターン（ベナール細胞）など、一定のパターンが現われる。

デカルト　（一五九六〜一六五〇）フランスの哲学者・数学者。後、オランダで思索に専念。スウェーデンで没。あらゆる知識の絶対確実な基礎を求めて、一切を方法的に疑った後、それでも疑いえない確実な真理として、〈考える我〉を見出し、そこから神の存在と外界の存在を証明。精神と物体を互いに独立な実体とする二元論の哲学体系を樹立した。形而上学、自然哲学、医学、数学（解析幾何学）、光学（屈折光学）などの分野で、業績をあげた。著書に、『精神指導の規則』『方法序説』『第一哲学についての省察』『哲学の原理』『情念論』『世界論』などがある。

動的非平衡　植物や動物の成長や進化のように、外部の環境とエネルギーや物質や情報の出し入れをしながら、環境に応じて形態や機能が柔軟に変化していくこと。

動的平衡　植物や動物の恒常性維持機能（ホメオスタシス）のように、外部環境とエネルギーや物質や情報を出し入れしながらも、なお一定状態を保つこと。

ニーチェ　（一八四四～一九〇〇）ドイツの哲学者。ヨーロッパの歴史をニヒリズムの顕在化の過程としてとらえ、ヨーロッパ近代文明を批判。伝統的形而上学を、幻の背後世界を語るものとして拒否し、神の死を告げた。力への意志と永遠回帰を説き、近代を乗り超えようとした。著書に『悲劇の誕生』『ツァラトゥストラはこう語った』『善悪の彼岸』などがある。

西田幾多郎　（一八七〇～一九四五）日本近代を代表する哲学者。西田哲学といわれる体系的哲学を展開。〈純粋経験〉〈場所的論理〉〈絶対矛盾的自己同一〉〈行為的直観〉と、その立場は変遷してきた。しかし、一貫して、仏教をはじめとする東洋的思惟の伝統の上に、これを、西洋哲学の論理で説明しようと努めてきた。著書に『善の研究』『働くものから見るものへ』『一般者の自覚的体系』『無の自覚的限定』『哲学論文集』（第一～第七）などがある。

ニュートン　（一六四二～一七二七）イギリスの数学者・自然哲学者。古典力学の体系を建設。万有引力の発見、微積分学の確立、光の研究などで、独自の業績を残す。近代科学の創設者。著書に、『自然哲学の数学的諸原理』『光学』がある。

粘菌の移動　ムラサキホコリカビやカワホコリカビなど、下等菌類の一群を粘菌という。粘菌は、食物があるところでは、アメーバのような形をした単細胞生物であるが、食物がなくなると、密集して、多細胞生物のような形（変形体）になり、歩き始め、適当な培養地に到達すると、バラバラになって自己増殖を始める。

ハイゼンベルク　（一九〇一～一九七六）ドイツの理論物理学者。〈不確定性原理〉を提唱。量子力学建設の中心人物。場の量子論の基礎をつくる。

ハイデッガー　（一八八九～一九七六）ドイツの哲学者。ディルタイやフッサールに源泉をもつ解釈学的現象学によって、人間存在を分析、そこから、〈存在とは何か〉を追究した。主著に『存在と時間』などがある。

場所的論理　中期西田哲学の中心思想。歴史的世界を、無の場所の自己限定としてとらえる。場所的論理は、当初、述語となって主語とならないものの方向に実在を求める〈述語的論理〉として考えられていた。しかし、その後、主語と述語、主観と客観をともに包越する媒介者に、西田は想到し、〈場所〉に媒介者としての性格をもたせた。媒介者は、実体なき世界の全体で、〈絶対無〉とも呼ばれる。

場の量子論　物理系の構成要素の生成消滅を量子力学で記述する理論体系。ミクロの世界では、様々な粒子が生成消滅を繰り返しているが、これを、真空を担い手とする場のゆらぎによって説明する。

パルメニデス　（前五一五頃〜前四五〇頃）古代ギリシアのソクラテス以前の哲学者。エレア学派の創始者。哲学の目標を〈存在〉の探究に置く。〈存在〉は思惟によってのみ把握され、不生不滅、唯一不可分と説き、あらゆる変化を仮象とみなした。

反物質　反陽子や陽電子など反粒子からなる物質。宇宙生成の初期に、粒子が反粒子よりわずかに多かったため、現在の宇宙ができたとされる。

非線形　要素と要素が独立していて、時間的に一様単純に変化する反応を線形反応というが、それに対して、要素と要素が共振しつつ相乗的に変化する反応を、非線形反応という。ここでは、生み出された結果がまた原因に回帰してきて、ハイパーサイクルを描き、螺旋的に大域的変化が起きる。そのため、結果の予測は、初期条件では決めることができない。

ピュタゴラス　（前五七〇頃〜?）古代ギリシアのソクラテス以前の哲学者・宗教家。南イタリアで活躍。輪廻転生を説き、霊魂の救済を目的とする宗教結社を開き、ピュタゴラス学派を形成した。この学派によって、哲学、数学、音楽、天文学などが研究された。宇宙の調和の原理を数と比例に見る。三平方の定理なども、この学派で研究された。

表象　表象（perceptio, Vorstellung）という言葉は、哲学者によって、それぞれ微妙に異なった意味で使われる。ライプニッツでは、多を含みこれを表現する単純実体（モナド）の生命的活動としてとらえられている。

不完全性定理　論理体系が本質的にもっている証明可能性の限界についての定理。ゲーデルによって証明された。論理体系では、その体系の命題のなかに、それ自身もその否定も証明できないもの、つまりその体系の公理系から独立なものが存在する。特に、その体系自身の無矛盾性を意味する命題が、その例である。

普賢菩薩　仏の理法・修行の面を象徴する菩薩。文殊菩薩とともに、釈迦如来の脇侍に配される。『華厳経』はこの菩薩を賛嘆し、善財童子が五十余人の善知識を訪れた後に、この菩薩を訪れて求道を全うしたと説く。

フラクタル　どんなに微小な部分をとっても、全体に相似しているような図形。

プラトン　（前四二七〜前三四七）古代ギリシアの哲学者。ソクラテスの弟子。個物の範型としての〈イデア〉を真の実在とする。著書に『国家』『パイドン』『饗宴』『テアイテトス』『ティマイオス』『法律』などがある。

プリゴジン　（一九一七〜二〇〇三）ベルギーの物理学者・化学者。ロシア生まれ。自己組織化理論（self-organization theory）によって、不可逆性と乱雑性をもつ動的系を研究。宇宙、物質、生命、社会のあらゆる現象に見られる秩序形成過程を理論化した。

著書に『構造・安定性・ゆらぎ』『散逸構造』『混沌からの秩序』『存在から発展へ』などがある。

ブルーノ・G （一五四八〜一六〇〇）ルネサンス期イタリアの哲学者。ヨーロッパ各地を放浪。晩年、イタリアに帰るが、異端者として投獄され、自説を曲げなかったため、ローマで火刑に処せられた。クザーヌスの無限宇宙観とコペルニクスの地動説を結合し、無限な宇宙の中で無限に多くの世界（太陽系）が成長し衰滅すると考えた。神は、このような宇宙の生命そのものであり、能産的自然である。究極の善は、この宇宙生命との神秘的合一にあるとする。著書に『無限、宇宙と諸世界について』などがある。

ヘーゲル （一七七〇〜一八三一）ドイツ観念論哲学の代表者。自然、歴史、精神の全世界を、不断の運動、変化、発展の過程とし、これを、絶対的イデーの弁証法的発展として把握した。主著に『精神現象学』『論理学』『エンチクロペディー』『法の哲学』などがある。

ヘラクレイトス （前五〇〇頃）古代ギリシアのソクラテス以前の哲学者。永遠の〈生成〉を説き、事物の変化の相を強調、それを燃える〈火〉に象徴させた。しかし、同時に、相互に転化し合うものの緊張的調和によって、普遍の秩序（ロゴス）が保たれているという洞察も示している。

ベルクソン （一八五九〜一九四一）フランスの哲学者。空間化された物理的時間概念を批判、時間の本質を純粋持続にみ、そこに真の自由があると考えた。さらに、万物の根源を宇宙的な生の躍動としてとらえ、世界を不断の創造的進化の過程としてとらえた。著書に、『意識に直接与えられたものに関する試論』『物質と記憶』『創造的進化』『道徳と宗教の二源泉』などがある。

ベルタランフィ （一九〇一〜一九七二）オーストリア出身の理論生物学者。第二次大戦後は、カナダやアメリカで活躍。一般システム理論を提唱し、システム論の先駆的業績を残す。物質、生命、精神、社会を貫く一般原理として、編成（organization）という概念を提出。環境に開かれた開放系では、全体は部分の総和以上になることを主張し、有機体論による諸科学の統一を目指した。

法 仏教では、法（dharma）は、①真理、道理、正しい理法、法則性、②物の性質、特性、属性、③存在、事物などを表わす。ここでは、存在の意。

法蔵 （六四三〜七一二）中国唐代初期の僧。華厳宗第三祖。華厳教学の大成者。第二祖智儼（ちごん）の弟子。著書に『華厳経探玄記』『華厳五教章』などがある。

ホログラフィー 物体からの反射光と光源からの光を干渉させて得られる干渉縞の写真（ホログラム）に光を当てて、もとの物体像を三次元的に再生する技術。ここでは、ホログラムの部分部分に全体の情報が折り込まれているため、部分に光を当てるだけで、全体像を再現することができる。

ホワイトヘッド　（一八六一～一九四七）イギリスの数学者・論理学者・哲学者。後、アメリカに移住し、独自の哲学を展開。近代の機械論的自然観を批判し、有機体論的自然観を提唱した。著書に『自然哲学の認識論的諸原理』『自然の概念』『相対性の原理』『科学と近代世界』『過程と実在』『観念の冒険』などがある。

マトゥラーナ　（一九二八～　）チリ生まれの神経生物学者。生物の組織化と神経システムの機能の理解に努め、ヴァレラとともに、オートポイエーシス理論を確立した。

モナド　モナド（monad）という言葉は、ギリシア語で単位とか一なるものを意味するモナス（monas）に由来する。ライプニッツは、このモナドを、空間的広がりをもたない不可分の単純者とし、宇宙の生命的活動の原理とした。モナドは相互に独立しており、互いに異なった性質をもち、その作用は自己の内的原理にのみ基づく。しかも、意識的ないし無意識的な表象作用をもち、他を映し合い、それぞれの視点から宇宙を表出すると、ライプニッツは考えた。

物自体　カントの哲学で、認識主観に現われた現象ではなく、認識主観とは独立にそれ自体として存在すると考えられた物。経験の彼方にありながら、現象の根底に存在する真実在。ただし、物自体は考えることはできても、われわれの認識の対象とはなりえないとされた。

ライプニッツ　（一六四六～一七一六）ドイツの数学者・哲学者・神学者。哲学をはじめ、数学（微積分学）・記号論理学・力学・地質学・言語学・各国史・社会政体論・中国研究など、広範囲の分野で業績を残す。存在の能動的で多様なあり方に目を向け、デカルトの物体即延長説に反対。質的に異なる無数の実体（モナド）からなる宇宙像を考え、これを、多様性の中に調和をみるモナドロジーに結実させた。著書に、『形而上学叙説』『弁神論』『モナドロジー』などがある。

ラングトン・C　（一九四九～　）アメリカの情報科学者。人工生命研究の創始者。セル・オートマトンの研究により、カオスの縁を発見。生命の成長や進化の構造をコンピュータで再現し、その本質に迫ろうとしている。

龍樹　（ナーガールジュナ）（一五〇～二五〇頃）初期大乗仏教を確立した大論師。当時の部派仏教と初期大乗とを学んで、大乗仏教に傾倒、多くの経典に通暁した。空の思想を確立、八宗の祖と称される。著書に『中論』『大智度論』などがある。

量子力学　現代物理学の基本をなす理論体系の一つ。分子・原子・原子核・素粒子などのミクロの世界を支配する物理法則を中心とするが、最近では、宇宙も含めて、マクロの世界も視野に収める。観測対象と観測者は独立していないと考える〈不確定性原理〉を基本とするため、観測値の予言は、一般に確率論的にのみ与えられる。

老荘思想 中国春秋戦国時代の老子や荘子によって唱えられた道家の思想。老子は、宇宙の本体を道とし、万物は道より生じ、無為自然に帰すれば乱離なしと説く。特に、道から一が、一から二が、二から三が、三から万物が生じるという老子の思想は、一から多への分岐現象について語っていたとも考えることができる。荘子は、万物は斉同（一体）で、生死などの差別を超越すると説いた。

ローレンツ・E・N（一九一七〜二〇〇八）アメリカの気象学者。気象をモデル化した連立方程式が、〈初期条件への鋭敏な依存性〉をもつことを発見。この連立方程式は、変数がそれ自体の関数となる非線形方程式で、そのため、初期条件のわずかの誤差が、結果として巨大な変化をもたらす。非線形系では、初期条件では結果が予測不可能なことを主張。わが国の上田睆亮（うえだよしすけ）とともに、カオス理論の先駆者の一人となった。

和辻哲郎（一八八九〜一九六〇）日本近代を代表する倫理学者・文化史家。解釈学的現象学の影響のもと、人間を〈間柄的存在〉としてとらえ、〈人間の学としての倫理学〉を構築。儒教倫理や日本的共同体の倫理を、近代西欧の論理によって再構築した。著書に『人間の学としての倫理学』『倫理学』『日本倫理思想史』『日本精神史研究』『風土』などがある。

〔なお、この〈用語・人名解説〉作成に当たっては、以下の辞典類を参照した。『哲学思想事典』（一九九八年）『理化学事典』（一九九八年）『仏教辞典』（一九九六年）『広辞苑』（第五版）以上、岩波書店。『複雑系の事典』（朝倉書店・二〇〇一年）『科学者人名事典』（丸善・一九九七年）〕

あとがき

私は、今まで、現代文明の批判的考察をしながら、それを包み越える方向で、生命論的世界観の構築に努力してきた。現代文明論に関する一連の著作のほか、自然哲学や実践哲学や宗教哲学に関する著作がそれである。しかし、私は、まだ、それらの基礎にある存在論と認識論を展開していなかった。本書は、そのうち、私なりの存在論の展開を試みたものである。

「存在とは何か」という問題は昔から問われてきた問題であるが、私は、今回、この伝統的問題を、今日の複雑系の科学と連絡させて追究してみた。複雑系の科学が認識する世界は、無数の要素の相互作用から自己自身を形成する世界である。このような自己形成する世界の存在論的基礎を明らかにするには、存在論を生成論に還元する必要がある。

そのため、本書の第一章から第三章では、まず、複雑系の科学が認識する自己形成的世界の構造とそれに先駆ける東西の哲学思想を叙述し、その上で、第四章と第五章で、その基礎にある相互連関の論理を明らかにしている。そして、第六章から第八章で、それを基礎付けるために、伝統的な〈実体の存在論〉を〈関係の存在論〉に、さらに、〈生成の存在論〉に還元して、非実体の存在論を展開している。全体として、本書は、〈生成の哲学〉の存在論的展開だと言える。

存在を生成からとらえる哲学思想としては、西洋でも、ヘラクレイトス以来多くの哲学者が登場してきたが、これは、また、東洋の仏教などが追究してきた問題でもある。そのため、本書では、西洋ばかりでなく、東洋の思想も振り返りながら、それを、現代の複雑系の科学とも連関させて、考察を進めた。それは、また、私の生命論的世界観の存在論的展開にもなっている。複雑系が存在論的観点から解釈されることによって、複雑系の科学が哲学的に基礎づけられるとともに、存在論自身が新たなしかたで認識し直されればと思う。哲学と科学の対話にこそ、真実は見出されるであろう。

二十世紀末の四半世紀以来、近代的普遍の〈脱構築〉と解体に走ったポストモダンの思想は、ある意味で、相対性と多義性に埋没しただけの現代の思想的状況を作り出したにすぎなかったとも言える。私が展開しようとした生命論的立場からの存在論は、それとはまた違った新たな思想として、二十一世紀初頭の思想状況の〈再構築〉を目指してもいる。

もちろん、本書の考察で十分だというわけではない。何より、存在論と深く結びついている認識論についての考察がまだ展開されていない。一般に、科学の哲学的基礎づけには、存在論的基礎づけと、認識論的基礎づけの両方が必要である。しかも、両方が密接に絡み合って、はじめてそれは可能になる。複雑系の科学の基礎づけにも、当然、存在論と認識論、両面からの接近が必要である。

複雑系の構造を考えた場合、認識する主体と認識される対象は、切り離すことができない。第一、世界を認識する主体そのものが世界から生み出されるとともに、その認識主体は、その世界そのものの内で認識という行為を行なっているのである。だから、当然、ここでは、認識することが、認識される現象そのものを乱す。複雑系の世界、とりもなおさず、この現実の世界のことであるが、そこでは、認識する主体と認識される対象は密接に相互作用している。しかも、そのことが、世界の自己形成と深くかかわっているのである。このような現象は、量子力学における不確定性原理ばかりでなく、生物の観察、脳の実験、医療、臨床心理、社会認識、経済現象、歴史など、あらゆる面で見られる。ここでも、近代科学が前提していた主客分離の世界観は限界にぶつかる。世界のほとんどの部分は、近代科学の機械論的世界観では説明できないのである。

このような〈複雑系の認識論〉とでもいうべき考察は、私にとって、なお今後の課題として残されている。今まで、私は、自分なりの生命論的世界観から、自然、宗教、倫理、文明などについて考察してきた。そして、今回、存在について考えてみたが、次は、認識について考えるのが課題である。

自然科学も、哲学に耳を傾けて、それを自分自身のうちに取り込んでいってもらいたいと思うが、哲学も、また、自然科学から刺激を受けて変容していかねばならないと思っている。

平成十九年（二〇〇七年）春

続・複雑系の哲学

——二十一世紀の科学への哲学入門（二）——

まえがき

私は、前著『複雑系の哲学』で、今日の複雑系の科学と連絡させながら、〈存在とは何か〉という伝統的な問題を〈生成〉の立場から追究してみた。しかし、そこでは、まだ、存在論と深く結びついている認識論についての考察が展開されていなかった。本書は、前著の続編に当たり、いわば〈複雑系認識論〉とでも言うべきものの展開である。

本書の第一章から第三章までは、相互連関の世界での観測と行為が自己形成的世界を成り立たせているということを明らかにし、第四章から第六章までは、われわれの感覚や知覚、記憶や思考、発達や進化が、行為を中心に成り立っているということを明らかにしている。ライプニッツのモナドロジーで言えば、前半部分はモナドロジー的世界全体に注目し、後半部分は一つのモナドに注目した記述だと言えよう。

モナドロジーの描く世界は、無数の要素の相互射映から自己自身を形成する世界であり、それは、また、今日の複雑系の科学が追究する世界にも通じている。本書は、モナドロジー的世界観を複雑系の科学と結びつけて、その認識論的基礎づけをしようとしたものだと言える。なるほど、本書の後半部分は、一見、複雑系とは関係ないように見えるが、行為と知覚の循環や進化などに注目しているかぎり、複雑系思考は働いている。後半部分は、複雑系の一要素に注目して、認識の問題を論じているのである。

二十世紀末以来広く研究されている複雑系の科学は、物質科学から生命科学、社会科学から人文科学までを包括する科学の新しいパラダイムを提供しつつある。したがって、その認識論的基礎づけを試みる本書も、かなり広範囲な諸科学の分野から、その知見を得ている。認知心理学や動物行動学、比較心理学や進化論的認識論、生態学、現代物理学や宇宙論などからの知見である。ここでは、それらの諸科学からのデータを複雑系の科学のパラダイムによって総合するとともに、その認識論的基礎固めをしようとしている。前著に続いて、本書のサブタイトルを〈二十一世紀の科学への哲学入門〉としたのは、そのためである。

〔認識のモナドロジー〕

第一章　自己形成的世界

1　相互作用からの自己形成

自己組織化

シロアリは、五百万匹もの個体の協調的行動によって、高さ四・五メートル以上、重さ十トン以上にも及ぶドーム状の巣を作ることができる。それは、ランダムな堆積の形成から始まり、柱やアーチの形成を経て、ドームの形成に至る何段階かの過程を通る。その巣は見事である。しかし、シロアリたちは、その巣作りの全体に関する設計図やプランをまえもってもっているわけでも、設計者や統率者がいるわけでもない。シロアリたちは、互いに局所的で単純な相互作用をしているだけである。具体的には、一匹一匹がフェロモンの濃度勾配を知覚し、濃度の高い方へと飛んで行く。そして、その数がある臨界点を越えると、フェロモンの放散の度合いが高まり、急激に大量のシロアリが集合して、それがやがて巨大な組織を生み出すことになるのである。そこには、フェロモンの濃度勾配という情報を認識し、それを自らの行動と結びつけるシロアリの知覚能力が働いている。シロアリたりとも、環境の中を行為して知覚し、知覚して行為する能力をもっているのである。

動物は、一般に、環境からの情報を自ら感知して行動を調整する能力をもっている。動物は、常に他者の動きと刻々と変わる全体の動きを認識して、自らの行動を決定している。その行動の集積から、巨大な秩序と組織は形成される。生命は組織化する能力、秩序形成能力をもっているが、そこには、それを構成する個体間の相互の認識という働きがなければならないのである。

しかし、このような相互認識による自己形成能力は、生命世界ばかりでなく、物質世界にもある。最もミクロな素粒子も、いわば互いを感受し、相互作用している。このことによって、個々の粒子は他の粒子の生成に力を貸し、生成された粒子はまた次の粒子を生成し、すべての粒子はダイナミックに互いを生成し合って、ミクロの世界を形成している。

光子や電子に共鳴という非線形*振動現象が見られるのも、物質にも一種の感受能力を認めねばならない例である。例えば、周期が揃っていない光でも、重ね合わせていくと、突然周期が揃ってきて、強力な光が放出されることがある。レーザー光線がそれである。これは、最初は独立に運動していた光子群が、ある臨界点を越えると、特定の振動のもとに引き込まれ、動的協力性が生まれることによる。一旦協調が起きると、他の光子も一斉に協調するようになる。それは、あたかも、われわれの社会での流行現象のようでさえある。とすれば、一つ一つの光子に、他の光子の動きを感受する能力があることになる。その感受能力によって、光子の協調行動は生まれるのである。

ベナール細胞なども、同調して作動する数十億の分子の協調行動によって形成される。ベナール細胞の形成は、水平な液層の中にできた垂直方向の温度勾配によって起きる。この温度勾配によって、底面から上面に向かう熱流速が形づくられる。その温度勾配がある臨界値に達すると、分子集団の整然とした運動が始まり、対流が発生する。そのとき、六角柱などの規則的な幾何学的パターン（ベナール細胞）が形成されるのである。ベナール対流ばかりでなく、一般に、対流を起こす分子は、他の分子および全体の流れを感受して協調行動を起こす。そこには、自らが置かれている場を感受する分子の認識能力があると言わねばならない。このような対流の形成や結晶の形成など、物質の自己組織化*現象を考えれば、物質世界にも、われわれの社会同様、協調行動とそれに伴う認知作用があるのだと考えるべきであろう。

物質世界よりも組織性の高い生命世界に至れば、なおのこと、このような共鳴現象と相互認識作用は絶えず見られる。われわれの身体も、六十兆の細胞が相互に認識し合い、動的に協力し合って、環境に柔軟に適応していっているのである。

自己組織化理論によれば、一般に、物質にしても、生命にしても、社会にしても、外界と物質・エネルギー・情報をやり取りしている開放系*は、自己自身で秩序を形成する能力をもっている。ここでは、わずかなゆらぎが生じても、それが増幅され、ある臨界点を越えると、急激に新しい秩序に向かって組織化が起きる。ここでの情報の流れとその認識の役割は大きい。

自己組織系では、情報とその認識が相互作用を可能にし、秩序を生み出す推進力になっている。要素と要素は情報を交換し認識し合うとともに、形成されたマクロな秩序の情報をも感知し、より一層の秩序形成に向かう。要素間の相互作用は比較的単純なものであるが、各要素は、それぞれの局所において、いわば場をわきまえて協調的な行動をとる。そこから、大域的な秩序が形成されるのである。それを可能にする相互作用は、要素間の感知作用や知覚作用や認識作用によって成り立っている。このような自己組織化現象は、素粒子、原子、分子、結晶、高分子、遺伝子、原核生物、真核生物、多細胞生物、生態系、社会など、物質世界から生命世界や人間社会に至るまで、あらゆる階層で見られる。自己形成的世界にとって、認識作用は不可欠な作用なのである。

情報とその認識なくして、組織化は起きない。秩序を自分自身で形成する系は情報系でもあり、認知系でもある。

われわれの地球も、物質・エネルギー・情報を循環させて自分自身を形成していく開放系であり、自己組織系である。そのかぎり、地球も、太陽や月、他の惑星や銀河など、宇宙の情報を自分自身の中に読み込み、感知しているのだと言わねばならない。自然は、自己自身を形成する秩序形成能力をもっている。そして、それは、自然を構成する無数の要素の相互認識によって引き起こされる。自然の各要素は内部観測者であり、世界内観測者なのである。

カオス

もしも仮に、宇宙誕生の初期状態で物質が完全に均質でなかったとすれば、その初期条件のちょっとした違いによって、多くの宇宙が誕生し、それぞれ独自の進化を遂げ、現在も、別々の宇宙が進化しつつあるということになる。現在観測されているわれわれの宇宙の構造も、物質の均質性のわずかな崩れと対称性の破れから自己増殖的に増幅され、生成してきたのだとみなされる。この対称性の破れは、宇宙誕生の初期状態ばかりでなく、宇宙進化の途上においてもありうる。宇宙進化の過程では、複雑性の増加とともに、ある臨界点で、対称性の破れによる一定方向への選択が起き、相転移によって新しい秩序が生成してきたと考えられている。しかも、その対称性の破れは、ちょっとした偶然による情報の感知によって起きる。

この宇宙は一つの乱流であり、必ずしも、すべてが、重力理論を中心とする一般相対性理論だけから導き出せるものでもないであろう。実際、この宇宙では、定常的でない膨張や収縮の流れも多く、銀河も一様な分布をしていない。銀河にも、誕生しつつあるものがあるかと思えば、死滅しつつあるものもある。その死滅しつつある銀河の残留物質からも、また、新しい銀河が成長しつつある。この宇宙では、ちょうど急な川の流れのように、渦が誕生したかと思うと死滅し、死滅したかと思うと誕生し、しかも、どこに渦ができるか、どこの渦が消滅するかも分からない。この宇宙は一つのカオス*なのである。

現に、この宇宙では、重力ばかりでなく、電磁力も強大な力を及ぼしている。したがって、重力的にはもはや独立していると思われるような銀河同士でも、電磁力では互いに影響を及ぼし合い、共鳴し合っている。宇宙の現象は、重力のみの所産ではない。宇宙は、むしろ、超巨大な電磁場の渦の中にあるとも考えられる。

そのように考えることができるとすれば、いわゆるビッグ・バン宇宙論も深刻な立場に立たされることになる。ビッグ・バン仮説では、ほとんど無限小の一点から、短い瞬間にこの宇宙が大爆発して誕生し、現在も膨張し続けていると考えられている。これは、アインシュタイン*の一般相対性理論に基づく仮説であった。このビッグ・バン仮説においてさえ、宇宙の指数関数的膨張論（インフレーション理論）、宇宙の相転移論、力の分岐論など、カオス的現象がすでに読み込まれている。

宇宙の始まりがたとえ決定論的法則によって記述されていようとも、その結果は決定論的には予測できない。決定論的宇宙は、ほんのわずかな局所においてしか成り立たない。この宇宙は非決定的であり、むしろ、生命世界のように、常に新しいものを生み出し、進化していくものだと考えるべきであろう。この宇宙も、生物圏のように、予想外の形態と独自の法則を作りながら、自らを創成していく可能性がある。

この宇宙は、片時も休むことなく新しい進化に向かって動いている。宇宙は創造的であり、不可逆的に進化する。だから、宇宙にも履歴がある。われわれ人間の歴史には、過去にどのような選択をしたかによって、現在や未来が規定されることがあるように、宇宙にも歴史がある。人類史の営みも、この宇宙の不可逆な進化の一過程を担っているのであろう。相対性理論も、量子力学*も、可逆な時間を前提にしていた。とすれば、今日の宇宙論ですでに読み込まれているように、宇宙の進化や不可逆性、非均一性や創造性を記述するには、相対性理論も、量子力学も、ともに乗り越えられねばならない。この世界は、常に生成発展し、創造的に進化していく自己形成的世界なのである。

ミクロな物質世界でも、例えば、電子が電磁場と陽子の二つの力を受けるとカオス運動を起こす。これは量子カオスと言われる。原子も、ある量子状態から別の量子状態へ突然飛躍する。量子力学的粒子の世界から、どのようにして古典的な物質世界ができてくるのか、その飛躍の問題はなお未解決のまま残されている。一般に、物質の相が突然変化する相転移現象は、カオス現象としてもとらえていかねばならない問題である。

さらに、生命をもたない分子集団が飛躍して、いかにして生命性をもつに至るかも、まだまだ追究されねばならない問題を抱えている。この問題は、通常、自己複製できる分子システムが互いに他を触媒し、それがサイクルをなすことによって化学進化が進展し、生命は誕生したと考えられている。ここでも、無数の要素の相互作用から生じるカオス的飛躍を考えねばならないであろう。

一般に、無数の要素が相互作用している系では、初期条件に極くわずかな誤差があっても、その微小な誤差が指数関数的に増幅されて、結果として全く予測のできない巨大な変化が生じる。動的な多対多の相関性からは、そこでのわずかな誤差がまったく違う軌道を形成することになる。カオス理論が注目してきたことは、このことであった。流体に生じる乱流なども、このようなカオスの初期値鋭敏性*と軌道不安定性から起きてくる。さらに、カオス現象には、その系が遍歴してきた過程によって、その後の系の軌道が極めて錯綜した動きをとるという現象が見られる。このように、自然も履歴と歴史をもち、突如として飛躍する創造性をもつことを、カオス理論は明らかにし、今までの科学の予言可能性の限界を示したのである。

マクロにしても、ミクロにしても、自然の世界に見られるカオス現象の本質は、多様な要素の非線形相互作用にある。この非線形相互作用から指数関数的飛躍も起きる。とすれば、そこには、当然、多様な要素間の情報交換があることになる。一つの要素に注目するなら、その要素は他の要素を感知し、知覚していることになる。一つの要素は、いわば〈知覚しつつある出来事〉である。カオス系の要素は内部観測者であり、世界内観測者なのである。そのような内部観測なくして、カオスは生じない。

複雑系

複雑系研究は、自己組織系とカオス系の研究が合流して形成されてきた現代科学の有望な方向である。それは、古典力学的な世界観を打破するとともに、近代の自然科学を根底から変革する可能性をもっている。特に、複雑系理論は、自然の非決定性と不可逆性に注目し、その非線形性や創発性、分岐や階層性を取り出し、自然が創造的に自己形成していく面に照明を当てた。

複雑系は、多様性と関係性の世界である。複雑系の要素と要素は相互に連関し、相互に浸透し、独立してはいない。そして、多くの要素が相互作用し、動的に変動していく。この要素と要素の相互作用から、緊密な非線形相互作用が起きる。その非線形相互作用によって、わずかな変動でも、その差は増幅されて、新しい秩序が形成される。しかも、この全体の変動がまた要素同士の相互作用に影響を与え、かくて変動は止むことがない。このように複雑系が常に変動していくのは、複雑系が、要素間の連動の中で、情報を蓄えることができる程度の安定さをもつと同時に、情報を伝えることができる程度の不安定さを維持しているからである。複雑系の相転移や進化もこのことから可能になる。考えてみれば、このような現象はわれわれが始終目にし経験している現象なのだから、宇宙、物質、生命、社会、文明、すべてがそのような複雑系なのだと考えることができる。

要素間の相互作用なくして、複雑系は成立しない。そして、この相互作用にこそ、認識作用は働いている。自己組織系にしても、カオス系にしても、複雑系は、単純な要素間相互作用から複雑な構造をおのずと形成していくが、その要素間相互作用にこそ、要素間の相互認識がある。非線形相互作用には、要素間の感知や知覚など認知作用を考えねばならない。複雑系の要素は、それ自身内部観測者であり、世界内観測者だから、観測するということが相互連関性に深い影響を及ぼす。

あらゆる要素は、主観でもあり、客観でもある。あらゆる要素は、他者を認識する主観でもあり、他者から認識される客観でもある。この世界は、そのような認識者を含めた世界である。認識者を含めた世界は、不断の運動の中にあって、完結することがない。認識者自身が世界を乱し、世界の自己形成に参加しているからである。この世界は、自己自身を絶え間なく形成していく創造的世界である。世界がそうであるのは、世界自身の中に、世界を認識する世界内認識者が含まれているからである。宇宙の進化の中でも、このことを考えねばならない。

相成

われわれが生きている世界は、無数の要素の相互作用からおのずと自己自身を形成し、絶えず新しいものを創造していく複雑系である。〈相互作用からの自己形成〉つまり〈相成〉こそ、構造の進化を引き起こす。相互作用には、弱い相互作用、強い相互作用、電磁相互作用、重力相互作用など物理的相互作用から、捕食と被食、競合、寄生、共生などの生物学的相互作用、さらに人間社会での相互行為など、世界の複雑化に伴って種々の相互作用がある。ライプニッツ*は、『モナドロジー』の中で、モナド*に表象作用だけしか認めなかったが、それだけでは十分ではなく、物質の作用・反作用から人間の相互行為に至るまで、動的相互作用も考えねばならないであろう。われわれは、ライプニッツを乗り越えて、諸要素が相互作用することによって自己形成していく非線形モナドロジーを考えねばならない。

ただ、この場合、この相互作用の中に認知作用が含まれていることを度外視することはできない。相互作用から自己自身を形成する世界、つまり複雑系においては、各要素は互いに感知し、互いに知覚し、互いに認識し合っている。この相互認識なくして、自己形成はありえないであろう。ここでは、認識することは認識されることであり、認識されることは認識することである。

事実、物質世界は絶え間ない相互作用の世界である。極端なことを言えば、この地上での一つの電子の動きさえ、電磁相互作用を通して、宇宙の果ての一個の電子の動きと非局所的に相互作用している。いわば、相互に認識し合っているのである。カオス現象でも、しばしば共振現象（振動の同期現象）が見られるが、これも物質間の相互認識とも考えることができる。生命誕生以前の化学進化でも、分子間の相互進化があり、ここでも、相互触媒作用など相互認識システムが働いている。それが働いていなければ化学進化はありえないし、生命の誕生もありえなかったであろう。

生命世界でも、例えば生物の発生過程は、多くの細胞の相互認識によって成り立っている。一つの幹細胞が肝臓の細胞になるか神経細胞になるかは、ある意味で相手次第である。各々の幹細胞は、自分が置かれた位置、相手の出方、その他を認識しながら、自分の行く手を決めていく。生物の発生過程は、発生機能にかかわる遺伝子グループ全体の阿吽の呼吸によって成体を作っていく過程である。それは、われわれの社会での分業形成に似ている。遺伝子の中に書かれている情報のうち何を読み込んで、自分がいかなる細胞になっていくかは、置かれた場所が決定していく。遺伝子は、必ずしも、決定論的な生命の設計図ではない。各器官は独立して発生するのではなく、ウォディントン*の言うように、相互作用から後成的に形成されていくのである。

免疫作用でも、各種の免疫細胞は抗原を認識して、それに応じた抗体を作る。その場合も、免疫細胞同士や抗原と抗体の相互作用の間で複雑な分子認識が働いて、自己と非自己の区別をしていく。

生命の進化でも、相互進化（共進化）という現象があるのは、生命世界が〈相成〉の世界であることを物語っている。例えば、蝶の幼虫に食われてしまう植物は、食われまいとして、しばしばアルカロイド*の毒性を含むものに進化することがある。ところが、マダラチョウの幼虫はその毒に適応し、それを消化してしまう。そのため、それを捕食する鳥も彼らを避ける。そうすると、マダラチョウの姿をそっくり真似る蝶が出てくる。今度は、鳥の方も、本物のマダラチョウと偽物のマダラチョウの区別を学習する。また、植物の方もアルカロイド化合物を変化させていくから、幼虫は、そのアルカロイド化合物の種類に応じて分化していく。このようにして、捕食者と被食者は相互作用しながら進化していく。

このような相互進化の過程でも、捕食者と被食者の間の認知作用が働いていると言わねばならない。もしも、認知作用（観測）という行為がなかったなら、このような相互進化は起きなかったであろう。しかも、この相互作用は相手があってのことだから、生命の発生同様相手次第であり、自分がまえもってどのようなものになるかを決めておくことができない。生命の進化も、環境の変化を認識しながら起きてくる後成的風景なのである。生命世界は、遺伝子、細胞、器官、個体、種が相互に認識し合い、相互に作用し合いながら自己自身を形成していく複雑系なのである。

宇宙の進化、物質の形成、生命の誕生と進化、それらすべての過程に認識作用は働いている。そして、その認識作用が自己形成的世界をつくっていくのである。

相互認識

複雑系、つまり無数の要素の動的相互作用から新しい形態や構造を形成する系においては、自発的に新たな秩序が創発してくる。この創発という現象をとらえるにも、系内部における観測や認識作用を考慮に入れなければならない。

例えば、コンピュータのディスプレー上で、仮想の鳥（ボイド）に編隊を組んで飛んで行かせるシミュレーション実験がある。そこでは、ボイド間に離間・整列・結合という極く単純な相互作用のファクターを読み込ませておくだけで、多数のボイドはうまく編隊を組み飛んで行く。障害物があっても、上手に避けて別れ、障害物が無くなれば、また合流してうまく飛んで行く。このボイドの柔軟な編隊は自発的に創発してきた一つの秩序であるが、それを引き起こしているのは、ボイド間の単純な相互作用にすぎない。そして、その相互作用の中には、一羽のボイドが側にいるボイドと相互認識をしているということが含まれているのである。

複雑系で発生する予想外の飛躍も、相互作用の過程で起きる対称性の破れや相転移から生じることであり、ここでも要素間の相互認識と情報の循環を考えねばならない。この予想外の飛躍は、系内部の観測からも、系外部の観測からも、予測不可能な飛躍である。例えば、ユーラシア大陸の哺乳類と東南アジアやオーストラリア大陸の有袋類との間には、平行進化現象が見られる。ユーラシア大陸のムササビは、木の枝から枝へ飛びやすくするために、肢間の皮膜を発達させたが、同じ工夫は東南アジアやオーストラリア大陸のフクロムササビも行なった。ムササビ自身にも想定外であり、ムササビ外の動物から見ても、このような予測困難な飛躍が生じるには、ムササビ自身の中に自然環境や種間関係の認識能力がなければならない。その認識能力は、それほど複雑なものではなく、おそらく極く簡単な認識作用にすぎないであろう。しかし、そういう単純な認識作用から思わぬ飛躍が起きてくるのである。

多様な要素の相互連関によって成り立つ複雑系の世界では、あらゆる要素は相互に映し合い、相互に浸透し、相互に共鳴し合っている。そこでは、海の中で音波を出し、互いに連絡し合いながら集団行動をとっている魚たちのように、各要素は相互に認識し合い、相互に結合している。そのことによって、世界は刻々として新たに創造されているのである。

例えば、生命世界は相互認識の機構である。遺伝子群は、それぞれが置かれている位置情報を認識して、それを解読しながら発生を促進し、環境の変化を認識して、進化を引き起こす。免疫細胞群も、互いに認識し合ってネットワークをつくり、自己を確認している。生体内の神経系や循環器系や内分泌系などでも、諸要素が情報を交換し、相互に認識し合って、ネットワークを成している。ミツバチやアリなどの社会性昆虫も、個体間の情報伝達とその認識によって、内外の環境の情報を察知して、それに対応し、時にはコロニーの分裂も行なう。動物や植物、微生物や非生物間の相互連関によって成り立つ社会、つまり生態系も、縦横な相互認識の社会である。自己組織系としての物質世界も、物質間の相互認識と相互作用が働いている一種の社会なのだと言わねばならない。

この宇宙は、また、認識のネットワークでもある。ここでは、あらゆる要素が至るところで情報を交換し、認識し合っている。この相互認識と相互作用から、世界の自己形成は起きる。このような世界では、もはや古典力学的な因果律による運動理解は成り立たず、むしろ、共鳴とか同調という概念によって世界をとらえねばならないであろう。物質も、植物も、動物も、人間も、この宇宙が生み出し形成したものである。それらが互いに共鳴しながら、自己自身を創造していく。そして、そのことによって、宇宙自身が自己形成していく。認識という行為そのものが、宇宙という大河の流れそのものの中にあり、同時にその流れをつくってもいる。自己形成する宇宙の不可逆な流れと認識は、深く関係している。

知ることは在ることと一体になって、それを成ることとたらしめている。認識することによって、存在が生成してくるのである。存在から認識を切り離してはならない。存在と認識を切り離したところに、近代科学ばかりでなく、近代哲学の最大の禍根がある。生成の中で存在と認識の二元論を克服することこそ、複雑系の哲学の課題である。そのためには、存在と認識、主観と客観、知覚と判断など、近代哲学の根本概念を徹底的に吟味し直し、これを再構築しなければならない。脱構築ではなく、再構築しなければならないのである。

進化

世界は進化する。この世界は、多様な要素の相互連関から動的に新しいものを創造していく世界である。実際、宇宙、物質、生命、社会、どれも、ある段階に達したとき、まったく異なる別のレベルへと一気に飛躍することがある。生物世界でも、ほとんど一瞬にして新しい種が出現し、新しい形態が創造されることがある。大進化と言われるものがそれである。一般に相転移と言われるこの創造的進化には、情報による認識と相互作用のダイナミズムが必要である。事実、自己組織系は、環境と情報を交換し、相互作用しながら自己自身を変革していく認識システムでもあった。

この情報による認識と相互作用のダイナミズムから、動的な階層構造が生成する。素粒子、原子、分子、細胞、微生物、植物、動物、人間など、物質から人間に至る過程では、認識と運動が高度化するのに伴って、階層的進化が起きる。ここでは、より上位の階層には、より下位の階層にはなかった新しい特性や法則が出現する。その過程は、動的で創造的で不可逆な過程であり、階層を上に登れば登るほど再現は難しくなる。そこには、履歴というものが生じるからである。

このように考えていけるとすれば、宇宙について考える宇宙論と、物質を記述する物理学と、生命を把握しようとする生物学と、認識作用を考察する心理学は、それぞれの垣根を取り払って、それらの階層を統一的に見ることのできる科学へと合流していかねばならないであろう。複雑系の科学は、その可能性を秘めている。その哲学的基礎づけをするのが、複雑系の哲学の目指すところである。

現に、この宇宙も、誕生以来相転移を繰り返し、力を分岐させ、地球などの惑星をも生み出してきた。しかも、その地球も、誕生間もなく生命の原型を生み出し、その生命の進化とともに進化してきた。この地球進化の過程と平行する生命進化の過程で、情報の交換と認識の発達という現象は見逃すことができない。生命は、この地球上に出現した最初の時点から、環境情報を認識し、その条件に適応することによって進化してきた。そして、この生命の進化が、地球表面の環境の改変を行ない、地球表面の進化をもたらしたのである。この地球と生命の進化は、やり直すことのできない一回性の過程であった。地球や生命も、ライフヒストリーというものをもっているのである。

生命の進化は、それ以前の化学進化から始まった。生命創造のはるか以前から、物質は、分子認識と分子行動を繰り返すことによって、すでに進化を始めていた。二つの分子が接触して、鍵と鍵穴のようにピッタリ合うかどうかを認識し、化学反応を起こすのが分子認識である。有機分子の集団でも、それらが相互に分子認識を行ない、化学反応を繰り返して、蛋白質分子や核酸分子をつくるに至った。そして、このうち、核酸分子は自己触媒的に自己増殖を繰り返し、自発的に自己自身を複製して、自分自身とその子孫を存続させることを可能にした。ここに原初的な目的行動が発生するとともに、生命というものが始まったのである。そこでの分子認識の役割は偉大である。有機高分子も、相互に観測し合っているのである。

遺伝子レベルに飛躍しても、ここでも、ＲＮＡやＤＮＡの核酸分子の鎖に書き込まれた遺伝子情報が読み込まれ、各種の蛋白質分子がつくられる。この核酸分子と蛋白質分子の間でも、分子認識は行なわれている。そのような分子認識によって、生きていないものから生きているものが創発してくるのだから、生きていないものと生きているものの間には絶対的な裂け目はないと言わねばならない。

ＲＮＡやＤＮＡによって情報の蓄積を成し遂げた原核生物や真核生物も、環境情報を信号として認識し、合目的行動をとるとともに、行動の自由度を確保することができるようになった。その後、多細胞生物の誕生以来、特に従属栄養生物の道を歩んだ動物は、細胞間の連絡の必要性から原初的な神経系を発達させ、やがてそれを中枢神経系にまで発達させた。環境に対する適切な行動をとるためには、高度な環境情報の認識と判断を必要としたからである。生命は、認識の体系をつくることによって進化してきたのである。

なかでも動物は、絶え間なく変化する環境への適応のために、探索し、学習し、予測し、生きのびていかねばならない。そのために、彼らは、環境に適合した行動を編み出すとともに、時にはその習性をも変革してきた。環境に対する認識能力を発達させねばならなかったのは、そのためである。しかも、その環境の中から新しい情報を取り出して認識する能力が、また、進化をもたらす。

生命体は目的に向かって努力する行為主体であり、自発性と自律性をもった創造主体である。このような生命の自己超出性は、決定論的な因果律では分析できない。しかも、この自己創造と自己超越に、生命の情報処理能力と認識能力が大きく働いていることは否定できない。

類人猿に至ると、行動はより発達し、それに伴って、知覚や判断など認識能力も高度に発達する。しかし、これは脳の発達によるのではない。事態は逆であって、行動や認識の発達の方が先であろう。直立二足歩行を発明した類人猿つまり人類は、手の発達と道具の制作などによって行動をより自由にするとともに、環境を客観的に認識することができるようになった。脳の発達は、単にその結果にすぎない。

人間が自覚的意識をもち、世界を客観視できるようになったのは、直立二足歩行を完成し、手を自由にしたことによるであろう。このとき、人間は世界を自覚するとともに、自己を自覚した。世界を自覚することなしに、自己を自覚することもなかったであろう。自己を自覚することなしに、世界を自覚することもなかったであろう。

しかも、自己は世界内観測者であり、世界内行為者である。この宇宙は、自己と世界を認識する自覚者を、宇宙自身の中に生み出したのである。われわれ人間の世界認識と自己認識は、世界の自己自覚でもある。自己が認識することは、世界が認識することであり、自己が行為することは、世界が行為することなのである。

2　近代科学の限界

近代科学批判

思惟と存在、主観と客観、精神と物質の二元論を立て、自己と世界を明確に分離したデカルト*においては、考える自己は世界の外に超越して存在し、世界も自己の外に疎外されていた。そのため、デカルトにおいては、世界は、因果の鎖に支配された時計仕掛けのような創造性のない受動的な機構に押し込められてしまったのである。しかし、このような機械論的な世界観では、生きた自然、創造的自然、相互作用から自己自身を形成していく自然をとらえることができない。特に、内外の環境に適応して自己形成していく開放系としての生命世界を、デカルトのような機械論ではとらえられない。

この機械論的世界観の致命的欠陥は、その世界の中に観測者が含まれているということを無視していることであろう。そこでは、物質の各要素は機械のパーツのようなものであって、互いに感知したり認識したりはしないということが前提になっていた。しかし、実際の世界は、その中に観測者を含んでいる。物質でさえ他者を感受し、相互作用し、その相互作用から自分自身で新しく情報をつくりだす。このような系は、機械論的自然観では説明することができない。

近代科学は、また、対象を究極的要素にまで分解したのち、その要素の総和として自然を再構成するという方法を確立した。この分析的方法も、できるだけ細かな小部分に分割して認識するというデカルトの方法に基づいていた。しかし、このような要素還元主義によっては理解できない現象が、物質、生命、社会においては、そのほとんどを占めている。例えば、生命現象を原子レベルにまで還元しても、原子の性質から生命現象を説明することはできない。たとえ諸要素に還元しても、その要素間で相互認識が行なわれ、その相互認識から、要素の総和以上のものが上位の階層には現われるからである。

二十世紀の後半に華々しい発展を遂げた分子生物学でも、生命現象を遺伝子の機械論的組み合わせに還元する要素還元主義はなお有効とみなされている。しかし、実際の生命現象は、発生にしても、免疫にしても、進化にしても、どれも、遺伝子間の複雑な相互認識と相互作用によって生じる創発的現象であって、それは要素還元主義では解けない。要素還元主義は、物質や生命に自己自身を創造していく自律的な振舞いや能力があることを無視してしまっているからである。

このことを突き詰めていくなら、主観と客観、意識と対象は分離することができないということに至り着く。つまり、客観とか対象といわれるものそのものにも、感受作用や知覚作用、認識能力や判断能力を、組織化の階層の程度に応じて認めていかなければ、自己創造的な自然はとらえることができない。ライプニッツが、『モナドロジー』の中で、物質にも微小表象というものを認めたのにも、理由があったのだと言わねばならない(1)。主観と客観、意識と対象を分離したデカルト的二元論を克服しないかぎり、〈生きた自然〉は理解できないのである。

現代物理学も、なお、実在をとらえるのに、できるだけ主観や意識の問題を排除し、存在から生成を除外して考えようとしている。しかし、実在を、単なる客観や対象的存在に閉じ込めてしまってはならない。意識を含み生成するものを単なる対象的存在としてのみ記述しようとすると、無理が当たる。真の実在は、主観を含む客観であり、生成する存在である。そして、意識や主観が働いているからこそ、生成が起きるのである。

確かに、自然は因果律による決定論的法則によって支配されており、それによって未来は予測可能であるという信念を、近代の自然科学はもっていた。しかし、決定論的モデルによってとらえられる自然は、自然の極く一部にすぎない。自然は不確実性に満ちており、絶えず予想外のことが起きるから、決定論的法則による未来の正確な予測はできない。実際、一週間以上先の天気を正確に予測することは本来できない。また、一年間の天候のあるパターンを見つけたとしても、次の年の天候も、その一定のパターンに落ち着くとは限らない。自然の歴史は不確実であり、その未来は非決定的である。

自然現象にも、人間の技術同様、想定外のアクシデントというものがある。人間の歴史や社会はもちろんのこと、生命や物質、さらに宇宙の未来のすべてに妥当する決定論的自然法則を見出すことはできない。自然には、まだ起こっていない変化が急に起きる可能性があるからである。この自然の突然の飛躍、いわば〈暗闇の中の跳躍〉を、近代自然科学の決定論的法則は無視していたのである。

自然は創造的であり、しばしば、予測出来なかった新しい事件が発生する。このような自然の創造性には、決定論的な必然的法則は適用できない。実際、生命の進化には、単純な決定論的法則は成り立たない。例えば、生命進化の過程では、節足動物にしても、魚類にしても、爬虫類にしても、鳥類にしても、哺乳類にしても、空中を飛ぶ種類が創発してくる。昆虫、トビウオ、翼竜、鳥、コウモリなどである。彼らは、物体は上から下へ落ちるという重力法則を乗り越える工夫と発明をしてきた。このような創発という現象があることを、ニュートン*の決定論的運動法則は何一つ説明していない。動物の進化ばかりでなく、自然一般に、このような創造作用がある。過去の初期条件から未来を決定論的に規定する自然法則では、進化の歴史性と創造性は解けないのである。

自然や生命には、自由を求めようとする努力が潜んでいる。無機物から人間まで、自然の階層の高まりとともに、自己創造性の能力が高まり、自然法則の支配からの自由の度合いが次第に増す。この自由度の増加は、決定論的法則ではとらえられない。

決定論的法則は、古典力学の法則がそうであったように、因果律に基づいている。因果律は、過去から現在、現在から未来へと原因結果の法則が支配しており、過去の原因によって現在はすでに決定されており、現在の原因によって未来はすでに決定されていると考える。しかし、実際の自然は、たとえ過去や現在のすべての原因を数えたとしても、それらの相互作用から将来何が生み出されるかは予測できない。

カオスの実験でも、たとえ初期条件が同じであっても、そこに極くわずかな誤差があるだけで、結果はまるで違ったものとなって現われる。それは、各変数が独立変数ではなく、相互に連関し、相互に作用し、いわば相互に観測し合っているためである。結果が予想外のものになるのはそのためである。このような現象を突き詰めていくなら、変数間の内部観測、つまり世界内認識というものを考えねばならない。

われわれの歴史や社会はもちろんのこと、自然も、過去から現在を、現在から未来を、因果律的につかむことはできない。人間も、自然も、未来への自由というものをもっている。人間社会も、自然も、まったく同じ変化を、将来に渡っても正確に繰り返すということはない。

カオスの実験などでは、何回測定を行なっても、測定の度ごとに結果が違い、次の回の結果さえ予測できないことが多い。それは、測定することそのことが世界内観測であって、それ自身、現象と相互作用するからである。そこには、いわば、測定するものとされるものとの間の相互認識が働いている。このようなことは、人間の社会では絶えず起きている現象であって、事新しいことではないが、物質や生命の世界でも、このような現象はまれではない。したがって、自然科学が現象の再現性にこだわっていると、自然を究極的にはつかめないことになる可能性がある。再現可能性は、必ずしも自然科学の原理ではないのである。

近代の自然科学は、決定論的法則からの演繹が困難である場合には、帰納法を用いた。ベーコン*は、科学の方法として、この帰納法を重んじた。しかし、帰納法とは、有限個の前例が続けば、次に出てくる新しい例も推論できるという前提に立っている。帰納法は、ｎ回の観測の結果、ある帰納的法則が見つけられると、それはｎ＋１回目にも当てはまると考えるのである。しかし、物質や生命や社会が突如として飛躍し、創造性を発揮することがあることを考えるなら、この帰納法的推理はいつも成り立つとは限らない。自然も、社会も、前例のないことはやらない役人社会のようなものではないのである。自然の世界に帰納法が成り立つという信念も、動物の信念同様、近代科学の単なる信仰にすぎなかった。

自然現象も社会現象も時々刻々変わり、変わらないものはない。常に変わり生成発展するものは、決定論的法則からは把握できない。しかも、自然も社会も、決して完結するということがない。

「万物は流転する」、このヘラクレイトス*の動的原理は、「在るものは在り、在らぬものは在らない」「在るものは一であって、多ではない」というパルメニデス*の静的原理を破る。生成は存在を突破し、多は一を突破する。再現可能性や予測可能性を基本とする近代科学の決定論信仰は、パルメニデスの存在の原理に源泉をもっている。近代の自然科学がそのような素朴な原理を信仰しえたのは、存在と認識が分離しえないということを無視していたからであろう。さらに、存在は多であって、その多なる存在が相互に認識し合うことから生成が起きることを無視していたからであろう。

近代の自然科学は、自然の決定論的法則を発見することにその目標をおいていたが、果たして、それが最終目標になりうるのかどうかは疑問である。確かに、近代科学は、機械論的自然観と要素還元主義によって、決定論的法則を打ち立てることを推し進めてきた。しかし、決定論的法則を打ち立てることや要素への還元が果たして自然を正確につかむ方法なのかどうか、科学の方法そのものを徹底的に吟味しなければならない。法則が定立できなければ科学ではないというわけではない。科学も、現象の理解と説明の科学、現象記述の科学に変貌していかねばならないのではないか。

科学法則とは何か

科学は、もともと、ある視点から自然現象を切り取ってきて、その部分に成り立つかぎりでの法則を発見しようとするものである。世界そのものは、そのほとんどが、切り取られた世界の法則の外にある。したがって、科学の法則は、原理的に世界のすべてに成り立つものではない。しかも、その法則は理想化されたものであるから、それは、実際の現象には近似的にしか成り立たない。科学の理論は、自然現象の完全で決定的な説明ではないのである。

さらに、科学の法則が決定論的に記述されていても、そのもとでの自然の運動が、将来にわたって、すべてその法則に従うというわけでもない。例えば、ニュートンの運動法則に基づいた天体の動きでも、三つの天体が相互作用するだけで、それぞれの天体の軌道は不安定になる。三体問題*としてよく知られているこの現象は、決定論的法則の中にも複雑なカオスが生じる可能性をすでに暗示していた。

それは、いわば、野球やサッカーのゲームに似ている。そのゲーム自身は単純なルールに基づいて行なわれるのだが、その結果はどうなるかまったく分からない。ここでは、ルールは、個々のゲームの行方を何一つ決定していない。ゲームを行なうエージェント間に相互認識や相互作用がある場合には、そのダイナミクスによって、たとえルールの範囲内にあっても、ゲームの結果は、そのルールからは予測できない。系の要素同士が非線形的に相互作用している場合には、その系の中で創発してくるものを、その系を支配する法則からは説明できないのである。

このような現象は、われわれ人類が営む社会や政治や経済においては、より増幅して起きる。われわれの社会では、たとえそこにルールがあったとしても、ルールに基づいて行動する行為者が相互認識と相互行為を行なっている。彼らは、社会の中にあって社会全体と他者を認識し、時には社会そのものを変えていこうとさえする。そのため、ここでは、社会のルールそのものが変更されることがある。われわれの社会では、ルールそのものが創発してくる。われわれの社会では、ルールは状況によって形成されていくのである。このようなことが起きるのは、われわれの社会が極めて高度な複雑系だからである。

これと同じようなことは、無数の要素が相互作用している生態系や生命の発生過程でも言える。例えば、生態系の場合、その系そのものやその系を成り立たせている要素が環境を学習して、ルールを変えてしまうことがあるために、基礎方程式そのものが時間発展とともに変わっていってしまう。また、生命の発生の場合でも、分化してきた様々なタイプの細胞が、相互認識と相互作用を通して、その場その場で細胞社会のルールを創発しながら、ゲームの遂行が行なわれる。もちろん、そのルールに従わないものも出てくる。その極端なものが癌細胞である。癌細胞が出てくると、細胞社会のルールは壊されてしまう。逆に言えば、それだけ、生命世界にはルールを破る自由というものがあるのだとも言える。

発生の場合、一つの受精卵の中に内蔵されているDNAの遺伝情報が、その後のすべての方向を決定しているわけではない。むしろ、生きていくための情報は、分化して出てきた各細胞の相互作用から後成的に湧き出てくるのだと考えるべきである。だから、生命世界では、DNAに直接書かれていないまったく新たな情報さえもがつくられ、それがやがてDNAに読み込まれていくことがある。それが、生命の進化というものなのである。生命が、場所や環境の変動によって自分自身を変革していくことができるのは、自分自身でルールを創発していくことができるからである。進化の途上で新しい生命形態が登場してくることによっても、生命世界のルールは変更されていく。

非線形相互作用が行なわれている複雑系では、その系内部に世界内観測者と世界内行為者が含まれているために、それらによってルールそのものが変えられていく。したがって、その系の振舞いは極めて不安定になる。このような現象は、われわれの社会や生命世界にあるばかりでなく、物質世界にもあるという考えが、複雑系の科学の立場である。その意味では、物質世界も、その中にそれ自身の観測者がいる社会だと考えねばならない。ここでの認識と行為の役割は重要である。認識と行為の中に自由というものがある。

科学の不安定性と歴史性

その点では、自然は、法則を破る自由をもっていると言わねばならない。常に生成し発展している自然は、法則を越える創造力をもっている。とすれば、創造的に進化する世界に合わせて、それを説明しうるためには、法則そのものが創造的に進化していかねばならないことになる。科学法則も、数学や論理学の公理同様、原理的に不完全なものなのである。つまり、それ自身によってそれ自身の無矛盾性を証明できない。

われわれ人間の認識も、動物の認識同様、絶対的でも完全でもない。人間の認識も、どのようなものであれ、一種の仮説であって、昆虫などと同じように、あるパースペクティヴから切り取ってきた世界の断片にすぎない。自然科学も、われわれ人間がもつ自然についての一種の先入観の表現である。その意味では、自然科学も、最終的には確信とか信念に裏づけられており、一種の信仰の性質を帯びている。例えば、ヒューム*が指摘しているように、出来事が連続して起こる現象を何回も体験すると、われわれは、初めに起こったことを後に起こることの確かな原因だという確信をもつに至る。(2) しかし、これは一つの仮説であって、現実は、多くの場合、その確信を破る想定外の出来事によって動いていく。

近代の自然科学も、自然は単純を好み、単純な法則によって支配されているという一種の信仰をもっていた。しかし、実際には、自然は複雑を好む。しかも、複雑で休むことなく生成変化するものを、単純な法則ではとらえることができない。複雑な系を単純な系に還元することはできないのである。単純な法則に支配された自然という観念は、近代の自然科学が思い描いた一種の幻想に過ぎなかったとも言える。近代の自然科学は、複雑性から単純性を取り出してくる抽象化の方法によって成り立っていたが、その方法は、事柄の本質を把握するものではなかったのである。単純な法則は複雑な事実によって破られていくであろう。そして、その度ごとに、科学は自分自身の図式や仮説を変更していかねばならなくなる。

その意味では、科学は科学史であると言うべきかもしれない。実際、科学的発見は、仮説を検証批判しながら、これを乗り越えていく過程上で行なわれてきた。科学自身が、仮説とその変更の歴史であった。科学は永遠不変の真理を語っているものではなく、それ自身、歴史的に発展していくものである。科学の探究の歴史が、人間の探索行動による世界の新しい意味の発見の歴史であった。科学そのものが歴史的に生成していくのである。科学自身が世界の生成変化の過程の中にある。したがって、科学の法則は常に変わり、乗り越えられていく。絶対不変の法則はなく、法則も生成変化する。また、その科学のあり方の変化に従って、自然も、次々と別様の姿を現わし出す。自然は、それほど複雑で豊富で無尽蔵なのだと言わねばならない。

実在は活動である。万物は常に動き変化する。世界には生成変化するものしかない。変化するものを変化するものとして、動くものを動くものとしてとらえねばならない。変化し運動するものを、存在からではなく、生成そのものからとらえねばならない。世界は不断の流れと変化そのものである。そこには、不滅の実体などというものはない。存在することは生成することであり、在ることは成ることなのである。

しかも、そこに認識と行為が働き出ている。為すことによって知る。それが、在ることを成ることたらしめている。知ることなくして在ることはなく、為すことなくして成ることはない。

第二章　世界内観測と世界内行為

1　不確定性原理

不確定性原理と相補性原理

ハイゼンベルク*の不確定性原理によれば、粒子の位置と運動量など、二つの物理量を同時に正確に測定することはできない。粒子の位置を測定しようとすると、その測定が粒子の運動量に影響を及ぼし、運動量が決められない。粒子の運動量を測定しようとすると、その測定が粒子の位置に影響を及ぼし、位置が確定できない。観測や測定のためには、光や電子など粒子を用いなければならないが、そうすると、その粒子と観測すべき粒子が相互作用を起こし、対象粒子の位置や運動量が曖昧になる。観測の対象となる粒子の状態が人間の観測によって乱されるために、観測から切り離された客観的な粒子の状態を一義的に決めることができなくなるのである。古典力学の場合には、粒子の位置や運動量など、その状態は、われわれ観測者とは独立に客観的に測定されうるものとされていたが、量子力学が扱うミクロの世界では、この古典的な確信は打ち破られてしまった。

したがって、ミクロの世界では、粒子の存在している場所は厳密には分からず、存在する可能性が分かるだけである。ミクロの世界で起こる事象も、起こる可能性しか分からない。量子力学では、このような可能性は確率で表現され、数学的には波の式と同じ形をとる。そのため、量子力学では、粒子は同時に波としても扱う。

粒子にとって、波動性は基本的な性質である。実際、光も、粒子とも考えられ、同時に波とも考えられる。さらに、粒子と考えられていた電子も、光と同様干渉現象を起こし、波のようにも振舞う。中性子や原子、さらに巨大分子でも、波動性を示すと言われる。もっとも、実験装置で粒子の経路が観測できる場合は粒子性が現われ、波動性は消え、干渉現象も弱くなる。ミクロの世界では、物質は、見方によって粒子にもなれば波動にもなるのである。

粒子の非局在性もこのことに起因する。粒子は確率でしか記述できず、存在する傾向が言えるにすぎない。粒子は、様々な場所に同時に存在する傾向を示す。だから、粒子と粒子は非局在的に結びつき、切り離されては存在しない。

ミクロの世界では、物質は粒子でもあり、波動でもある。それを観測するとき、粒子と見れば粒子となり、波動として見れば波動と見えるだけである。物質のもつ粒子性と波動性は相補的であり、同時に観測されることはないが、両方があってはじめて物質の状態を完全に記述できる。よく知られているように、ボーア*は、これを相補性原理と名付け、ハイゼンベルクの不確定性原理とともに、量子力学の最重要な原理として確立した。ボーアによれば、両立しがたい概念も同一世界の異なった側面であり、対立概念も互いに相補的な関係にあると考えねばならない。

量子力学では、物理的存在の究極の単位は、観測される以前には特定の位置をもたず、単一状態を専有することもない。そのとき、対象は種々の状態が同時に重ね合わされた状態にあり、対象の状態がこうであると確定的に述べることはできない。対象は、何らかの観測行為によって把握されるまでは、様々な可能性の量子状態の重ね合わせの中にある。この重ね合わせからくる量子的非決定性は、われわれが未来を正確に知ることができないのと同じように、観測者がどうしても知ることができないということによる。

ところが、対象が観測された途端、この重ね合わせの状態は解消され、その対象は一つの状態だけをとるようになる。こうしてはじめて、古典的な記述が可能になる。例えば、電子のようなミクロな存在は、観測されていない状態のときは、波として広がっている。ところが、それを観測すると、途端に波の収縮がおこり、そこに粒子としての電子が出現する。量子が粒子として現われるのは、われわれが観測することによってである。われわれの観測という行為が、波としての性質を失わせるのである。お椀の中のサイコロは、丁でもあり半でもある重ね合わせの状態にあり、お椀を開けて調べて、はじめて丁か半かが決まる。これと同じように、粒子が一つの状態に決定されるのは、われわれ観測者の手に委ねられていることになる。

この問題は、よく知られているように、〈シュレーディンガーの猫〉*の思考実験で説明されている。一つの箱の中に、一匹の猫、揮発性の猛毒の入った瓶、金槌、放射性原子、放射線の検知器などが入っている。検知器と金槌は連動していて、放射線を検知したときには、金槌が瓶の上に振り下ろされて、瓶は割れ、猛毒のガスが箱の中に充満して、猫は死んでしまう。ある放射性原子核が一分後に崩壊するかどうかの確率は五分五分で、〈崩壊した〉と〈崩壊しない〉の重ね合わせの状態にある。そのため、猫の状態は、生きているか死んでいるか分からない状態、むしろ、生きていると死んでいるの重ね合わせの状態にあることになる。猫が生きているか死んでいるかが決定されるのは、われわれ観測者が箱を開けて観察したときである。

この思考実験の譬え話は、もともと量子力学の奇妙さを指摘するために用意されたものであるが、ここには認識論上多くの重要な問題が含まれている。〈シュレーディンガーの猫〉の思考実験は、観測者と観測される系との相互作用が十分加味されていないために、奇妙な結果になってしまっているが、量子力学的世界では、われわれの観測するという行為は現象に影響を与える。どのような観測でも、それが観測される対象に与える影響を度外視することはできない。現象そのものに影響を与えることなしに、それを観察することはできないのである。対象の性質を定義するためにも、観測者は必要なのである。

観測するものとされるものの非分離

われわれは、世界の外に立って世界を観測しているのではなく、世界の内にあって世界を観測している。しかも、身体や観測装置を通して観測している。したがって、その観測が観測事実に影響を及ぼさないはずはない。観測は一つの行為なのである。われわれは世界内観測者であり、世界内行為者なのだから、われわれは世界を攪乱もし、決定もする。観測されるものの外に観測するものがいるのではなく、観測されるものの中に観測するものがいるのである。〈シュレーディンガーの猫〉の例でも、対象の状態の確定は、観測を行なう人間によって行なわれるが、その人間は、対象からまったく切り離された宙に浮いた存在ではない。それは、身体を備え、世界の中で観測し行為している自己である。だから、観測するものは、観測されるものに深く関与することになる。量子力学的世界では、観測者は独立した観測者でいることはできず、常に世界に影響を与える関与者であり続ける。われわれは単なる観客ではなく、共演者なのである。

量子力学は、自然現象の背景にいた観測し行為する私を、表舞台に登場させてきた。そして、科学的方法によって観測することとそのことが、自然そのものに影響を及ぼしていることを明らかにし、従来の自然科学の見方に大きな変更を迫った。観測者が世界の外に立って観測し、それが世界そのものを乱すことなく、客観的認識を確立しているというデカルトやニュートン以来の考えは、もはや成り立たない。

重ね合わせの状態は、日常の知覚世界には絶えず現われている。例えば、エッシャー*の多義図形でも、天使が踊っているようにも見え、悪魔が踊っているようにも見えるものがある。それは、いわば悪魔と天使の重ね合わせの状態にある。それを、われわれ観測者が天使と観測すれば天使に見え、悪魔と観測すれば悪魔に見えるのである。これは、観測することによって状態が一定に収束する例だということになる。

もともと、自然は、エッシャーの多義図形のように、多様な様相の重ね合わせの状態にあると言える。自然は、われわれ観測者がある方法で観測したとき、その観測に応じて確定した状態をもつのである。重ね合わせの現象は、自然界ではむしろありふれた現象なのである。自然は、探究すればするほど、それに応じた多様な様相を呈する。自然は、認識者のパースペクティヴに応じて様々な顔を見せるのだから、〈シュレーディンガーの猫〉のような譬えは、微視的世界でのみ成り立つことではなく、巨視的世界でも成り立つことなのだと言わねばならない。

観測されるものの中には、いつも観測するもの自身が含まれている。観測されるものと観測するものは分離することができない。観測者は、世界の中にいて世界を認識する世界内認識者なのである。

存在論は認識論と深く結びついている。物理学は、単に自然そのものを記述するものではなく、自然に関してわれわれが何を言えるのかを記述するものでなければならない。物理学は存在論の科学ではなく、認識論の科学であって、われわれがいかにものごとを知りうるかを研究する科学なのである。したがって、客観的な物質世界が存在するという古典的な考えはもはや幻想でしかなく、観測行為を離れてそれ自身として存在する客観的実在を認識するという物理学の目標は、原理的に実現されえない。われわれが目にしている自然は、客観的な自然そのものではなくて、われわれの探究方法に映し出されたかぎりの自然である。科学も世界内観測であり、世界内行為なのである。

現代科学は、客観的な世界の背後にいる観測者の重要性を強調し、観測される現象と観測者が深く関係していることを明らかにしてきた。認識するものと認識されるものは相関している。近代科学は、デカルト以来の主客二元論から始まったが、しかし、このデカルト的切断はもはや成り立たない。存在と思惟、客観と主観は深く結びついている。認識する主観からまったく独立に存在する実体を措定することはできないのである。

不確定性原理の拡張

不確定性原理は、物理学の領域では、相対性原理とともに革命的なパラダイム（枠組み）転換ではあったが、生命や社会や心理の領域では、それはむしろ日常茶飯事である。生物や生態系の観察、実験心理や臨床心理、社会経済現象などでは、研究対象そのものへの観測者の干渉は常に起きる。

例えば、生態系の観察をするにしても、その中には、生態系を観察する人間自身が含まれている。だから、そこでは、観測することが生態系そのものを乱し、その乱された生態系自身がまた観測する人間に反作用を及ぼしてくる。生態系の観察は、もともと観測系が被観測系自身の中にいることを前提しているのだから、観測する人間も生態系の傍観者ではありえないのである。

動物の観察でも、観察者が観察される動物に影響を与えるから、動物の純粋で客観的な観察は厳密にはできない。人間や動物の脳の測定でも、測定するという行為が脳の反応そのものに影響を及ぼすから、測定による影響を除外した客観的な脳の反応を測定することはできない。実験心理学でも、実験することそのことが被験者の心理状態を乱すから、純粋に客観的な心理状態は観察することができない。臨床心理学でも、カウンセラーが介入することによってクライアントが変わり、クライアントが変わることによってカウンセラー自身も変わっていくから、カウンセラーは客観的観察者でいることはできない。文化人類学の調査でも、調査者が入ったということが、未開社会のそれまでのあり方を乱すから、純然とした未開社会の状況は原理的に観察できない。ここでは、認識主体と認識客体が常に相互作用しているから、認識主体から切り離された認識客体を認識することができないのである。

社会は、一般に、その中に社会自身の観察者や社会における行為者を抱え込んだ社会である。したがって、社会内の観察者と行為者それ自身によって、社会そのものが変わっていく。社会の未来予測が予言以上に自己実現したり、逆に、予言の自己破壊が起きて、予言とは逆のものが実現したりすることがあるのは、そのことによる。社会を記述することは、それ自身が社会内行為であるから、社会構造を変更してしまうことにもなる。経済現象でも、デフレ心理がますますデフレを起こしてしまうことがあるように、人々の市況に対する認識が実際に市況のあり方に影響を与えてしまう。したがって、ここでは、経済学者がたとえ正しいと思って下した経済判断でも、それが投げ込まれる状況次第では、その判断に反して無残な結果を招くことにもなる。

生態系の観察にしても、人文社会現象の観察にしても、そこでは、観察される系の中に観察者自身が含まれているから、観察することそのことが一つの世界内観測、世界内行為となり、観察される系そのものを変えてしまう。ここでは、最初から主観と客観は分離できないのである。

それに対して、自然科学は、一般に、観測や実験が自然現象に与える影響はほとんど無視できるという前提に立っていた。しかし、量子力学から提出された不確定性原理が指摘したように、この自然科学の前提は単純化と抽象化の誤りを侵していた。自然科学でも、観測者が作る環境や条件によって違った現象が起きることはしばしばある。科学が行なう観測や実験も、それ自身自然現象を乱し、自然の挙動そのものに介入していることになる。科学も、実際のところ、世界内観測であり、世界内行為である。ハイゼンベルクの言うように、自然科学自身、自然とわれわれとの相互作用の一部なのである。(1)

2　世界内観測

複雑系と世界内観測

量子力学的世界から人間社会まで不確定性原理が成り立ち、観測するものと観測されるものが相互作用を起こすのは、それらが、現実には、多数の要素の動的な相互作用によって絶えず自己形成していく複雑系だからである。この多数の要素の相互作用には、観測するものと観測されるものとの相互作用が含まれる。

複雑系は、もともとその内部に観測者を含む系であり、観測する能力をもった要素同士が相互作用して複雑な軌道を描く系である。だから、複雑系においては、系からまったく切り離された外部観測だけでは、系のダイナミックな様相を知ることはできない。というより、複雑系では、観測しようとすれば、どうしてもその系の内部に侵入してしまうことになるから、外からの観測ということそのことが成り立たない。複雑系においては、最初から、系を記述する観測者をも含めて系を記述しなければならないのである。ここでは、観測行為と観測対象は分離できないから、観測結果は観測行為と相関的に現われる。量子力学が扱うミクロの世界から人間の営む社会現象まで、どの系も本来そのような複雑系なのである。

複雑系の代表をカオス系にとるなら、ここでも、観測に伴うどんなにミクロな攪乱であっても、その攪乱が系を乱し、それが全域的な構造変動を起こす。カオス系には初期値鋭敏性があるから、観測に伴う攪乱を極くわずかな誤差にとどめても、結果はまったく異なったものになる。だから、観測問題は、量子力学的分野だけでなく、古典的分野にもあることになる。

もっとも、カオス系の場合、カオスを観察することによって状態が一定に収束し、秩序状態が出現することもある。例えば、監視カメラを取り付けることによって犯罪を防止したり、授業参観などで規律ある授業がつくられたりするような例である。ここでは、観察者が観察される系のなかに侵入してくることによって、無秩序現象が制御されたり、収束したりする。

このような例を考えれば、観測や実験が現象と干渉しないことを前提としていた従来の科学の枠組みを破り、これを拡張して考える必要があることになる。人間や社会の現象はもちろんのこと、自然現象も、観測者を度外視できる閉鎖系ではなく、どこまでもその中に観測者自身が含まれる開放系である。自然科学の観測や実験も、自然を乱さない世界外観測ではなく、自然を乱す世界内観測なのである。

例えば、南極の観測のような場合にも、観測隊が機材を持ち込んで侵入し、そこで生活することによって、南極の生態系は変えられていく。だから、南極の客観的な生態系は、厳密には観測できないことになる。自然科学の観測や実験も一つの世界内行為であって、それは世界を乱すとともに、それ自身世界の自己形成に参加している。実験や観測による客観的な検証という近代科学の手続きは、そのままでは成り立ちえないのである。

系の振舞いが観測に対して敏感に反応し、構造そのものが変えられてしまう性質を、複雑系の科学では記述不安定性と呼んでいる。ここでは、系の記述のしかたをわずかに変えただけでも、系の同一性は保証されない。対象を記述することで対象の構造が変更されてしまう現象は、人間の営む社会現象などでは常にあるが、カオスの研究によれば、それは物質や生命など自然一般に見られる。だから、複雑系においては、観測のしかたそのものも考察の対象にせざるをえない。

従来の科学は、世界を外側からしか眺めてこなかった。そこでは、観測が対象の性質や構造を歪めないということが前提されていた。しかし、実際の観測は、わずかであっても、対象の性質や構造を歪めている。したがって、世界外観測は最初から成り立たない。いかなる観測もすべて世界内観測である。

内部観測

複雑系の研究では、観測系そのものが被観測系の中に入っている観測を〈内部観測〉(internal measurement) と呼んでいる。例えば、バクテリアから人間まで、生物はすべて内部観測者である。生物自身が世界内にあって、自らが住む世界を観測し解釈し行動している。そして、その観測と行動がまた世界を変化させている。この生物自身の世界解釈と行動は、外部からの観測だけでは理解できない。植物や動物の生体内に入っていっても、器官や筋肉、内分泌機構や免疫機構、神経機構や遺伝子、どれをとっても、生命は内部観測によって成り立っている。

そのように考えていくなら、分子にしても、原子にしても、素粒子にしても、物質一般が、また、他の物質と物質世界そのものを観測しているのだとも言える。現に、ランダムな電子の流れが協調し、突如として対流を起こすプラズマ現象は、物質同士が観測しているともいえる現象である。観測や測定は、物質世界の至るところでなされているのである。物質の各要素も内部観測者なのである。物質世界内にあって、各要素が相互作用するには、相手が何であるかを識別する必要がある。その識別が内部観測である。物質の各要素は、他者と全体を自己の中に受容して、働きかけられるとともに働きかけている。それらは、他者を識別しているともみなすことができる。

それどころか、内部観測者は行為者でもある。物質も、内部観測者として、他者と全体を感受し、いわば行為している。物質の運動たりとも、単に機械的な因果律だけではとらえることができない。物質をそのような機械論でとらえるのは、世界外観測を前提とした近代科学の限界である。人間や生物ばかりでなく、原子や分子も感受し、いわば行為している。そして、この行為が世界そのものを変えていく。ここに経験の生成がある。内部観測と内部行為は、新しい経験を内から創発していく。

経験が生成するところに、情報が生み出され、情報が生み出されるところに、新しい組織化がある。観測は識別であり、識別は行為を生み出す。そして、行為は経験を生成し、経験は情報をつくり出し、情報は仕事を引き出す。しかも、その引き出された仕事が、また、新たな観測や経験や情報を生み出していく。かくて、世界は、絶えず新しい創造に向かって生成発展していく。

例えば、生物は、進化を遂げていく中で、同じ環境の中からでも新しい観測を行なう。そして、そこに環境の新しい意味を見出し、物質やエネルギーの新たな組織化を行ない、新たな仕事をしていく。このような生物の世界内行為によって、世界は創造的に作り替えられていくのである。しかも、この創造的進化は、物質の段階から発生している。物質から人間まで、すべての存在者は、単なる世界内存在者にとどまらず、なにより世界内観測者であり、世界内行為者である。誰も世界の外にとどまることはできない。この世界は、その中に、自己自身を認識する主体を抱え込んでいる世界である。われわれが観測し行為するということは、世界の外ではなく、世界の中に投げ込まれて観測し行為するということである。だから、それは世界を根底から変革していく。ここでは、外は常に内に組み込まれ、内と外の区別はなくなる。

ライプニッツは、個体の個体性としてのモナドは、それぞれの視点から宇宙を異なったしかたで表現していると考えた。その意味では、宇宙は、その中に自分自身を知覚する無限に多くのモナドを含んでいることになる。宇宙自身の中に、自己自身の表現作用を含んでいる。動物や人間の表象作用は、いわば宇宙の自己表現なのである。モナドロジーの世界では、宇宙は、自己の観測者を自己自身の中に含んでいる。モナドは、世界の中から世界を観測している世界内観測者なのである。ただし、この世界内観測者が世界内行為者としては扱われていない点が、ライプニッツのモナドロジーの限界である。

世界内観測や世界内行為の構造を理解するためには、人間を自然の外にあるものと考えた西洋近代の世界観から脱却する必要がある。特に、思惟的実体と延長的実体を区別し、主観の世界と客観の世界を分離するデカルト以来の二元論は克服されねばならない。主客二元論を前提としていた近代哲学の方法は、物質、生命、社会の生きた姿をとらえることができない。

主客の非分離

近代の自然科学は、このデカルトの二元論に基づいて、観測し行為する人間を自然の外に置き、そこから、自然の決定論的法則を見出そうとしてきた。観測し行為する人間から切り離された客観的な世界は純然たる物質運動の世界であって、それは数学的な法則によって決定されていると、近代の自然観は考える。

しかし、自然を、認識する主観から切り離された決定論的機械とみることはできない。われわれは、自然の中で知覚し行為しつつある世界内観測者、世界内行為者であるから、認識し行為する主観を排除して自然の知識を客観化するという近代科学の原理は成り立たない。

もともと、科学自身が世界内認識であり、世界内行為である。実際、科学者は、観測機器や実験装置という手段を通して、観測や実験という行為を世界の中で行なってきた。だからこそ、観測機器や実験装置の発達にともなって自然も別の様相をもって現われ、それに応じて、科学自身が自分自身のパラダイムを変えてもいかねばならなかったのである。

科学は客観的にそこにあるものではなく、歴史的に生成変化していくものである。科学の営みそのものが、世界の外ではなく、内にあるからである。科学自身が、道具の発達や発見による飛躍、つまり行為の変化によって、自然の認識を変えてきた。それは、主観と客観の分離を証明するどころか、われわれが世界内観測者、世界内行為者であること、そして、観測と行為によって世界の見えは変わるということを証明している。認識する主観と認識される客観は分離することができないのである。

観測者を抜きにして、現象は出現しない。現象の中には必ず観測者が含まれている。観測するものと観測されるものとは相関しているのである。客観から切り離された主観が、主観から切り離された客観を認識するのではない。現象の認識は、それ自身主観でも客観でもなく、主観と客観の相関なのである。主客は相関して認識を成立させているのであって、そこには主客の区別はない。むしろ、客観が客観を認識し、主観が主観を認識しているのだと言うべきであろう。

参加者としての観測者

この世界はいわば一つの劇場である。しかも、われわれ観客は、演じられている芝居に影響を与えうる観客である。どんな演劇でも、観客は単なる傍観者ではなく、その反応によって、役者の演じ方も変わる。芝居の見物には、身体を通した役者と観客の共感があり、この共感による観劇の興奮は、外からの写真や映像だけからは得られない。それと同じように、われわれは世界の中にあって世界を見る者であり、しかも、その見ることが世界に影響を与えている。観測するものが観測されるものに影響を与え、観測されるものが観測するものを触発し、観測者と観測対象は相互に作用を及ぼしながら、世界の生成変化という劇を演じている。観客が劇の進行にも参加しているように、観測者は、観測するという行為を

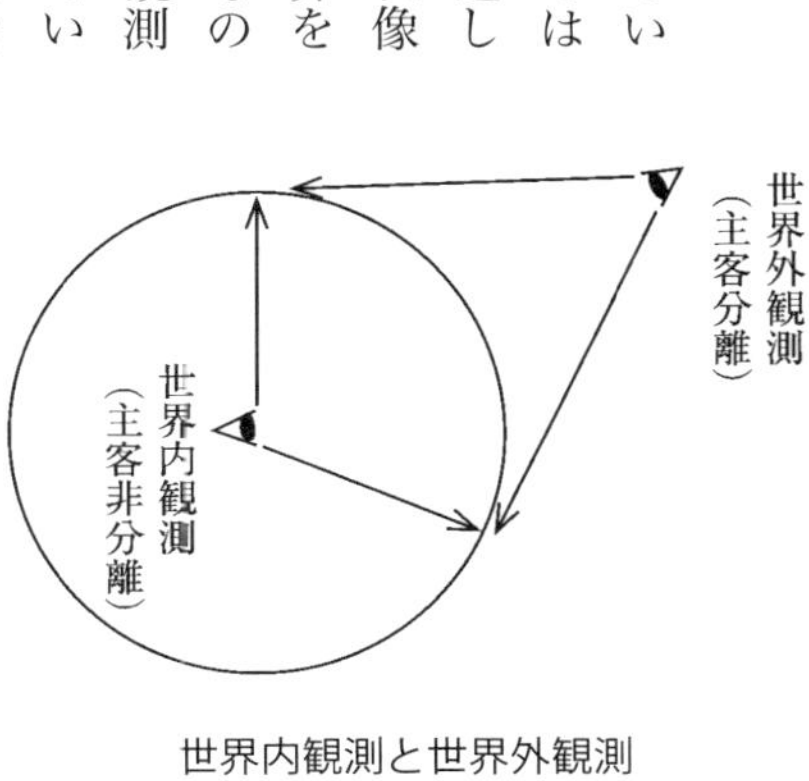

世界内観測と世界外観測

通して、世界の自己形成に参加しているのである。観測者は世界の劇の共演者なのである。科学の観測や実験も、それ自身、世界内観測、世界内行為として、世界の自己形成に関与していることになる。この宇宙は参加型の宇宙なのである。

近代科学の打ち立てた機械的な自然という自然像は、虚構にすぎなかった。近代科学の世界像は、世界を世界の外から眺める自我があって、それは世界に何ら影響を与えることはないという仮説に基づいていた。それは、いわば劇場で演じられている演劇を写真に写して見るようなものであって、実際に演じられている演劇の虚像でしかなかった。われわれは、実際には、劇場での演劇を写真で見ているように見ているのではない。それと同様に、世界内観測者であるわれわれは、世界を世界の外から見ることはできない。世界を世界の内から見ること、世界内認識なくして、真に世界をとらえることはできない。

観測者は、世界という劇場の中にいて、それぞれのパースペクティヴから世界の劇を展望している。観測者が見ている世界像は、観測者の視点から写し取られたかぎりの世界像にすぎないから、世界は、観測者のパースペクティヴによって異なったしかたで現われる。事実、動物たちも、世界内観測者として、それぞれの身体図式と行動様式に応じて世界を切り取り、それぞれ独自の世界像をもっている。

近代科学も一つの観点からの世界の切り取りであり、その世界像は世界の一切れ端にすぎない。科学者が独自の観測装置でもって観測する自然像も、そのような装置から見られたかぎりでの世界の見えにすぎない。だから、観測するしかたを問題にしなければ、自然が何であるかは明確にできない。観測機器に応じて、世界は別の様相をもって現われてくるからである。自然には、われわれに知られ得ない面が常に存在する。自然法則も、自然そのものの法則では必ずしもなく、われわれの視点から眺められたかぎりでの一つの法則にすぎない。近代人の生み出した科学も、一つの世界解釈にすぎず、仮説的認識にすぎないのである。

この宇宙は、観測者とは別のところに存在しているのではない。しかも、われわれ観測者は、身体を備えた主体として、この宇宙という舞台に身を投げ出して行為し、行為しつつ認識している。観測もまた行為なのである。認識は外界を単に表象することではなく、それ自身、身体的行為である。劇場の中に身を投じている観客のように、われわれは世界の中に身をもって飛び込み、その場に居合わせることによって世界を認識している。時間や空間の認識も、身体行動を通して形成されていく。われわれの認識は、どこまでも行為的実践的認識である。

その意味では、われわれの認識は臨床心理学の認識に近い。臨床心理学では、観察者自身が身をもって相手に接し、相手と相互作用しながら理解を進めていく。ここでは、劇場の観客と役者のように、観る者と観られる者が身体行為を通して相関している。自然科学の認識も、本来は、このような行為的実践的認識である。自然科学の観測や実験も、身体行為を投げ込むことによって自然を知ろうとする行為である。そのことによってのみ、自然はわれわれの前に投げ出される。自然科学者たりとも、まるで写真を見るように、世界外存在者として振舞っているのではない。われわればかりでなく、動物や植物も、そして物質さえも、世界の中にあって世界を観測し、世界の自己形成に参加している行為者なのである。

世界内観測の論理

宇宙の人間原理によれば、宇宙は、その中に宇宙を観察する知的生命体を生み出すように計画されていたのだという。実際、重力などの多くの物理定数は、この宇宙が生命を生み出し、それが人間へと進化するために必要な値に必然的に調整されていたという。宇宙は、宇宙自身を認識する知的生命体を生み出すために誕生したというのである。宇宙を認識する生命を生み出すことは、宇宙の目的でもあったことになる。宇宙を認識する主体を宇宙自身が作り出したところに、自己と世界の同根性がある。

宇宙が宇宙自身を認識する者を生み出したのは、宇宙が自己自身を自覚するためだったのかもしれない。われわれが世界内認識者として世界を認識しようとしているのは、世界の自己認識でもある。われわれが宇宙の中に生きているとともに、宇宙もわれわれの中に生きている。世界外認識を原則とする近代科学は乗り越えられねばならないが、その近代科学の営みも、実際には世界内認識として、宇宙の自己自覚を生きてきたのである。

素粒子から人間まで、どれも、世界内にあって世界を観測する世界内観測者である。世界を世界内において観測することが認識である。観測される世界の中に観測者がいるのである。とすると、自己は世界の中にあって世界を映し、その映された世界の中にまた自己は映されていることになる。部分の中に全体は映し出され、映し出された全体の中に部分はまた映し出されている。かくて、世界内認識は、無限背進や決定不能問題に陥ることになる。世界内認識にも不完全性定理が成り立つようである。

ゲーデル*の不完全性定理は、「推論の規則と公理を決めたとき、意味のある主張の中には、それを証明することも、その否定を証明することもできないものが存在する」というものであった。このことから、「どの公理系も、自らの無矛盾性をそれ自身によっては証明できない」ということが導出されてくる。かくて、一つの体系が真理を示しているのかどうか、決定することができなくなる。このことが起きるのは、一つの体系がその体系自身の中に組み入れられ、それが無限に繰り返されるからである。それは、当然、無限背進を起こし、決定不能問題を生じさせる。

世界内認識の場合でも、この宇宙は、それを観測する観測者自身をもその中に含んでいる。そのため、その観測者は、宇宙を観測するとともに、その宇宙の中に自分がいるということをも観測し、その自分が宇宙を観測しているということをも観測しなければならない。こうして、この世界内観測は無限背進に陥り、完成しないことになる。

写真で見る風景の中には、その写真を写している写真家自身は写っていない。しかし、写真を写している現場では、写されている風景の中に写真家自身もいる。だから、本来は、写される風景の中に写真家自身も写されていなければならないのである。とすると、風景の中で風景を写すということも、自分自身を呑み込む蛇のように、無限背進や決定不能問題に陥る問題だということになる。

私が、世界を世界の内で認識している。その認識している世界の中に、私がいる。とすれば、私は、私がその内で認識している世界を認識するとともに、それを認識している私自身をも認識しなければならない。かくて、以下同じことが続き、この認識は完成しない。二つの鏡を並べて、その中で蠟燭の灯《ひ》を映すと、その蠟燭の灯は無限に射映されていくように、世界内認識はいつまでも未完成である。認識されるべき世界の中に、認識する自己も含まれているからである。

世界の中に、世界地図を書いている私がいる。このとき、私が描く世界地図の中には、世界地図を描いている私も描かれねばならないが、これも無限背進に至り、完結しない。一般に、記述されるべき世界の中に記述者がいる場合には、記述不安定性が起きるということは免れない。記述者は世界の中から世界を記述するが、その世界はまた記述者の中に埋め込まれている。記述者は、その中に埋め込まれている世界をも記述しなければならないと同時に、その中の記述者自身をも記述しなければならない。

「クレタ人は嘘つきだと、クレタ人が言った」というような自己言及性を含むパラドックスは、不完全性と決定不可能性を免れない。数学や科学の言説も、もともと自己言及性を含む形式的体系から成り立っているから、このような矛盾から逃れることはできない。科学がこのような自己言及のパラドックスを抱えているかぎり、科学は必ずしも真理を決定しないことになる。自己言及のパラドックスは、科学の合理性を根底から揺るがす。実際、近代科学も、特定の仮説の上に築かれた世界の一つの見方にすぎない。今日の科学でさえ、自然のほんの一面しかとらえていない。自然の九九・九パーセントは、非決定、予測不可能、証明不可能、実証不可能な部分をもっている。自然は必ずしも合理的にはできていないし、まえもって決定もされていないのである。

しかし、自己言及性ゆえに、われわれの世界内認識が不完全であり、科学の世界認識が完成しないとしても、それは必ずしも科学の限界を示すものではない。それは、逆に、科学の生成発展を駆動しているものと考えるべきであろう。実際の自然は、合理的でも、決定的でも、完全でもない。それゆえにこそ自然は生成発展していく。科学の認識は、そこから、合理的で決定的、証明可能で無矛盾な部分を切り取っているだけなのである。だから、科学は常にその限界近くで矛盾にぶつかり、その矛盾を突破しようとして、自然の次の新しい様相を発見する。そして、自らのパラダイムをも変え、次々と新しい認識を生み出していく。自己言及性からくる世界内認識のパラドックスは、科学の生成発展には欠かせないものなのである。

自己言及によって、決定論的な静の論理は崩され、非決定論的な動の論理が出てくる。生成発展のためには、自己言及のパラドックスが必要である。自己言及のパラドックスは、むしろ、自己形成が起きるための基本的な条件である。自己言及の無限背進は、逆に言えば、無限前進を呼び起こす。体系の根源的な不完全性と無根拠性は、体系の不安定化をもたらし、それが新たな体系の形成に貢献する。自己言及のパラドックスが生じるのは、動の論理を静の論理から、生成を存在からとらえようとすることから起きてくるのである。

不断に進化し、絶えず新しいものを生み出してきた宇宙には、いつも自己観測が働いていた。宇宙自身が自己自身を認識することによって、宇宙は一歩前へ前進する。この宇宙の自己認識の役割を宇宙の中の観測者が担うことによって、観測者は宇宙の生成に参与しているのである。自己が自己を認識するということは常に矛盾を含み無限背進を免れないが、この無限背進を恐れるべきではない。

3　世界内行為

観測と実験

われわれは世界内観測者であり、世界内行為者である。観測は行為である。世界の中で観測するということは一つの行為であって、その行為は世界を乱す。行為は対称性を破ることである。したがって、観測することは、現象をある一定方向に導くことにもなる。観測のしかたや観測の順序が違うだけでも、厳密にいえば、観測される現象の結果は違って出てくる。観測される現象を精確に把握するには、その中に含まれている観測者の行為をも考えねばならない。また、観測は技術であって、その発達によっても、世界の見えは変化する。新しい観測装置や観測機器は新しい世界の様相を暴き出し、世界の新たな認識をつくりだす。事実、種々の観測手段の導入によって、科学者は宇宙のより新しい像を手にしてきた。

さらに、科学者が行なう実験という行為によっても、世界は変えられる。自然科学の実験という行為は、ある仮説をもって自然の中に切り込んでいくことであり、世界の中に行為を投げ出すことである。科学の実験は、決して自然の外で行なわれていることではなく、自然の中で、自然をいわば無理強いして、その秘密を自白させることである。当然、強制された自白のように、その像はありのままではない。少なくとも、無理に切り取られ抽象化された自然像になる。

実際、科学の観測や実験で何かを見ようとすることは、逆に見えない部分が出来ることでもある。より微細な部分を見ようとすれば、視野はかえって狭くなり、全体は見えなくなる。科学の観測や実験は、自然の一部分を切り取ってくることなのである。

かくて、自然科学は、観測や実験を通して自然を操作する。科学の観測や実験も、それ自身、観測するものと観測されるものの相互作用の中にあり、現象を攪乱しているのである。近代科学では、観測者や実験者は自然の外部におり、その記述も、世界の外部の視点からなされている。しかし、科学者と自然は互いに独立しているというこの近代科学の仮説は、実際には成り立たない。科学者だけが、まるで世界の外に超越する傍観者のように振舞うことはできないのである。観測対象は観測主体から分離することができない。その点では、自然科学も、観察行為が現象を攪乱する実験心理学や人類学の野外調査に近いのである。

人間が営む社会は、最初から、観測者がその中に参加している複雑系である。だから、社会における観測や実験は、それ自身、社会の自己形成の一部となる。人間の営む経済でも、それを構成するエージェント自身が世界内観測、世界内行為者であって、それが観測し行動することが、経済そのものを形づくる。ここでは、経済活動内で観測することそのことが、経済の営みそのものを一定方向に誘導することになる。

われわれは、単に客観的対象を外から認識しているのではない。われわれは、世界の中で行為しつつ認識し、認識しつつ行為し、現実に参与しているのである。このことから、また、世界の非決定性ということも出てくる。認識は行為であり、行為は形成である。行為によって世界は変わる。

世界内身体

しかも、われわれは、世界の直中《ただなか》に身体を置いて、その身体を通して行為している。なるほど、今日の自然科学は、マクロな自然の観測でも、ミクロな自然の観測でも、巨大な観測機器を必要とし、われわれの身体は、むしろ巨大な観測装置の中に呑み込まれてしまっている。しかし、それでも、その巨大な観測装置の背景に、われわれの身体とその行為があることは確かである。観測装置は、たとえ巨大であっても身体の延長である。

世界の認識は、身体を通して行為し、世界と関わることから生まれる。そして、その身体も世界の中にある。世界の中に身体はあり、身体の中に世界はある。その身体と世界を行為が結びつける。現に、動物は、世界の中で身体ごと行動し、環境を切り取り、世界を知る。その知識は客観的な科学的知識ではないが、世界の中で生きるのに必要なだけの知識ではある。動物は、世界内身体を通して、それなりのしかたで、自分自身のうちに世界を映し出しているのである。

世界の知識は、世界内身体を通して働く主体によって獲得されるものである。しかも、世界と出会うこの主体も、世界自身が創ったものである。主体は、世界を世界の外から眺めている認識主観ではなく、どこまでも、世界という舞台に自ら登場し、身を挺して演技している行為する主体である。この行為する主体によって、世界は認識される。

認識主観は世界の外にいるというデカルト以来の考えも、世界から超越する超越論的主観性*を前提するカント*の考えも間違いである。フッサール*も、このデカルトからカントに至る近代的な超越論的主観性の立場におおむねとどまっていたと言うべきであろう。フッサールは、われわれの自然的態度と自然的世界を括弧の中に入れて、世界を超越論的主観性に還元し、そこにデカルト同様明証性を求め、そこから意識の志向性を導き出そうとした[2]。これは、デカルトやカントが意識の根源をコギト*や統覚*に求めたのと同様である。そこには、まだなお主観―客観図式が残されており、世界内身体を通して行為的に認識する主体については、少なくとも後期のフッサールは別として、十分には理解されていなかったと言わねばならない。

認識は行為であり、行為は認識である。行為しながら認識するのが、本来の認識である。われわれは渦中を生き、渦中で知る。渦中で行為し、渦中で認識するのである。太陽に似た眼も、太陽の光の中で行為することによって、その反射光を見ている。科学者も、実験という行為を通して自然の中に切り込み、自らを自然の中に投げ込むことによって、自然を知る。科学者も、決して対象から切断されてはいない。われわれは、行為によって物を見るのである。

われわれは、この宇宙の世界内観測者・世界内行為者として、その自己形成劇に身をもって参加している。だから、われわれがどう動くかによって、この劇にも影響がでてくる。ここでは、見るものと見られるものが切り離し難く結びつき、相互に作用し合っている。

それに対して、映画や写真の場合は、見るものと見られるものが切り離され、見るものがその世界の中に身をもって参加しているようには表現されていないために、事柄の生き生きとした実像を伝えることができない。それと同じように、近代の自然科学者は、実際には世界の中にいるのに、あたかも世界外観測者であるかのように世界を記述してきた。ここでは見るものと見られるものが切断されているために、世界の本質が肝心のところでつかみ損ねられてしまっている。

科学者が行なう観測や実験でも、観測や実験という行為が世界の中に投げ出されることによって、そこに世界が現われ出てくる。その経験の生成を体得することが科学の観測や実験という行為である。それは、世界外観測でも、世界外行為でもなく、それ自身世界の自己形成に関与している世界内観測であり、世界内行為なのである。人間も動物も、植物も物質も、世界の創造に積極的に参入している関与者でありつづける。

環境の改変

それどころか、生物は、単に世界を認識するだけでなく、それ以上に、世界を改造する能力をもっている。生物は、環境に適応していくだけでなく、積極的に環境を創造してきた。

例えば、原始大気圏には酸素がなかったために、嫌気性バクテリアしか生存していなかったが、そこに藍藻類など光合成を行なう原核生物が誕生したために、原始海洋や原始大気中を遊離酸素が満たすようになった。その結果、その酸素を利用する好気性生物が生まれた。また、藻類と菌類の群体である地衣類も、岩石を土壌に変え、植物や動物が陸上へ進出していくことを可能にしてきた。生物の力によって、海洋や大気圏や地球表面が大幅に改変されてきたのである。

動物の環境改変能力も偉大である。珊瑚は、珊瑚礁を作って地形を大幅に変化させてきたし、ミミズは、土を食べて掻き回し、土壌の大改造を為し遂げた。白アリや鳥やビーバーなどの巣作りを見ても、動物が環境を主体的に作り替え、自分自身にとって住みよい環境を創出する能力をもっていることが分かる。動物の行動は、単なる力学的因果関係に基づく運動でもなければ、単に環境に癒着した行動でもない。動物は、自らの行為によって独自の環境を形成する能力をもっているのである。

かくて、生物の働きによって、不毛だった地球は豊穣な地球へと進化してきた。生物によって、地球環境そのものが大きく作り替えられてきたのである。生きているものは、その行為によって、自分自身の住む世界を作り替える。しかも、その作り替える能力をもったものを、世界自身が生み出してきたのである。世界は、世界自身を認識するものを自らの内に生み出すばかりでなく、世界自身を改造するものを自らの内に生み出す。世界によって作られたものが世界を作っていくのである。生きている世界とは、そのような自己認識的で自己産出的な世界なのである。つまり、複雑系の世界なのである。

人間も、また、手足の働きを延長して道具や機械を作り、自然を改変してきた。人間は、考える存在である以前に作る存在である。人間も、環境の制約から解放されるために、技術によって環境を大幅に改造してきた。なるほど、動物も、手足の働きを延長して自然を改変する大きな能力をもっている。しかし、人間の道具や機械を使った技術は、その改変能力を大幅に増大させた。

そして、今日では、この人間の開発した技術が科学と結びついて、巨大な機械が作られ、自然の大規模な開発と配置換えが行なわれている。そのため、人間の生活範囲は大きく広げられ、その活動量は飛躍的に増大した。その技術的活動が、海洋や土壌や大気など、自然環境に与えている影響は計り知れない。藍藻類が、酸素のなかった地球上に酸素の層をつくりあげて地球を改造したように、人間も、今、かつてなかったほどの凄まじい勢いで、少なくとも地球表面の大幅な変革を成し遂げつつある。科学技術の営みそのものが地球生態系の直中にあるのだから、この人間の技術力つまり環境改変能力の飛躍的な増大は、地球生態系を劇的に改変していくことになるであろう。

それどころか、人類は、今日、生命の進化の方向さえ変えようとしている。例えば、現代の発達した遺伝子操作技術を駆使すれば、新しい生命を創り出すことも不可能ではないし、かつて滅んだ種を再現させることも夢ではない。もしも、この問題に何らの価値判断も施さないでおくとすれば、この遺伝子操作技術自身、生命進化の歴史に投げ出された一つの行為である。人類は、生命進化の方向さえも左右できる段階にきていると言わねばならない。確かに、これは生命進化の道筋を乱す行為ではあるが、しかし、そういうしかたで、人類は生命進化の流れの一翼を担おうとしているのだとも言える。その行為が、今後、どのような生命を生み出すことになるのか、何一つ決定されてはいない。

大幅な自然改変能力をもった人間の技術も、もちろん、自然の外ではなく自然の中で行なわれているのだから、その行為は自然を攪乱する。したがって、その後の自然はどうなるか分からない。

目を宇宙に転じても、今日の人間は、科学技術の発達を背景に宇宙の探索に乗り出し、宇宙ロケットや宇宙船を飛ばして、宇宙空間の観測を行なっている。確かに、それは、この広大無辺な宇宙から見れば、ほとんど無限小に近い行為ではあるが、しかし、それでも、それは宇宙を乱す行為ではある。人間の技術的行為によって、わずかではあっても、宇宙の構造は変えられているのである。カオス理論でも証明されているように、そのわずかな誤差が、巡り巡って何百億年もの後の宇宙の方向をも大きく変えていかないとは限らない。

技術という世界内行為によって、世界は作り替えられていく。技術は、それ自身、世界の自己形成に積極的にかかわっている行為である。しかも、そのような技術的能力を持った生物そのものを世界が生み出しているのだとすれば、世界は、世界自身を作り替える力を自分自身でもっていることになる。確かに、現代人が築き上げてきた巨大な科学技術文明の自己膨張によって、自然環境への負荷はますます増大してきている。しかし、その営みとても、自己自身を形成してやまない宇宙の動きの一過程なのかもしれない。人間が試みている技術的営みも、それ自身宇宙の自己形成の一環であり、宇宙の自己自覚の一軌跡なのではないか。人間が、物を作ることによって、自分自身を自覚するように、宇宙も、自分自身を形成することによって、自己を自覚しているのではないか。

行為と形成

われわれは世界の中で行為し、世界を形成している。行為は世界を変える。大河のような宇宙の巨大な流れから見れば、われわれは、ほんの毛細血管の先の一滴ほどの営みしか為していないのだが、それが、宇宙の巨大な流れにまったく影響を与えていないとは言えない。どんなにわずかであっても、行為は仕事をする。そして、仕事は、宇宙の構造に変化を引き起こす。私がものをちょっと拾い上げただけでも、それだけ私は仕事をし、宇宙の構造を変化させたことにもなる。どんなにちっぽけな生物でも、泳いだり、這ったりしながら、大きく言えば宇宙を変えている。われわれは、世界の中で行為することによって、世界の生成に参与しているのである。

しかも、行為は選択である。選択は対称性の破れを生み出し、その破れがまた別の対称性の破れを産出する。かくて、世界は不可逆な歴史をもち、消し去ることのできない履歴を形づくる。だから、この世界の出来事は本来一回きりのものであり、繰り返すことができない。近代科学は、繰り返しの可能性から自然の法則性を見出そうとしたが、この科学現象の再現性にも疑問が投げかけられねばならない。宇宙の創成や惑星の形成や生命の進化などは、実験もできなければ再現もできない事柄である。世界は不可逆な劇であって、すべてを再現することはできない。

このことから、また、世界の非決定性という問題も出てくる。行為は、法則を破る自由をもつ。だから、世界は法則通りに動くとは限らない。世界が常に新しく自己形成していく創造的世界だとすれば、世界には、まったく予想もしなかった新たな自然法則が生まれる可能性もある。自然法則も進化しうるのである。自然法則さえも進化しうるとすれば、この世界は予測できるものではないと言わねばならない。

行為する要素をそのうちに含むこのような世界の自己形成の動きは、主客分離のもと、世界を決定論的に記述しようとした古典物理学では解けないであろう。それどころか、主客の非分離を読み込み、非決定論的世界の扉を開いた現代物理学でも、解くことは困難であろう。量子力学も、確かに、観測者とその行為を記述のなかに入れた点では一歩前進であったが、しかし、その世界内行為によって世界が自己自身を新しく形成していく点については記述しなかった。そこに、近現代の自然科学の限界がある。

もしも、科学の理論が完全でなければならないのなら、その記述の中に、科学的探究を行なっている科学者自身の行為も記述されねばならない。だが、行為者自身の行為も含めて記述しようとすれば、その体系は不完全になる。われわれはこの世界の一部なのだから、われわれの世界内行為が世界の今後の方向を左右することになり、世界は開かれてしまう。世界は無限に開かれている。開かれた世界は閉じた形では記述できない。

世界を動かすものが、その世界の中にいる。しかも、そのような行為者を世界自身が生み出しつづける。そのような世界では、世界が変わることによって自己が変わるとともに、自己が変わることによっても、世界は変わる。自己自身の行為は、無限の事象の相互連関を通って、世界全体に及ぶからである。ここでは、自己は世界に包まれながら、世界を包み、世界に組み込まれながら、世界を組み込んでいる。

大海原に波が立つことによって舟が動く。と同時に、舟が動くことによっても波が立つ。道があるから私は歩く。だが、私が歩くことによっても道は出来る。世界が動くことによってわれわれは動く。しかし、われわれが動くことによっても世界は動く。われわれは、そのような世界内行為者なのである。

春が来ることによって、花が咲くとともに、花が咲くことによっても、春が到来するのである。

第三章　相互連関性の世界

1　関係性としての認識

連関の中の色彩

太陽光のスペクトル分析を通して、光を多くの単色光に分解し、光と色との間の密接な関係を明らかにしたのは、ニュートンであった。そして、ニュートンはこれを数学的に定式化し、色彩を法則化しようと努力した。ニュートンは、色彩をわれわれの感覚から分離するとともに、これを精密な測定にかけることを可能にし、精密科学としての光学を初めて確立したと言える。このような物理光学的手法によって、光の波長とスペクトル色との対応を前提する近代の色彩科学の基礎が築かれたのである。このニュートンの光学的分析によれば、白い光は種々異なった色の光から合成されたものとみなされる。

ところが、白が多くの単色光線の合成にすぎないとすれば、ゲーテ*にとっては、それは、白の色彩としての価値下落と受け取られた。ゲーテにとっては、色彩はただ光だけから生じるのではない。ゲーテは、色彩現象を単独で成立するものとは考えず、他の色彩や照明や光などとの内的連関のもとで成立するものと考えたのである。

確かに、ニュートンの物理光学的手法による色彩の分析は、スペクトル以外の諸条件との連関を無視している点で、色彩論としては限界がある。ニュートンは、色彩が置かれている場所や連関性を度外視することによって、色彩論を科学として成立させようとしたのだが、この方法では、われわれを取り囲んでいる生きた世界の色彩の理解は成立しない。

それに対して、ゲーテの色彩論は、われわれが感覚でもって感受する生きた色彩をとらえている。実際、ゲーテは生理的色彩に注目し、それは視覚の内部や外部に対する活発な相互作用から生じるものと考えた。ここでは、すでに、色彩現象の中に知覚者自身との関係が含まれていることが読み込まれている。例えば、ゲーテは、『色彩論』の中で、ブロッケン山の雪について、次のような印象的な記述をしている。

「日中、雪の色調が黄色味がかっていたときすでに淡い菫《すみれ》色の陰影が見えたが、夕日を浴びた部分から赤味を増した黄色が反照してきたとき、陰影はいまや赤紫色といわざるをえなかった。しかし、ついに日没のときが近づき、濃い靄《もや》によってかなり弱められた太陽の光芒が私の周囲の世界をえもいわれぬ美しい深紅色でおおったとき、陰影の色はさっと緑色に変わった。(1)」

この場合、ブロッケン山の雪、それを照らす夕焼け、その影の部分のほかに、それを知覚しているわれわれ自身もその中に含まれているということを忘れてはならない。ゲーテは、知覚主体と環境の相関性において、色彩を論じている。認識は主体と環境の相関上に成り立つのである。

色彩は、昔から様々に定義されてきた。ニュートンの定義は、色彩を光の波長特性とする物理主義に基づいている。この考えによれば、色彩を見るということは、それに対応する物理的特性を見ることである。

しかし、このニュートンの考えでは、色彩の知覚を正確には説明することができない。現に、同一のスペクトル組成をもった光を反射する二つの領域があったとしても、それが置かれている環境が違えば、まったく異なった色知覚をもたらす。また、茶色の知覚は、より輝度の高い隣接領域の黄色を暗くするという対比効果によって生まれる。したがって、茶色に対応する光線は存在しない。しかも、どのようなスペクトル成分の光線から茶色が出来るのかは決まっていない。一般に、色彩の知覚の場合、別々の波長の光でも同じ色に見える現象があることなどを考え合わせれば、色彩を単に反射光の波長と強度の組成によって説明することはできないことになる。反射される様々な波長の光と、われわれが知覚する色彩との間には、必ずしも一対一の対応がない。ニュートンのように、色彩の知覚を物理的に説明することは、ほとんど不可能なのである。

そこで、色彩を物体表面の反射特性と定義する考え方が登場してくる。色彩、特に物体の表面が示す表面色は、物体の表面のあり方を表現している。ここでは、色彩は対象の表面に備わる性質であり、対象に物理化学的に付随しているものと考えられる。

しかし、色彩を表面反射特性と定義づける考えにも限界がある。茶色の知覚でも分かるように、ある面の色は、隣接している面の色との対比の上で知覚されており、絶対不変の色は存在しない。また、物体の表面の色彩が照明の変化の過程で比較的一定のものとして見られる現象、いわゆる色の恒常性*という知覚現象があるのも、色彩を表面反射特性とする定義の限界を示している。

そのため、色彩は、音色や臭いなどとともに主観的な感覚であって、知覚者の中にのみ生起する生理学的現象であるという考えが出てくる。この考えでは、色彩がどれほど対象に属しているように見えようとも、その現象を生み出しているのは対象の方ではなく、われわれ知覚者の方だということになる。確かに、色彩は、それを知覚するものとの関係を抜きにしては語れない。実際、夜明け前の街並みは全体が青みがかって見えるように、光の量が乏しければ、われわれ知覚者には、赤よりも青の方が支配的に見える。ニュートンの光学は、この知覚者との関係を無視していた。

ニュートンの色彩分析は、知覚者を世界の外へ除外することによって、色彩を客観的物理的に説明しようとしたのだが、これは極度に抽象化された色彩でしかなかった。

青い空に向かって青を探し求めていっても、青は見つからない。しかし、だからといって、青はわれわれが空に対して勝手に思い描いた幻でもない。空そのものが青いのか、青く見えるにすぎないのか、色彩は客観なのか主観なのかという議論は、ニュートンやゲーテの議論以来、今日でも、色彩の物理主義と色彩の心理主義の対立となって現われている。

しかし、色彩は客観でも主観でもない。色彩は、客観的に対象そのものに属している性質でもなく、単に主観的にそのように見えるだけの生理的な性質でもなく、それらの間で働き出ている関係なのである。色彩の生起には、知覚されるものも、知覚するものも、すべてを含む縦横な関係が働き出ている。色彩の知覚に働き出ているものは、物の形状や肌理《きめ》、物の運動やその方向性、採光、気象条件、時刻の変化、視覚器官、脳神経機構など、多種多様である。したがって、色彩知覚を理解するには、主客の対立以前に帰らねばならない。主観と客観、意識と対象というデカルト以来の二元論的区別を前提しているかぎり、色彩を物理的性質とする物理主義と、色彩を主観的感覚とする心理主義の矛盾は克服出来ないであろう。

色の恒常性

色の恒常性も、主観と客観の中間のところに働き出ている諸連関によって成り立っている。現に、赤い洋服は、野外の日光のもとで見る場合も、部屋の中で人工の光のもとで見る場合も、相変わらず赤く見える。この色の恒常性のおかげで、太陽の光の照明が朝昼晩と変わっても、動物たちは、物の色を同じものと受け取り、餌を見間違うことなく獲得することができるのである。一般に、事物の色そのものは照明の変化など条件の変化によって変わるが、それにもかかわらず、われわれは、事物の色を比較的一定のものとして知覚している。

しかし、この色の恒常性を、物体の表面反射特性の恒常性と同一視することはできない。色の恒常性は、表面反射特性ばかりでなく、照明の変化や知覚者との関係までも考慮に入れた諸関係の対比の問題として扱われねばならない。その対比の上で、色の比率が一定に保たれるとき、色の恒常性は知覚される。色の恒常性は、客観的な恒常性でもなく、主観的な恒常性でもない。知覚するものと知覚されるものと、それらが置かれている条件との相関性の中で、比較的一定する関係が色の恒常性として認識されるのである。

もともと、色彩の恒常性に関するわれわれの知覚は完全なものではない。事実、異なった照明のもとでは色の見え方が変化することも、われわれはよく知っている。特に色つきの照明のもとでは、対象はその色合いや彩度を大きく変化させる。また、同じ光源のもとにあり同じ照明条件にある対象であっても、距離が違えば、その色彩の印象深さは異なる。遠くの白よりも近くの白の方が、より多くの印象深さを示す。われわれは、照明の変化や距離の変化とともに、対象の見え方も変化することを認識しているのである。

色の恒常性という現象は、照明の変化を知覚しながら、同時に表面の色が比較的不変であることを見て取る現象である。恒常性の知覚とは、変化の中の相対的不変の知覚なのだから、この知覚には、同時に変化についての知覚も含まれている。色彩の恒常性とは、変化する照明、それとともに変容する物の表面の色、それを知覚する知覚者など、多くの要因の間の一定の連関によって成り立つ現象である。恒常性の知覚も関係性から理解しなければならない。

恒常性は、対象の中に客観的に存在するわけでもなく、主観が単に構成したものでもない。物事は常に変化し、一つところに留まらないから、本来、絶対の恒常性というものはない。恒常性があったとしても、相対的なものである。知覚するものも、知覚されるものも、それらを囲む条件も、常に変化しているが、この常に変化している関係性の中で比較的変化しないものを見つけ出そうとすることが、恒常性の知覚なのである。しかも、この場合、知覚するものは、知覚されるものの外に存在するのではなく、知覚されるものの中にある。恒常性の知覚も、われわれが対象の外で対象とは無関係に対象を眺めているときは不完全になるが、逆に、われわれが対象の置かれている環境そのものの中に入ると向上する。

このように、色彩という現象の中には、知覚者自身も含まれている。色彩は、光の行為であるばかりでなく、われわれの行為でもある。知覚は行為であって、われわれ知覚者は、客観的な世界にも能動的に関与しているのである。実際、色は見る側の条件でも決まる。同じ波長のスペクトルでも、動物によっては別々の色に見られているのが、そのよい例である。例えば、ミツバチは、人間が青緑として見ている物を、黄でも青でもない色として見ており、人間が見ることのできない近紫外線を、おそらく赤として見ているらしい。しかも、近紫外線と青との間には、そのいずれとも区別できる色（ミツバチ菫）を見ている。ところが、ミツバチには、人間には区別できる橙と黄色と緑は同じ色（おそらく黄色）に見え、赤は見ることができない。

さらに、観察者がその場に参加しているか参加していないかによっても、色彩の見えは変化する。観察者が照明眩い劇場の中にいる場合、強烈な赤い照明のもとでは、白い物は赤っぽく見える。しかし、それでも、その照明の中に観察者自身がいる場合には、白は比較的白の恒常性を保っている。だが、観察者が照明の外にいる場合には、その恒常性は崩壊する。

色彩という現象は、知覚するものと知覚されるもの、そして、それらを取り囲む場所や環境までも含む一定の連関なのである。ここでは、知覚するものとされるものは切り離しがたく結びついており、区別することができない。色彩は、色彩を取り囲むあらゆる条件の比であり関数である。だから、色彩は単独では意味をもたない。色彩は、色彩と色彩、さらにそれを知覚するものなどとの相互連関の中でのみ意味をもつ。

色彩は、多くの要素の相互連関から生起してくる出来事なのである。しかも、孤立した出来事は存在しない。桜の花のほのかなピンク色も、背景の空の青、太陽の刻々と変わる日差しの強さ、空気の透明さ、それを知覚するわれわれの網膜や身体の状況などの相互連関の結節点のところに生成してくる一つの出来事である。したがって、色彩は孤立化して取り出すことができない。目の前の赤色を見ているときでも、その赤色はそれだけで完結しているのではなく、その中には他の色や諸条件との無数の関係が含まれている。一つの色は、それを生起させる無数の条件のもとでの一つの現われ方である。だから、同じ光の刺激でも、条件によって異なった色に見えるのである。空の青も、雪の白も、物の性質として客観的に存在するものでもなく、われわれ知覚者が単にそのように見ているだけの主観的現象でもなく、それらは関係として生起してくるものなのである。主観主義も客観主義も乗り越えられねばならない。

色彩は、知覚するものとされるものの相関のところで表現されるものである。私が一輪のユリの花の白さを知覚しているとき、そのユリの花の白さの中に、ユリの花も私も同時に含まれている。世界の中には知覚されるものも知覚するものも同時に住み込み、縦横に連関しているのである。その連関から色彩は生まれてくるのであって、これを、ニュートンのように単純化し、色彩を光のスペクトルに還元してしまうことはできない。色彩は、どこまでも、生きられる世界での生きられる現象なのである。

その点では、光が種々の媒体の中で陰影を帯び一定の現われ方を呈するのが色彩現象だととらえたゲーテの色彩論は、高く評価されねばならない。ゲーテの色彩論は、色彩を諸連関の一環としてみ、その中に知覚者自身もいるとみた点ですぐれている。知覚は主体と環境の相関なのである。それに対して、ニュートンの色彩論では、観測する知覚者が観測される環境の外におり、知覚者は色彩という現象から除外されてしまっている。

関係としての知覚

事象は関係の中から生起し、関係の結び目として立ち現われる。諸関係のその都度その都度の統合が、その事象である。いかなる事象も、他との関係から切り離されて存在することはできない。ただ、事象と事象の相関性があるのみである。知覚もその中にある。

知覚は関係である。知覚は、相互につながり合った諸関係の中の一契機である。たとえ、光をその要素に分解することによって色彩を分析するとしても、太陽の状態、光の程度、スリットの状況、暗室の暗さの度合い、プリズムの状況、壁と壁の色、そして知覚者の状況、すべてのものが相互に媒介し合った条件となって、七色の色は知覚されるのであって、それ自身無数の条件の関数関係なのである。

知覚者は、諸関係の外に無関係に存在しているのではない。知覚が成立する関係性の中には、知覚されるものも知覚するものも含まれている。知覚されるものと知覚されるもの、知覚されるものと知覚するもの、知覚するものと知覚するものなどの諸連関の中で、知覚は成立するのである。知覚は、知覚者自身をも含む事物の関係性の認知なのである。虫が木をねぐらと認識するのは、虫と木の関係においてであり、その関係の認知が知覚である。関係なくして、いかなる認識も成り立たないであろう。しかも、関係は常に動的である。知覚者が変化することによっても、物事の諸関係は変化し、その変化する関係性に応じて、知覚も変化する。オタマジャクシがカエルになることによって、地上の空気は、死を意味する障害物から生を意味する媒質へと、知覚は大きく変化するのである。

知覚は出来事である。知覚するものも、知覚されるものも、それらの関係も、それらを取り囲む状況や場所も、すべてが含まれている出来事である。それは、それら多くの出来事の諸連関から創発してくる出来事なのであって、その中に世界の生成過程そのものがある。それは、瞬間瞬間の一回きりの出来事であり、いまここに生起している事件である。この瞬間瞬間の事件そのものから、むしろ知覚されるものも知覚するものも分かれ出てくるのであって、その逆ではない。

しかも、知覚者は、この出来事に積極的に参加している。知覚は単なる受動ではなく、能動なのである。着陸姿勢をとって地上に向かっている飛行機のパイロットのように、われわれは、世界の中で自ら動きながら、その出来事の中に突入し、その出来事を生起させ、それを認知している。知覚は行為である。知覚者も、諸連関の一部として、世界の中で行為しているのである。知覚者は、知覚される世界の中で行為し生きていく。知覚者が世界内で行為し生きていくことから、知覚も見出されてくる。太陽の光の中で、目も行為しているのである。だから、行為のしかたによって認識は変わる。

主観客観図式の廃棄

事物の何であるかは、出来事と出来事の相関性からのみ知られる。知覚も、出来事間の相互連関性から生じてくる。物も、出来事の相関関係以外の何ものでもない。実体という概念は、むしろ、出来事間の相関関係から抽象されて出てくる概念である。出来事は事象間関係の結節点に生じるものであって、それ自身は、まだ物でもなければ心でもない。出来事がまず先にあって、そこから感覚や知覚も生じ、物体や自我も分かれ出てくると考えねばならない。

われわれは、主観―客観の二元論から脱出し、主客関係以前に帰り、物心二元論を克服しなければならない。主観や客観を解体し、それらを出来事という働きとして見るなら、世界には、出来事の相互連関のみが生起しているだけである。主観も客観も出来事から生成してくるのであって、出来事そのものの中には、主客の対立はない。それは、色彩そのものの中に主客の対立がないことからも分かる。色彩そのものの中では、主観も客観も解体され、一つになっているのである。

自己同一性を保つ客体としての物と主体としての自我という二つの実体を前提し、その後両者の関係を考えるという近代の認識論の図式を前提するなら、物と心、対象と意識、意識の外にあるものと意識の内にあるものが分かれてしまう。このような二元論的な構図を最初に提唱したのはデカルトであった。デカルトは、疑ってもなお疑いえない確実な存在として〈考えるわれ〉を想定し、これを存在の根拠と考えた。そして、それとともに、〈考えるわれ〉の外に存在する延長的実体としての物体を、もう一つの実体として取り出したのである。

この考えは、現代の知覚心理学にも影響を与えている。事実、われわれは、通常、対象物から発した刺激が認識主体によって受け取られ、対象物の写像としての知覚像が形成されると考えている。この考えは、現代の知覚心理学でもなお支配的な考えである。このような客観主義の考えの中にも、物体と自我という二つの存在を想定するデカルト的な二元論は前提されている。つまり、知覚は、自我の外にある対象としての物体が自我に一定の作用を及ぼした結果生じる主観的な映像であると考えられている。

しかし、知覚の実際を考えてみた場合、菱形にしか見えていないはずの一枚の紙を、われわれは正方形として知覚できるように、知覚像は対象の正確な写像でもなく、外部からの機械的な投射でもない。主客二元論を前提する客観主義的な知覚説には限界があると言わねばならない。知覚されるものは、知覚するものとの関係において、それ自身の相貌を変化させていくのだから、対象は、認識主体とは別に客観的に存在するものではないと言わねばならない。

客観主義的な知覚説とは反対に、カントが考えたように、認識する主体に積極的な意味をもたせて、それが逆に対象を構成するのだと考えたとしても、なお主客二元論の限界は免れないであろう。カントは、われわれ認識する主体が、実体性とか因果性などの先験的カテゴリー*で感覚内容を構成することが認識だと考え、その可能根拠に〈考えるわれ〉としての自己意識の統一を想定した。しかし、このように、思惟する自我の根底に〈超越論的主観性〉を想定したとしても、この超越論的主観性そのものの根拠はなお不確実なものとなるであろう。

さらに、カントの考えによれば、われわれが眼前に見ている外界の現象は認識主体が感覚内容を構成したものにすぎないのだから、その現象の背後にあって、現象を現象たらしめている〈物自体*〉を想定しなければならなくなる。しかし、その想定された〈物自体〉は、結局、カントの言うように、認識することのできない不可知の領域に追いやられてしまう。このようなアポリア（行き詰まり）も、もともと、認識や知覚の前提に、思惟する自我と物体、認識主体と物という二つの実体を考えることから生じるのである。

物自体はもともと認識できないのではなく、認識する必要もなく、最初から存在しないのである。物の性質や属性などを全部取り去ってもなお残る物自体は存在しない。それ自体としては色もなければ形もない物自体を前提する必要はない。物は、関係の結節点としての出来事から生じるものであり、その出来事そのものには、まだ大きさも体積も質量も何もない。物は事に還元される。

ロック*が主張したような第一性質と第二性質の区別も、主客二元論に基づいている。物の形、大きさ、固さ、延長、運動など第一性質は、対象自体の性質を表わす客観的性質であり、それに対して、色や音、味や香り、暖かさや冷たさ、感触、疎密など第二性質は、客観的対象からの刺激によって主観の中に引き起こされた主観的性質であると、ロックは考えた[2]。最初に主観と客観の二元論を前提しているために、物体が第一性質と第二性質、客観の側に属するものと主観の側に属するものに分裂してしまったのである。

しかし、形や大きさなど第一性質も、見る角度や距離によって変わるのだから、必ずしも客観的な性質とは言えない。第一性質であろうと、第二性質であろうと、いずれも、われわれの感覚ないし表象にすぎず、主観的なものだとも言える。また、逆に、色彩や香りなど第二性質も、物そのものに内属するものとしても知覚されているのだから、これらも必ずしも主観的な性質とも言いきれない。とすれば、第一性質と第二性質の区別は、本来必要ないのだと言わねばならない。

第一性質も、第二性質も、事象間の関係によって生じる出来事である。形や色彩など、第一性質や第二性質は、ともに諸事象の連関から立ち現われてくる出来事という点では、何の区別もない。主観や客観、心や物という概念は、むしろ、この出来事から抽出されてきたものである。

リンゴの丸さや赤さはリンゴそのものに属するのか、それとも、ただわれわれにとってそのように見えているだけなのか。一般に、物の性質は、物そのものの存在の構成要素であるのか、それとも、単に主観の表象にすぎないのかという問題は、問題の立て方そのものの中に、すでに物と心、延長的物体と思惟する自我を区別するデカルト以来の主客二元論が前提されている。もしも、この主客の分裂を取り去り、第一性質も第二性質もともに出来事に還元するなら、問題は解消する。

形や大きさ、色や香りなど、知覚される物の性質を全部取り去って、物そのものの性質を規定することはできない。物は、むしろ形や大きさ、色や香りなどの集合にすぎない。実体は属性の結び目として構想されたものにすぎない。しかも、物の属性は、他者との関係によって生起してくるものであって、物自体がそれ自身でもっている性質ではない。変化する性質や属性から離れて、それ自体は変化しない自己同一の実体など存在しないのである。

認識とは、客観が主観に投射されることでもなく、主観が客観を構成することでもない。認識とは事象と事象の関係である。初めに関係がある。物も心も関係によって生じる出来事であり、実体ではない。物の実体性も心の実体性も解体して、出来事に還元しなければならない。出来事は、主観的なものでも、客観的なものでもない。われわれは、物心二元論以前の事象そのものに帰って、見られる物や見る我の実体化を避けねばならない。ある意味で、われわれは、事象間の関係から表出されてくる表層を認識するだけでよいのである。表層のところに、諸連関の相関性が働いている。相関主義によって、主観主義も、客観主義も、主客二元論も乗り越えねばならない。

相関性

近代の自然科学、特に古典物理学は、確かに主客二元論を前提し、多くの実体性をもった概念を仮定していた。しかし、それでも、実際には、それらの関係に注目し、最終的には関数的法則を打ち立て、その法則によって秩序づけられた世界を記述しようとしていた。例えば、質量という概念は、物理学の実体性をもった基礎概念であったが、これも、物体の慣性つまり運動の変化に対する抵抗の大きさを意味し、関係論的にとらえられていた。重力という概念も実体的概念を含んではいたが、これも、地球に対する位置関係に応じて変化する関係的概念として扱われていた。物体の質量も慣性も物体の内在的実質ではなくて、物体間の相互作用が物体の性質としてとらえられたものにすぎないのである。それは、ちょうど、諸要素の関数的連関としての色彩が物体の性質として知覚されるのと同じである。熱力学のエネルギーという概念や電磁気学の場の概念に至れば、これらは最初から関係的概念であった。

二十世紀初頭の相対性理論でも、この考えが徹底され、その結果、質量はエネルギーと相関的なものとされた。相対性理論は、実体的なものを関係主義的にとらえる理論であった。相対性理論によれば、互いに運動する観測系は原理的に相対的であって、絶対的な基準系は存在しない。しかも、普遍的な物理法則そのものは、どの観測系から見ても相等な形式で表現され、変換可能である。この相対性原理を等速直線運動する慣性系について記述したものが、特殊相対性理論であり、加速度運動系を含む任意の観測系間の関係へと拡張した理論が、一般相対性理論であった。その結果、宇宙に唯一の絶対的な基準系があるとするニュートンの考え方は乗り越えられた。

こうして、相対性理論では、古典物理学で仮定されていた絶対時間*や絶対空間*も否定され、それらが関係主義的にとらえられる。相対性理論では、時間も空間も観測系によって異なり、相対的である。しかも、時間と空間は相互に連関し、四次元連続体*を形成する。だから、同時性も観測系ごとに異なり、相対的である。確かに、地球から遙か遠くに隔たった星の瞬きを、今、地球上で観測したとしても、それは、実際には遠い過去の星の出来事でしかない。そのように、空間と時間はもともと深く連関していたのであり、同時性も相対的なものだったのである。

相対性理論で注目しておかねばならないことは、観測者が物理現象の中に含まれているということである。相対性理論では、互いに相対的に運動している物は、各事物によって異なる時間空間をもち、絶対不動の観測系は存在しない。だから、時間にしても、空間にしても、各観測系の観測者を抜きにしては規定することができない。物理法則の相等性も、観測者と観測対象を分離することなく、両者が相関的にあることによって成り立つ。そのため、それは、観測系間の相対的関係から生じる関数関係として記述される。色彩現象同様、現象そのものは観測者と観測対象の相関によって成り立つのであり、その現象それ自身は、主観でもなければ客観でもない。われわれは、現象の外ではなく、現象の内で現象を観測しているのである。古典物理学は、その記述の背後にこの観測者が存在していることを捨象してしまっていた。

相対性理論では、この観測の手段は光で定義される。ここでは、光の信号は時間と空間を媒介する役割を果たし、異なる場所での同時性を定義づけている。そのため、光速度がどの観測系から見ても不変であるという要請が必要であった。アインシュタインが光速度不変の仮定を立てたのは、そのことによる。確かに、光速は、光源の運動状態とは無関係に一定であろう。だが、光速度は、運動する各観測系によって見かけ上変化するはずである。光速と光速度を区別するなら、光速は一定だが、光速度は相対的に現われるということになる。観測者の運動に対しても無関係に光速度は一定とアインシュタインが仮定してしまったことは、疑問だと言わねばならない。

しかし、それでも、今まで独立不変なものとして考えられていた様々な物理的概念を関係主義的にとらえ、その中に観測者の要素も入れて、諸要素を相関的にとらえようとした点では、アインシュタインの相対性理論は画期的なものであった。われわれは要素間の連関のみしかとらえることができず、その連関からしか事柄を定義できないのである。

光速度不変の原理を前提せずに、別の相対性理論を構築したのは、ホワイトヘッド*であった。ホワイトヘッドは、光速度の不変性を測定した観測事実をあくまでも偶然的な事実と考え、それを時間・空間の理論を導き出す原理とはしなかった。彼は、時間・空間の理論は、光速度の測定そのものが可能になる条件から導き出されねばならないと考えた。そして、時間と空間の関係づけにしても、異なる場所での同時性にしても、基準系の変換にしても、光の信号には依拠せずに導出したのである。そのため、ホワイトヘッドの相対性理論では、時空は一様なものと考えられたが、それでも、そこから特殊相対性理論の帰結と同じものを導き出すことができた。(3)

ホワイトヘッドにおいては、時間と空間は、時間や空間が生成してくる以前の出来事間の関係から抽象されて出てくるものであって、その逆ではなかった。時間は、出来事の推移から抽象されてくるものであって、出来事の推移がどれか一つの時間系から表出されるものではない。空間も一瞬の出来事の広がりから抽象されて出てくるものであって、出来事が空間によって説明されるのではない。

ホワイトヘッドの言うように、究極的に生起するものは出来事である。出来事は生起し、活動し、推移する。事物は一連の出来事によって生起し、それは、主体ともなり客体ともなり、時間ともなり空間ともなる。しかも、出来事と出来事は相互に連関し、われわれ認識者自身もその中にいる。あらゆるものは関係性においてのみあり、他に依って起きるものである。見るものも見られるものも、相関性の中で働き合っているのである。

無数の要素の相互作用から新しいものが創発してくることに注目する複雑系の科学を認識論的に基礎付ける場合も、世界の諸事象を出来事に還元し、出来事と出来事の相互連関性から世界は生成してくるとみなければならない。そして、われわれの認識や知覚もその連関性からとらえ、世界の生成に参加しているものとみなければならないであろう。

2　相互連関性

相互連関性の世界

この世界は相互に連関し合った出来事から成り立ち、あらゆる事象は相互に結びつき、連続している。いかなる出来事も他に依って起き、孤立して生起するものはないから、相互連関性の世界から一つの事象を切り離して取り出してくることはできない。どの出来事も他の出来事との脈絡の上で意味をもち、そこから離れて、それ自身で何であるかということは規定できない。

認識も、世界の相互連関性の中でとらえねばならない。相互連関性の世界では、どの出来事も連関の網の目の中に置かれているから、一つの事象の中には他の無数の事象が映し出されている。世界は、万華鏡のように、無数の事象が相互に映し合う相互射映の世界である。この相互射映が認識である。その意味では、どの事象も主観でもあり、客観でもある。

事象と事象が映し合っている相互連関性の世界では、単純な因果律は成り立たない。相互連関によって成り立っているこの世界は、無数の原因と無数の条件の絡み合いによって成立しているから、原因が結果になり、結果が原因になり、結果が原因に回帰する。したがって、無限の事象の相互連関性の世界は単一の原因によって説明することができない。

一切の事象が相互に他を含み合う相互連関性の世界では、一は多を映し、多は一を映し、部分は全体を映し、全体は部分を映す。そして、一と多、部分と全体が相互に映し合うことが認識である。一の中に多が読み込まれ、多の中に一が読み込まれ、部分の中に全体が読み込まれ、全体の中に部分が読み込まれることが、認識にほかならない。素粒子、原子、分子、生命、惑星、星、銀河など、宇宙の中のすべての事象は他のすべての事象を映し、かくて宇宙全体を映す。万物は認識し合い、感知し合いながら、生成しているのである。

パースペクティヴィズム

相互射映の世界、万物の映し合いの世界としての相互連関性の世界では、一が多を映すとともに、多が一を映すから、まったく同じ一つのものでも、それを見る視点の違いによって、それは異なった相で立ち現われてくる。一つの事象が各事象のそれぞれの視野から眺められ、多様に受け取られるのである。

世界も、また、その中に働き出ている各事象によって様々に映し取られている。各事象は、それぞれの違ったパースペクティヴから、同じ世界を違ったしかたで表現する。各事象は、世界をそれぞれに異なった視野から映し取りながら、相互に映し合い、世界を形成しているのである。各事象は世界の中にあり、世界は各事象の中にある。世界は、世界の中の各事象が描く無数の世界像の映し合いからできているのである。

認識は、事象と事象、事象と世界のこのような相互射映の事態の中に成り立っている。各事象が各視点から世界と事象を映し取ることが、認識である。事象と事象

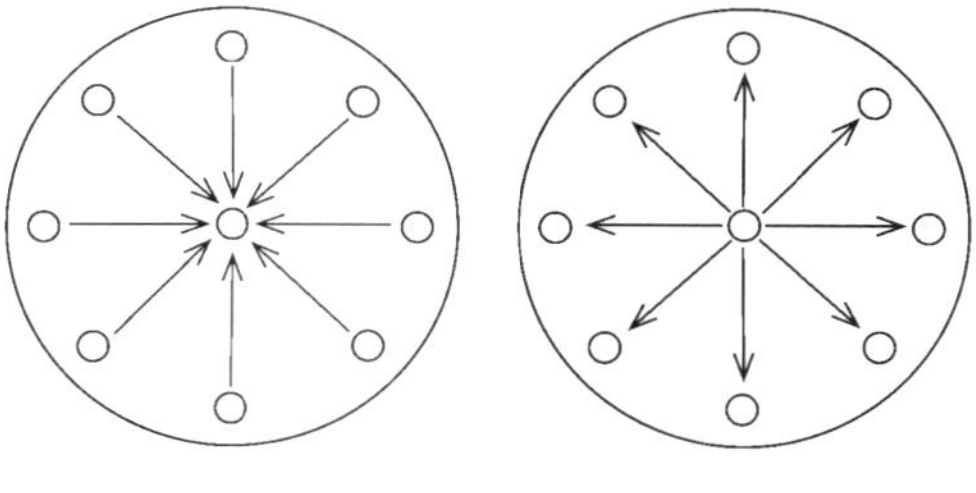

パースペクティヴィズムの模式図

の関係の中に、認識は働き出ているのである。

月は、遠くから見るときと近くから見るときで、その様相は幾様にも変化する。われわれは一つのパースペクティヴからのみ対象を見るから、その視点の違いによって、対象の見えは異なるのである。そのかぎり、世界は観測者ごとに相対的に現われる。相対世界のみが存在するのであって、絶対不動の世界は存在しない。絶対時間や絶対空間も存在しない。時間や空間も、観測者ごとに相対的に現われる。それにもかかわらず、観測者間の観測事実に対応関係がつくのは、同じ一つの世界を見ているからであろう。

それぞれの知覚者には、それぞれ異なった知覚があり、それらはまったく相対的なものだとすれば、それらの間は翻訳不可能だということになる。私が見る世界と他者が見る世界、人間が見る世界と動物が見る世界には、還元不可能な絶対の断絶があることになる。しかし、それにもかかわらず、それぞれの知覚者間で翻訳が可能になるのは、同じ一つのものを別々の視点で見ているにすぎないからであろう。

われわれは、対象を、それぞれ限定された相対的なパースペクティヴからしか見ることができない。認識するものと認識されるもの、主観と客観は相関関係にあるから、客観は主観に応じて現われる。われわれが遠くから見ているということによって、月は明るく白く鏡のように見え、近くから見るのに応じて、それはゴツゴツとした陰影のある不毛な陸地のような姿をとって現われてくる。主観と客観を、デカルトのように明確に分離することはできない。われわれが対象に到達しうるのは、関係を通してのみである。

世界は、常に特定のパースペクティヴのうちにしか現われない。世界は、私には、私の視点から見た世界の相貌しか見せない。したがって、われわれには、世界を完全な形で把握することができない。認識は完結しないのである。それゆえにこそ、人間をはじめ、生命の認識衝動は尽きることなく、世界の全体性に向かって進化していく。

フッサールが射映（Abschattung）と呼んだものも、そのような特定のパースペクティヴからの見えのことである。

対象物は、見る角度に応じた射映相のみで知覚される。彼は、これを、客観的な同一の対象の様々な射映と考えた[4]。一つの机も、見る視点によって、その相貌を変化させる。しかも、われわれが対象をある視点から見るときは、必ず見えない部分がいつも残る。われわれが対象を知覚する場合、そこには、常にわれわれの注意にさらされない隠れた部分がある。むしろ、隠れた部分があることによって、対象は対象でありうる。一般に、世界があるパースペクティヴからの相のもとに現われるということは、世界が常にその視点からは見ることのできない面をもつことを意味する。だから、われわれは、世界を全体として一挙に理解することはできない。しかし、それゆえにこそ、認識は進化していくのだと言わねばならない。

同じ森でも、われわれがそこへ接近するにしたがって、木が見え、枝が見え、葉が見え、葉脈が見えてくる。森の見えは、われわれの行動とともに刻々と変わっていく。そのかぎり、知覚のパースペクティヴには、われわれが身体を通して世界へ働きかけるしかたが深く関わっている。パースペクティヴ的な知覚は本来動的なものであり、身体的行為的知覚である。観測者が世界の中で身体を通して行為することによって、観測者の視点は形成され、そこに観測者自身の描く世界像がおのずと現われ出てくるのである。観測者とその観測者を含む世界とは分離することができない。

観測者は世界の外に立つものではなく、世界の内で行為している。しかも、知覚は行為なのだから、その行為のしかたに応じて、世界は多様なしかたで現われ出る。一つの世界の中で、多くの観測者が行為し、それぞれのパースペクティヴから世界を映している。そのため、それぞれの観測者が描く世界は様々に異なって現われるが、しかし、同時に、それは同じ一つの世界の現われでもある。一は多として現われ、多は一を映すのである。

異なった身体と行為に応じて、世界も異なったしかたで現われ、異なったしかたで解釈される。それぞれの身体的行為的パースペクティヴから世界を映し取り、世界を解釈することが認識である。人間ばかりでなく、生物は、皆、このような世界解釈つまり認識を行なっている。しかも、生物は、進化することによって、世界解釈を発展させていく。認識は静的状態ではなく、動的な過程なのである。

ライプニッツのモナドロジー

ライプニッツの『モナドロジー』は、すべての存在が密接に連関し合っている相互連関性の世界の構造を簡潔に叙述している。この宇宙のすべての事象は相互に結び合っている。相互結合の世界では、すべての事物が相互に基礎づけ合っているから、あらゆる存在には十分な根拠があることになる。[5]

ライプニッツのモナドロジーの世界をイメージするなら、無数の点に無数の線が集中している図を思い浮かべればよい。そこでは無数の線が一つの点に集中しているとともに、同時に他の多くの点へと分散する方向をもっている。一つの事象が現に存在するということは、諸事象が一点に集中するとともに、そこから放散するという両義性をもつということである。このような点に当たる多くの中心を、ライプニッツは〈モナド〉と呼んだ。ここでは、一つの事象は他のあらゆる事象を含み、他のあらゆる事象に含まれる。あるいは、一つの事象は他のあらゆる事象を映し、他のあらゆる事象に映し取られている。ライプニッツも、このような意味での相互内在性と相互射映を認識としてとらえたのである。

ライプニッツによれば、モナドの本性は表象（perceptio）である。すべてのモナドは表象をもち、他のすべてのモナドを表現している。モナドは宇宙の生ける鏡であり、自己の内から宇宙全体を表現している。その表現作用が表象である。モナドの表象作用は一の中に多を表現する作用であり、その表象作用の程度において、各々のモナドは互いに異なる。[6]

とすれば、ライプニッツが言っているように、同じ一つの街も、異なった方角から眺めればまったく別なものに見え、視野の違いによっていくつもの街があるように見える。それと同じように、宇宙は一つでも、無限に異なる視点から映し出されることによって、無限の異なった眺望を現出させることになる。各モナドは一つの宇宙を異なった視野から見ているから、映す視点の数だけ多くの宇宙があるように見えるのである。[7] 宇宙は、その中に、それをそれぞれ違ったしかたで映す無限に多くのモナドを含んでいる。

しかも、その各々のモナドの表象は、一定の規則的関係を通して、対象の変化とともに変化する。ライプニッツによれば、モナドには互いに物理的な相互作用をするような窓は存在しないが、それらは相互に照合し合う。そのかぎり、あらゆるモナドは他のすべてのモナドを映し、他のすべてのモナドと連結することによって、宇宙全体を表出する。[8]

ライプニッツの定義によれば、モナドとは、複合されたものの中に入っている部分を含まない単純な実体であり、広がりも形・姿もない非物質的で分割不可能な形而上学的点である。[9] しかも、ライプニッツは、その本質を、一の中に多を表現する表象に見ている。その点では、ライプニッツにおいては、存在と認識は一つである。ライプニッツは、存在と認識を明確に区別したデカルトを最初から乗り越えている。ライプニッツは、認識を主観客観図式では考えずに、事象の相互射映の中に見たのである。

ライプニッツのモナドは、物でも事物でもなく、出来事を意味する。出来事は相互に映し合う。だから、一つの出来事は、それまでのすべての出来事を含みながら生起する。そして、出来事が相互に映し合い、物事の生起を助ける働きが、認識なのである。その意味では、ライプニッツは、認識を関係性の中でとらえたと言える。事象と事象の相互連関の中にこそ、認識作用は働いている。ライプニッツのモナドロジーは、モナドの本質を表象作用にみることによって、宇宙のすべての出来事の相互連関性を深くとらえたのである。ただ、ライプニッツの認識論では、このモナドの本質を行為的なものとしてはとらえていない。

ホワイトヘッドの抱握概念

ホワイトヘッドも、認識という事態を、主観—客観分裂以前の出来事の相互連関性からとらえている。ホワイトヘッドにとって、究極的に生起するものは出来事（event）であって、出来事の活動と推移によって、世界は生成発展する。しかも、出来事と出会って、世界の生成変化を担う。一つの出来事は他のすべての出来事を含み、他のすべての出来事に含まれながら、生成してくる。世界は、相互に連関する出来事の過程である。しかも、このような出来事と出来事の相互連関性の中に、知覚という事態もある。出来事は、他の出来事とその連関をそのうちに含んでいるという意味において、すでに〈知覚しつつある出来事〉である。[10]

ホワイトヘッドは、この〈出来事〉を、『過程と実在』以後〈活動的実質〉（actual entity）と言い換えたが、その本質は基本のところでは変わっていない。この宇宙は活動的実質の相互連関性の世界である。したがって、一つの活動的実質の生起には他のすべての活動的実質が内的に連関しており、他のすべての活動的実質が含まれている。[11]

ライプニッツのモナドに当たるものが、ホワイトヘッドの言う出来事や活動的実質である。ライプニッツのモナドが、表象作用によって他のモナドを映し取っていると考えられたように、ホワイトヘッドの出来事や活動的実質も、互いに他を含み合うというしかたで、互いに知覚し合っているものと考えられている。

互いに他を含み合い知覚し合う働きを、ホワイトヘッドは抱握（prehension）と言う。出来事あるいは活動的実質は、互いに映し合い、相互に他を含み、自己自身の中に他を受容している。この受容する働きが抱握と言われる。その意味では、すべての事物は、他のすべての事物を抱握することによって世界を抱握し、世界を形成している。事物が実現するということは、出来事あるいは活動的実質が相集まって抱握による統一体をなすことである。それらは、相互の抱握によって、結合体または社会をつくる。それが世界の形成である。[12]世界の形成には、それを構成するすべての出来事の抱握的関係がなければならないのである。

ライプニッツは、『モナドロジー』において、モナドの相互の映し合いによって、世界が成り立つと考えた。それと同じように、ホワイトヘッドも、世界の相互連関の具体的事実を〈抱握〉という概念によってつかみ、世界の生成を説く。世界の生成のためには、それを構成する諸要素の相互の認知がなければならないのである。

ホワイトヘッドは、この抱握という働きのうち、積極的部分を感受（feeling）と言う。活動的実質は他の活動的実質を感受し、世界を感受する。そして、この感受によって、新しい活動的実質が合生（concreasence）してくる。感受するということが、宇宙の創造的前進をもたらしているのである。[13]

ホワイトヘッドは、認識という事態を考える場合でも、認識する主体と認識される客体という実体を措定して、その後に両者の関係を考えるのではなく、事象の相互連関性そのものから出発する。ホワイトヘッドの〈抱握〉とか〈感受〉という概念も、事象の相互連関性から取り出されている。抱握とか感受という作用は、われわれ人間や動物の認識や知覚や感覚ほど明確ではないが、それら以前の一種の認知作用である。その意味で、ホワイトヘッドは、物質そのものにも、外界を感知しそれに反応しうる認識作用を認めていた。ホワイトヘッドは、認識対象そのものに認識作用を認め、客観の中に主観をみることによって、近代の物心二元論を克服しようとしたのである。

ホワイトヘッドの言う出来事とか活動的実質は、単なる事物ではなく、経験の主体でもある。しかも、このあらゆる事象に認められる一種の認識作用があってこそ、世界の自発的自己形成はありうる。認識や知覚作用がなければ、創造はありえない。諸事象が相互に他を含みながら生成する世界こそ、実在である。諸事象の相互内在性にこそ、認識作用の源泉をみなければならない。

創造的モナドロジー

わが国の西田幾多郎*も、世界を不断に創造的で無限に動的な世界と考え、これを歴史的世界と呼び、この歴史的世界の中で認識の問題を考えた。歴史的世界は、物質の世界、生命の世界、人間の世界へと、自己自身を形成していく。個物の働きも、世界の歴史的形成という観点から考えられている。個物は、創造的世界における創造的要素であり、歴史的創造の先端である。世界の歴史的形成は、個物の創造的行為なくしては考えられない。個物が個物自身を形成することが、世界が世界自身を形成することなのである。その意味では、世界は、自己の中に自己表現的要素を含んでいることになる。われわれの自己が、世界の一表現点として、世界を自己の内に表現することによって、世界は形成されていく。[14]

そして、この世界の自己表現が認識にほかならない。われわれが世界を認識するということは、世界が自己の内に自己を映すことなのである。われわれが世界を知るということも、世界の中で行なわれていることであり、それ自身が世界の自己自覚なのである。主観主義をとっても、客観主義をとっても、自己は世界の外にいることになるが、西田においては、認識は世界内認識であり、世界自身の自己認識だと考えられる。

この点では、西田の考えは、ライプニッツのモナドロジーに似ている。モナドとしての個物は自己自身において全世界を映すとともに、唯一なる世界の一観点となる。ただ、ライプニッツにおけるモナドが単に世界を表象するものであったのに対して、西田における個物は世界を創造するものと考えられている。そのため、西田は、ライプニッツのモナドロジーを〈表象的モナドロジー〉と呼び、それに対して、自己の立場を〈創造的モナドロジー〉と呼んだのである。

ここでは、個物は単に表象するものとしてでなく、むしろ、行為するものとして理解されている。すべてあるものは行為するものである。個物は、行為的に世界を創造していく。知るということも、単に知覚することではなく、働くことである。しかも、われわれは世界の外から働くのではなく、世界の中で働き、世界を創造していく。われわれは、働くことによって見る。西田は、このことを行為的直観と言っている。行為的直観とは、物となって見、物となって行なうことである。西田も、認識と行為を一つのものとしてとらえたのである。この行為的直観を通して世界は自覚され、世界そのものが自己形成していく[15]。

この世界は、作られたものから作るものへ、どこまでも自己自身を形成してゆく創造的世界である。われわれの自己は世界によって作られたものでありながら、世界の創造的要素として世界を作っていく。西田においては、主観が客観を限定し、客観が主観を限定するところに、行為や制作というものが考えられている。デカルト以来の認識論は、主観と客観の二元対立図式で考えられてきたが、西田においては、主観と客観は行為を通して相互限定的にとらえられ、世界の自己形成の中で理解されている。そこに認識の問題もある。

存在は多であり、互いに他を含み合いながら、相互に連関し、生成する。世界は、多対多の関係から動的に新しいものを創発していく自己形成的世界である。つまり、自己組織系であり、複雑系である。この複雑系を基礎付けるには、世界を、出来事と出来事の相互連関性と相互内在性から形成されてくるものとみ、この相互連関性の中に相互認識と相互行為を位置づけねばならないであろう。認識と行為は、共に世界の中にあって、万物の生成を助けているのである。

在ることは知ることであり、知ることは為すことであり、為すことは成ることなのである。

〔行為的認識〕

第四章　感覚と知覚

1　感覚と行動

触覚と聴覚

単細胞の原生動物の一種ゾウリムシには、もちろん、眼や耳、鼻や舌はない。つまり、ゾウリムシは、視覚や聴覚、嗅覚や味覚をもってはいない。しかし、ゾウリムシは、体中にある無数の繊毛を打ちながら、接近と逃避という単純な運動を繰り返し、水中を自由に移動する。障害物に出会うと、前部の繊毛の打ち方を逆転させて後退し、この回避行動が成功すると、今度は、後部の繊毛の動きを促進し前進する。ゾウリムシは、このようなジグザグ運動を繰り返し、結果として餌のバクテリアに接近、これに取り付き摂食する。ゾウリムシは、視覚や聴覚、嗅覚や味覚はもたないが、繊毛の運動によって外部の状況を的確に判断し、それに応じた柔軟な行動を行なっているのである。

ゾウリムシのような単細胞生物にあっては、運動器官と感覚器官が区別されていない。ゾウリムシは、いわば手足で物を見る。運動器官で外界を見ているのである。感覚と運動はもともと一つであり、深く結びついているのだと言わねばならない。

動物は、このような運動器官と感覚器官が未分化な状態から始まって、その進化にしたがって、摂食や防御のための運動機能を発達させ、それに応じて感覚機能を様々に分化させてきた。触覚、嗅覚、味覚、聴覚、視覚の五感やその他の感覚が分化し発達していくのはそのことによる。しかし、これはもともと行動の発達からくるものであるから、どの感覚も運動と切り離すことができない。

皮膚や粘膜にある触覚は、人間も含めて動物の感覚の中でも、最も原初的でよく発達した感覚である。われわれは、触《ふ》れたりさわったりして、物の性質を知ることができる。触覚によって知られる物の性質は、大きさ、形、重さ、材質、肌理《きめ》、硬さ、柔らかさ、粗密、暖かさ、冷たさ、湿り気、粘り気、弾力など、広範囲に及ぶ。

しかも、この触覚は、動物が生存していくために行なう探索活動と深く結びついている。動物は、動き回りながら、口のまわりに生えているヒゲや頭の先に生えている触角などで、物や空間を認識する。哺乳動物では、特に手が重要な触覚器官の役割を果たすようになるが、この場合にも、手を動かし盛んにさわってみることによってのみ、対象をよく認識することができる。

だから、われわれは、必ずしも視覚に頼らなくても物を認知することができる。実際、視覚障害者でも、足で体を運び手で触れてみることによって、物を把握することができる。われわれも、真っ暗な部屋でも、手探りで歩くことによって、物の所在を知ることができる。

一般に、感覚には運動が伴うと考えねばならないが、触覚も例外ではない。もともと、触覚には、全身の運動に伴う感覚、運動感覚が含まれている。風のないときに、私が空気の抵抗を肌身で感じることができるのは、足を早めて前進するときである。物や距離は、運動を伴う触覚によって認識されるのである。

われわれは、鉛筆やボールペン、杖や傘など細長いものを、手で持って、それを軽く振ることによって、その向きや長さ、重さなどを知ることができる。手を動かすことによって、物の形状や性質を知ることができるのである。ダイナミック・タッチといわれるこの感覚は、視覚以上にすぐれた能力をもつ。釣り師の名人は、糸を自分で引きながら、その感触だけで、かかった魚の大きさや種類まで知るといわれる。われわれは手で見ることができ、触れることによって知ることができるのである。

感覚は刺激に対する反応ではない。触覚も単なる受動ではない。触覚はもともと能動的感覚である。能動的触覚には、皮膚の変形、関節の位置、腕の運動の速さなど、圧覚や運動感覚が伴っている。われわれは、静止して物にさわっているだけでは、十分に物を感知することができない。また、たとえ動きのある場合でも、物だけが動くときには、それを十分には感知できない。自分自身が能動的に手を動かし、調べてみるときに、対象はよく分かる。触れることは触れられることである。能動においてこそ、真の受動はある。われわれは、物に積極的に触れることによって、物との断絶をなくすことができるのである。このとき、受動と能動は一つになり、主観と客観は一つになる。

動物は味覚や嗅覚など化学感覚においてもすぐれたものをもっているが、ここでも、動物は積極的に物を噛み、味わい、かぎまわることによって、よく対象を認知している。例えば、ナマズやドジョウは、口にたくわえたヒゲで泥の中をまさぐり、その味覚を頼りに獲物を見つけている。

聴覚は、触覚のように、必ずしも探索的運動を必要としないが、しかし、それでも、身体運動と深く関係している。動物の聴覚は、空気や水などの媒質の波動現象を利用した感覚であるが、なかでも、コウモリやイルカやクジラなどが駆使している超音波によるエコロケーション（反響定位）は、よく知られている。

例えば、コウモリは、口または鼻から超音波のパルスを断続的に発し、その反響音を大きな耳で受信して、獲物の位置を正確に識別する。獲物に近づくと、より高い周波数の超音波を発し、その音響的走査を密にし、獲物の距離や方向、動きや速度、形や大きさ、細かい形状や感触を瞬時に割り出す。そして、獲物を素早く捕まえ、採食する。獲物はガなどの昆虫が主であるが、魚やカエルを食う種類や動物の血を吸う種類もいる。コウモリは、いわば超音波の高感度レーダーで、周囲を音の映像として組み立てていることになる。目の見えないコウモリが真っ暗闇の空間でも自由に飛び、素早く虫を捕らえることができるのはそのことによる。この場合、捕食者も空中を飛び、被食者も空中を移動しているから、ドップラー効果の影響を受ける。つまり、獲物が接近してくるときの音は高く聞こえ、獲物が遠ざかるときの音は低く聞こえる。しかし、コウモリは、このドップラー効果を逆に利用して、自分と獲物との相対速度を瞬時に測定し、獲物の位置をその変化に応じて正確に割り出す。そして、獲物を捕まえる。

コウモリの例を考えるなら、ここでも、動きつつある主体が、その動きの中で、動きつつある環境を認識していることになる。コウモリは超音波を発し、対象からの反響を受信して対象を認知するのだが、このとき、コウモリ自身も動いているのである。これと同様のことは、視覚障害者が、動きながら声や音響の方向に耳を向け、それに皮膚感覚を集中することによって障害物を感知するときにも見られる。打検士が缶詰の缶を棒で軽くたたき、その音によってその中身の状態を瞬時に感知し、缶詰を選り分けるのも、これと同じことを行なっていることになる。彼らは自ら行為し、耳で物を見ているのである。

視覚

視覚も、運動と深く結びついている。

反射光を感受して外界の像を把握する感覚つまり視覚も、動物においてよく発達している。視覚は、バクテリアの走光性から始まって、皮膚全体で光を感じることのできる皮膚光覚、神経細胞によって光をとらえる神経光覚など、動物の進化に従って発達してくる。軟体動物の頭足類や脊椎動物で発達したレンズ眼の原型は、眼点によって光をとらえる原生動物に求めることができる。眼点も、動物の進化とともに、杯状眼点、暗箱型眼点と次第に発達してくるが、暗箱型眼点にレンズを付ければ、レンズ眼になる。一方、昆虫や甲殻類など節足動物の多くは、無数の単眼を複合させて、複眼を形成している。これはレンズ眼とはまったく違った方式で、網膜もなく、見える外界の像もまったく異なっている。動物の種類によって、光受容器の構造や機能は千差万別であって、それぞれ極端に違っている。

視覚の機能は、光によって環境から情報を得、自己と環境との関係を瞬時に把握する機能であって、その機能を実現しさえすれば、どのような光受容器を使ってもよい。動物は、自分自身を囲んでいる外界の情報のうち、自分の生存にとって必要な情報のみを、光を通して抽出してくればよい。そのために必要な機能のみを、各動物はそれぞれの光受容器としてもっているのである。動物にとって、獲物を追跡したり敵から逃走したりすることは、自己保存のために必要不可欠な機能である。その機能さえ満たせば、動物はどのような種類の視覚をもってもよいのである。

したがって、動物の光受容器の種類によって、外界の光の情報は様々の違った形で受容されていることになる。例えば、昆虫は、感度の高い単眼を凸状に集めて光の情報を集約する複眼方式を選んだ。この方式では、レンズ眼のように、眼に入る光を一点に集める必要がないから、網膜も網膜像も必要としない。しかし、定位や移動、摂食や逃走など、動物の生存にとっては何ら不便はない。複眼の場合は、互いに異なった方向を向いている個々の単眼を通して、いろいろな方向から来る光の強度の差を受容し、十分な視覚を成立させている。昆虫に、人間の眼では見ることのできない偏光さえ見ることができるものがいるのは、そのことによる。

他方、頭足類や脊椎動物のようにレンズ眼方式を選んだ動物は、光受容器を凹状に並べ、レンズを大きくして、光を集める能力を向上させた。レンズ眼はカメラのような役割を果たすため、網膜を必要とした。しかし、網膜像は、光の中の情報を得る方法としては、多くの方法の中の一つにすぎない。だから、レンズ眼のみを基準にして、視覚一般を説明することはできない。

さらに、網膜像といっても、われわれが通常認識している視覚像とはまったく異なっている。網膜像では、一般に、像は倒立して映っており、二次元の広がりしかもたない。また、遠くの大きな物体も、近くの小さな物体も、同じ大きさで投影され、奥行きというものをもたない。網膜像だけでは、正立した像も立体像も距離も知覚することができないのである。それどころか、実際には、網膜像には、形も面も色も、それらの動きも、何も映されてはいない。網膜が受け取るものは単なる光の刺激にすぎず、網膜に外界の像が縮小されて映されているわけではない。それにもかかわらず、われわれが外界の奥行きや遠近、平面像や立体像を正立したものとして認識しうるのは、網膜像とは別の機能によってである。

視覚を説明するのに、眼がカメラのように世界を映すという仮説は捨てられねばならない。この投射仮説では、光の刺激が瞳孔に入り、それがレンズを通して網膜上の一点に収斂し、網膜像を形成すると考えられている。しかし、もともと、網膜そのものに像が映っているのではないのである。また、この困難を解決するために、神経回路が、光の刺激によって起こされた網膜上の興奮パターンを脳に伝達し、これが脳において再構成されて視覚像が作られると考えるわけにもいかない。この仮説では、脳によって神経の興奮パターンが再構成される原理が十分説明されていないからである。

かつて、バークリ*は、『視覚新論』において、視覚風景には、奥行きもなければ、立体もなく、凹面や凸面もなく、平面の観念すらないと考えた。(1) また、メルロ＝ポンティ*も、『知覚の現象学』の中で、眼は事物に迫るある種の能力でこそあれ、事物が投影される映写幕などではないと考えた。(2) さらに、ギブソン*は、『生態学的視覚論』の中で、投射仮説と機能局在説を批判し、視覚を説明するのに網膜像は必要ないと考えた。(3) どれも、視覚についてのわれわれの先入見を打ち破り、視覚のより深い構造と意味に踏み込んでいくための重要な指摘であった。

視覚と運動感覚

バークリが視覚の絶対優位を否定し、触覚の優位を主張したのは、距離や大きさの知覚をむしろ触覚によって説明するためであった。確かに、距離や大きさの知覚には触覚が伴う。われわれは、物に向かって足を運び、それを手でさわってみることによって、物の距離や形状、奥行きなどを知ることができる。われわれは、足と手の運動を通して物を見るのである。いわば、手足で物を見る。触覚といっても、運動を伴う能動的触覚がなければ、対象の正確な認識はできない。足で体を運び手でさわってみるということをせず、ただ眼でのみ物を見、その距離や大きさや形を認知している場合でも、われわれは常に眼や瞳孔を動かし、筋肉を動かしている。われわれの眼は柔軟に動き、まるで手の指先のように対象をなぞる。言ってみれば、眼でさわっているのである。

だから、眼の見えない人でも、身体を動かし、手や杖などを使って歩き回ることによって、対象物やそれの位置する空間を見ることができる。逆に言えば、バークリ以来指摘されているように、先天盲の人は、たとえ開眼手術で見えるようになっても、健常者のように、すぐさま対象の大きさや形や距離を眼でとらえることはできない。彼らが眼で物を見ることができるようになるには、実際に物に向かって歩み寄り、物をさわることによって得られる運動感覚と触覚から、眼に入ってくる光の渦が解釈できなければならない。それには、長い練習が必要である。それどころか、先天盲の人にとっては、聴覚や触覚や身体感覚のみでとらえていた空間は、自分自身の身体の回り三六〇度に及んでいたが、視覚が回復すると、逆に、その空間は一八〇度ぐらいに狭くなってしまうという。

見えるということの背景には、身体の運動がある。われわれは頭を回転して周囲を見、足を運んで距離を知る。さらに、対象に近づき、その回りを動き回って調べる。われわれの日常の視覚的体験は、頭や手や身体の運動と密接につながっている。能動的運動は、見えの成立には不可欠なのである。たとえ、頭や手や身体を動かさない場合でも、物が見えるためには、眼球の微細な運動が必要である。物を見るということには、視覚系だけでは十分ではなく、視覚系と運動系の結合がなければならない。開眼手術を受けた先天盲の人が物の形を見ることを学ぶときも、初めは手でさわり、やがて頭を動かして形を辿り、最後に眼球運動だけでこれができるようになって、識別力を向上させる。正常な視覚行動を獲得するには、何よりも自発的な運動経験が必要なのである。したがって、被験者を固定し、動かない対象を動かない身体で見る実験室の視覚研究には限界がある。動物実験でも、ゴンドラに乗せられ、自分で移動することができない状態で育てられた猫には、正常な視覚が育たなかったのである。

よく知られたストラットン*の逆さメガネ実験も、われわれの視覚には運動系が深くかかわっていることを証明している。さらに、物の正立視は網膜像の倒立と生得的に結びついたものではなく、行為的・経験的に獲得されるものであることをも示している。確かに、上下左右が逆転して見えるメガネをかけてみると、初めは視野が上下左右とも逆転して見える。そのため、われわれの動作は予想した方向とは反対方向へ向かう動きをし、行動が極めて不自由になる。しかし、このメガネをかけ続けていると、次第に正常に見えることが多くなる。特に、手や頭をはじめ身体を動かすときには、正常に見える。これを繰り返していると、最後にすべてが正常に見えるようになるのである。

この逆さメガネ実験の示していることは、視野が逆転して見えるか正常に見えるかは、視覚経験が触覚や身体運動経験と一致するかどうかによって決まるということである。とりわけ、手は見たものをつかみ、頭は見たい方向を向く最も能動的な部分であるから、手と頭の動きが、順応にとっては重要になる。視覚経験が運動経験によって修正され、両者が一致したとき、眼に見える自己の身体と内的に感じられる自己の身体とが一致し、正常な視覚が得られる。逆さメガネによる視野の逆転も、能動的な行動によって修正されるのである。

通常、視覚は、外界の光の刺激を網膜によって受け、その情報を脳において再構成することによって形成されると考えられている。そのかぎり、視覚は受動的感覚だということになる。しかし、視覚には常に身体の運動が伴っていることを考えれば、視覚はまた能動的感覚でもある。視覚においても、触覚や聴覚同様、能動と受動は一致している。

むしろ、能動と受動が一致するとき、真の視覚像が得られるのである。

動物は環境の中で動いている。まわりを見回し、対象のまわりを動き、場所を移動する。視覚は、環境の中で動くことによって得られるのである。主体が環境の中で行動し学習してこそ、視覚は生じる。幼児も、頭を動かし手を伸ばし、対象に触れることによって物を見る。物を見るのに、距離や空間の観念は必要としない。距離や空間の観念は、逆に、運動することから生成してくる観念である。感覚の目的は、環境そのものを知ることにある。視覚の目的も、光を通して外界の情報を得ることにあり、網膜像を見ることにあるのではない。

動物は、環境の中で動きながら、自分自身の生き方を選択する。それに応じて、動物は、自分にとって必要なだけの情報を環境から抽出するための機能を感覚器としてもっている。感覚器は、主体と環境の一致するところで、自らの形態を決定する。だから、特定の動物の感覚器官は、その動物特有の環境と合致している。しかも、主体も動き、環境も動くから、感覚は、動く主体と動く環境が瞬間ごとに出会うところで成立していることになる。確かに、視覚は、他の感覚に比べて、対象を引き離し客観化する働きが強い。しかし、実際には、視覚においても、主体と環境は一つである。

動物によって視覚器官の形態は多種多様で、光の情報を得てくる手段はそれぞれに異なる。しかし、動物の多様な視覚器官は、それぞれ多様な環境に適応してきた結果である。二つの複眼のほかに単眼ももっているトンボは、この発達した視覚器官によって、人間が見ているのとはまったく違った環境像を見ている。また、蜜を採取するために花を識別する必要のあるミツバチは、人が白として認識する狭い波長の光を対照的な色相として区別している。明るい色の花弁を容易に見出し、多くの蜜を獲得するためである。様々な環境世界へのそれぞれの動物の適応によって、様々な感覚器官が形成され、それが主体と環境の相互作用の中で進化していったのである。

動物の視覚能力も、動物が誕生する以前からこの地球上に存在していた太陽の光という環境に適応して生成し、進化してきた。太陽光線の幅広い周波数のうち、地球の大気を通過することができる部分は限られている。この限られた領域のスペクトルを、動物は光として認識し、それを環境の情報獲得に利用したのである。したがって、われわれの眼は、電磁スペクトルが最大値を示す部分に対して感応している。プロティノス*やゲーテが眼と太陽の類似から視覚を理解したように、主体と環境の呼応点にこそ感覚は成立する。しかも、その動物主体それ自身が環境の産物である。その意味では、動物の感覚は、環境による環境の感受だということになる。主観が客観を感受するのではなく、客観が客観を感受しているのである。眼が光を見るのではなく、光が光を見るのである。眼は光の自己自覚なのである。

感覚の統合

伝統的な心理学では、おおよそ次のように仮定されていた。つまり、外界からの刺激が感覚器に与えられ、それが神経のインパルスに変換されて大脳に伝達され、大脳で内的処理がなされることによって、外界の認識が形成される。しかも、それぞれの感覚は別々の異なる刺激を受容する異質な系であって、感覚情報の相互浸透はない。たとえあったとしても、それはより高次の段階での統合にすぎないと考えられていた。

しかし、環境の中を動き回る動物は、感覚してから行動するというよりも、むしろ、いかに行動すべきかによって、感覚器からの刺激を利用する。だから、諸感覚を通しての刺激は、最初から、行動する身体によって統合されている。感覚刺激そのものは神経細胞の興奮にすぎず、瞬間ごとに与えられては消えていく信号にすぎない。感覚刺激から認識が成立するのではない。行動する身体が感覚刺激から情報を得て、それらを統合するとき、初めて外界の認識は成り立つ。

感覚は、視覚、聴覚、嗅覚、味覚、触覚、圧覚、温覚、冷覚、痛覚、筋肉感覚、運動感覚、内臓感覚と進めば進むほど、外部感覚から内部感覚へ、つまり外部の対象の感受から内部の身体の感受へと深まっていく。触覚や圧覚、温覚や冷覚、痛覚、筋肉感覚や運動感覚は体性感覚と言われる。体性感覚は、嗅覚や味覚、視覚や聴覚などを通して外部世界に通じ、内臓感覚を通して内部世界へ根を下ろしている。この体性感覚がなければ、諸感覚の統合もありえないであろう。視覚や聴覚も体性感覚と深く結びついている。体性感覚は諸感覚の統合の基礎であり、しかも、この体性感覚の根幹は運動感覚にある。もしも、運動感覚を含む体性感覚の統合がなかったなら、あらゆる感覚はバラバラになり、統一したものをもたないであろう。

視覚も、筋肉感覚や運動感覚を中心とした体性感覚と深く結びついている。実際、視覚にも、眼の運動、注視能力、頭の運動、筋肉感覚や運動感覚が伴っていた。物の方向に移動し、手や腕を伸ばし、物をつかむという身体運動によって、視覚情報の統合も可能になり、空間知覚も成立する。逆さメガネによる視野の逆転も、運動感覚を含む体性感覚的統合によって再構成されたとき、正常化が完成する。われわれは、行動する身体で物を見ているのである。視覚によってとらえられた物も、運動感覚を含む体性感覚によって統合されて、はじめて物となる。諸感覚の身体的統合によって、われわれは物を統合されたものとして受け取る。体性感覚を基礎とした諸感覚の統合によって、物は物になるのである。

視覚、聴覚、嗅覚、味覚、触覚などを、別々の独立した感覚ととらえてはならない。アリストテレスも、共通感覚(sensus communis)、つまり異なった種類の感覚に相通じる同一の根源的な感覚がなければならないことを示唆した(4)。共通感覚は個別感覚を包括するもので、個別感覚はそこから分化してくる。もともと、原生動物などでは感覚は未分化であり、一つになっていた。動物が進化するにしたがって諸感覚は分化し分節化していったが、それでもなお、それらは、それらを統合する共通の基盤をもっている。その基盤は体性感覚にある。生物個体は一個の共通感官であり、この身体的統一性に諸感覚の共通した根源がある。

だからこそ、メルロ＝ポンティが指摘したように、諸感覚は交流し合い、影響し合い、干渉し合う[5]。それは、〈柔らかい音〉〈艶のない音〉〈乾いた音〉という言葉にも現われているように、触覚と聴覚の交流となっても現われる。また、〈甘い香り〉〈甘い音色〉という言葉にも現われているように、味覚と他の感覚との浸透という現象にも見られる。色彩感覚と聴覚もしばしば連合し、色合いの感覚も、聞こえている音によって変わる。料理も見た目によって味が増すと言われるように、視覚と味覚の間でも相互浸透が起きる。交通信号にも利用されているように、色彩感覚と方向感覚も連合している。

また、視覚障害者が音響によって障害物を感知したり、眼を失ったコオロギでも触覚だけで生きのびていけるように、視覚を欠如していても、耳で見たり皮膚で見たりすることもできる。これは、もともと、視覚にも聴覚や触覚と共通した根があるからであろう。眼には視覚が、耳には聴覚が、手には触覚が対応しているという仮説は乗り越えられねばならない。眼で味わうこともできるし、手で見ることもできるし、肌で音を聞くということもできるのである。現に、聴覚障害者でも、太鼓の音の振動を皮膚で感知し、それに反応して踊ることもできるのである。

共通感覚は、アリストテレスが考えたように、構想力であり、構成力である。共通感覚は、運動、静止、形、大きさ、数、統一をも知覚することができる[6]。共通感覚のもとで、世界は世界になり、対象は対象になる。共通感覚は、事物を事物にする地平である。共通感覚の基盤が失われると、世界は単なる感覚刺激の束にすぎなくなり、世界を世界として構成することができなくなる。また、自己も自己として成立しない。共通感覚的統合なくして、自己の統合もない。統覚は〈われ考える〉にあるのではなく、〈われ感じる〉にある。共通感覚がなかったなら、世界も自己も実在性を失うであろう。主体が環境の中で身体全体を通して関与する働きの根底に、共通感覚的感受性を認めねばならない。共通感覚は身体感覚であり、主体と環境を根源的に結びつける基盤である。

感覚とは何か

感覚は、主体と環境の相関によって生じる。主体と環境の関係によって生み出される出来事が感覚である。香りや色彩や音色など感覚的性質は、事物それ自身に備わっている客観的なものでもなく、われわれの感覚器官が感じるだけの主観的なものでもない。バラの花そのものが赤いのでもなく、われわれの眼が単に赤く見ているにすぎないのでもない。感覚的性質は主体と環境の相関なのである。

動物行動学者のコンラート・ローレンツ*は、『鏡の背面』の中で次のように書いている。

「私はある冬の日、かなり長い間戸外で過ごしてから部屋に入り、孫の頰に手を当てる。はじめ、孫の頰は私には熱があるようにあつい。しかし私は一瞬たりとも子供の病気を信じることはない。熱の知覚は触れる手の温度によって変化することをよく知っているからである。(7)」

熱いのは孫の頰そのものでもなく、私の手でもないのである。熱いという感覚的性質は、主体と環境の相関によって生じる。色、音、暖かさなど感覚要素は、実在する物体の属性とみられるべきでもなければ、われわれのうちに生じた主観的表象とみられるべきものでもない。感覚要素は、要素相互の多様な関係のうちに現われてくるものなのである。

現に、動物には、電磁波や赤外線を敏感に感じる能力をもったものがいる。事実、カモノハシや魚類の一部には、電気を感知することのできるものがいる。彼らは、人間が光で物を見ているように、電気で周囲を見ている。強い電気からの刺激は、〈明るい〉という感覚で把握されているのである。また、ガラガラヘビやハブは赤外線視によって熱を敏感に感じ、熱視野によって獲物の大きさ、形、運動状態、距離を見る。ガラガラヘビやハブにとっては、小さなネズミからの刺激も極度に熱いものとして受け取られているのである。地磁気を感じて、これを移動の指標に使っている鳥や魚や昆虫もいる。彼らにとっては、地磁気の地図は、現代人が人工衛星で見る地球のように、地上の明確な映像として見えているのであろう。

主体と環境の一致点に生じる事実が感覚である。主体のあり方も多様であり、環境のあり方も多様であるから、両者の一致点は千差万別であり、どのような感覚でも生じうる。動物は、それぞれの必要性に応じて様々な感覚器官を進化させ、まわりの環境から必要な情報と意味を抽出し、自らの生存に役立ててきた。しかも、動物は、この外界からの情報を、運動感覚を含む身体感覚によって獲得してきたのである。

その意味では、感覚はすでに知覚を含んでいる。通常、感覚とは、意識内容の構成要素である単純な性質、例えば色とか味であり、知覚とは、それに判断や記憶などが介入したより高度な意識過程だと考えられている。この意識過程が加わって、〈机〉というような対象の把握もできると言われる。しかし、色とか味など感覚的性質を識別するためにも、知覚は必要である。感覚器官は瞬間ごとに消える刺激とその差異しか知らないから、単純な感覚刺激だけでは何も区別できない。

われわれ人間も含めて、動物がもつ感覚はある意味で貧弱であり、それぞれに限界がある。感覚的刺激は、動物にとって、単に探索のための信号にすぎないのである。動物は、何より探索によって、環境から自分にとって有意味な情報を抽出する必要がある。つまり、知覚する必要がある。感覚的性質が何らかの意味をもちうるのは、主体の関心や必要性があってのことである。感覚的刺激が情報として意味をもつには、知覚が働かねばならない。感覚は知覚を前提し、知覚は環境の中で行動する身体を前提している。

2　知覚と行為

探索と知覚

モグラは食虫類の仲間で、地中に潜って生活する生態を選んだ哺乳類である。モグラは鼻面で土を掘り起こし、幅広い爪のついた手で平泳ぎのように土を掻き退けながら、後ろ足で身体を押し出して前進し、トンネルを掘っていく。そのために、モグラの手はシャベル状になっていて、穴掘りには好都合にできている。こうして、モグラは、一昼夜に四、五メートル掘り進み、五〇〜七〇メートル四方、全長二〇〇〜三〇〇メートルにわたるトンネル網をつくって、これを毎日パトロールする。

しかも、モグラは、この上下左右が縦横に結ばれたトンネル網の要所要所に印づけをし、これを地図として記憶している。洪水でトンネルが水浸しになったときには、補修して枝道をつけ、新しい巣穴と結びつける。この網の目のようなモグラの棲みかには、枯れ草や苔や木の根でつくられたねぐらがあり、産室も、トイレも、水飲み場も、ミミズの貯蔵庫もある。

モグラは、トンネル内を進みながら、鼻や口の先に生えたヒゲで好物のミミズを探す。ミミズを捕まえると、頭の方から食べ、両前足でミミズの身体をしごき、ミミズの体表面の粘液を取る。と同時に、ミミズの消化管内の泥を抜き、途中で、食べる方向を尾っぽから頭側に向かう方向に切り換える。十月から十一月にかけては、ミミズの頭だけ齧《かじ》って麻痺させ、それを一〜二ヵ月生きたままで貯蔵庫に貯蔵する。

モグラの視覚はほとんど退化してしまっている。しかし、モグラは、発達した触毛で地面の振動を敏感に感知するとともに、すぐれた触覚や運動感覚によって自分の位置を正確に把握し、地中を動き回る。それは、自由に道を歩くことのできる盲人のようである。モグラは、眼が見えなくても物を認識できることを見事に証明しているとともに、外界の知覚は身体を通した探索によってこそ得られるということを如実に物語っている。

動物は、環境の中を動き回りながら外界を認識し、獲物や隠れ家を見つける。そのためにこそ、視覚や聴覚、触覚や嗅覚や味覚はあり、それらが運動感覚を含む体性感覚によって統一されているのである。外界からの信号としては、光や音、振動や化学刺激をはじめ、電気や超音波や赤外線など、何でも使われる。動物が、探索行動によって自分の行動範囲を走り回り、まわりの状況をよく調べるのは、主に食糧獲得と安全な場所を探すためである。

しかし、動物の探索行動の目的はそれだけではない。好奇心も、動物の探索行動を引き起こす重要な動因となる。魚類から哺乳類に至るまで、動物は旺盛な好奇心を示す。しかも、動物が高等化すればするほど、好奇心行動は増える。見慣れないものを初めて見たとき、動物はすべての注意力を新しい対象に集中し、その方向に顔や身体を向け、目を凝らしてそれを眺め、じっと耳を傾け、真剣に匂いを嗅ぐ。そして、物に注意深く近づき、それを調べ、場合によってはそれにさわったり、突っついたりする。動物には、新しい物を見て知りたいという盛んな意欲がある。実際、ラットでも、ネコでも、サルでも、未知の領域を探索する機会が与えられると、それが報酬になって、餌などの報酬がまったくなくても、所定の課題を学習する。サルや人間の幼児が、手足を動かし、物をつかみ、調べながら物の知識を取得するのも、このような好奇心行動による。

動物は能動的行為者であり、行為者であることによって知覚者である。動物は物を能動的に知るのであり、行なうことによって知るのである。したがって、知覚は単なる受動ではない。動物は、知覚することによって行動するのではなく、行動することによって知覚する。確かに、知覚によって対象の意味は把握されるが、その把握そのものは行動を前提としている。

だからこそ、生まれたときから拘禁されたままで育てられた動物は、知覚の発達に異常をきたす。チンパンジーの実験では、ミルクの瓶を見せても取ろうとしない、オモチャや食器が見えていても反応しない、物にぶつかりそうになっても避けようとしないといった症状が見られる。網膜には物は確かに見えているはずなのだが、行動は盲目の場合と同じである。このことは、感覚だけでは知覚は成立しないということ、感覚に意味を与えるものは知覚であるということ、その知覚は運動や行動によって発達するものだということを示している。手が発達しているサルや人間も、手を動かし、手でさわり、手でつかむことによって、対象を知覚しているのである。

動物の知覚は、その動物が環境の中で生きているということと深く結びついている。動物は、環境内を動き回ることによって、環境の意味を把握する。動物は、単に対象を見て観察するだけでなく、行動して、対象が自分にとっていかなる意味をもっているかを知る。知覚は、自然な環境の中を探索している行為者の方から考察されるべきであって、人工的な環境の中で動きを止められた状態で考察されるべきではない。

行動の選択

動物は環境内を行動しつつ知覚し、知覚しつつ行動を選択する。動物は、それぞれ、自分の能力の範囲内でどのような行動が可能か、環境がどのような状態にあるか、それに応じてどのような行動を選択すべきか、常に行動を調整しながら生きていく。動物は、主体と環境の相関の中で適切な行動を選び、環境に柔軟に適応していく。この場合、環境は絶えず変化しているから、その状況の変化に対して、行動も絶えず変更していかねばならない。予測できない状況にも対応し、新しい課題にも挑戦していかねばならない。また、同じ環境でも、種々の対応のしかたがある。動物は、それぞれの進化の段階に応じて柔軟な調整能力をもち、環境に対する主体的自由をそれなりに備えている。知覚はそのための手段である。

動物は、ある幅をもった融通性によって行動を選択し、よりよい環境にとどまり、よりよくない環境から遠ざかる。そして、好ましい結果を選び、好ましくない結果を避ける。動物の行動には、定位、移動、摂食、攻撃、防御、逃避など多種多様な行動形態があるが、それを効率よく実行するには、対象の識別、危険の察知、敵への警戒、結果の予測、情報の交換など、様々な能力を必要とする。しかも、動物は、これらの能力をすべて本能の中に生得的に備えているわけではない。

動物は、単なる本能によって行動しているのでもなく、遺伝子のプログラムに従って行動しているのでもない。もしも、環境の多様性とそれに対する行動の多様性を、すべて遺伝子の中に組み込んでおかねばならないとするなら、動物の遺伝子の中にどんなに大容量のコンピュータを組み込んでも足りないであろう。現代の神経生理学の理論が考えているように、すべての行動形態が中枢神経の中にプログラムされているわけではない。動物の中枢神経の中に組み込まれたプログラムはごく基本的な行動パターンのみであって、あとは、動物それぞれの経験と学習に任されている。動物は、経験を積みながら、独自の行動様式を獲得していくのである。

現に、ゾウリムシでさえ、単に環境にはまり込んだ癒着的行動をしているのでもなく、刺激に対して決まりきった反応をしているのでもない。なるほど、ゾウリムシは、障害物からの逃避と餌への接近という単純な行動しかできないように思われている。しかし、実際には、ゾウリムシでも、化学物質の濃度差に応じて遊泳方向を自由に変え、不都合な環境にあってはこれを回避し、好都合な環境にあっては、滞在期間を引き延ばす。ゾウリムシは外部の状況の変化を的確に判断し、それに応じた柔軟な行動を行なっているのである。この行動を、ゾウリムシは、運動器官と感覚器官を兼ねた繊毛の運動によってやってのける。ゾウリムシにさえ、変化する環境に対する主体的行動の自由がそれなりに備わっているのである。

ミミズなどに至れば、行動の自由はより増進する。ミミズは、冷たさや暖かさ、湿り気や渇きの情報を、皮膚に組み込まれた鋭敏な触覚によって察知し、温かく湿り気のある方向に移動し、それを好ましいものと判断して、そこで腐食土を食う。

動物は、多様な環境の中を、行為しつつ知覚し、知覚しつつ行為し、これらを調整しながら、環境に対して柔軟に適応していっているのである。

心の働き

主体と環境の相互作用の中で行動を選択する能力を〈心〉と定義するなら、あらゆる動物には心の働きがあることになる。動物は、絶えず変化する環境に対して、素早く行動を調節し、環境に柔軟に適応する。さらに、動物の中には、簡単な道具を使って、環境の制約を乗り越えようとするものさえいる。環境内での行為の選択の中に、動物の知覚、判断、認識、思考、記憶、感情、意志など、心の働きはある。

動物の知性も、目的をもった行動の中に現われる。実際、ゾウリムシのような原生動物でさえ、まだ神経機構も、まして中枢神経つまり脳などはもっていないが、それでも、運動しながら体中の無数の繊毛で障害物や餌を的確に判別している。ゾウリムシも、すでに外界を知覚し、敵味方を識別し、状況を判断し、行為を決断しているのである。意識的働きをするのに、脳や神経機構は必ずしも必要ないのである。

ミミズが湿り気の方向に向かってせっせと移動するのも、湿り気という意味と価値をもったものに向かう行為であって、そこには、対象に対する知覚も判断も思考も認識もあると考えねばならない。ハチなどの昆虫も、本能だけで反応しているのではない。ミツバチが蜜のより多く取れる場所を判断し、認識し、記憶して、これを他の仲間に連絡していることはよく知られている。鳥類などに至れば、高度な判断と思考を行なっている。例えば、アフリカのミツオシエは、蜂蜜の採集人を蜂の巣まで最短距離で誘導し、採集人によって壊された巣の蜜蠟の残りを食べる。しかも、採集人を誘うときの鳴き声と、採集人が巣に近づいたときの鳴き声を区別している。このような高度な認識と思考に基づく動物の行動を考え合わせるなら、動物を単なる刺激に対する反応機械として扱った行動主義心理学は厳しく批判されねばならない。

行動が、絶えず変化する環境に対する適応、あるいはその環境そのものの克服という合目的的活動であり、その能力を〈心〉と言うとすれば、このような働きは、動物ばかりでなく、植物にもあることになる。植物は動物のように移動はしないが、それでも光の方向へ曲がったり、蔓を絡ませたり、絶えず運動している。これも主体と環境の相互作用における行動の選択だとすれば、一種の心的行動である。

特に植物の芽や根は、盛んに回旋運動を繰り返している。そのことによって、植物の子葉や幼根は環境をまさぐり、これを認識して、自分の進んでいく道を選択している。例えば、植物の幼根は、地中でひたすら回りながら、石などの障害物を認識し、これを避け、水分のある方向を察知して伸びていく。それは、あたかも、モグラが頭を盛んに動かし、土の硬さや障害物を感じ取り、湿り気のある柔らかい方向を選んでトンネルを掘っていくのに似ている。

独立栄養生物の道を歩んだ植物は、動物のように脳神経機構を発達させる必要はなかったが、だからといって意識作用に近いものがないわけではない。植物でも、運動によって環境を認識し、それに対して最も適した対応のしかたを選択しているのである。食虫植物の行動にも見られるように、意識作用は萌芽的には植物にもあると考えねばならない。

行為としての知覚

知覚は行為である。行為から知覚は出発するのであって、知覚から行為が出発するのではない。例えば、乳児や幼児は、対象を知覚する前に、眼球を盛んに動かし、眼で対象を追う。さらに、対象に手を伸ばし、さわってみる。しかも、これをよく観察してみると、目標への到達は、何度か失敗を繰り返したのち成功していることが分かる。幼児の運動は手探りである。しかし、この視線の運動と手による行為によって、幼児は、物の方向、対象までの距離、その形や大きさなど、空間的特性を知覚する。幼児には、外界の対象はまだ十分明確な対象として現われてはいない。幼児は対象を眼で辿り、手で触れて、それを探索することによって対象を知るのである。幼児の場合を考えれば、行為が知覚に先立っていることが分かる。

対象のイメージも、行為を通して形成される。しかも、われわれは、対象をなぞる動作をイメージするだけで、対象に直接触れなくても、対象を認識することができる。一定の行動も、頭の中でイメージすることによって、素早くできるようになる。

逆に言えば、行為をイメージし、それを頭の中でなぞることができないとき、様々の失認や失行が現われる。例えば、脳梗塞などで何らかの脳障害を受けた人が、よく知っているはずの人の顔や動物の絵などを見ても、それが何物か分からないという症状を示すことがある。しかし、この場合でも、手でそれをさわったりすると、何であるかが分かることがある。また、拳を作ることを命じられても、ボタンをはめよと言われても、それができないという症状もある。しかし、このような場合でも、怒って振り上げた手でなら、拳を作ることができるし、たまたま手がボタンに触れれば、容易にはめることができる。このことは、われわれが行為によって知覚していることを物語っている。

しかも、行為の変化とともに知覚も変化し、知覚の変化とともに行為も変化する。例えば、裸の原形質からなるアメーバは、偽足といわれる突起を出したり引っ込めたりしながら、場所を移動する。餌に出会えば、それを取り巻いて摂食するが、獲物を取り込めないときには、別の手段を用いる。また、強い刺激に対しては、逃走したり収縮したりする。アメーバは、自ら動くことによって外界の変化を察知し、それに対して合目的的に対処し、自らの行動を常に新しい状況に適応させる能力をもっているのである。

知覚は受動ではなく、能動である。受動はむしろ能動の結果である。活動することが知覚することである。動物は、対象に向かうことによって、対象を知るのである。例えば、好奇心の発達したサルは、手で物をつかむ能力にすぐれ、何でも手でさわって試してみる。サルは、そのことによって対象を知覚する。また、サルは、木や綱を把捉手で手繰って巧みによじ登っていくが、その把捉手がいつも彼ら自身の視野内で働いているため、距離や空間の表象能力にすぐれ、物と物の関係に関する洞察能力にすぐれている。動物は、把捉行動によって、対象や空間の認知を完成するのである。

われわれは、行為することによって認識し、認識することによって行為する。行為によって知覚が導かれるとともに、知覚によって行為が導かれる。行為と知覚は循環しながら協働しているのである。

現に、カツオドリは垂直に海面に向かって急降下し、海に潜って魚を取るが、このとき、羽を広げたまま海面に激突すると怪我をするため、海面に近づくときに羽をすぼめる。カツオドリは、これを、自ら海面に急降下することによって迫ってくる海面の光学的流動と、海面に近づいていく自分の運動との連動の中で、衝突までの時間を正確に測って行なう。カツオドリは、自ら動くことによって見えの変化を測定するとともに、見えの変化によって自らの動きも同時に測定しているのである。

これと同じことだが、人類の科学的探究も、人類の探索行動の一つの現われであり、その探索行動によって、世界の新しい意味が見出される。と同時に、世界の新しい意味に応じて、科学的探究も変化していく。あたかも、トンネルの中へ深く入っていくように、ものごとをより深く掘り下げていけばいくほど、ものごとは新しい様相をもって現われてくる。そして、その新しい様相に応じて、われわれは世界の解釈を変えてもいく。行為の変化に応じて、世界も変化するのである。

われわれは、動く主体と動く環境の相関の中で行為を制御している。主体の行為によって環境も変化し、環境の変化によって、主体の行為も変化するのである。

3　運動する身体

身体の運動性

行為は身体を通してなされる。身体は認識の生み出される場であり、認識の背景である。自然科学は身体を極度に抽象化し、これを単なる物体として扱い、分割して取り扱うが、身体は、そのように単なる客体としてのみ存在するものではない。よく言われるように、われわれの身体は主体でもある。われわれは身体そのものを生きている。身体は生きられる身体である。

同時に、身体は動く。身体は、何より運動する身体である。そして、この身体の運動性から知覚は生じる。物を見る場合でも、われわれは外界の刺激を受け取り、それを処理してはじめて知覚を形成するのではない。われわれは、眼や頭を動かすことを通して、物を見ているのである。

手で触れて対象を知覚する場合でも、われわれは、いつも対象を探っている。手を動かすことによって、対象を知覚しているのである。特に、幼児は、動く手によって対象を見る。さわったり振ったり押したり叩いたりする身体の動きによって、物体の長さや向きや重さや大きさを知ることができるのも、知覚が身体の運動性と深く結びついているからである。

メルロ＝ポンティの〈身体図式〉の考え方も、身体の運動性と知覚の深い結びつきを指摘したものであった。[8] 身体図式は運動による方向性を含み、そのことによって、逆に空間が生成する。われわれは、身体を通して、世界に対する手掛かりをもつ。このことから、世界を知ることができるのである。対象の知覚も、運動する身体の統一性によって可能なのである。

このメルロ＝ポンティの〈身体図式〉の考え方は、ベルクソン*の〈運動図式〉の考え方を敷衍したものである。ベルクソンは、『物質と記憶』の中で、知覚を純粋認識としてではなく、行為の文脈の中でとらえた。そして、運動図式という概念を提出し、知覚を運動の内に置き直した。運動図式を自己の内に備えることによって、はじめて外界についての意味をもった知覚も成立し、自己も成立する。知覚は、身体によって行なわれる一つの先取であり、可能的行為であり、起こりかけている行為である。知覚は単に受動的なものではなく、運動を伴った能動的働きである。[9] ベルクソンは、有機体が自らの存在を維持するための活動、生命的活動の中で知覚をとらえたのである。

フッサールが独自の意味を与えたキネステーゼ（Kinesthese）という概念も、知覚がわれわれの身体運動によって規定されていることを示すものであった。[10] 感覚や知覚は、カントの言うような純粋な受容性ではなく、身体運動の自発性に基づいているのである。

動物の空間知覚

空間も、運動する身体によって様々にとらえられる。特に動物は、下等な動物から高等な動物まで、その身体構造もその行動様式も多種多様であるから、それに応じて、その空間知覚も千差万別である。

例えば、ゾウリムシが自らの運動と繊毛で感じ取っている空間は、障害物か餌かというだけの単純な空間でしかない。それでも、ゾウリムシにとっては、生きていく上には十分な空間であり、何一つ不自由はない。また、マダニには眼がなく、光を感じる皮膚しかないために、その知覚空間は明るいか暗いか程度の単純な空間である。しかし、それでも、正確な嗅覚の助けを得て木に登り、枝先から獣の毛穴の中に落ちて、その血を吸う。

また、海底の泥面を横泳ぎで這っているカレイは、腹の触覚で泥を感じ、体の上についている二つの眼玉で、体の上の方から襲ってくる敵を警戒している。カレイにとっての空間は、身体の下の泥と身体の上の水だけからなる。さらに、複眼で物を見ている昆虫は、網膜像をもたず、無数に分節された空間を見ているのだから、レンズ眼と網膜を使って空間を知覚している哺乳動物などとはまったく違った空間を見ていることになる。哺乳動物でも、地中に潜ったモグラは、手や触毛だけで感じることのできる触覚空間しかもっていない。人間は、モグラが掘るトンネルを幾重にも連なる長い地中の穴と見ているが、モグラの認識している自分たちの棲みかは、必ずしもトンネル網でできたものではない。また、超音波で対象物への距離や奥行きを感知するコウモリは、独特の聴覚空間の中に棲んでおり、その空間は、サルや人間や鳥などのもっている視覚空間とはまったく異なっている。

なるほど、霊長類はすぐれた空間知覚をもっている。彼らは、目標の枝をほとんど見ることなく、跳躍開始前に目標の方角、距離、位置、形態を正確に認知し、身軽に枝から枝へと移動していく。彼らがこのようなすぐれた三次元空間の知覚を備えているのは、把捉手を用いて木によじ登り、枝から枝へ移動する樹上生活で生計を立てているからである。人間がすぐれた三次元空間の知覚能力をもっているのも、このようなサルやチンパンジーの子孫だからであろう。しかし、多くの動物は、サルや人間よりも劣った空間知覚で済ましている。それでも十分生きていけるからである。

逆に、サルや人間よりもすぐれた空間知覚をもっている動物もいる。例えば、渡り鳥は、川や海岸、森や山、谷などを目印とし、さらに、太陽や月や星なども方向探知のための座標に使い、地磁気まで感知して、正確に渡りのルートを決めている。この渡り鳥のすぐれた空間知覚も、空を飛んで生きていかねばならない鳥類の生活上の必要性から生まれたものである。

各種の動物は、その動物にとって生きていく上に必要なだけの空間知覚をもっており、それ以上の空間知覚を備えていない。生きていく上には、それ以上の空間知覚を必要としないからである。空間知覚も、動物が生きる必要上から生じるものであって、動物の種類によって千差万別である。サルや人間のように、すぐれた奥行きや距離の知覚ができなくても、動物たちは生きていけるのである。動物の空間知覚は、その動物の身体構造や行動様式によって制約されており、動物の種類によって、その範囲や性質は様々に異なる。

奥行きの知覚と運動

人間も含めて、哺乳動物や鳥類はすぐれた視覚空間をもっているが、しかし、だからといって、視覚空間だけが空間なのではない。もともと、空間知覚は触覚空間から発展分化してきたものである。視覚空間も、実際には、運動感覚を含む触覚空間の助けを得て成り立っている。われわれは、眼ばかりでなく、手足の経験によっても距離や奥行きを知覚しているのである。

したがって、網膜像は、必ずしも空間知覚の必要条件ではない。網膜像をもつのは、レンズ眼をもった動物に限られ、それ以外の複眼をもつ動物、眼をもたない動物、すでに眼を退化させてしまっている動物には、網膜像がない。それでも、彼らは、それなりに生きていく上で必要なだけの空間知覚をもっているのである。たとえ、レンズ眼をもった動物に限定して網膜像というものを仮定したとしても、それは、実際には、電光掲示板のような光の刺激で生じる神経の興奮の時間的連続にすぎない。それは、三次元的どころか、二次元的でさえない。網膜像だけでは、奥行きの知覚は得られないのである。

仮に網膜像というものがあったとしても、その大きさは、対象の距離によって大きく変化する。ところが、われわれが対象を知覚するときには、対象の大きさを網膜像ほど大きな変化としてはとらえていない。さらに、眼はもちろん、頭や身体も動いているから、網膜像も絶えず動いている。ところが、われわれは、それでも外界を静止したものとして見ることができる。だから、大きさと位置の恒常性は網膜像から得られるのではなく、もっと別の機能から得られると考えねばならない。

また、身体を動かして静止した外界を観察するときには、網膜像のすべての点が一定の方向へ動く。ところが、これを、われわれは観察者自身の運動と理解し、外界の運動とは解釈しない。もっとも、視野の大部分を占めるものが動くと、網膜像全体が動いたように見えるために、観察者自身は静止しているのに、観察者自身が動いているように錯覚することがある。駅で、隣の列車が逆向きに発車したのを、自分の列車が前へ動き出したように錯覚することがあるのは、そのことによる。われわれは、網膜像だけで、空間や運動を知覚しているのではないのである。光の刺激で生じる神経の興奮にすぎないものが、一次元の線とか、二次元の平面とか、三次元の立体として推定されるのは、運動感覚を含むもっと別の身体経験を前提しなければならないであろう。

われわれが、物に奥行きがあり、自己と対象の間に距離があるとする視覚的手掛かりの一つとして、従来からよく出されてきた仮説は両眼視差であった。しかし、この両眼視差による奥行きの知覚の説明は、奥行きの知覚の構造をほとんど説明していない。実際、両眼視差は、対象が数十メートル先になると、奥行き知覚としては無効になる。また、われわれは、片目で物を見ても、対象までの距離をそれなりに推定することができる。事柄は逆であって、両眼視差そのものが奥行きの知覚を前提しているのである。

メルロ＝ポンティが『知覚の現象学』の中で詳しく分析したように、むしろ奥行きの知覚が前提になって、遠くにあるポプラの木も大きな木として解釈される。また、単に平面に描かれた六つの面と十二の稜からなる図形にすぎないものも、立方体として理解されるのである。奥行きや高さや幅は私と物との関係であり、私はそれを眼差しの動きで追い、私の身体とその動作によって経験しているのである[11]。

ギブソンも、奥行きや距離の知覚を、観察者がいる場所と観察者から遠ざかって広がる地形の特徴の関係として理解している。彼自身、このことを、飛行機のパイロットの空間知覚の研究から引き出してきた。飛行機のパイロットの眼下には、連続した地形が存在している。このうち、特に地面、滑走路、海などの物理的な連続体からできている連続面は、奥行きの知覚に決定的な役割を果たす。連続面がなかったら、奥行きの判断はできない[12]。

もちろん、この場合、観察者も運動しており、したがって、大地からの光学的流動も常に変化しているから、奥行きの知覚は能動的・行為的な経験だと言わねばならない。奥行きの知覚には、原初的な移動経験が必要である。奥行きの知覚は、手を伸ばして物をつかんだり、足を運んだり、翼を動かして移動するという身体行為なくしてありえないであろう。運動感覚が伴わなければ、奥行きや距離は測れない。実際、眼球の運動や頭の動きや全身的移動など、観察者の身体の動きによってまわりの光の配列は変化し、その変化から、われわれは奥行きや距離を知覚しているのである。平面に描かれた絵は、所詮は様々な絵の具の混合物にすぎない。それを遠近に富んだ美しい景色と見るのは、われわれの身体経験であり、運動経験である。視覚ばかりでなく、触覚や運動感覚など多くの感覚が結合されて、はじめて三次元の空間認識が成り立つ。空間認識は運動と行為によって成立するのであって、その逆ではない。

われわれは、静止した三次元座標空間上を運動しているのではない。そのような抽象的空間は、逆に、具体的な運動から抽出されてきたものにすぎない。ニュートンの言うような絶対空間などというものを認識している動物は存在しないのである。

バークリは、『視覚新論』の中で、触覚の優位を説き、距離、空間、大きさを、触覚に属するものとした。だが、このバークリの言う触覚には、運動感覚も含まれていた。ということは、触覚をもっていても、動かずにいれば、距離を認識できないということになる。距離を知るには、触覚や筋肉感覚や運動感覚による経験が必要なのである。視覚によって距離を知ることはできない。そのように考えて、バークリは、すでに網膜像や両眼視差からの距離の知覚という考えを否認していた[13]。

事実、奥行きの知覚には、手や腕の伸ばし具合、歩行量などが重要な情報源になっている。夜行性の動物や洞窟や地中に棲む動物などは、このような運動感覚を含む触覚で距離の知覚を行なっている。幼児も、手足の運動によって距離を測っている。眼による距離知覚は、むしろ手足から教えられたものである。また、先天盲の人でも、地上に描かれた直角二等辺三角形の直角を挟む二辺や斜辺の長さを、歩幅など運動感覚を頼りに正確に測ることができる。さらに、コウモリのエコロケーションを模倣したソニック・ガイドと呼ばれる超音波定位装置を頭につけた先天盲の盲児は、驚くべき速さで健常児と同様のリーチング行動を開始し、対象のある位置にスムーズに手を運ぶようになる。この場合も、ソニック・ガイドが頭をはじめ身体の動きと連動していることに注目しなければならない。奥行きや距離など空間認識は、基本的には運動感覚によって基礎づけられるものであり、必ずしも視覚情報を必要としないのである。

空間知覚と運動する身体

空間知覚はもともと身体を中心に成立する。前後、左右、上下という空間の分節も、身体なくして定義できない。例えば、前は、人間の場合、顔や胸の方向であり、身体が前進する方向である。後ろは背中の方向になる。しかし、これは、人類が直立二足歩行を始め、前後上下の空間構造が逆転したことによる。本来の哺乳類、鳥類、爬虫類、魚類など、脊椎動物では、頭の方向が前、尻尾の方向が後ろになる。昆虫なども含めて、左右対称の身体構造をもつ動物は、一般に身体軸の方向が前後の方向になり、行動の方向になる。しかし、人間は直立歩行を始めたために、例外的に頭の方が上になり、尻の方が下になったのである。チンパンジーやサルの場合は、これらの中間領域ということになる。前後・上下という空間の分節も、身体を中心にしてなされているのである。

左右も、身体を離れて定義することはできない。左右対称の身体構造をもつ動物の身体の両側が、左と右に分かれる。ところが、クラゲやウニになると、多くの場合身体が放射相称の体型になっているので、前後左右という感覚がない。前後左右の感覚ができるのは、動物でも、左右対称の体型をもち、頭部と尾部の区別がつくようになってからである。

上下の区別は、人間にとっては、通常、運動の方向ではないために、かなり固定したものになる。頭の方向が上、足の方向が下になる。ただし、この上下の区別も本来は相対的である。人間でも、寝そべっているときには、背や腹の方向が上下になる。一般に、哺乳類、爬虫類、鳥類、昆虫などでは、背中の方向が上、腹の方向が下になる。しかし、棘皮動物以下の下等動物になると、上下の区別が分からなくなる。上下という空間の分節も、動物の身体構造によって様々に異なるのである。

さらに、動物の場合、身体が動くことによっても、前後、左右、上下は変動する。身体が前進することによって、前にあるものは後ろになり、身体が横に移動することによって、右にあるものは左にあることになる。エレベーターで高層ビルを昇ったり降りたりする場合でも、上にあるものが下になり、下にあるものが上になる。もちろん、この場合も、前後、左右、上下の判断は、身体とその方向が軸になって行なわれる。

前後、左右、上下も、身体の構造、位置、動きによって相対的に現われる。われわれは、身体との位置関係で対象を表現するために、座標系としては、身体を中心とした観察者中心の座標系が使われることが多い。空間認識の背景には身体がある。二十世紀の現象学が主張してきたように、空間知覚は身体図式によって成り立つ。空間はどこまでも生きられる空間であり、身体によって方向づけられ、場所的にも方向的にも均質ではない。

野性動物が縄張りをもったり、敵となりうる他の動物に対してある一定の距離を維持しているのも、動物にとっての空間がどこまでも身体の延長によってとらえられていることを表わしている。また、われわれが、子供のとき育った故郷の風景をより大きなものとして記憶しているのも、自分自身の身体の大きさから空間を価値づけていることを示している。大人になってから故郷を再び訪ねたときには、意外とその風景は小さく見えるものなのである。

しかも、空間を知覚する身体は、どこまでも運動する身体である。身体図式といっても、止まった図式ではない。運動する身体こそ知覚の主体である。広がり、大きさ、形、距離など空間の属性は、網膜や視神経や大脳中枢によって認識されるのではなく、眼も含めて、身体の運動から認識される。だからこそ、両眼視差という単なる信号も、運動する身体によって奥行きとして知覚されるのである。

認識の背景に運動する身体がある。確かに、メルロ＝ポンティが言うように、私の身体は、それが世界を見たり、対象に触れたりしているかぎりでは、見られも触れられもできない。しかし、図に対して地を構成するこの身体の運動性なくして、空間という図は構成されない。運動する身体は空間を価値づける。地は図を意味づける。(14) モグラが口髭で土の湿り気を認識し、シャベルのような手で土を掘り進むとき、モグラにとっての空間は、土の様々の性質で塗り分けられた地図として現われる。だが、その背景には、モグラの運動する身体が地として働いていなければならないのである。空間の意味と行為主体としての身体は切り離すことができない。

身体の運動性から空間認識は成立する。実際、動物は、それぞれの棲む環境を移動することによって、そこを自分の空間として認識する。水中を泳ぐ魚も、動くことによって水中を知り、地を這うネズミも、左右に出ている髭で未知の地形を探りながら、道を覚える。鳥たちは、空中を飛びながら、木や斜面などの障害物を回避する能力を身につけ、霊長類は、しっかりした手で枝と枝をつかみながら森の空間を覚える。

われわれ人間も、身体の動きに連動して刻々と変化する視野から、空間を認識している。上下、左右、前後という六つの方向も、静止した身体からではなく、本来は、運動し行為する身体から認識される作用空間である。だからこそ、われわれは、眼を閉じていても、手足を動かし、肌身で壁や障害物を感じることによって、空間を認識することができるのである。先天盲の人も、手探り、歩幅、空気の流れ、音の方向などによって、眼の見える人と同等な空間的広がりを理解している。われわれが体験的に思い描いている空間は、幾何学が示すような抽象的三次元空間ではないのである。

現に、幼児は盛んに手を伸ばして物をつかみ、やがてそこへ移動することによって、対象との距離を知覚し、空間を認識する。空間は、眼よりも、手や足の運動によって認識される。たとえ、眼によってのみ空間が認識される場合でも、われわれは常に眼によって物を追い、探索の眼差しを向けている。身体の運動性こそ、知覚の起源なのである。

確かに、われわれは、距離や大きさや形についても、しばしば錯覚に陥ることがある。しかし、それを修正するのも、運動する身体である。遠方にあって小さく見える木も、運動感覚を含む身体によって、実際には大きなものとして理解される。逆さメガネ実験でも、水で手を洗うという行為をしているときには、水道栓から注がれる水は通常通り上から下へと流れるように見える。運動する身体と視覚空間、行為と知覚が再統一されるからである。運動し行為する私が身体ごとその世界に投げ込まれ、その世界に生きるとき、錯覚は修正される。二次元の平面に描かれる多義図形が種々の錯覚をもたらすのは、それが、現実の三次元世界で生きて行動する身体によって修正するのが困難なためでもあろう。

メルロ＝ポンティが『知覚の現象学』の中で詳しく考察した認識障害の場合も、むしろ、能動的態度をとったときには克服されるということに注目しなければならない。彼が考察した失認や失行の例は、命令に従って手足を動かす抽象的運動が不可能になる例である。しかし、この場合でも、予行演習を行なったり、自分で自発的に手足を動かすときにはできたのである。(15) 失認や失行は、多くの場合、運動を総覧し運動を外部に投射する能力、つまり運動図式を含む身体図式の障害なのである。

また、認識障害同様、メルロ゠ポンティが考察した幻影肢の場合も、現実による再統合ができて、新しい運動図式ができれば、幻影肢は消える。交通事故や戦争などで手や足を失った人が、負傷した際の状況や情動を思い出させる場面に面したとき、あたかも元の手や足が存在するかのように感じる現象がしばしば現われる。しかし、このような幻影肢も、切断された状態を納得し、新たなしかたで自己の世界を生きることができるようになれば消えるのである。(16)

われわれは、運動する身体を通して空間を認識している。それは、どこまでも生きられる空間であり、主体的な空間である。空間は、本来、デカルトの言うような幾何学的空間でもなく、ニュートンの言うような絶対空間でもなく、カントの言うような直観形式*でもない。われわれは、そのような均質で客観的な空間上を運動しているのではなく、身体運動を通して、主観的で異質な空間を各自生きているのである。

運動する身体を通して世界に働きかけ、世界の中に自己自身を投入することによって、世界は立ち現われてくる。われわれは、世界内で身体を通して行為している生きた主体である。われわれは、世界の外にいて世界を認識しているのではなく、世界の中で行為しながら世界を認識しているのである。

だから、空間は、どこまでも、主体にとって意味をもった空間、つまり環境でなければならない。主体にとっての空間は、生きられる空間であり、環境である。それは、それ自身が絶えず変化していく空間であるとともに、主体が運動することによっても変化していく空間である。

身体の運動性と志向性

われわれの意識は、何かについての意識であり、矢が的に向かうように、対象への方向性、つまり志向性(Intentionalität) をもっている。それは何かを指し示す能動的作用であって、何かによって引き起こされる受動ではない。

しかも、この志向性の背後にも、身体の運動性がなければならない。メルロ＝ポンティも、身体の運動性のうちに根源的な志向性を認め、世界内で生き行動する身体的志向性に能動的な意味付与能力を認めた[17]。われわれは、運動図式を含む身体図式を投射することによって、対象を認識するのである。意味をもった世界は、能動的な身体のまわりに生成してくる。われわれは、具体的な身体運動の中で外界を知覚しているのである。フッサールも、意識の志向性を、認識作用が意識内容を突き抜けて対象そのものと関わる働きと解し、志向性に能動的意味作用を見た。そして、そこに、身体の運動性を見出してもいたのである[18]。志向性の担い手は運動する身体である。

知覚は単なる意識ではなく、身体を通した行為である。志向性も、単なる意識の作用である前に、むしろ行動の方向性として現われる。実際、〈見る〉という行為の中には、〈首を動かして頭の方向を変える〉〈眼を凝らして焦点を合わせる〉など、対象に向かう身体行動が含まれている。このような身体行動なくして、見るという行為もなされず、知るという行為もありえないであろう。知るという行為も、身体の運動性を含むのである。身体の能動性なくして、知覚は成り立たない。

動物には、常に身体の必要性があり欲求がある。それによって、意図的な行動が生み出される。動物は興味のある対象の方向に眼を向け、これを注視し、その方向に向かって身構え、注意を向ける。そして、その必要性に応じて情報を選択し、次の行動に移る。知覚とは情報の能動的選択作用であり、その背後には身体の志向性がなければならない。身体の志向性が、地の中から図を浮かび上がらせるのである。知覚は表象ではなく、身体の志向性を通して世界から意味を抽出する行為なのである。世界を了解するのに、表象は必要ない。

生態光学

ギブソンの生態光学も、視知覚の成立に身体の運動が深くかかわっていることを指摘した点で、画期的なものであった。動物も人間も移動中に環境を見る。われわれの身体が移動すれば、眼も同時に移動し、その動きに連動して視覚風景も刻々と変化する。この変化から、知覚者は、包囲光配列の光学的流動のパターンを取り入れる。視覚情報は、対象から反射して知覚者を包囲しているこの光のパターンの中にこそある。視覚情報は包囲光配列から直接得られるのであって、網膜像を通して獲得されるのではない。光学的配列の変化の中で、変化しない不変項を取り出すことが知覚にほかならない(19)。

われわれが頭を横に向けると、今まで見えていたものは視野から消えるが、再びそこに身体を向けると、以前と同じ視覚的光景をとらえることができる。このことによって、われわれは物の持続的存在を認識する。そのように、可逆的な光学的変形の中での不変項を情報として抽出する過程が、知覚という活動である。対象には隠れている面と現われている面があるが、観察者の移動とともに、隠れていた面が現われ、現われていた面が隠れる。この観察点の位置の移動に伴って生じる遮蔽の変化の中から不変項を探し出すことによって、物の形や空間も認識されるのである(20)。

事実、有視界飛行をしている航空機のパイロットは、自らが動くことによって変化する光学的流動の情報を使って、機体を操縦している。パイロットにとって最も重要なものは、地面や滑走路や海などのような物理的な連続体からできている連続面である。だが、この連続面の光学的配列は、機体の移動とともに変化する。この変化を通して奥行きも判断され、安全な飛行も可能になる。この場合、パイロットは、機首の上端部分の見えの変化によって、自らの姿勢と速度の情報も同時に知覚する。パイロットは、自分の機体の運動によって変化する外界の情報を、自らの機体の制御にも使うのである。このことによって、着陸も可能になる。

同じことだが、上空から急降下して海中にいる魚を捕獲するカツオドリは、海面に衝突する直前の三、四百秒のところで翼を折り畳み、自分の身体を流線型にして海面に突っ込む。このとき、カツオドリは、自分自身の落下がつくりだす海面の光学的変化を利用して、自分と海面との距離や海面との衝突までの時間を測っている。そこには、海面の情報と同時に、自分自身の落下の情報も入り込んでいる。飛行機のパイロットも、これと同じことをやっていることになる。

行為する主体は、自分自身の移動の情報と環境の変化の情報を同時に得ることによって、知覚しているのである。環境の変化は、環境と同時に、知覚者の行為も特定しているのである。実際、運動選手が練習を繰り返すことによって技能に熟達するのも、自ら動くことによって変化する環境の情報の中から、自己の身体にとって必要な情報を特定し、その抽出能力を向上させることによってである。変化する行為と変化する環境の中で、主体と環境が出会う瞬間に生成してくる〈出来事〉が〈知覚〉なのである。

4　知覚循環

知覚システム

認知心理学や大脳生理学は、脳が感覚刺激を処理して運動プログラムをつくり、その情報が運動器官に伝えられ、運動が制御されるという考えに支配されてきた。しかし、運動主体と環境との関係は休むことなく更新されているから、脳による制御のみでは、変化する環境に対する柔軟な行動ができない。自動ピアノのように、行為に先立って、行為のプランがプログラムされているわけではない。行為は、むしろ、行為とその行為によって抽出されてくる環境の情報によって制御されていると考えねばならない。

また、行動主義心理学が唱えたように、行為は単なる刺激に対する反応でもない。環境からの刺激は、逆に、環境の中で行為している知覚者が、その身体を通して選択してくるものである。したがって、また、知覚世界は脳の中でつくりだされるものでもない。脳神経系は、むしろ、知覚情報を環境から抽出し、これを運動器官に伝達する連絡器官にすぎない。知覚は、外界の刺激によって触発されるものでもなく、脳が生み出すものでもない。行動を刺激に対する反応と考える行動主義の客観主義にせよ、認知が脳の内部で行なわれるとする認知主義の主観主義にせよ、どちらも克服されねばならない。

われわれはまず行為し、行為することによって知覚し、知覚することによって行為している。知覚と行為の間には、連続的でダイナミックな相互作用がある。知覚と行為は、協調的な循環過程なのである。動物も、探索活動によって環境から必要な情報を抽出し、その情報に基づいて活動する。そこには、知覚と行為の循環がある。外界からの刺激も、行為によって選択されるものである。その刺激を受容する感覚器官も、単なる受動的器官としてではなく、能動的な行為と能動的な知覚の循環過程の中の能動的器官としてとらえねばならない。ギブソンは、この循環過程を〈知覚システム〉と言った(21)。刺激や感覚器官ばかりでなく、脳や神経系の働きも、この知覚システムの中の一過程としてとらえるべきであろう。

ユクスキュル*の環境世界論でも、動物の実行器官によって作られる作用標識が、動物の感覚器官によって獲得される知覚標識に影響を及ぼし、知覚標識そのものを変化させると考えられていた。作用像は環境世界に投射された動物の行為であり、その行為は、作用像によって知覚像に意味を与える。しかも、その知覚像によって、また、次の行為が生成してくるのである。ユクスキュルはこの構造を〈機能環〉と言ったが、これはすでに〈知覚システム〉の考え方を先駆するものであった(22)。

もちろん、この行為と知覚の循環過程には、ナイサー*の言うように、予期とか期待といわれる機能は必要である。知覚者は、行為をする前に、ある予期をもっている。予期は前もっての行為である。知覚者は、その予期に従って環境から情報を抽出し、その情報によって予期や図式を修正し、次の行為を選択する。しかも、この予期図式は、環境の中の予期しなかった意味をも抽出し、当初の意図の修正や行為の更新に使われる。実際、ネコは、獲物が今いる場所ではなく、獲物が一瞬後にいる場所を目掛けて飛び掛かる。そこには、ネコはネコなりの予期図式があり、それによって環境から情報を獲得しようとしているのである。たとえ、その目的行為が失敗したとしても、それ自身が新しい環境の意味となり、次の行動のための図式修正を可能にする。ナイサーは、この過程を知覚循環と言った。経験や学習による動物や人間の発達も、このような知覚循環によって進展していくのである(23)。

ニコライ・ベルンシュタイン*が、運動の研究の中で、運動の自由度と運動の文脈を強調し、その協調構造を指摘したのも、運動そのものが知覚循環によって成り立つことをすでに見ていたと言える。運動を構成する多くのユニットには自由度があり、それを一つ一つ脳の中のプログラムによって指令することはできない。さらに、今行なっている運動は、必ずその前の運動の影響を受けており、また、その後の運動にも影響を与える。このように、運動の文脈は常に異なるから、どのような場合でも同じ運動が生じるとは限らない(24)。

運動は、身体各部が連携して協調し、運動の文脈への適応的な調整をはかることによって成り立っているのである。運動によって知覚が成立し、その知覚によって、次の運動が引き起こされる。知覚と運動は常に循環している。この循環の過程で行為が調整され、調整されることによって意味ある行為が成り立つ。運動や行動は、脳からの指令によって引き起こされるものではないのである。

逆に言えば、脳がなくても、この調整過程さえ成り立てば、それなりに柔軟な行動が可能である。ゾウリムシやアメーバなどの単細胞生物には、脳はない。しかし、知覚器官と運動器官の未分化な状態で能動的で自律的な調整を行ない、見事に意味ある行動を成り立たせている。

手の上に長い棒をのせてバランスをはかる場合、手によって調節運動をすることが棒の動きとなって現われ、それが知覚されて、再び手の運動の調節に影響を与える。そこには、探索、図式、情報抽出、調節と続く一連の知覚循環過程が働いている。知覚とは、行為者と環境とが循環的な回路において協調的に機能する活動である。ここでは、原因が結果を生むとともに、その結果が原因に回帰し、新しい結果が生じてくる。知覚と行為は、結果がそれ自身の原因に遡って作用する自己言及的な循環過程の中で行なわれる。

ここには、すでにシステム論的な見方があり、知覚をオープン・システム（開放系）としてつかみ、コンプレックス・システム（複雑系）として把握すべきことが示唆されている。

したがって、ここでは、能動的であることが同時に受動的であり、受動的であることが同時に能動的である。環境に働きかけることは、同時に環境から働きかけられることである。しかも、この過程の中で、われわれは環境を体験するばかりでなく、環境を体験している自己自身をも体験する。他者知覚は自己知覚を含む。動物も人間も、行為することによって、環境と同時に環境の中に置かれている自己をも知覚しているのである。発達や進化も、このような循環から生じてくる。

知覚は、主体と環境の循環的相互作用である。しかも、主体も変化し、環境も変化する。動く主体と動く環境の循環的相互作用の中に、知覚は生成してくる。しかも、動く主体は、動く環境の外にあるのではなく内にある。主体はどこまでも環境内を動く。

動く環境の中での動く主体の世界内認識、それが知覚である。われわれは世界の中で動き、その動きの中で世界を観測し、世界を生きている。世界の中には、知覚者自身も含まれている。人間も動物も、写真で風景を見るように、世界の外から世界を見ているのではなく、世界の中で世界を見ているのである。われわれは、直接現場の中に入って行為し、行為することによって現場を見ているのである。

認識は主観の産物ではなく、環境と環境の中で生きる主体との相互作用である。だから、認識は単に主体の内部に生じるのでもなく、主体の外部から引き起こされるものでもない。ここでは、内と外という区別も廃棄しなければならない。

行為的認識

認識は行為である。認識するから行為が生み出されるのではなく、行為するから認識が生み出されるのである。ゾウリムシでさえ、ともかく前へ進むことによって障害物に突き当たり、それに撥ねつけられることを通して、それが通り抜けていくことができないものと認識する。眼を退化させたモグラも、掘りながら土を知る。コウモリも、あちこち飛び交いながら環境を認識している。子供がストーブの火を熱いと認識するのも、ストーブの火に手を伸ばして近づけることによってである。幼児は、刺激の渦の中へ入り込むことによって、環境を知る。経験とか学習と言われるものがそれである。数の理解さえも、初めのうちは実際に指を折って数えることによってなされ、円形の理解も、現実に円周を回ってなされる。為すことは知ることであり、知ることは為すことである。知ってから為すのではない。為しつつ知り、知りつつ為すのである。

動物も人間も、世界から分離された観察者ではない。動物も人間も、世界の中で行為しつつ世界を認識する主体である。認知とは、外界を単に表象することではなく、何より身体を通して行為することでなければならない。その意味では、能動によってこそ受動がある。能動と受動は分けることができない。能動と受動が一つになって活動している状態が知覚である。私が満月を見ているとしても、私は満月の外で満月を見ているのではない。私は満月の方に体を向け、満月の光を全身に受けることによって、その光の中で満月を見ているのである。

能動と受動、主観と客観、自己と世界が一つになっているところに、認識は成立する。認識は世界から独立してはいない。メルロ＝ポンティが〈行動的認識〉(prakto-gnosie) と言い[25]、西田幾多郎が〈行為的直観〉と言ったのは、このことである。われわれは、行為することによって物を見る。メルロ＝ポンティや西田は、このような現場の知が認識の源泉にあることを、すでに二十世紀の前半で明らかにしていた。身体を通して知る行為的認識が希薄になったところに、現代人の精神的不安定さも起きているのである。

われわれは、働くことによって見、見ることによって働く、作ることによって見、見ることによって作ると西田は言う。しかも、われわれは、活動する身体を通して物を見る。行為的直観とは、物を身体と行為を通して見ることである。したがって、西田は、晩年のフッサールやメルロ＝ポンティと同様、私が在るのは考えるがゆえにではなく、行為するがゆえになのだと言う。ここでは、すでにデカルトが乗り越えられている。西田においては、考えるものと考えられるもの、思惟と存在、主観と客観は分離されていない。主客の対立を乗り越えようとするところに、初期の純粋経験*から後期の行為的直観の立場まで、西田の思想の一貫したモチーフがある。西田が「物となって見、物となって働く」「物来たって、我を照らす」と言っているのは、このことを表わしている。見られる対象も、見る自己も、身体を通して働くということによって、はじめて見えてくるものなのである[26]。

運動と時間・空間、そして自己

運動とは事物が動き変化することそのことであって、それを外から眺めることはできない。たとえ眺めえても、運動そのものをつかんだことにはならない。運動するということは、空間内の連続する位置の一つ一つを次々と通過し移動することではない。運動を位置の変化あるいは移動と定義するのは、運動を外から眺め、外の視点を固定して、その動かないものから動くものを理解しようとする便宜上の説明にすぎない。物理学や幾何学が基礎をおいているこのような客観的説明では、ゼノン*の〈飛ぶ矢は止まる〉の矛盾が出てくる。A点、B点、C点……とそれぞれの瞬間にある矢は、いつでも止まっている。止まっているものをいくら加算しても、運動はでてこない。ベルクソンの言うように、映画のコマ撮りのような静止の積み重ねからは真の運動を構成することはできないのである[27]。われわれの運動認識も、網膜の静止情報を総和し再構成することによってなされているのではない。

事物が空間と時間上を移動することが、運動や変化なのではない。むしろ、運動し変化することとそのことから、空間と時間が生成してくるのである。渦中の運動と変化の中には、デカルトが考えた時空の座標軸もなければ、ニュートンが前提した絶対時間も絶対空間も存在しない。逆に、渦中の運動や変化の方が空間と時間を紡ぎだし、呼び覚ましてくるのである。時空の認識の前に、何より運動や変化の認識がなければならない。

しかも、時空は連続しているから、空間の認識には時間の認識が伴い、時間の認識には空間の認識が伴っている。観察者の移動とともに隠れていたものが現われ、現われていたものが隠れることによって、空間が知覚されるばかりでなく、過去から未来への広がり、つまり時間もまた知覚される。空間的共存は時間的継起でもある。空間的移動と時間的変化は連続している。だからこそ、前は未来になり、後ろは過去になる。ここでは、空間も時間も、一様で均質なものととらえることはできない。運動に伴う加速や減速、変化や変動とともに、空間も時間も、疎になったり、密になったりする。等質な時空という観念は、この等質でない生きられる時空から単に抽象されてつくりあげられたものにすぎない。

時間の知覚が空間の知覚と同時に立ち現われるのと同じように、自己の知覚も対象の知覚と同時に現われる。対象を見ることは自己を見ることである。物に触れるということは、触れている自己について知ることである。知覚される世界の背後に、自己はいつも登場している。環境を知ることは自己を知ることである。環境の知覚は自己の知覚である。われわれは、行為することによって、環境と自己両者の情報を得ている。環境とともに、その環境をどのように見ているかという自己をも知覚しているのである。自己自身が運動していることも、対象の変化から知る。私が動くと視野が変化するが、その視野の変化から、私は私自身の移動を知覚するのである。

有視界飛行を行なうパイロットも、海中にダイビングするカツオドリも、自己の移動によって変化する眼前の視野の拡大や縮小を通して、自己の姿勢や移動の方向、速度や加速度さえも測定している。伝統的な航海法にも、遠くの山の景色が動いているのを観測することによって、自分自身の動きとその方向を知り、海岸線を首尾よく航海する航法がある。この場合でも、遠くの山の景色の動きそのものは、もとをただせば、自分自身が乗っている船の動きに源泉をもっているのである。自分自身が住んでいる地球自身が西から東の方向に自転していることを人類が発見しえたのも、太陽が東から西へ動くことを自己の動きとして再解釈することによってであった。

あらゆる知覚の背景に身体的自己の知がある。この自覚は動物にもあるであろう。チンパンジーは、鏡に映った自分自身の像を自分の身体の表象と認めることを学習できるが、これと同様なことはハトにもできることが分かっている。われわれも、たとえ眼をつむって歩いているときでも、自分自身の足音や自分自身の声の反響を聞きながら、自分自身の身体的自己と自己運動を知覚しているのである。

自己の自覚は、主観が主観を自覚することによって生まれるのではない。自己の自覚は、逆に、主体が環境に能動的に働きかけることによって生まれてくる。外界の知覚と自己の知覚は連動している。デカルトは、考えるわれを自己意識として、対象から切り離し、これを自己と理解したが、自己と対象は本来切り離すことができない。自己とは統覚（われ考える）ではなく、身体的統一であり、身体的統覚でなければならない。〈私が私を意識している〉という自己反省作用は、この身体的自己に基礎をもっている。もしも身体的統一性がなかったなら、私はいくつもの私に分かれ、多重人格化するであろう。しかも、この身体の統一性の自覚から、物の統一性の自覚も生じる。自己の認識と物の認識も相呼応して出現するのである。

第五章　意味と思考

1　意味と価値

環境の意味と価値

ユクスキュルが『生物からみた世界』の中で書いていることだが、満開の野の花茎も、花を摘む少女にとっては、胸飾りにつける花束という意味をもち、アリにとっては、花弁の中の食物に達するための舗装道路という意味をもつ。また、アワフキムシの幼虫にとっては、茎から得られる液汁で壁を作るための家の材料という意味をもち、ウシにとっては、美味しい餌である。同じ花茎の意味と価値が、それを利用する主体によって、装飾、道、給油所、餌などと千変万化するのである[1]。

動物は、同じ環境から、それぞれ違った独自の環境世界を切り取ってくる。環境世界（Umwelt）は環境のすべてではなく、環境（Umgebung）の一部にすぎない。動物は、その種や形態や行動様式に応じて、それぞれ独自の環境世界を環境から選び取り、その環境に適応していく。したがって、単純な動物には単純な環境世界が、複雑な動物には複雑な環境世界が対応する。人間も含めて動物は、自らの作用行為と知覚行為から環境を切り取り、作用世界と知覚世界を統一して、独自の環境世界を組み立てる。作用と知覚から成立している動物主体の行為が、客体にその意味を刻み、客体を、その時々の環境世界における意味の担い手にするのである(2)。

だから、自然、大地、空、星など、人間にとって自明とされているものも、他の動物にとっては存在しないか、あるいは別様に受け取られている。例えば、ゾウリムシにとっては、人間が顕微鏡で眺める水中の複雑な世界は存在しない。ゾウリムシにとっては、接近と逃避というゾウリムシの相反する二つの行動に応じて、障害物と餌とそれらの媒質の水だけからなる単純な環境世界しか存在しないのである。海中に棲むウニにも、夜と雲、船と魚の区別はなく、それらはどれも明から暗へ変化させるものという意味しかもっていない。したがって、それらによってあたりが暗くなると、ウニは一様に針を動かして反応する。同様に、匂いを放つ色とりどりの花、風にざわめく葉、さえずる鳥など、人間や他の動物にとっては意味をもつものでも、ダニの環境世界には存在しない(3)。

人間も、動物も、環境に意味を付与することができてはじめて物事を成しうる。ユクスキュルは、このことを環境にトーンを与えると言っている。確かに、われわれの行為のあり方によって、われわれのまわりの世界は意味や価値をもったものとして現われる。同じ一つのものでも、動物によって違った意味と価値をもつ。各動物は自分自身にとって意味や価値のある事物しか見ないし、同じ事物でもそれぞれ別の性質を見ているのである。

環境は、どこまでも、動物主体の生存や幸福にとって意味と価値をもつものとして立ち現われている。このことは、餌か障害物かというゾウリムシの環境評価の中にもすでに現われている。ユクスキュルが詳しく報告しているように、視覚器官も味覚器官ももたないマダニは、哺乳類という対象のすべてを認識して正確な行動をするのではない。哺乳類という環境から、その汗が出す酪酸の匂いだけを切り取ってきて、それを〈哺乳類の接近〉という意味をもった記号として扱う。そのことによって、ダニは木の枝の先端から正確に獲物の毛の上に落ち、温かい皮膚にぶつかって、針を指してその血を吸うのである。[4]

ダーウィン*が研究したイギリスの穴塞ぎをするミミズも、葉の根元や先などいろいろな部分を区別して穴の中へ引き込むのではなく、それらの区別をせずに、木の葉という環境の中から〈引き込みやすい〉という意味と価値だけを取り出して、どんな葉でも見事に穴の中へ引き込む。それが結果として、人間には、ミミズがまるで眼をもっているかのように、葉の先端や松葉の根元の形を正確に判断して引っ張り込んでいるように見えるのである。

動物の生活の中では、事物は意味の担い手となっている。動物は意味の受信者であり、利用者である。しかも、動物がそうであるのは、動物が状況に向かう行為者だからである。行為することによって、環境が意味をもったものとして現われてくる。したがって、動物の行為のあり方によって、世界の現われ方も違ってくる。作用像のあり方によって、知覚像も変化するのである。動物が何かを探索しようとしているときには、環境世界は探索のトーンを帯びる。動物は、身体行為によって、世界を意味をもった環境として解釈するのである。

ユクスキュルが言っているように、このとき、環境世界の事物に意味を与える決定的な要素として、内的状態あるいは気分は重要な位置を占めている。例えば、ヤドカリにとってのイソギンチャクの意味も、ヤドカリのそのときどきの気分に応じて様々に変化する。ヤドカリが家を失っているときには、イソギンチャクは住居のトーンを帯び、ヤドカリがイカの攻撃から自分自身を守る必要があるときには、イソギンチャクは保護のトーンを帯びる。しかし、ヤドカリが飢えているときには、イソギンチャクは食物のトーンをもって現われる。[5] 意味は、主体と環境が相関するところに発生するのである。

この世界は、無数の個体が互いに連関し映し合っている世界である。そのため、同じ一つの事象も、それを受け取る主体の違いによって多種多様に映し取られ、その意味が千変万化する。各主体は固有の視点をもち、それぞれの視点から世界を映し取り、世界を解釈しているのである。だから、逆に、環境が別々でも、同一の主体の同一の行動にとっては同一の意味をもつ。同じ主体にとって、同じ意味を実現するために、別々の環境が使われるのである。例えば、ユクスキュルが例に出しているように、〈イス〉という言葉で〈座る〉ということを理解した犬には、人間にとってはそれぞれ意味と価値が違う椅子やテーブルや窓辺でも、すべて〈座席〉という意味をもつ。そのため、その犬は、〈イス〉という言葉を聞いた途端、どこにでも座る。(6) 犬から見た部屋の意味と価値は、人間から見た部屋の意味と価値とは違うのである。

主体と環境の相関の中で、両者が鍵と鍵穴のように合致したとき、意味と価値が成立する。例えば、動物にとって、移動するという行為は必要不可欠な行為である。そのため、水や陸や空という環境は、動物にとって、移動のための媒質という共通の意味をもつ。しかし、それが水中であったり、陸上であったり、空中であったりすることによって、移動のための器官も、その種類も様々に変化する。移動のための器官は、魚の鰭《ひれ》、陸上動物の手足、鳥の翼と変化し、移動の種類は、水中では遊泳、陸上では歩行や走行、空中では飛翔や滑空となる。

環境といっても、生きる主体にとっての生きた環境は、自然科学が客観的に把握する自然環境ではない。自然科学が一律に把握し、それを量や数に置き換えて説明してしまう同じ光や音でも、動物の種類によって違った種類の色や音色として受け取られる。単なる電磁波や空気の振動からは、豊かな色彩も音色も現われてはこない。自然科学が切り取ってくる自然環境は、自然の断片にすぎないのである。

さらに、動物や人間の行為によって変革が起き、物事の意味が変わるという動態的面も見落としてはならないであろう。例えば、チンパンジーは、側にあった石を木の実を割るための道具に使う。このとき、石ころは、単なる石ころから食物獲得の道具へと意味が変革されたのである。行為によって、環境はその意味を変え、新しい環境の意味が発見される。それが発明とか発見と呼ばれるものである。そのことによって、また、環境そのものも改変されていく。特に、人類の歴史は、石器の発明以来、農業や牧畜の発見を経て、今日の工業技術開発に至るまで、自然の意味変革の歴史であった。そのための道具の発明は、行為による意味変革によってなされてきた。行為的直観や行為的認識だけでなく、行為的変革というものも考えねばならない。しかも、その行為的変革は意味の変革だったのである。

アフォーダンス理論

ギブソンのアフォーダンス理論も、ユクスキュルの環境世界論同様、環境を単なる物理学的な空間とも物質とも受け取らずに、動物主体がその中で生き行動する生態学的場としてとらえている。人間や動物にとって意味と価値に満ちた環境が、アフォーダンス理論のとらえる環境である。アフォーダンス（affordance）とは、環境に埋め込まれた主体にとっての意味や価値のことである。

　もしも、陸地の表面がほぼ水平で平坦で、十分な広がりをもち、その材質が固いなら、その表面は陸上動物にとっては〈支えること〉をアフォードする。だが、ミズスマシなどの水生動物にとっては、水面がそれを意味する。動物は、多様な環境から休息、生活、巣作りなどのための場所を確実に選択し、安全か危険かを判断しながら、意味と価値をもつ環境を見つける。だから、動物の種が異なれば、それに応じて環境のアフォーダンスは変わる。一本の木にゾウとアリが知覚するアフォーダンスは異なる。同じ人間でも、人によって、物の異なるアフォーダンスを知覚する。だから、石は飛び道具にもなり、文鎮にもなり、本立てにもなり、槌《つち》にもなり、振り子の分銅にもなる。逆に言えば、水面は、ミズスマシなどにとっては歩行をアフォードするが、陸上動物にとってはアフォードしない。また、大地は、陸上動物にとっては行動の基盤をアフォードするが、水中動物にとってはそうではない。空気は、陸上動物や鳥類にとっては呼吸作用をアフォードするが、水中動物にとってはそうではない[7]。

　ギブソンによれば、知覚とは、環境の中にある意味と価値を探り、必要な情報をピックアップすることである。行為によって環境から必要な情報を抽出し、環境の意味を探索する活動が知覚である。確かに、マダニは哺乳動物のすべてを認識しているのではなく、そこから酪酸の匂いと摂氏三十七度の物体という情報だけを抽出して、そこに生存するための意味と価値を見出し、的確な行動をする。また、暗がりで獲物のネズミを探すヤマネコやフクロウも、ネズミの姿をすべて見ているのではなく、そこからわずかの動きや音だけを抽出し、そこに獲物という意味と価値を見出しているのである。

動物は環境から必要な情報だけ抽出し、不必要なものは無視する。動物は、自分の生命維持にとって、その時々に最も重要な情報だけを環境から抜き出してくるのであって、すべての情報を取り出して解析しているのではない。しかも、この動物主体の要求も常に変化しているし、環境も絶えず変化している。だから、動物は、絶えず変化する主体と絶えず変化する環境の間を動くことによって、環境の中の情報を抽出していく。動物の情報抽出の活動は止むことのない活動である。

なるほど、行動主義心理学は、人間も含めて動物を刺激に対して反応する有機体とみて、その有機体の内部については問わず、入力としての刺激と出力としての反応のみから、有機体の行動を測定しようとした。しかし、もともと、行動は刺激に対する反応ではないのである。

さらに、知覚するということは、認知主義心理学の言うように、感覚刺激から外部の像を構成することでもない。認知主義心理学は、一般に、外界からの刺激が脳によって変換されるという間接知覚論の立場をとる。しかし、もともと、知覚は内的な構成過程ではない。知覚とは、世界の表象をつくりだすことではないのである。知覚とは、行為によって、環境の中に埋め込まれている情報とその意味を見つけ出すことである。

また、脳の役割は、通常、神経インパルスに変換された感覚刺激の情報を統合し、判断し、推論して、運動器官に伝達することだと考えられている。しかし、もともと、脳は感覚要素に何かを付け加える器官ではない。環境の情報はもはや変換されたり伝達されたりする必要もない。われわれは、環境の意味や価値を直接知覚し、外的実在に直接接触しているのである。環境の意味と価値は客観的特性でも主観的特性でもなく、環境の事実であり、行動の事実である。

近代の哲学や科学や心理学は、一般に、主観と客観を分離した上で、主観の側から世界を構成する主観主義の立場に立つか、客観の側から世界を構成する客観主義の立場に立つか、あるいは両者の総合をはかるか、いずれかに属していた。しかし、ギブソンの直接知覚論は、これらのどれにも属さない。ギブソンにおいては、環境の意味と価値はもはや主体による対象への主観的な意味付与でもなく、知覚者の主観が構成するものでもない。また、ギブソンの立場は、客観的な時間・空間の場に主体の行為や運動を位置づけて説明する科学的客観主義の立場でもない。ギブソンは、主観と客観、精神と物質の二元論を廃棄する直接経験論の立場に立つのである。ギブソンの生態学的知覚論は、近代の二元論的認識論の立場を越えるものである。

ギブソン批判

しかし、ギブソンは、近代の認識論に源泉をもつ現代の認知主義や情報処理理論に批判的なあまり、主体の側の果たす役割をしばしば無視している。ギブソンによれば、環境の意味や価値、つまりアフォーダンスは環境の中に実在し、動物の主体から独立して存在する。だが、環境の意味と価値は環境の中にすべて埋め込まれていると考えるこのギブソンの客観主義的考えは、批判されねばならない。〈椅子〉にもともと〈座り〉のアフォーダンスが組み込まれているわけではないし、〈ポスト〉が、何の条件もなしに〈投函〉をアフォードしているわけでもない。たとえ、知覚者は環境から情報をピックアップするだけでよいとしても、その情報を抽出してくる知覚主体を無視することはできない。たとえ主体の側に力点をおいたとしても、主観主義を復活することにはならないであろう。

確かに環境には意味と価値が宿ってはいるが、それは、それぞれの主体がそこから切り取ってくるものであって、その切り取る主体の行為を度外視することはできない。情報を抽出するためだけにも、動物の行為は必要である。知覚の成立にとって知覚者自身の行為の果たす役割をもっと積極的に評価しなければならない。環境の意味と価値は客観的に実在するわけではなく、どこまでも、その環境の中で行為する主体とのかかわり合いの中で立ち現われてくるものと考えねばならない。

それどころか、環境の意味と価値は、その中で行為する主体の変化によっても変わる。動物主体の発達や進化という事実を考えるなら、環境の意味や価値はそこに客観的にあるものではなく、主体と環境の相関の中で積極的につくりだされてくるものと考えねばならない。主体は、環境の中で行為することによって、環境から意味を取り出すとともに、そのことによって進化し、進化とともに環境の新しい意味を生み出していく。意味や価値は、主体と環境の循環的な相関から創発してくるものであって、客観的にそこに実在するとまで言い切れるものではない。

世界は、相互に関係し合う出来事から生成してくる。実在は関係の中でしか立ち現われてこない。知覚も、その一つの局面である。知覚する主体も知覚される客体も、世界の相互連関の一部であり、出来事である。関係性といっても、知覚するものと知覚されるものが別々にあって、その後関係が生じるという意味ではない。むしろ、知覚するものと知覚されるもの、主体と環境は互いに組み込まれている。主体は環境にはめ込まれ、環境は主体にはめ込まれている。そして、主体と環境が一致するところに、意味と価値が現われる。

したがって、対象の意味は、その対象自身の客観的性質だけで決まるものでもなく、知覚者の主観だけで決まるものでもない。客観主義と主観主義はともに乗り越えられねばならない。ギブソンのいうアフォーダンスも、主体と環境の関係によって現われる意味と価値にほかならない。アフォーダンスが主体と環境の関係によって異なったしかたで現われるのは、そのためである。しかも、その主体と環境は別物ではない。環境そのものが、その中で生きていく無限の機会をもつ多くの知覚主体を含んでいる。だから、環境の意味と価値は環境に固有でも独立でもなく、知覚主体との関係によって規定される。また、知覚主体自身も環境から独立したものではなく、環境との関係によって規定される。主体と環境は相互依存的である。

しかも、主体と環境は相互に作用する。環境は常に変動し、それに応じて主体も進化していく。また、その進化の過程で、主体は環境を改変してもいく。主体は、単に世界を所与のものとして受け取り、その中から意味と価値を抽出するだけにとどまってはいない。主体は、むしろ環境の中に新しい意味を創造していく。常に変化する環境と常に変化する主体の相互作用の中で、意味と価値も変動していくのである。

図式と仮説

ギブソンの言うように、仮に環境そのものの中に情報がすべて潜在していたとしても、知覚主体はこれを抽出してくる必要がある。このとき、対象から情報を抽出する知覚主体のもつ図式は無視することができない。

動物は、見る、聞く、味わう、嗅ぐ、触れる、泳ぐ、這う、歩く、登る、飛ぶなど、その行動に必要な情報を環境から抽出し、環境の中から意味を取り出しながら適切に生きていく。このとき、環境からどのような情報を抽出してくるかは、動物にしても、人間にしても、知覚者のその時々の必要性に左右される。知覚者は、自分なりの図式をもって、環境の中のおびただしい数の意味と価値から必要なものを選択してくるのである。したがって、情報の抽出のしかたは、知覚主体の種類によっても、知覚主体の状況によっても違う。

この場合、身体図式は、知覚にとって大きな要素を占めている。人間も、動物も、自分自身の身体の大きさ、行動の可能性や必要性などを基準にして、環境を認識している。われわれは、行為する身体によって意味づけられた世界の中に生きているのである。動物は、自分の身体行動を基準にしなければ、外界の知覚はできない。知覚ができなければ、敵を追いかけたり、敵から逃れたりすることもできないであろう。現に、カエルは、前方の植物の茎の間の隙間が自身の頭部の幅の一・三倍以上ないと、飛び出さない。カエルの知覚には、カエル自身の身体のサイズと身体行動の可能性が決定的な役割を果たしているのである。カエルの知覚には、カエル自身の身体図式がある。

知覚図式の背景にあるものは、予期、期待、要求、意図、動機、気分、情動、経験など、様々である。人間も動物も、知覚主体は、これらの背景から知覚図式を作り、探索行動を方向づけ、環境から情報を抽出し、行為を選択する。もちろん、ある期待から図式を形成し、環境から情報を抽出しても、期待外れに終わるときもある。この場合には、知覚主体は図式を修正し、環境から新しい情報を取り出すとともに、それによって自らの行動の調整をする。それが、学習するということであり、経験を積むということである。環境の知覚には、知覚者自身も含まれる。知覚の中には、環境も自己も含まれているのである。

その意味では、知覚における身体の運動性と志向性は、なお大きな意味をもっている。環境からの情報の抽出においても、知覚者の身体や行為からくる志向性が働いている。だからこそ、われわれは、物体の投影されている面だけでなく、投影されていない面をも知覚することができるのである。部分の知覚から全体の知覚を得ることができるのは、志向性による。ギブソンの直接知覚論はこの点を度外視し、客観的実在論を強調しすぎている。

ルビン*が提示した図と地の反転図形を例にとっても、このことは言える。壺にも顔にも見えるルビンの提示した反転図形でも、われわれが壺を見ているときには顔は消え、顔を見ているときには壺は消える。一方が図になると、他方は地となり、背景に退く。決して、両方が同時に知覚されることはない。この場合でも、確かに、情報はすべて図形そのものの中に実在しているとも言えるが、しかし、そこからどの情報をピックアップしてくるかは、知覚者側の図式による。ここでの図式の果たす役割は無視することができない。

動物は、環境の中で自分の進むべき方向を定め、予期した目標へ到達する能力をもっている。この場合、動物自身が移動することによって生じる情報は、この定位行動の基礎となっている。動物は、自ら移動しながら、変化する環境から情報を抽出するとともに、自己の位置など、自己自身に関する情報をも引き出し、目的地へ到達する。

この動物の比較的正確な定位行動を見るかぎり、動物には、その動物なりの認知地図があると言わねばならない。もちろん、だからといって、動物は、デカルトの言うような客観的な座標軸を立てて、その上に自己の位置を確認しながら行動しているのではない。動物は、環境の中を行為しながら環境を体験し、体験しながら環境の情報を得て、自己の位置を確認しつつ進んでいくのである。動物の認知地図は、行為的認識によって形成される。しかも、その認知地図は、環境だけでなく、知覚者自身をも含む。だから、それは、行為によって得られる環境情報の変化に応じて修正されていく。

人間も含め、動物は仮説をもって生きている。動物は、行動しながら、変動する環境の中で一定の情報を抽出して生きているのだが、その抽出の過程で、動物独自の仮説が働く。動物は、ただ闇雲に環境の中に潜入しているのではない。闇雲に潜入していては、環境は分からない。動物は、ある先行図式をもって環境の中に潜入し、行為的認識的に生きていく。

動物は、ある期待と予測をもって世界を探索し、世界の一部を切り取ってくるのである。ゾウリムシでさえ、〈外界は障害物かエサかによって成り立つ〉という仮説をもって、世界の一部を切り取り、世界を単純化して生きていく。彼らには、三次元や二次元から出来ている複雑な空間は存在しない。単純な生き方には、単純な世界だけで十分なのである。

動物がもつ仮説のうち共通したものは、反復への期待であろう。つまり、〈繰り返し起こったことは、次にもまた起こるであろう〉という仮説である。動物は、そのようなありそうなこと、もっともらしさ、つまり蓋然性を頼りにして、ある程度当たりをつけて生きていく。しかし、それは動物にとってのいわば先入見であるから、その期待はしばしば裏切られる。鳥が渡りを進めようとして光の方向に邁進しているときに、どうして、それが灯台であることを認識できようか。灯台にぶつかって死ぬ渡り鳥のように、動物がもつ仮説は、確かに誤謬や錯覚を免れない。しかし、ある環境で動物がそれなりに生きていく上では、一応その仮説で間に合うのである。動物にとって、環境のすべてを考慮に入れ、それを終始頭の中に入れて生きていくよりも、環境を切り取り単純化して生きていく方が、生きていく上で、ほとんどの場合好都合なのである。動物は完璧主義者ではない。むしろ、実用主義的な生きものである。

人間も、他の動物同様、自分なりの仮説をもって生きている。近代科学も、近代人の仮説であろう。近代科学は、均質な時間と空間を前提し、そこに単純な要素から構成される物体を置き、その機械論的因果連関を数学的に記述することによって世界をとらえようとした。それは、複雑な相互連関からなる自然から複雑性を捨象し、単純な法則のみを抽象してくるものであった。近代の自然科学が把握した自然は抽象化された自然であり、生きられる自然ではない。それは、生きられる世界から、均質で因果連関的な部分を切り取ってきた世界の一局面にすぎない。近代の自然科学の自然観も一つの仮説なのである。

それにもかかわらず、それが近代人の大きな世界観になりえたのは、ひとえに、自然の法則を知り、それを技術に役立て、自然を開発していこうとした近代人の行動に有用だったからであろう。近代人も、一つの仮説から、自分たちが生きていく上で必要な情報を自然から切り取ってきて、それなりに実用主義的に生きていこうとしてきたのである。その点では、他の動物たちとそれほど変わりはない。ただ、現在は、灯台にぶつかって死んだ鳥たちのように、この近代の自然科学の仮説が錯覚であったことが分かってきただけである。

主体と環境の相関

一つの対象は、多くのパースペクティヴから眺められる。対象が発する多くの情報も、それを受け取る観察者によって違ったしかたで映し取られる。人間が受け取る世界とその他の動物が受け取る世界も、互いに異なっている。

同じ一つの対象でも、コウモリと人間では、それぞれに違ったしかたで受け取られている。実際、人間が聞こえない超音波の音でも、コウモリは聞いている。人間の受け取る世界も、人間の経験や習慣、傾向性や関心、志向性や身体構造など、様々なものに制約されているのである。

しかし、対象を認知するために、知覚者はそれぞれ違った視点をもっているからといって、そこで見られる対象の像は、客観から切り離された単なる主観の産物というものではない。各動物がもつ認知図式も、単に主観が勝手に生み出したものではない。認知は主観的な表象ではないのである。まして、その表象作用の背後に、〈考えるわれ〉とか超越論的主観性などというものを前提する必要はない。パースペクティヴィズムが単なる主観主義に走ってはならない。

とはいえ、同時に、ギブソンのように、客観主義に傾きすぎても一面的にすぎる。ギブソンの考えによれば、あらゆる情報はもともと客観的な環境の中に実在するのであって、各知覚者は、そこから、それぞれ異なった情報を抽出するにすぎないという。しかし、たとえそうではあっても、その情報抽出の際に知覚者独自の図式は働くのだから、主体の働きを無視することはできない。主体が環境の中で働きつつ環境を映し取ること、それが認知にほかならない。

主体と環境の相関によって、知覚判断は成立する。すべてが客観によって成立するのでもなく、すべてが主観によって成立するのでもない。相関論の立場に立てば、主観の相対性と客観の絶対性は共に克服される。対象が何であるかという知覚判断は、対象と観察者との関係によって成立する出来事なのである。

世界は事象の相互連関から成り立っている。知覚者も対象も、この相互連関から独立したものではない。認識作用も、事象と事象の相互連関の中にある。認識は主観－客観図式の上に成り立つのではなく、事象間の相互連関のところに成り立っている。

コウモリと人間とでは、それぞれ、まったく異なった世界を見ているように思われる。しかし、だからといって、コウモリと人間はまったく還元不可能な意識体験をもっていると考えることもできない。現実は、コウモリも、人間も、同一の相互連関的世界の中で、それぞれに世界との関係を結んでいる。コウモリも、人間も、同一の世界の中に生き、その世界をそれぞれに映し取っているのである。だから、コウモリと人間の間にも相互作用が可能である。しかも、コウモリも、人間も、環境の中で身体を通して行為する主体であって、単にそこに動かずに静止している存在ではない。世界の中で行為する者が、それぞれに、その行為を通して環境と相互作用しつつ生み出すものが、知覚であり、認知である。

2 記憶と思考

記憶と文脈

行動主義心理学は、動物の行動を単純な刺激と反応の連合に還元し、記憶作用も、そこから科学的に説明しようとしてきた。記憶に関するこの仮説のもとで、行動主義心理学は、条件づけや学習の研究を盛んに行なったのである。だが、これは、何ら記憶の本質を明らかにするものではない。記憶とは、経験を保存する有機体の機能であり、刺激に対する単純な反応を避けて、刺激の情報を一旦保留し、行動の自由と柔軟性を確保しようとする働きである。だから、記憶は、単純な刺激反応図式ではとらえることができない。

しかし、行動主義以後、コンピュータの発達とともに登場してきた情報処理理論も、人間や動物の記憶の本質に迫るものではない。例えば、よく知られた記憶の貯蔵庫モデルなどは、記憶の情報処理理論の代表的なものであった。それは、脳に異なった情報の貯蔵場所が存在すると考え、短期記憶と長期記憶の区別をした。短期記憶とは、電話帳を見て覚えた番号のように、ごく短期間のうちに消失してしまう記憶のことであり、長期記憶とは、自分の名前や出身地の記憶のように、長期間にわたって蓄えられる記憶のことである。

しかし、この貯蔵庫モデルには、多くの反証がある。実際、情報が長期間蓄えられるかどうかは、その情報がどの程度の深さの処理がなされているかによるのであって、二つの貯蔵庫があるためなのではない。処理水準が浅ければ、その情報は短期間しか保存されないが、処理水準が深ければ、それだけ強固な記憶痕跡が形成され、情報は長期間保存される。記憶の貯蔵庫モデルも、コンピュータをモデルにした仮説にすぎず、人間や動物の記憶の構造を説明したものではない。もともと、記憶は、倉庫の中に物を貯蔵するように、脳の中に貯蔵されているものかどうかも疑わしい。少なくとも、記憶が脳の一定箇所に蓄えられているという仮説は間違いであろう。記憶の情報処理理論は、人間をコンピュータに見立てた機械論にすぎない。

一般に、行動主義理論にしても、情報処理理論にしても、日常世界から遊離した記憶研究には限界がある。それは、確かに、実験室での厳密な科学的統制下にはあるが、しかし、何より記憶を閉鎖系としてとらえ、記憶を、世界に開かれた開放系としてとらえていない。記憶研究も、日常場面においてどのように記憶が機能しているかに着目しながら進めていかねばならないであろう。実際、二十世紀末以来、記憶研究はその方向に進んできた。日常の状況下で、人はいかにものを覚えたり、ものを思い出したりするのか。われわれが生きる世界で生きて動く記憶の姿をとらえねばならない。

現に、記憶は、その記憶が生み出された場所や状況と切り離すことができない。思い出すこと（想起）にしても、自分がどのような場所や条件や機会に面しているかということと深くかかわっている。よく似た状況のもとでは、よく似た記憶が思い出される。記憶も、対象が置かれている場所や条件と深く結びついている。記憶は状況に埋め込まれている。伝統的な記憶術でも、記憶すべき事柄を日常生活のいろいろな場所と関連づけて覚えるとよいとされているのも、そのためである。

言い換えるなら、記憶は、日常生活の行為という文脈の中で理解しなければならない。事実、想起の成績は、想起するときの状況と記銘したときの状況が似ていれば似ているほどよくなる。われわれは、特定の文脈や状況において、事柄を記憶したり想起したりするのである。

よく知られているように、タルヴィング*は、記憶をエピソード記憶と意味記憶に分けた。エピソード記憶は、個人が過去に経験した出来事に関する記憶であり、特定の場所や時間などの文脈情報を含む。それに対して、意味記憶は単語の意味や概念などに関する記憶で、その情報は特定の場所や時間に縛られない。しかし、この意味記憶も、エピソード記憶の情報が一般化されることによって獲得されるものである。したがって、記憶はなお文脈に依存していると言わねばならない。

記憶は、それだけで独立した機能ではない。過去の経験の記憶は、今ここでまさに起きつつあることにいかに対処するかということと深くかかわっている。記憶は単なる保存ではなく、環境の中でどのように行動していくかということと直結している。記憶は、人間や動物の認知活動の一部であり、能動的な過程である。環境との相互作用の中で生きるということ、つまり、行為し認識する過程の中に記憶という機能もある。

記憶は、単に見聞きした情報をそのまま溜め込んでおくことではない。脳の中に貯蔵庫のようなものが存在するわけではないことはもちろん、貯蔵された情報を検索する機能があるわけでもない。事実、脳や神経機構をもたない単細胞生物でさえ、生化学的機能を使って簡単な記憶行動を示す。

記憶が何のために使われるのかという記憶の機能を除外して考えることはできない。記憶は、生きようとして、自分の周囲の世界についての安定した知識を作り出すために使われている。だから、自分が生きていくことにとって不必要なものは忘却され、必要なものは想起される。逆に言えば、記憶とともに、忘却ということがなければ生きていくことはできないのである。

記憶と身体行為

記憶は認知活動の一部であり、身体行動と深く結びついている。記憶は、身体および身体の置かれた場所と深くつながっている。道に迷うものは道を覚えると言われるように、身体行動を通して覚えた記憶は永続する。記憶は、脳ばかりでなく、身体に組み込まれたものである。身体運動の反復によって得られる習慣的記憶、つまり技能の記憶が長期にわたり記憶されるのはそのためである。少年期に覚えた自転車乗りの技は数十年後でも忘れることはない。われわれは身体で覚えているのである。

単語や文章や出来事などを長期間記憶するには、処理水準が深い必要がある。このことも記憶の身体性と深くかかわっている。長期記憶が可能なのも、そのための貯蔵庫が脳内にあるからではなく、むしろ身体にどの程度よく浸み込んでいるかによる。文章にしても、何度も声に出して読んだり、繰り返し唱えたりする身体行為を通して、長期間覚えておくことができる。糸繰り唄をテープレコーダーの前で唄ってくれと言われた老女も、それだけでは、なかなか糸繰り唄を思い出さない。しかし、実際に糸繰り機をもってきて、それを手で回し出すと、自然とその唄が出てくる。これも、記憶が単に脳の中だけで行なわれているのではなく、身体行為を通して行なわれていることを物語っている。

われわれ東洋人は、漢字を思い出すのに、しばしば空中でそれをなぞってみる。われわれは、漢字という表意文字を、学童期に実際に手を通して書いて覚えたからである。したがって、想起も、身体でなぞることによって容易になる。一度忘れたものでも、元に戻って考えてみると思い出すことがあるように、身体行動が伴うと、想起もしやすくなる。伝承文学の記憶も、実際には、祭りの場所や鉦《かね》や太鼓の奏打とともに記憶されている。だから、儀礼の実行とか鉦や太鼓を打つという動作があって、はじめて語り部たちもその長い物語を想起する。伝承文学の研究も、実際にそれが朗誦された儀礼の現場やその伝承の過程を掘り起こすことなくしては、十分には成り立たないであろう。

記憶は身体行動と切り離すことができないから、記憶は、また、感情や気分とも密接に連関している。われわれは、強い感情を伴った経験をよく覚えている。また、想起の際にも、同じような感情のときに、同じような記憶を思い起こす。ある気分で体験した出来事は、同じような気分のときに思い出される傾向にある。感情は、行為する主体が環境から受ける苦痛の一種である。主体と環境の相互作用の中で、能動は必ず受動を呼び込む。その受動から感情は生じる。そのかぎり、感情は身体と深く結びついている。われわれは脳で感じるのではなく、身体で感じているのである。記憶や想起が身体と深くかかわっているとすれば、それが、また、感情と深い連関をもつのも当然のことなのである。

動物たちもよくものを覚えているが、これも身体行動による記憶であろう。実際、動物は、自分の棲みかに帰る道や餌場に辿り着く道をよく覚えている。ミツバチも、餌場や巣をよく記憶し、その変化にも柔軟に対処している。シジュウカラによく似たハシブトカラも、餌の木の実の隠し場所をよく覚えている。ハイイロホシガラスも、秋の日に蓄えた食物の貯蔵場所を約千箇所も覚えていて、冬の間の食物を確保する。モグラも、縦横に巡らしたトンネルの中の餌の貯蔵場所や産室や休憩所やトイレなどの道筋をよく覚えている。これらの動物の驚くべき記憶力は、どれも身体行動と深く結びついている。動物は、ものごとを身体で覚える。脳の発達は、むしろその結果にすぎない。記憶は行為であり、身体の運動性と深いつながりをもっている。人間も動物も、行為することによって知覚し、知覚するために記憶しているのである。

記憶も、主体と環境の相互作用という文脈の中でとらえねばならない。記憶は、私と世界の相関性の中から生み出されるものであり、世界に開かれた開放系である。記憶は、脳の中にのみ閉じ込められてはいない。脳は単なる連絡器官にすぎず、川の流れを一時堰止めるように、情報の流れを一旦遅延させる働きをしているにすぎない。それが記憶という働きであり、それは、当然、行為・知覚・環境の循環の中にあると考えねばならない。

五十年ぶりに旧友と再会した場合、友達の顔はすっかり変わっているのに、われわれは、そこに旧友のかつての面影を認め、若い時と少しも変わっていないという印象を受けることがある。われわれは、旧友の顔から昔と共通した不変項を抽出することによって、その人を思い出すのである。とすると、むしろ、記憶は脳の中ではなく、対象の側にあることになる。少なくとも、私の脳の中に、旧友の像が記録写真のような画像となって貯蔵されているわけではない。また、脳内に顔を認識するニューロンが局在していることによって、顔を認識しているのでもない。脳は、むしろ、身体行動にとって必要な情報を環境から抽出する働きをしているにすぎない。その情報の抽出作業が想起といわれるものである。世界と世界の中で行為する主体なくして、記憶はありえない。

衝撃的な事件の報せを最初に聞いたとき、自分がどこで何をしていたのかということを、十数年経ってもはっきりと想起できる現象、フラッシュ・バルブ・メモリーという現象がある。これも、記憶が世界と世界内行為者との相関の過程に生じる出来事だということを、よく物語っている。記憶や想起は、共同体の歴史つまり社会の記憶と深くかかわっており、社会的集団的な性格をもつ。記憶も、生態系や社会の一部分として考えねばならないのである。

行為としての思考

行動主義心理学は、人間でも、動物でも、客観的に観察できる現象は行動のみであって、内的な心理過程は科学的な分析の手の届くものではないとして、これを排除してきた。その上で、主にネズミやハトなどの小動物を使って、その条件づけによる学習行動を研究し、そこで得られたデータを基礎に、人間をも理解しようとしてきた。行動主義心理学は、人間の問題解決行動も、ネズミの学習行動同様、試行錯誤を通して学習される条件づけによって説明できると考えたのである。行動主義心理学は、直接観察することのできない動物や人間の内面世界を括弧の中に入れることによって、はじめて、これを、自然科学の実験的手法による研究の対象にしうると考えた。パブロフの生理学的な条件反射研究も同様であり、これが行動主義心理学に与えた影響も大きい。

しかし、このような考えでは、人間をはじめ動物の思考過程はほとんど研究できないであろう。たとえできたとしても、せいぜい迷路学習や条件反射の研究ぐらいで、それ以上の心理過程には及ばない。実際、行動主義心理学にしても、条件反射研究にしても、人間や類人猿などの問題解決行動を説明することに成功した研究は皆無であった。

それどころか、条件づけによる動物の学習行動においてさえ、すでに初歩的な思考が働いていることに注目しなければならない。動物は、条件づけられた回避行動を学習すると、たとえショックを受けるという条件がなくても、警告の信号に反応して、同じ回避行動を取り続ける。このような学習行動の中にも、すでに〈予測〉という思考が働いている。動物たちは、回避行動をしないと、警告の合図の後、間もなく嫌な目に遭うということを予測している。予測はまた期待につながる。実際、ネズミの迷路学習でも、ネズミたちは、学習したことを完全にこなしたときには、餌の報酬を期待していたかのように、餌が置かれていなくても、餌を捜し回るような行動を見せる。動物の条件づけ学習行動も、条件反射行動も、よく考えれば、記憶、推理、因果連関の予測など、多くの思考過程を経なければ実現しない現象だと言わねばならない。それらの行動は、刺激に対する単純な反応ではないのである。

人間はもちろん、動物も思考活動を行なっている。人間も動物も、実際の状況のもとで、自らの経験と身体的可能性の延長上に仮説を立て、環境を把握し、目的に適った行動を行なう。そこには、環境の理解、概念把握、思慮や洞察など、豊富な思考過程が働いている。思考という内的意識も、人間や動物が実際に生きている世界の中で生きた行動を行なっている過程の中からとらえねばならないであろう。

理解とカテゴリー

人間も、動物も、行為する身体から図式を形作り、それに基づいて自己の生きる環境を選択し、その意味を理解する。認識は、自らの文脈からの解釈であり、理解である。したがって、そこには、文脈の取り違え、図式と環境の齟齬、つまり誤解や錯覚が伴う。自己の図式が自己の体験する環境と合わないとき、誤解や錯覚が生じる。しかし、この場合には、人間にしても、動物にしても、図式を変更することによって環境との一致をはかり、合目的的行為に資する。この図式の変更にこそ、思考の働きがある。図式を変更することで、環境を一瞬にして理解できる場合がある。この場合の理解とは、環境と行為の一致のことである。これは、人間ばかりでなく、動物にもある。動物に理解力がないはずはない。特に、動物が高度化すればするほど、図式の変更能力は増し、環境の理解度も向上する。

環境は、われわれがその中で生きていく場所として、われわれに与えられている。環境なくして自己はなく、自己なくして環境はない。自己は環境の中で行為し、行為することによって環境を体験し、体験することによって環境を理解する。行為—体験—理解の循環の中に、思考の働きもある。生きる主体と生きる環境の相互作用が心の働きであり、そこに理解という機能もある。

ディルタイ*の言うように、体験こそ理解である。われわれは、行為し表現し体験することによって、理解する。生《せい》の体験においてこそ、行為と環境は一致する。行為は理解をもたらし、理解は行為を導く。体験は行為による理解であり、世界に開かれたものである。そして、この体験的理解には、すでに、区別、同定、分離、結合、比較、抽象といった基本的な論理操作が含まれている。環境を体験している動物においても、このような論理的操作の初歩、つまり原初的な思考はあると考えねばならない。

カントの言うように、経験を感性と悟性の形式によって分析することが認識なのではない。認識は、単に、外界からの刺激を感覚器官が受け取って、そのデータを概念によって分析することなのではない。思惟の形式やカテゴリーは、逆に、生の体験から浮かび上がってくる。経験は、思惟によって分析されるのではなく、ただ体験される。認識は体験であり、理解なのである。

概念的認識は、個物を一般者あるいはクラスにまとめることである。一まとめにされたものの間に緊密な関係（家族的類似性）が認められるとき、われわれはそれをカテゴリーとみなす。カテゴリーの中に組み入れられたとき、理解が成り立つ。

その意味では、動物も、自分が生きていく上で必要な図式に従って環境を独自のカテゴリーに分類してとらえる思考能力をもっていると考えねばならない。動物実験によれば、仲間と仲間でないもの、血縁のあるものと血縁のないものの見分け、異なったものの識別など、動物もかなり抽象的な概念学習ができる。動物が自然界で生きていくには、食べられないものや危険なものを識別しなければならない。そのような身体の必要性や行動形態などから、動物は環境を区別する。生きていくことに密着した文脈さえあれば、動物でも驚くべき理解度を示す。

接近と逃避という単純な行動によって、対象が障害物か餌かを区別しているゾウリムシにも、すでに原初的なカテゴリー思考はあると言わねばならない。単純な形と複雑な形の識別ができる魚類、例えば金魚などにも、カテゴリー思考はある。ハトのカテゴリー学習が相当進んでいることについては、多くの実験データが積み重ねられている。ハトは、写真で、様々に異なる光景の初歩的な分類ができる。鳥と他の動物の区別、木と木でないものの区別、魚が写っている水面の写真と写っていない写真の区別、対称的な形と非対称的な形の区別などである。ただ、椅子とか乗り物など、人間の作った非自然物の概念学習には時間がかかる。ハトが生きていくために、それらは、それほどの重要性をもっていないからであろう。しかし、それでも、ハトは、訓練すれば、人間の顔の表情などを比較的高い正解率で識別する。もちろん、チンパンジーなどの類人猿に至れば、相当複雑な仲間外れの識別学習をはじめ、高度な文字記号学習ができる。

人間も、動物も、主観の中に先天的に存在するカテゴリーによって、外界の経験を分析しているのではない。われわれは、むしろ、身体や行動の必要性から与えられたものを解釈し、そこに何らかの関係づけを見出し、カテゴリーの認識に至る。カテゴリーは体験から取り出されてくるのである。

人間にしても、動物にしても、生きているということは状況の中で行為していることである。しかも、その状況の中には、認識する主体それ自身も含まれている。この行為的認識の過程で生じるのが概念学習であり、カテゴリー学習である。それゆえ、カテゴリー学習の研究では、カテゴリーがどういう場面で使われるかということに何より注目しなければならない。カテゴリー学習の背景には、活動がある。活動や行為の方がカテゴリーに先行する。だから、行為が共有されれば、カテゴリーも共有される。例えば、〈住む〉という行為があれば、土の中のモグラの巣であっても、樹木の枝に作られる鳥の巣であっても、樹木の樹皮の中に作られる虫の棲みかでも、ウサギやクマが掘る穴でも、人間の作る家でも、その形態がどんなに変化していっても、すべて〈住みか〉というカテゴリーの中に入れることができる。

したがって、また、人間や動物の行動の変化とともに、カテゴリーも変更されていく。環境とのかかわり方が変わることによって、環境の新たな意味が見出され、そのことによって環境も変えられていく。例えば、類人猿や人間が、手足に触れる石を、自分が前進するときの単なる障害物と考えていた段階から、それを木の実を割る道具に使ったり、獲物を取るための道具に使うという洞察を得たとたん、石は、〈障害物〉というカテゴリーから〈道具〉というカテゴリーに変化したのである。それとともに、積極的に丸い石や尖った石を見出す努力がなされ、環境も変えられてきた。行動の変更によって、カテゴリーの変更が生じ、環境の意味が変わる。そこに技術というものが存在する。

予期・推理・洞察

思考には予期が含まれる。動物は結果を前もって予期し、環境と自己との間を調整して、自分の行動を制御する。現在の状態がこのまま続けばどうなるかということについての見通しをもって、動物は情報を選択し、与えられた状況の中を柔軟に行動する。

迷路学習をしているネズミも、餌が手に入るかどうか、不快な体験をしなければならないかどうかを予期しながら行動している。飛んでいる昆虫や鳥たちも、自分自身の運動によって生じる対象の接近に際し、対象に衝突するまでの残り時間を経験的に予知し、自分の行動を制御している。カツオドリが、水中へのダイビングを途中で突然止めたりすることがあるのも、水面に激突する危険を事前に予期し、落下を続行すれば身の安全が保証されないと判断するからである。犬も、餌がもらえると予期したときには、家路への帰りを急ぐが、家に帰っても餌がもらえるわけではなく、退屈だけが待っていると予期したときには、家路への帰り道を避けようとする。また、狩りを仕事にしている犬は、山鳥の逃げる方向を予期して先回りし、これを捕まえることができる。バナナの入っているカップを探し当てるサルも、バナナの存在を予期しながらカップの中を開けるから、入っていない場合には大層残念がる。

さらに、動物は複数の事象を同時に予期し、行動を調整している。動物が獲物を襲撃する場合でも、他の捕食者や他の同類の仲間、風向きなどの環境の変化など、多くの情報を集め、そこから何が起きるかを予想して、適切な行動をとる。ライオンに捕まえられる可能性のある動物も、多くの事象を一度に判断し、その結果を予期しながら行動している。だから、逆に、彼らは、ライオンが近づいているからといって、無闇に逃げたりはしない。腹を空かせているライオンかどうか、襲いかかられる距離にいるかどうかを見分け、次の行動を予測して動いている。危険性がないと判断すれば、ライオンの近くにいても、平気で草を食べている。動物も、単に刺激に対して反応しているのではなく、考えているのである。

予期とは、自己や他者の行動の目標や結果をまえもって洞察し、目前に迫った可能性について知り、行動を調整することである。この機能は、厳しい環境で生きていく動物には必要な機能である。むしろ、厳しい環境で生きていかねばならないからこそ、予期というような思考能力が発達するのである。

その意味では、動物は、〈もしもこのように行動するなら、そのときにはこうなる〉というような思考をしていることになる。つまり、推理しているのである。推理とは、すでに知られている前提から新しい結論を導き出す働きや過程をいう。そこには、すでに因果性のカテゴリーが働いている。しかし、このような思考能力も、体験と行為の文脈から生まれてくるものであって、単に頭や脳の中だけでなされている機能ではない。

人間にしても、動物にしても、同じ一つのやり方が繰り返しうまくいくと、それを機械的に踏襲してしまい、固定観念に陥ってしまう傾向にある。洞察とは、この固定観念を破って障害を克服し、目的を達成するために、思考を転換することである。われわれは、ややもすれば過去の経験にとらわれ、機能的固定に陥りやすい。そこから経験的な仮説を立てる。大概はそのやり方で妥当な場合が多いのだが、それはどこまでも経験的仮説にすぎないから、常に変動する環境のもとでは、障害にぶつかることがある。このとき、従来の仮説や図式を壊し、問題解決のための新しい解決策を見出すことが、〈洞察〉である。直面している問題の解決策を講ずる洞察能力は、動物が高度になればなるほど備わってくる。

例えば、シジュウカラが隠された餌を探す場合にも、それなりの洞察力を示す。彼らは、容器の口を開けて、どの容器に食物源があり、どの容器に食物源がないか調べ、その食物を採取する方法を工夫する。よく観察すると、その工夫は各個体でそれぞれ異なっており、必ずしも固定はしていないようである。

チンパンジーなどの類人猿に至れば、高度な洞察力を示す。檻の天井高くのバナナを取る課題をチンパンジーに与えた場合も、チンパンジーはいろいろな手段を考案する。側に棒が置いてある場合には、棒の方に視線を投げて黙り込み、視線で棒をなぞり、バナナの方と棒を見比べる。そして、突如として棒を手に取り、棒でバナナをたたき落とそうとする。棒が目標物に届かない場合には、近くにある木箱に這い上がって、そこから改めて棒を使用する。側に長い竿がある場合には、それを跳躍棒に使って素早くよじ登り、直接バナナにありつく。動物には、すでに、自然物をそれ以外の手段に使う洞察力があることを、このことは示している。

動物の行動は単に本能に支配されているのでもなく、単なる条件反射や試行錯誤を繰り返しているのでもない。動物には洞察力があり、創意工夫の精神がある。事実、チンパンジーの行動などに至れば、動物が、問題解決を、単なる試行錯誤ではなく、洞察に基づいて一挙に達成することができることを示している。チンパンジーも、突如とした解決案の創出、〈ははあ、そうか体験〉をもつのである。

主体が環境に対して新しい対応のしかたを発見すること、それが洞察である。動物には、新しい行動様式を獲得し、新しい対象や新しい状況に適応する能力がある。別の言葉で言えば、その能力は、目的と手段の関係を見通し、一つの対象物を新しい目的のための新しい手段として読み替えなおす能力だとも言える。この能力があれば、単なる木の枝を棒や武器としても使え、支柱や梃子などにも使うことができる。このとき、一つの対象は、新しい状況下において、新しい意味をもってくる。対象の意味を、新しい角度から異なった意味でとらえ直してみる能力が洞察力であり、創造的思考である。創造的思考は、対象の意味を転換し、自己と環境の関係を乗り越え、問題を解決していく。

だが、その洞察力は単に頭脳の中にのみあるのではない。チンパンジーの行動からも観察されるように、ここでは、目や手を動かして身体行動をなぞり、与えられた状況をよく観察し、目的手段の関係をよく考える作業が伴っている。熟慮とか洞察とか創造的思考には、行動のなぞりがある。

主体・思考・環境

人間も、動物も、主体と環境の相互作用の中で環境に適応していくために、種々の解決法を試みている。つまり、思考している。環境に対する行動の多様性にこそ、思考の起源がある。環境の変化に対して行動を調整しながら、多様な対応のしかたを選択するところに、行動の柔軟性があり、このような行動の柔軟性にこそ、知性が働いている。

とすれば、もちろん、動物にも知性はある。動物たちは、餌を求めたり、敵から逃れたり、棲みかを作るために環境を探索しながら、好ましいものと好ましくないものを区別し、欲しいものを獲得し、恐れているものを避ける。そのような行動の柔軟な選択能力によって自己保存をはかっていくことを〈賢く生きる〉というとすれば、動物も極めて賢明な生き方をしていることになる。動物は単に本能によって生きているのではない。迂回路を見つけて獲物を手に入れる犬、餌にありつくために一つの方法でうまくいかなかったとき、他の方法を試みようとするハツカネズミなどのことを考えれば、行動の選択と柔軟性にこそ思考はあるということが分かる。

だが、このような行動の柔軟性は、哺乳類ばかりでなく、節足動物や環形動物にもある。例えば、マルハナバチは、蜜を探すときにも、蜜が最も豊富に取れる場所へ最短距離を使って訪れ、その蜜が少なくなると、今度はまだ訪れていない場所に移る。昆虫も、単純な反射行動を行なっているのではないのである。また、ダーウィンが熱心に研究した穴塞ぎをするミミズも、単に本能的行動をしているのではなく、それなりに柔軟な行動をしている。彼らは、その時々の土の柔らかさや湿り具合、地上にある葉の形など、様々な条件を考慮し、葉の最も穴塞ぎしやすいところを利用して穴に取り込み、寒さと乾燥を防ぐ。ダーウィンが確信したように、ミミズにもある程度の知性が見られるのである。

それどころか、極めて単純な単細胞の原生動物でさえ、与えられた環境の中で、驚くほど高度な知的活動を行なっている。事実、バクテリアをとらえ損なったアメーバは、ゆっくりと迂回行動を行なって、別の方向からバクテリアをつかまえようと試みる。また、食物のある状態では単細胞として生きている粘菌も、寒天の上に作った迷路の最短ルートを探し出す能力をもっている。脳も神経ももたない単細胞の原生動物にさえ、識別、判断、選択など、原初的な思考作用はあるとみなければならない。単細胞と馬鹿にはできない賢さを、原生動物はもっているのである。

思考と行動は一体である。動物は行動しながら考え、考えながら行動する。身体行動を通した思考こそ、本来の思考である。物の概念的把握も、木登りをするサルが手で物をつかむことに源泉をもっているのであろう。

識別や予見、推理や洞察など、思考は心や脳の中だけで行なわれているのではない。思考も、また、環境との相互作用の中でとらえねばならない。主体と環境の相互作用の中で、主体が環境に対して柔軟に適応していこうとするところに、思考は働き出ている。その意味では、頭の中だけを調べても、思考の本質は見えてこない。思考も、脳内のみで起こっているのではない。もともと、知的活動を行なうのに、それほど膨大な脳が必要なわけではない。思考をとらえるにも、環境との相互作用の中で身体を通して行為している主体に注目しなければならない。主体と環境を媒介するところに、身体があり、行為がある。思考は、その身体行為と深く結びついている。思考も、内界にのみ限定せず、環境を含んだ全体として研究されねばならない。

第六章　発達と進化

1　発達と学習

発　達

人間の認識という働きを発生論的にとらえたピアジェ*は、認知構造を活動の反復から自己組織化されてくるものと考え、発達をダイナミックにとらえた。ピアジェによれば、発達とは、ある構造から次のより一層高次の構造へ移行する過程である。主体が与えられた環境の中で生きていくには、自己と環境との関係を認識しなければならない。そのとき、主体は、多くの場合、あるシェーマをもっており、シェーマに即して対象を認識する。このシェーマに即して対象を認識することを、同化という。しかし、主体と環境の間には絶えず不均衡が生じる。この不均衡が生じると、それを均衡状態へ回復しようとして、主体は調節を行なう。調節とは、シェーマ自体を修正して、対象を認識できるようにすることである。そのことに成功すれば、新しい均衡状態に移行でき、認知構造の再構造化が可能になる。この同化と調節による再構造化の過程が発達である。しかも、ピアジェの観察によれば、この発達は、何段階かを経て非連続的に進行するという。発達の過程は自己組織化過程なのである(1)。

発達の過程で何より重要なことは、活動すること、行為することである。実際、新生児には活動しかない。乳児も、活動を介してしか、物を認識しない。新生児や乳児は、手や足を動かし、指でさわってみることによって物を認識し、知能を発達させる。初めに行為があり、運動がある。知覚や認知の発達は、このような活動から生じる。発達するから認識が進み、行動が複雑化するのではなく、行動するから認識が進展し、発達がもたらされるのである。発達も、主体と環境の相互作用の中で考えねばならない。環境との相互作用の中で、行動することによって認識し、認識することによって生き方を獲得する。それが発達である。

乳児が手を伸ばして物をつかむリーチング行動は、手による空間の探索の始まりである。しかし、これも、最初からある意図や目的をもって行なわれる知的な行動と解すべきではない。乳児のリーチング行動は、それぞれの子供に固有な動きであり、個性的なしかたで開始される。その動きの中で、子供は独自に物に至る軌道を発見する。子供が解決しようとしている課題は軌道計算ではなく、子供の身体に固有なダイナミックスである。そして、それが達成されたとき飛躍があり、発達がある。発達から行動が起きるのではなく、行動から発達が起きるのである。

さらに、物体や空間の認知の発達には、手の運動と同時に、目の運動も必要である。しかし、この目の運動も、乳児の場合、初めのうちはぎこちない動きをしており、必ずしも刺激の方向に正確に向けたものではない。だが、それを繰り返しているうちに、やがて、乳児は、特に動く物の方向に目と頭を動かし、追跡運動を開始、次第に対象に視線を集中するようになる。もちろん、物の形などの認知のためには、視線の集中だけで十分ではなく、手によるリーチングやつかみ行動との協同が必要である。しかし、このつかみ行動も、当初はリーチングや目の運動同様ぎこちなく、必ずしも物の形の触知には至っていない。その後、左手と右手を同時に動かすようになって、はじめて、物の形の認知が可能になる。

空間の知覚も、このような目や手、さらに、幼児が歩けるようになれば、足の運動などから会得されてくるものであって、最初から空間概念があるのではない。〈空間の中に物体が存在する〉というような抽象的思考は、身体行動による空間知覚が出来てから後に出てくるものである。そこにこそ、子供の発達というものがある。

身体運動そのものの発達も、まず原初的な運動があり、それによって知覚が発達し、それによってまた運動が発達するというように、運動と知覚の循環の中で行なわれる。それは自己組織化的サイクルである。脳の中の運動プログラムに従って筋肉が動き、運動が成り立つのではない。何よりも先に運動がある。対象の知覚も、知覚そのものから発生するのではなく、対象への行為から発生する。リハビリによって運動能力が回復するのもこのことによる。

だから、認知の発達のためには、学習が必要である。学習とは、自己と世界の間のつながりの発見であるが、しかし、それは行動と経験によって獲得される。人間でも、動物でも、経験によって知識を積み重ねていく。知識とは、ある目標を実現するために、対象に対してどのように働きかけるべきかに関する情報である。だが、それは、単に脳の中だけでつくられるものではない。認識はどこまでも体験であり、行動によって獲得されるものである。そして、その体験による獲得こそ、学習である。知識を獲得するには、まずもって働きかけねばならない。知識獲得は行為であり、実践であり、能動的な過程である。知識は、身体を含む環境と切り離すことができない。

学　習

人間を含めて動物は、絶えず変化する環境の中で生存を確保していくために、自己の行動を調整しながら経験を積んでいく。この経験的な知識の獲得が学習である。動物は、学習によって環境の意味と価値を抽出し、より高い識別能力を獲得する。動物は、環境からどのような意味と価値を抽出すれば、最も簡単にそして確実に環境に適応していけるかを学ぶ。そのことによって、環境の中での活動を次第に精密にしていくのである。動物を取り巻く環境には、生得的行動だけでは律しきれない予測不可能なものがある。予測不可能な環境への適応のためには、学習が必要である。動物の行動の相当多くの部分が、学習によって獲得されたものである。

実際、動物の生得的行動と思われるものの中にも、かなりの部分、学習によるものが入り込んでいる。例えば、クモの子供は、餌をとらえるのに、遺伝的に備わった生得的プログラムに従って、生まれたときからうまく餌を取るように見える。しかし、よく観察すると、クモの子も、やはり何回も繰り返し練習し、学習を行なっていることが分かる。ヒヨコのついばみ行動にしても、鳥の巣作りにしても、経験によって上達しているのである。ミミズやカエルも、単なる反射や試行錯誤でなく、多様な環境に応じて意外と柔軟な行動を行なっている。本能に従った生得的行動と思われているものにも、柔軟性と多様性がある。動物の行動には学習が必要なのである。

物の形や大きさの恒常性の知覚も、経験と学習による。人間の乳幼児も、手を伸ばし、手でつかみ、歩いて確認しながら、物の形や大きさの恒常性を学習する。色彩の恒常性の知覚も、乳幼児期の経験を通して学習される。白色光のもとで様々な色の刺激を受け、その対比を学習することによって、色彩感覚は形成されるのである。色彩感覚は、生まれながらの生得的なものではない。人間やサルに色彩感覚が備わっているのは、人間やサルの網膜または脳に、三原色に相当する光にそれぞれ反応する三種類の細胞がもともと備わっているためだと言われるが、事実はむしろその逆であろう。

動物が会得している認知地図も、経験や学習の成果である。ミツバチも、餌場や巣などの認知地図を経験によって獲得している。迷路を学習するネズミも、その迷路の認知地図を自らの探索によってつくっていく。正確に帰巣するハトも、親鳥や先輩から学ぶことによって、巣に戻ることを覚える。

パブロフが研究した条件反射による古典的条件づけ学習にしても、スキナーのオペラント条件づけ学習*にしても、どれも、動物の学習行動を機械論的にとらえすぎているが、しかし、これらさえ、生得的行動ではなく、学習である。

そこには、動物は動物なりの環境の意味や価値への高度な解釈がある。試行錯誤による学習も、ただ盲滅法に行なわれているのではない。試行錯誤学習でも、記憶を背景に経験を積み、仮説の妥当性を調べながらそれを修正し、問題解決をはかる高度な学習が行なわれているのである。動物も高度になればなるほど、模倣による学習、練習と習慣づけによる学習、洞察による学習と、学習形態もより高度化していく。どのような種類の学習にしても、動物は、行動しながら認識し、認識しながら行動し、課題を解決しようとしている。そのような行為的認識が学習である。

生得的行動と生得概念

もちろん、動物行動のかなりの部分は、また、遺伝的にも制御されている。行動パターンの遺伝的記憶によって、動物は、親から教わらなくても、しばしば最初から完璧な行動を行なうことができる。動物が学習なしでできる本能的行動は生得的なものである。

例えば、色、音、臭いなどが鍵刺激になって、そこから自動的に行動が誘発される解発行動も、動物の生得的行動の代表的なものである。動物は、特定の刺激に対して、一定の反応を反射機能の介助なしに行ない、摂食、生殖、防御など自己保存や種族保存に役立てる。現に、トゲウオは、敵の赤い腹部と垂直姿勢に解発されて、自動的に戦闘行動を開始する。七面鳥の雛も、教えられなくても、飛んでいる猛禽類の姿を見るやいなや、素早く隠れ家に逃げ込む。動物は、種族保存と個体保存のために、外界の情報の認識を的確・迅速に行なう必要がある。そのために、遺伝子に組み込まれた行動パターンを機会に応じて適切に利用する機構として、動物行動の解発メカニズムはある。

とすれば、動物は、その誕生以来、まったくの白紙状態から、試行錯誤を繰り返しながら経験を積み、問題解決をはかっているのではないことになる。このことから、動物行動に関する生得説が主張される。つまり、動物の行動は、あらかじめ遺伝子の中に組み込まれたプログラムによって決められており、その形態は、その命令に従って自動的に展開された結果であると考えられる。

動物行動学ばかりでなく、哲学的な認識論でも、プラトンやカント*は生得概念を前提していた。プラトンは、ものの形相や本質であるイデアを、われわれが生まれる以前からもっているものと考えた。また、カントは、時間や空間の直観形式や因果性のカテゴリーなどをアプリオリ*なもの、つまり経験に先立ってわれわれに備わっているものと考え、それが感覚的経験を秩序づけるのだと考えた。このような哲学的認識論での先験主義*から言っても、動物や人間は、学習を行なう前に、それに先立つアプリオリな概念をもっていることになる。

しかし、少なくとも、このような哲学的認識論の生得主義はもはや成り立たないであろう。例えば、距離、奥行き、物の形など空間の概念も、眼や手足の運動から会得されてくるものであって、生得的に備わっているものではない。空間概念は後天的である。

確かに、動物行動学の研究成果をみれば、動物行動に生得的な行動が占める割合が多いことは認めねばならない。事実、昆虫は、学習しなくても、巣作りの動作を自動的に行なうことができるし、ヘビは、親から教えられなくても、自分の餌の種類や捕獲のしかたを覚えている。高等脊椎動物でも、経験なしに行なえる生得的行動は数限りなくある。例えば、他の鳥の巣に産み落とされた孵化したばかりのカッコウの雛は、側にある他の鳥の卵を、生後間もなくせっせと押し出して落としてしまう。また、初めて犬に出会った子猫でも、毛を逆立て、背伸びをし、唸り、恐怖と威嚇の姿勢をとる。子猫は、犬が危険な敵であることを本能的に知っているのである。

もちろん、動物の行動に生得的な行動があるからといって、経験による学習が何の役割も果たさないというわけではない。なにより、生得説は、動物の運動の発達を十分には説明できない。動物の解発メカニズムに注目するにしても、動物を、ただ単に、解発機構を介して外界の刺激に操られている機械とみなしてはならない。昆虫の解発行動でさえ、よく観察すれば、いつも決まりきった形で行なわれているわけではなく、本能によって完全に規定されているわけでもない。人類に至れば、生まれたての乳児でさえ、驚くほどの注意深さで、自分が面している状況を観察している。

あらゆる動物の行動が学習に基づくという考えも行き過ぎだが、遺伝がすべての動物の行動を決定するという考えも間違いである。生得的能力と学習、遺伝性と後天性は、実際には複合しながら協同して働いているのである。

哲学の分野で、西欧十七世紀以来議論されてきた生得主義対経験主義の対立も、もっと別の観点から乗り越えられねばならないであろう。デカルト以来、合理論の系譜は生得説をとり、われわれの理性には生得的な概念や形式が備わっていると考えた。それに対して、ロックをはじめとして、経験論は、人間の心は生まれたときは白紙の状態にあり、生まれて後の感覚的経験がそこに書き込まれていくのだと考えた。そして、その感覚的経験から推論によって観念の連合を構成することが、認識だと考えたのである。しかし、合理論も経験論も、どちらも認識を静態的にとらえている欠点がある。認識は、もっと、進化論的・生成論的にとらえられねばならない。

進化論的学習

動物の生得的行動も、人間のもつ生得概念も、進化論的学習としてとらえる必要がある。動物の行動を観察していても、現状を静的に見ると、生得的行動と見られるものが多いが、動的・形成的にみるなら、それは長い種族進化の過程での学習である。学習には、個体的学習ばかりでなく、種族的学習もある。動物の生得的行動も、種族の進化上で営まれた経験の積み重ねの結果形成されてきたものであろう。その意味では、動物の生得的行動は一種の獲得形質である。

しかも、この進化論的な経験や学習にも、行動が必要である。動物は、行動することによって経験し、経験することによって認識し、そのパターンを遺伝子に記憶する。それが動物の生得的行動なのであろう。動物を、単なる機械的な解発機構としてみるのも、単なる反射機構としてみるのも、単なる刺激反応システムとしてみるのも誤りである。それは経験の進化論的蓄積の結果であり、保存された学習なのである。

動物の本能的行動は、確かに学習過程に依存しない。しかし、それ自身は、生命誕生以来四十億年の長きにわたって、世代から世代に引き継がれ積み重ねられてきた経験に基づく。われわれ個人が学習したことを記憶しているように、種の進化過程でも、種族は経験を記憶している。個体における生得は系統学習の結果であり、系統発生的記憶である。

個体は、祖先によって経験された事柄を呼び起こす。われわれの認識能力は、系統発生の歴史において進展してきた経験の想起能力だとも言える。その意味では、ここでも、〈個体発生は系統発生を繰り返す〉というヘッケル*の法則が成り立つ。われわれ個人でも、ある特定の機会に応じて過去の経験を急に思い出すことがあるように、生命の長い進化の過程でも、絶えず経験の想起が行なわれているのである。プラトンは、われわれの真理の発見や物事の認識を、生まれてくる以前からもっていた真理やイデアの想起と理解した。(2) この考えは生得説に通じるものであり、そのままでは受け入れがたいが、進化論的に理解し直すなら、それなりに深い意味をもっていたのだとも言える。

進化論的認識論が主張してきたように、どのようなアプリオリな知識も進化論的学習の成果である。動物や人間の生得的機構は、確かに個体の経験からは独立であり、アプリオリである。しかし、生命進化の経験からは独立ではなく、系統発生的にはアポステリオリ*である。カントの言うような人間のもつアプリオリな生得概念や直観形式も、進化論的経験からは独立ではない。カントの認識論は乗り越えられねばならない。と同時に、経験論の言うように、人間の心は生まれたときにはタブラ・ラサ（何も書かれていない板）だという説も、生命の進化史からみて正しくない。進化論的認識論から考えるなら、生命体は個体だけでは成立せず、長い種族の経験を引き継ぎ記憶しているのである。

今日の分子生物学的な観点から解釈しても、動物の生得的行動様式は、長い進化の過程で獲得された行動様式の情報が遺伝子の中に組み込まれた形態だと考えることができる。動物は、遠い過去に繰り返し経験し、そこから編み出した生き方を遺伝子の中に記録し、生得的行動のプログラムとして固定する。そして、それを個体の中で発現させ、将来の個体に受け渡していく。

この点では、ピアジェが展開した発生的認識論の考え方は適切である。ピアジェは、動物の生得的行動を、表現型*模写によってゲノム*に固定された後成的過程*と考えた。ゲノムは一定の環境の中で学習し、その経験を蓄える。しかも、その過程は、遺伝子型から表現型へ、表現型から遺伝子型へと、全体のシステムの中で相互作用的かつダイナミックに進展する過程と考えられる。しかも、そのダイナミズムの中には、遺伝子そのものが含まれる[3]。

このピアジェの発生的認識論の考えには、すでにシステム論的考えが導入されている。遺伝子は、生命の設計図として、決定論的に固定されているものではない。遺伝子は、それ自身、長期間にわたって変動していく地球環境の生態学的システムの中にある。そして、遺伝子の組とそのネットワークは、環境との相互作用の中から獲得した行動パターンの情報を自己自身の中に蓄える。遺伝子のネットワーク自身が、環境を乗り越えて自己組織化していく過程で創出した行動形態や仮説を自己自身の中に組み入れ、次の段階に進んでいく。その過程で動物個体に生じるのが、生得的行動や生得的概念である。進化とは、主体と環境の相互作用からの自己組織化過程である。動物の特定の行動パターンは、このような主体と環境の相互作用を通して形成されてきた行動の軌跡である。相互作用論的認識論、生態学的認識論の立場に立つなら、生得論と経験論の対立は乗り越えられる。

生命の進化は学習過程でもあり、認知過程でもある。生命体そのものが自らの行為を通して環境を学習し、認識をより深め、それを記憶し、その情報を次の世代へ伝達する。生命の進化に、認知能力の増大化と複雑化の過程である。行動パターンの記憶も、常に自己自身を形成してやまない生命の流れの中でとらえねばならない。行動も万物の流れの中にある。

2　進化論的認識論

行動による進化

動物は、定位、移動、摂食、攻撃、防御、生殖など、行動することによって環境に働きかけ、これを認識して、生活できる場所を拡大していこうとする。動物による探索は、その始まりである。動物は、探索することによって対象を獲得し、自己自身の生き方を構築していく。獲得したいと思う対象がまだ獲得されていないとき、その矛盾と緊張を克服しようとして、努力が生じる。その努力が発達や進化をもたらす。行動とは生命の飛躍なのである。

初めに行動がある。行動は、進化の結果ではなく、原因である。動物の形態形成そのものにも、行動は深い影響を与えている。系統発生の過程で動物の形態進化をもたらすものは、行動であろう。例えば、ウニやクラゲのように、海中で餌に出会うのに任せている動物は、獲物に向かって自らを方向づける必要がないために、おおむね放射相称の身体形態をとる。それに対して、魚類や陸上動物のように、食物を追い求めて移動する動物は身体を長くし、前後つまり頭側と尾側を分化させるとともに、左右相称の身体形態をとるようになる。また、動物の前肢が、鰭《ひれ》、足、腕、翼などに変化していくように、新しい環境での行動の変化が身体構造の変化を促す事例もある。これらは一般に相同器官と言われるが、相同器官の進化も、単に環境の選択によるのではなく、環境に積極的に働きかけようとしている動物の行動による選択と考えるべきであろう。生物の進化の過程で行動が果たす役割を評価しなければならない。

さらに、動物の行動には、新しい外的環境に順応して、先天的な形質や能力を調整する働きがある。この調整によって動物の行動は発達するが、同時に、ここから進化も起きる。例えば、モグラの祖先は、今日のトガリネズミのような食虫性の小哺乳類であったと考えられている。彼らは、地表を活発に動いて、落葉層の間や朽木の間などに潜む昆虫やムカデなどの無脊椎動物を狩って生活を立てていたと思われる。そして、この地表の餌を捕らえようとして、両前足を左右に開いて掻き分ける行動を繰り返しているうちに、その習慣的行動によって、やがて、その前足の形態が地中生活者に向くように改良されていく。こうして、地中生活者としてのモグラが完成していったのであろう。環境に対する行動の順応と調整が進化をもたらすのである。

動物の行動は、必ずしも、生得的な解発メカニズムに固定されているわけではなく、そこには、柔軟で多様な行動がある。例えば、ワタリガラスは、北アフリカの砂漠では、ハゲタカのように腐肉猟りをして暮らし、北海の島々では、盗賊カモメのように、他の鳥の卵や雛を食って過ごす。ところが、中央ヨーロッパでは、カラスの流儀に帰って、小動物の狩りをして暮らす。このことから、同じ種にも様々な変異が生じ、分化が起きてくる。進化は分化でもある。動物の行動は環境に開かれており、必ずしも、環境のみが選択権をもっているのではない。

さらに、動物には、新しい運動を獲得する能力がある。その行動は、自分自身を超える能力でもある。例えば、イルカの行動には豊かな新奇性が見られ、空中トンボ返り、タンクの底での横滑り、尻尾での水上滑走など、まったく新しい行動を、イルカは自分自身で創造することもできる。このような創造と飛躍から、進化は起きてくる。カツオドリの血液を吸うフィンチが登場してきたのも、動物による新しい行動の創造が習慣化されたことによるのであろう。行動によって進化は起きるのである。

生物は、生きのびるために、環境に応じて自己自身を変化させる能動性をもつ。それどころか、生物は環境に対して積極的に適応し、環境を作り変えてさえいく。生命は、よりよく生きようとする能動的な系である。生命は、単に、環境によってのみ形成される受動的存在ではない。生物は、環境によって選択されるばかりでなく、環境を選択する。動物にしても、植物にしても、生物は生息場所を変え、新しい環境に順応し、その形態や構造さえ変えていく。それが進化である。そこでの生物の側の自発性と能動性、つまり選択能力を無視することはできない。

この点では、自然選択と突然変異にのみ進化の主要な要因をみたネオ・ダーウィニズムには、限界があると言わねばならない。ネオ・ダーウィニズムは、偶発的な変異の中から最適者が環境によって選択されることが進化だと考え、獲得形質は遺伝することはないとした。まして、動物主体の行動が進化に積極的な役割を果たすとは考えなかった。しかし、突然変異や環境変動など、生物にとって単に偶然にすぎないものの総和だけからは、眼などの精密で合目的的な器官はつくることができないであろう。そこには、どうしても、一定方向に合目的的に変異していく進化の傾向性を考えねばならない。そして、このことに、動物がもっている自発的な調整能力や新しい行動の創造能力が果たす役割を度外視するわけにはいかない。

このような観点から言えば、形態進化に対する行動の役割の重要性を認識していたラマルク*は再評価されねばならない。ラマルクは、動物の新しい行動が新しい習慣を形成し、その習慣の変化が進化的変異を生み出すと考えた。このラマルクの獲得形質の遺伝という考えは、それなりに深い意味をもっている。

動物は、経験を積み学習し成長する生きた主体である。動物主体によって繰り返し行なわれてきた行動パターンは習慣化され、その情報が遺伝子の中に組み込まれ、受け継がれる。この系統発生的に獲得され保存された情報が、進化をもたらす。動物は、その活動によって環境を乗り越える。その経験が、動物の形態形成に影響を及ぼすのである。そこでの動物主体の積極的な適応や調整、つまり行動の果たす役割は大きい。生物は、環境によって操られる操り人形ではない。生物の環境に対する適応能力は生物自身の主体的傾向性であり、この内的傾向性が進化をもたらすのである。

動物の行動や形態は、必ずしも、最初から遺伝子にプログラムされているのではなく、遺伝子そのものがいわば経験を積み重ね、柔軟に変化して、それらを獲得していくのだと考えねばならない。言いかえれば、ピアジェの言うように、学習された行動の表現型変異は、遺伝子型に模写され伝達されていく。生物学的情報の流れは、遺伝子型から表現型へばかりでなく、表現型から遺伝子型へも双方向的に流れ、ゲノムは螺旋的に変化していく。それが進化である。

動物の行動は、主体と環境の相互作用を媒介し、遺伝子のネットワークの自己組織化をもたらす。この内的な自己組織化が進化である。この進化の歩みを、行動の進歩が加速する。このような進化のシステム理論を前提しなければ、生物に定向進化*というものがあることが理解できないであろう。生物の大進化においては、遺伝子の突然変異はランダムに起きるのではなく、同じ方向に向かって連続的・組織的に起きる。この組織的変化は、単なる自然選択では解けない。むしろ、動物の最初の行動の創造的選択がある必然性をもって自己強化し、形態の創発的自己組織化をもたらす。それが定向進化だと考えねばならない。

認識の役割

行動の進化が形態の進化をもたらすとすれば、行動と形態の間にあって、それらを媒介する認識の役割は大きい。認識は、行動の進化と形態の進化の橋渡しをする。行動の飛躍が認識の飛躍をもたらし、認識の飛躍が形態の飛躍をもたらす。

例えば、地表を猟《あさ》って虫をとっていたトガリネズミは、両前足で盛んに土を掻き削る行動を繰り返しているうちに、両前足での地中の状況の把握つまり認識が発達する。これが幾世代にもわたって何百万年もの間なされているうちに、トガリネズミの前足の形態はますます立派なシャベルになる。かくて、トガリネズミはモグラに進化する。

動物は行動によって認識し、認識することによって進化する。行動の発達は認知能力の発達を加速し、認知能力の発達は形態の発達を加速する。動物は、それぞれの種に応じて、世界から固有の世界を切り取ってくる。この固有の世界像をもつということが、対象を知るという働きであり、認識するということである。しかも、行動の進化によって新しい情報が獲得されると、世界の視野は広がり、動物は新しい世界像をもつことができる。認識するということは、情報を獲得するということである。情報を獲得することによって、外界の新しい規則性が抽出され、それに応じた新しい行動パターンが創造される。生命体は、それを遺伝子のネットワークの中に読み込み、記憶することができる。かくて、生命の進化はもたらされる。

進化論的認識論は、情報進化論とでも言うべき新しい分野の開拓を促す。実際、情報の獲得は、どの生命体にとっても必要不可欠なものである。植物にとって、外界のものが吸収できるかできないか、動物にとって、獲物が食べられるか食べられないかを見分けることは、生存にとって重大な意味をもっている。認知なくして生存はない。認知によって、与えられた環境が生存にとってよりよい環境かどうかが判断され、環境への適応が可能になる。それどころか、環境の改変さえ可能になる。生命と認識は深く結びついている。よく知るものこそ、よく生きるのである。

認識の階層的飛躍

このよりよく生きようとする生命の傾向性は、動物の場合、よりよい行動、よりよい認知、よりよい形態として表現され、長い進化の歴史の中で、それなりに洗練されたものになってきた。しかも、それは、より下位の層をより上位の層が組み込み乗り越えていくというしかたで、階層的に進化してきた。行動においても、認識においても、形態においても、動物は、前の段階を内面化することによって、それを超克し、新しい形を創発していく。そこには生命の飛躍があり、自己超越がある。飛躍する生命は自己組織系であり、複雑系なのである。

実際、まだ植物とも動物とも区別のつかない原核生物、バクテリアにさえ、食物源の方向に移動できる能力をもつものや、過去に有害物に接した経験があると、その物質を回避する確率を高めるものなどがある。バクテリアに鞭毛をもっているものがいるのはそのためである。バクテリアでさえ、行動することによって対象を認識するとともに、そのための簡単な身体構造をもっているのである。

このことは、アメーバやゾウリムシなどの原生動物になると明確になってくる。例えば、ゾウリムシの行動は接近と逃避という相反する二つの単純な行動からなり、まだ、対象に向かって正しく定位し移動する能力を備えてはいない。しかし、それでも、その行動は、環境からの刺激に対する単なる機械的反応ではない。それどころか、それは、繊毛を律動的に動かしたり収縮したりする自発的運動であり、静止、前進、後退など、ある程度の自由と柔軟性をもっている。ゾウリムシは、接近と逃避という行動を繰り返すことによって、対象が餌か障害物かの判断をし、認識しているのである。その判断はまだ餌か障害物かという二値的な認識にすぎないが、しかし、そこには、すでに好き嫌い・快苦といった原始的な感情があると考えねばならない。ゾウリムシでさえ、障害物に対しては、逃避行動によって恐怖反応を示す。このとき、ゾウリムシは、後退するというしかたで、障害物を、今までの方向への進行の継続を許さない対象として評価しているのである。そして、そういうものに出会ったときには、これを回避することが理に適っているということを理解していることになる。動物は行動によって認識する。ゾウリムシも、その移動能力を増進させることによって、情報の獲得を増進させているのである。そして、そのためにこそ、ゾウリムシは、繊毛という感覚器を兼ねたすぐれた運動器官をもっている。ゾウリムシは、この運動器官によって外界を見、合理的な判断をして行動を制御しているのである。

腔腸動物のヒドラになると、その行動はより複雑になり、認識能力も増大する。ヒドラの摂食行動はすでに獲物に向かって方向づけられており、口と触手による摂食の過程は、反射的行動とは言え、細かく調整されている。ヒドラは、これらの行動によって、餌や水中の状態などのきめ細かな認識を行なっている。そのために、細長い円筒状になったヒドラの身体の上端には、口と六本ほどの触手があり、下端には足盤があり、場所の変更もできる。神経組織も網状散在神経系をなしており、情報が身体全体に行き渡って、系統的な行動ができるよう工夫されている。

同じ腔腸動物でも、クラゲになると、腹側の表面を収縮し、水をリズミカルに傘の外へ押し出すことによって、海水中を自由に遊泳することができる。その行動は、定着性のヒドラなどから比べても、より自由である。クラゲは自由で豊かな移動性をもっているから、食物のほか、自分のまわりの海水の状態も積極的に評価し、そこでの自分の位置を認識する能力を向上させている。そのため、クラゲの神経組織は中枢化が進み、神経環集中神経系をなし、眼点と平衡胞も現われる。

軟体動物でも、特にイカやタコなどの頭足類になると、すぐれた知覚能力や行動操作能力をもつに至る。例えば、タコは、複雑な姿勢制御、攻撃行動、求愛行動、巣作り、縄張り行動、帰巣行動などを行なう。したがって、タコは対象をよく認知し、その形を見分けるすぐれた認識能力をもち、条件づけられた迷路学習や回り道学習などもできる。もっとも、T字型の迷路学習なら、軟体動物腹足類のカタツムリや環形動物のミミズなどにもできる。とすれば、この段階に至れば、すでに、刺激をある意味や価値を伴ったシグナルとして受け取ることができるようになっていることを示す。かなり高度な学習ができるということは、間近に待っている可能なものを認識し、それにまえもって反応する能力をもっているということである。そのため、タコに関して言えば、形態や器官や組織面でみても、脳や眼が驚くほど発達している。

節足動物の昆虫類は、無脊椎動物の中では、最高の操作能力と環境処理能力をもっている。特に、すぐれた社会生活を行なっているミツバチになると、定位、縄張り、帰巣、学習、情報伝達、どの点でもすぐれた能力を発揮する。一般に、高等な昆虫類はすぐれた認知地図をもち、条件反射による学習能力にもすぐれ、互いのコミュニケーションでも、知能的行動とも言えるような高度な行動を行なうことができる。それに応じて、高等昆虫類は、発達した脳や感覚器、口や足をもっている。なかでも、その感覚器はすぐれ、鋭い視覚、嗅覚、触覚をもっている。視覚だけでも、複眼による偏光の知覚ができるほか、色や形の識別もできる。

脊椎動物では、すでに魚類の段階で、離れた獲物を見つけ、それを追跡し、接近して攻撃し、捕まえることができる。それが敵であった場合には、それを攻撃するか、そこから逃避するという一連の複雑な行動が容易である。そのために、脊椎動物は対象に向かって正しく定位し、その方向に向かって移動したり、そこから逃走したりできる。ここには、すでに、獲物を把捉する行動に〈喜びの感情〉が、敵から逃げる行動に〈恐れの感情〉が、敵を攻撃する行動に〈怒りの感情〉が現われている。しかも、同じ一つの対象でも、それに対する行動形態はいくつにも分かれる。だから、この段階では、動物にとっての対象の意味は、食べられるか食べられないかというような二値的な意味から多値的な意味へと、多様化していると考えねばならない。脊椎動物が、魚類の段階で、すぐれた視覚器官や聴覚器官や嗅覚器官をもち、発達した脳神経機構をもっているのはそのためである。

この魚類が進化し、陸上生活をする両生類や爬虫類になると、魚類以上に外界からの刺激は多様化し増大するから、環境の手掛かりを正確につかんで行動することが必要になる。両生類や爬虫類が正確な身構えや狙いの姿勢をとり、盛んに探索行動を行なうのは、そのことによる。ここでは、獲物を捕まえる行動が一時保留されることもあるから、対象の観念的な所有も可能になっていると思われる。カエルでも、ヘビでも、頭の中に互いの姿を思い描いているのであろう。両生類や爬虫類の運動器官や感覚器官が魚類以上に発達しているのは、陸上生活の必要からである。動物が水中生活から陸上生活に飛躍したとき、その行動形態は大きく変化し、その世界認識も大きく変化した。呼吸器官や聴覚器官や運動器官など、身体の構造を根本的に改めたのは、そのことに対応している。

脊椎動物も、哺乳類になると、特に前肢の操作や手指の操作が巧くなり、好奇心からくる盛んな探索行動を展開するようになる。前肢操作でも、捕まえた獲物を一時手で押さえて弄んだりすることができるように、対象をすでに口の中に捕らえた物として観念的に所有することができるようになる。哺乳類が新しい課題を学習したり、直面している問題の解決策を創案したりすることにすぐれているのは、何よりも手の使用や探索行動の進展によるものであろう。足を運び手で触れることによって、動物は、対象の分析・修正・再認・統合など、認知能力を発達させるのである。

哺乳類も、類人猿や人類になると、道具の使用や道具の製作に特にすぐれた能力を発揮する。そして、認知能力においても、概念や象徴言語を使うことができるようになり、洞察力や反省能力が発達する。このことと、自由になった手の把握能力は対応している。

行動の進化は認識の進化をもたらし、認識の進化は形態の進化をもたらし、形態の進化は行動の進化をもたらす。行動・認識・形態の循環的な進化によって、動物はより創造的に生きようとしてきたのである。よく生きようとすることがよく認識することにつながり、それが身体の発達や進化にもつながっていくのである。

メルロ＝ポンティは、『行動の構造』の中で、動物の行動の構造を〈行動の癒着的形態〉〈行動の可動的形態〉〈行動の象徴的形態〉の三段階に分けて、その発展過程とその構造を詳しく分析した。〈行動の癒着的形態〉では、行動がまだ自然的諸条件の枠内に閉じ込められ、その内容に癒着していて、行動の組み替えがきかない。それに対して、〈行動の可動的形態〉では、行動の中に、本能によっては決定されないシグナルが出現し、学習が可能になる。ここでは、動物は現前する自然環境の諸条件に癒着した定型的・一義的世界から解放され、その行動がより可動的で多義的になる。さらに、〈行動の象徴的形態〉では、行動の対象がシンボルの意味をもち、道具や言語の使用が可能になる。もちろん、三つの行動類型は特定の動物群に対応するわけではなく、一つの動物群の行動が二つ以上の行動類型にまたがる場合も少なくない。(4)

行動・認識・形態の螺旋的創発を進化というとすれば、この進化の過程の中に、メルロ＝ポンティの行動の三類型も位置づけられねばならない。その意味では、このメルロ＝ポンティの行動の三類型も単なる理念型にとどめず、動態的にとらえねばならないであろう。実際、メルロ＝ポンティも、この行動の三類型を、後の段階が前の段階を組み入れ、統合し、乗り越えていく過程としてとらえているのである。行動の進化も、自己組織系あるいは複雑系としてとらえねばならないのである。

認識とは何か

生命進化は認識を獲得していく過程でもある。例えば、動物の眼の進化一つを考えても、動物は、何の理由もなく、あの精巧な眼をつくってきたわけではない。動物たちは、それぞれ、自分たちが選んだ環境の中で生きていくために、まわりの世界を探索しながら、地球上に注がれていた太陽の光を切り取ってきて、それを外界の情報として利用しようとした。そのことから、眼という感覚器の進化もありえたのである。すぐれた感覚器をもっているからすぐれた認識と行動ができ、生存していけるのではなく、むしろ、生存するためによりすぐれた行動と認識をしようとするから、よりすぐれた感覚器が形成されてくるのである。

視覚の機能も、そのような生存―行動―認識―形態のサイクルからとらえねばならない。そこには、必ずしも環境に決定されない自由度がある。実際、動物の視覚器官が切り取ってくる電磁波の幅も、動物によって相当大きなばらつきがある。人間が切り取ってきている光の幅つまり可視光線は、電磁波スペクトル全体の中でも、わずかな部分にすぎない。動物によっては、磁気のほか、赤外線や紫外線、X線やγ線さえ感じることのできる動物もいる。要するに、動物は、それぞれ、地球環境に注がれている電磁波から、よき生存と行動のために必要なだけの情報を抽出し、世界認識をしてきたのである。

動物の視覚器官の形態も千差万別である。動物の視覚器官の形態は、皮膚光覚や神経光覚、眼点、レンズ眼や複眼など様々である。凸眼もあれば、凹眼もある。眼が横についている動物もいれば、前や上についている動物もいる。動く眼もあれば、動かない眼もある。調節機能が備わっている眼もあれば、備わっていない眼もある。どれも、その段階で、それぞれの動物が生きていく上での必要性からできてきた形態なのである。

例えば、眼点しかもたないクラゲのような動物でも、下部の眼点よりも上部の眼点がより強く照明されることで、太陽の方向と海底の方向、つまり上下の区別をしている。これは、海中を遊泳していくために、自分の身体の位置を上下平衡に保つ必要があったからである。また、複眼をもつミツバチは、被子植物の色彩豊かな花々を見分け、より多くの蜜をとってくる必要から、花から反射されている多くの光線を分析することを学んだ。ミツバチが紫外線を識別できるのは、そのことによる。行動と認識の必要性が眼の構造をつくってきたのである。

動物の眼という精密な器官の進化は、単なる環境による選択だけからは解けない。むしろ、環境に対する動物の生存の意欲の方から、視覚の進化をとらえねばならない。環境の中で行動し、外界を認識しようとする動物主体自身の生き方から、視覚はとらえねばならないのである。眼の進化は、認識しようとする行動から起きてくる。

進化とは、動物主体の向上しようとする努力である。動物主体の内発的な力と環境との呼応によって、進化は起きるのである。主体と環境の相互作用の中に行動と認識はあり、その行動と認識なくして、進化はありえない。生命主体が環境に働きかけようとして、環境を見分ける。その環境を見分ける能力が認識能力であり、それが形態の進化をもたらす。

認識能力は情報抽出能力でもある。生命主体は、環境世界から、自分にとって必要な情報を選択してくる。認識とは、行動によって情報を選択し、自己にとって必要な意味と価値を見出すことである。認識は、環境から受動的に情報を得る過程ではなく、むしろ環境に対して能動的に働きかけ、環境から積極的に情報を見出す過程である。環境の認識には、生命主体の能動性がなければならない。生命体は、よりよい世界を求めて生きる能動的システムである。

よりよく生き、よりよく行動し、よりよく認識しようとすることから、進化も起きる。進化は、単なる受動的な適応過程ではない。

主体と環境の相互作用の中で、行動と認識と形態が螺旋的・循環的に相互作用することによって、進化は起きてくる。生命主体は、環境からの刺激を待っているだけの受動的存在ではなく、逆に、自ら環境に積極的に働きかけ、それを能動的に改変さえしていく。生命主体は、そのようなしかたで、環境と自己との関係を変化させてもいく。生物と環境は、相互に作用しながら、共に進化してきたのである。生物の認識という現象も、この自己組織化的進化の中でとらえねばならない。

3　道具と認識

道具の使用と製作

主体と環境の相互作用の中で、生命主体は環境を選択し改変する積極的能力をもっている。生物は、環境に対して単に受動的に反応しているのではなく、環境に対して能動的に対応し、これを作り替えてもいる。動物も、環境に対して単に癒着的に生きているのではなく、自らの行動によって環境を切り開いていってもいる。生物主体は、環境の中で行為し環境を創造する主体的存在である。草原の中で草を食べている動物によって、草原自身も変えられていく。世界は生成変化の途上にあるが、それは、世界の中に世界を変える主体が働いているからである。

道具の使用や製作も、主体を環境に結びつける動物主体の重要な行動である。動物は、自然物を介在物として、あるいは加工された道具として使用し、間接的にも環境に働きかける。道具とは、目的を達成するための手段として使用されるもののうち、身体の外にあるものをいう。道具は、主体と環境の間にあって、それ自身環境から用立てられるとともに、身体の延長として、動物主体の環境への積極的働きかけを仲立ちする。動物は、食物の獲得や身体の世話、威嚇や攻撃、求愛活動や隠れ家の製作のために、自然環境を材料として利用し、環境に働きかける。

道具の使用を、このような介在物の利用にまで拡大して考えるなら、人間だけが道具を使い製作する動物だという考えは誤りだということになる。人間ばかりでなく、動物には、道具の使用から道具の製作に至るまで、驚くべき能力がある。動物と人間の間に、それほど深い溝をつくるべきではない。

現に、原生動物のアメーバにさえ、砂粒を身にまとい、小さなコロッケのような形になって身を守るものがいる。この場合、砂粒は防衛の手段として使われた自然物であるから、一種の道具だということになる。

節足動物の昆虫でも、介在物として自然物を使うものが多い。例えば、簡単な落とし穴を土で作ってアリを捕まえるアリジゴクは、獲物のアリが活発に這い回って最初の一回で捕まえられなかった場合には、獲物目掛けて砂粒を投げつける。また、ある種のアリは、葉片や木片や泥などを集めてきて、それをスポンジ代わりにし、果肉や獲物の体液など液状の食物に浸し、適量を吸い込ませてから、これをコロニーに持ち帰る。これらの場合、使われている砂粒や泥、葉片や木片は、単なる自然物から捕食のための道具へと意味が変えられたものと言える。

鳥類も、小枝や樹皮、小石や岩など自然物を、捕食や巣作りや防御のための道具として使う。例えば、キツツキフィンチの一種は、嘴《くちばし》にサボテンの刺や小枝をくわえて、昆虫の幼虫やシロアリを掘り出し、アオカケスは、新聞紙を適当な大きさと形にちぎって、それで籠の中に餌粒を掻き集める。エジプトハゲワシは、ダチョウの卵に小石を落として、それを割って食べ、セグロカモメは、二枚貝や巻き貝などを岩場まで運び、これを数メートルの高さから落として、割って食べる。アカゲラは、ドングリや松の実を食べるとき、それを固定するための台として、木の枝の叉や大きな割れ目などを使う。サギの一種のササゴイは、小枝や葉片、小果実や羽根毛などを餌に似せて水の中に落とし、小魚がそれに近づくところを素早く捕まえる。ニワシドリの雄は、小枝や樹皮などを集めてきて見事な飾り付けを施した東屋を作り、雌を誘う。それどころか、ニューカレドニアに棲むカレドニアカラスは、パンダヌス（タコノキ）のトゲトゲの葉っぱの縁を切り取り、これを加工して精巧な道具を作り、昆虫の幼虫を釣り上げて食べる。ここまで至れば、鳥類には、道具の使用ばかりでなく、道具の製作もできる能力があることになる。

哺乳類も、小石や小枝や土などを、捕食や巣作りや防御の道具として使う。ホリネズミは、小石などの固いものを前足に挟んで穴を掘り、ジリスは、ヘビを目掛けて砂粒などを投げる。ラッコは、仰向けになって水面を泳ぎながら、ハンマー代わりの小石を胸の上に乗せ、二枚貝やアワビを割って食べる。ビーバーは、木の枝や土などを巧みに使って小屋や巣穴、水路やダムを作る。しかも、水量が多くなると、ダムに穴を開けて水位を下げる。ゾウは、小枝を鼻でつかみ、身体のあちこちを掻き、隣室で騒音を発する他の動物がいると、糞や麦わらを鼻でつかんで投げる。

霊長類になると洞察力が増し、ますます高度な道具の使用や製作を行なう。例えば、チンパンジーは適当な枝を折り、小枝や葉をきれいに取り払って、これをシロアリの巣穴に差し込んで引き出し、棒についているシロアリを取って食べる。さらに、彼らは、木の実を砕くのにも、それぞれ異なった小石や台石を使う。つまり、道具の機能を向上させるために、別々の道具を用いていることになる。それどころか、アフリカ西部のセネガルに棲息するチンパンジー群には、自分で作った槍で木の幹や枝のウロの中にいる小型の霊長類の狩猟を行なう習慣をもつものがいる。また、実験でも、チンパンジーは、二本の管をつないで棒を長くしたり梯子代わりにしたり、その貸借までして、遠くのバナナをとることができる。彼らの道具製作の技術もすぐれたものである。実際、チンパンジーは、道具を必要とするときには、針金を引きちぎったり、木箱や板から木の切れ端をもぎ取ったり、巻いた針金の一部を真っ直ぐに伸ばそうとする。

人類は、食物を得やすく、暖を取りやすく、夜でも見やすくするために、自然物から道具を作り、自然を開拓し改変してきたが、この営みは、動物一般がもつ営みの延長だったのだと言わねばならない。動物は、昆虫、鳥、哺乳動物に至るまで、道具を使ったり、道具を準備したり、道具の製作までする。そこには、目的を達成するために手段を考え、新しい課題を解決していこうとする洞察力と学習能力がある。動物の道具の使用や製作能力は、生命主体が環境に働きかけ、環境を改変し、環境を創造していこうとする能動性の表現である。行動は生命の飛躍である。道具の使用も製作も、未来を切り開く生命の創造的働きなのである。

道具と世界の認識

かなりの動物が、摂食・攻撃・防御など能動的行動を行なうために、身体と環境の間に介在する自然物を道具として利用している。道具は身体の延長であり、身体の働きを拡大する手段である。道具は、それ自身、本来環境に属する外在物であるが、これが道具として動物主体の身体図式のうちに組み入れられると、そのことによって、道具は身体の一部となる。例えば、チンパンジーは、手に取った小枝を腕や手の延長として使用し、慣れるに従って、あたかも自分の手が小枝の先にあるかのように物との距離を測り、物を感じ取る。道具は、身体同様、主体と環境の相互作用の媒介者であるが、それは、また、環境に対する動物の能動性の表現でもある。この道具の仲立ちによって、身体空間は広がり、環境世界はより拡張され、動物はより環境に開かれる。

それどころか、道具の使用によって、世界の意味さえ変わる。道具はもともと環境の意味を転換することによって発明されるものであるが、同時にまた、道具の発明によって、環境の新しい意味が発現してもくる。例えば、人類が石礫《いしつぶて》を攻撃のための道具としたとき、それは石礫を武器という意味に転換することによって行なわれたのだが、しかし、また、この武器の発明によって、今まで攻撃できなかった自分より強い動物が攻撃しうる対象に変わったのである。人間ばかりでなく、動物の視野は道具の使用によって拡大し、環境の意味も変わる。環境の認識とは行為の可能性についての気づきであり、それは、道具の発明によっても大きく広がる。行為によって世界は開かれるのである。行為者としての人間や動物は、道具を通して環境に働きかけ、新しい情報を生成している。

知るということは、身体や道具によって知ることである。実際、動物が海から陸に上がったとき、身体器官ばかりでなく、その世界観にも大きな革命がもたらされた。また、サルが手による把捉を可能にしたとき、はじめて世界は把握しうるものになった。さらに、人類が直立二足歩行を完成したときも、世界の上下前後の意味は大きく変動した。ちょうどそれと同じように、身体の延長である道具の発明によっても、世界の見えは大きく変動する。そこに、動物の進化もあり、飛躍もある。動物も、人間も、道具を発明することによって、環境から新しい意味を切り取ってくるとともに、世界認識を転換してきたのである。

道具の発明によって、環境の意味や価値が大きく変化するという意味では、環境の意味や価値は、環境の中に客観的にあるばかりではなく、主体によって積極的に創り出されてもくるものである。行為によって環境の意味が積極的に変えられていくという意味でも、主体と環境は切り離しがたく絡んでいる。

特に類人猿や人間に注目するなら、手が移動の手段から解放され、道具を使用したり製作したりする器官になっていったことは大きな意味をもつ。手が把捉の働きをし、さらに物を加工する働きをするようになったことによって、対象の新しい把握が可能になったのである。特に人類が二足歩行を完成するとともに、手を完全に解放して、これを道具の製作に利用したとき、世界へのかかわりはより自由になった。かくて、人類は、石器や鏃《やじり》、穴掘り棒などを発明することによって、環境を改造しうる対象とするようになったのである。ここには、道具の製作による世界観の大きな革命があった。

対象の把握が可能になったとき、自己が自覚される。自己意識の成立のためには、環境への密着から離脱して、これを超出する視点が必要であるが、これと道具の製作とは深く関係する。〈われ考える〉の前提に〈物や道具の製作〉がある。コギトの成立の前提にポイエーシス（製作）がなければならない。デカルト的なコギトは、単に考えること、思惟することだけからは成立しない。〈考えること〉の背景には、〈作ること〉がなければならない。手によって物を製作する能力こそ、自己自覚の源泉である。自己を自覚するとき、逆に、自己は自己中心性から離脱し、脱中心化する。自己は、自己の身体を中心とした世界の方向づけから脱し、別の視点から自己と対象を見ることができるようになる。この脱中心化と道具の製作との間には深い連関がある。主観と客観の分離も、単なるデカルト的な思惟だけによっては成り立たないであろう。

技術と科学

技術は、道具や機械を媒体にして環境に対して積極的に働きかけ、これを加工し改変する能力である。そこには、与えられた環境を乗り越えて、環境を越えたところに自己の置き場を求める働きがある。人間が技術的能力を飛躍的に開発したことと、人間が世界を自覚したこととの間には深い対応がある。人間が火を発見したとき、人間にとって世界は一変したに違いない。技術を通して、対象は、われわれ人間に新しい相貌をもって迫ってくる。鳥が巣を作るように、人間も、技術によって、自己の住む世界を新しく作ってきたのである。

人類が獲得してきた科学的世界観の進展にも、技術の進展が大きく影響してきた。測量術の発展なくして、幾何学の発展はなかったし、望遠鏡の発明と改良なくして、天動説から地動説への移行はなかったであろう。時計の普及は、機械論的世界観を生み出し、蒸気機関の発明と改良は、熱力学の発展を促した。その時代の科学は、その時代の技術からパラダイムを得てもいる。人間の知識は、技術の発展段階によって規定されている場合が多い。認識が技術を生み出すだけでなく、技術が認識を生み出すのである。

近代科学は、また、実験的精神に基づいていた。この近代科学の実験は、その時代の技術的成果の粋を集めて、実際に自然の中に自らの行為を投げ込み、その行為に対する自然からの応答を聞こうとするものであった。ここでも、行為する主体と応答する環境は分離していない。近代の自然科学でさえ、人間と自然、主体と客体を区別するデカルト的な二元論にすべて基づいていたわけではないのである。科学的探究の現場は、むしろ、主体と環境の非分離に立脚していた。化学や電磁気学や熱力学のように、実験によって発見された現象が新しい科学理論を形成していった例は、近代科学に事欠かない。しかも、その実験に技術の果たした役割は大きい。

近代科学は、また、自然の観察や観測から実証的なデータを得て、そこから理論構築をしていく方法をとった。この場合でも、観測装置や測定装置の技術的到達度が理論のあり方に大きく影響を与える。科学的な知識は、その時代がもっている観測手段に規定されているのである。逆に言えば、顕微鏡から電子顕微鏡へ、望遠鏡から宇宙観測ロケットへ、観測装置の技術的発展によって、人間がもつ世界観も大きく変化していったのである。宇宙ロケットの進歩によって、われわれの宇宙像もますます拡大され、その相貌は大きく変化してきた。これが、今後、どのような新しい理論を構成していくのかは予測できない。現代の宇宙論が基礎を置いている相対性理論や量子力学的世界観も、永遠ではないであろう。

人間にしても、動物にしても、それがもつ図式や仮説は道具の発見や製作によって変化し、それとともに世界の意味も変化する。人間も、動物も、身体や道具や介在物を通して外界に探りを入れ、外界を知り、図式や仮説を修正する。特に、動物が高度化するに従って、図式や仮説の変更はより柔軟になり、世界の意味がより自由に変更されるようになる。図式や仮説の変更可能性にこそ、自由がある。その意味では、動物の知識はもちろん、人間の知識も完全ではない。人間の科学的探究の過程でも、実験結果や観測結果に合わなければ、科学がもつ仮説は大きく転換されていく。自然科学のパラダイム変換は、このことによっても起きる。この場合、道具や技術の進歩の果たす役割は大きい。

科学の探究の歴史は、いわば人間の探索行動の歴史である。動物が探索することによって外界を認知するように、人間も、観測し実験することによって、世界の新しい意味を見出そうとしている。しかも、世界の新しい意味の抽出は、次の新しい観測や実験を呼び起こし、さらに、次の新しい認識をつくりだす。科学も、このように、行為と認識の循環から生成発展していくものと考えねばならない。人間も、動物も、行為によって認識し、認識することによって行為する。行為と認識の循環の中に進化もある。

主体と環境の相互作用

主体と環境の相互作用の中にこそ、認識は生成する。主体と環境は相互に限定し合い、連関し合っている。認識は、認識する主体と認識される環境の関係である。しかも、主体も動き、環境も動き、関係も動くから、動く主体と動く環境の呼応にこそ、認識は成り立つのだと言わねばならない。

認識は単なる刺激の受容でもなく、単なる主観の産物でもない。環境が主体の認識を決定しているのでもなく、主体が環境の認識を構成しているのでもない。主体は環境から切り離された存在ではなく、環境の中にあり、環境の一部である。主体は、環境の中で経験を積み成長する生きた主体である。主体は、環境の中で活動することによって、環境を認識する。主体と環境は別々に存在するものではない。認識者は認識される世界の中にあって、認識される世界との相互作用の中で、認識を成立させているのである。

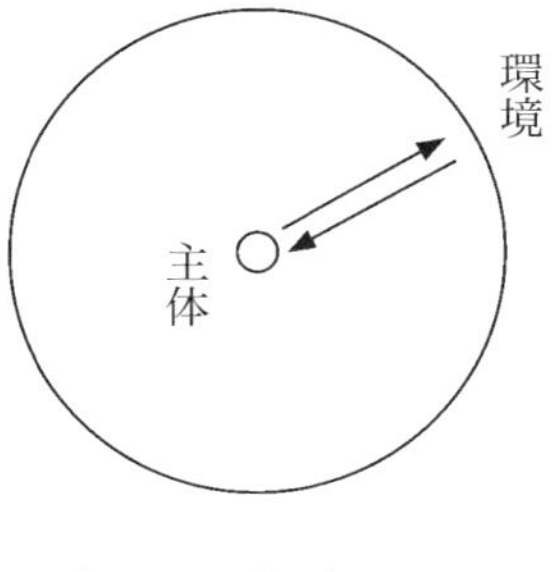

主体と環境の相互作用

認識とは活動である。主体が行為を通して環境に働きかけ、環境を切り取り、その新しい意味を創造する働きが、認識である。認識は環境の中での主体の行為である。認識者は世界の中で行為し、世界を認識する。行為と認識は不可分である。環境の中で主体が生きるということから、行為も認識も創発してくる。行為的認識によって主体と環境は媒介され、一つになっているのである。認識者は世界から独立した存在ではなく、世界も認識者から独立した存在ではない。

主体と環境は相互作用し合う過程である。主体は環境に働きかけ、環境は主体に働きかけ、主体も環境も螺旋的に変化していく。そこには、主体が環境に働きかけることによって環境から働きかけられるという循環がある。行為と認識も、主体と環境の循環的な過程の中にあり、それ自身循環する。感覚や知覚、記憶や思考も、この循環の中でとらえねばならない。発達と進化も、主体と環境の循環的形成的過程の中にある。生命主体は、行為によって認識し、認識することによって発達し、進化する。しかも、この発達と進化によって新しい世界が開かれ、行為も認識も新しい段階に飛躍する。こうして、生命主体は環境を創造する。環境が主体をつくるとともに、主体が環境をつくる。環境が主体を形成するとともに、主体が環境を形成する。この相互作用から主体も環境も自己形成していく。そのような自己組織系あるいは複雑系として、感覚も知覚も、記憶も思考も、発達も進化もとらえ直さねばならない。

註

第一章　自己形成的世界

（1）Leibniz, *Monadorogie*(21)(61), éd.Robinet,P.U.F.,1954,（『モナドロジー』清水富雄・竹田篤司訳　世界の名著25　中央公論社　一九八二年　四四二頁　四五二〜四五三頁）

（2）Hume, *Treatise of Human Nature*, Oxford U.P.,1978, p.73f.（『人性論』土岐邦夫訳　世界の名著27　中央公論社　一九七二年　四二九頁以下）

第二章　世界内観測と世界内行為

（1）ハイゼンベルク『現代物理学の自然像』尾崎辰之助訳　みすず書房　二〇〇六年　一四頁以下

（2）Husserl, *Cartesianische Meditationen*, Husserliana Bd I, Martinus Nijhoff, 1973, II. III. Meditation,（『デカルト的省察』浜渦辰二訳　岩波文庫　二〇〇一年　第二省察、第三省察）

第三章　相互連関性の世界

（1）ゲーテ『色彩論』木村直司ほか訳　全集14　潮出版社　一九八五年　三三二頁

（2）Locke, *An Essay concerning Human Understanding*, Everymans Library, Dent & Sons, Dutton,1950,Book II chap.VIII（『人間知性論』大槻春彦訳　世界の名著27　中央公論社　一九七二年　第二巻　第八章）

（3）Whitehead, *The Principle of Relativity*, Cambridge U.P., 1922, Part I（『相対性原理』藤川吉美訳　著作集第五巻　松籟社　一九八三年　第I部）

（4）Husserl, *Ideen* I, Husserliana Bd. III, Martinus Nijhoff,1950, S.92f.（『イデーン』I—I　渡邊二郎訳　みすず書房　一九八六年　一七七頁以下）

（5）Leibniz, *Monadorogie*(32), éd.Robinet, P.U.F., 1954,（『モナドロジー』清水富雄・竹田篤司訳　世界の名著25　中央公論社

一九八二年　四四五頁）

（6）ibid.,(13)(14)(56)（同書　四三九〜四四〇頁　四五一頁）

（7）ibid.,(57)（同書　四五一〜四五二頁）

（8）ibid.,(7)（同書　四三八頁）

（9）ibid.,(1)–(3)（同書　四三七頁）

（10）Whitehead, *Science and the Modern World*, Cambridge U.P.,1953, chap. Ⅵ（『科学と近代世界』上田泰治・村上至孝訳　著作集第六巻　松籟社　一九八一年　第六章）

（11）Whitehead, *Process and Reality*, Harper, 1960, Part Ⅰ chap. Ⅱ–Ⅲ（『過程と実在』山本誠作訳　著作集第十巻　松籟社　一九八四年　第一部 第二章〜第三章）

（12）ibid., part Ⅰ chap. Ⅲ（同書　第一部 第二章）

（13）ibid., part Ⅲ chap. Ⅰ（同書　第三部 第一章）

（14）西田幾多郎「歴史的世界に於ての個物の立場」全集第九巻（哲学論文集第三）岩波書店　一九七九年　六九頁以下

（15）同「行為的直観の立場」全集第八巻（哲学論文集第一）　岩波書店　一九七九年　一〇七頁以下

第四章　感覚と知覚

（1）Berkeley, *A New Theory of Vision*, Everymans Library, Dent & Sons, Dutton,1950, CLIV CLV（『視覚新論』下條信輔ほか訳　勁草書房　一九九〇年　一五四　一五五）

（2）Merleau-Ponty, *Phénoménologie de la Perception*, Ⅱ, Gallimard, 1945, p.322（『知覚の現象学』2 竹内芳郎・木田元・宮本忠雄訳　みすず書房　一九九三年　一一一頁）

（3）J・ギブソン『生態学的視覚論』古崎敬ほか訳　サイエンス社　二〇〇一年　六七頁

（4）Aristoteles, *De somno et vigilia* (in Parua Naturalia) Ⅱ, 455a13–23,（「眠りと目覚めについて」副島民雄訳　全集6（自然学小論集）岩波書店　一九六八年　二四五頁）

（5）Merleau-Ponty, op.cit., pp.265–266（前掲書　四〇〜四一頁）

(6) Aristoteles, De *Anima* Ⅲ, 425a14–17（『霊魂論』山本光夫訳 全集6 岩波書店 一九六八年 八四頁）

(7) K・ローレンツ『鏡の背面』谷口茂訳 思索社 一九九〇年 一四頁

(8) Merleau-Ponty, *Phénoménologie de la Perception*, I, Gallimard, 1945, pp.114–116（『知覚の現象学』1 竹内芳郎・小木貞孝訳 みすず書房 一九九一年 一七二～一七四頁）

(9) Bergson, *Matière et Mémoire*, édition du centenaire, P.U.F.,1963, p.215（『物質と記憶』田島節夫訳 全集2 白水社 一九六五年 七九頁）

(10) Husserl, *Die Krisis der europäischen Wissenschaften und die transzendentale Phänomenologie*, Husserliana Bd.Ⅵ, Martinus Nijhoff, 1969, S.163–S.165（『ヨーロッパ諸学の危機と超越論的現象学』細谷恒夫・木田元訳 中央公論社 一九八〇年 二二八～二三〇頁）

(11) Merleau-Ponty, *Phénoménologie de la Perception*, II, Gallimard,1945, pp.303-306（『知覚の現象学』2 竹内芳郎・木田元・宮本忠雄訳 みすず書房 一九九三年 八七～九一頁）

(12) J・ギブソン 前掲書 一二頁、七三頁、一三四～一三五頁（図を参照）

(13) Berkeley, op.cit., XXII XLII XCIII–XCIV,（前掲書 二二 四二 九三～九六）

(14) Merleau-Ponty, *Phénoménologie de la Perception*, I, Gallimard,1945, pp.117–118（『知覚の現象学』1 竹内芳郎・小木貞孝訳 みすず書房 一九九一年 一七六～一七七頁）

(15) ibid., p.119f.（同書 一七九頁以下）

(16) ibid., p.90f.（同書 一三八頁以下）

(17) ibid., pp.127–130（同書 一九〇～一九四頁）

(18) 註（10）参照。

(19) J・ギブソン 前掲書 Ⅱ—5

(20) 同書 八二頁以下

(21) 同書 二五九～二六一頁

(22) ユクスキュル『生物から見た世界』日高敏隆・野田保之訳 新思索社 一九九五年 八三～八四頁

(23) ナイサー『認知の構図』古崎敬・村瀬旻訳　サイエンス社　一九九七年　二〇～二四頁
(24) N・ベルンシュタイン『デクステリティ 巧みさとその発達』工藤和俊訳　金子書房　二〇〇三年　第Ⅱ章、第Ⅴ章
(25) Merleau-Ponty, op.cit., p.164（前掲書　二三七頁）
(26) 西田幾多郎「行為的直観の立場」全集第八巻（哲学論文集第二）岩波書店　一九七九年　一〇七頁以下
(27) Bergson, *L'Évolution Créatrice*, P.U.F.,1948, pp.308-313（『創造的進化』松浪信三郎・高橋允昭訳　全集4　白水社　一九六六年　三四八～三五五頁）

第五章　意味と思考

(1) ユクスキュル『生物から見た世界』日高敏隆・野田保之訳　新思索社　一九九五年　一四五頁
(2) 同書　二六～二八頁
(3) 同書　五四～六二頁
(4) 同書　一二～二五頁
(5) 同書　八〇～八一頁
(6) 同書　八一～八二頁
(7) J・ギブソン『生態学的視覚論』古崎敬ほか訳　サイエンス社　二〇〇一年　Ⅱ―8

第六章　発達と進化

(1) ピアジェ『発生的認識論序説』第Ⅲ巻　田辺振太郎ほか訳　三省堂　一九八〇年「結論」参照
(2) Platon, *Menon*, 81C-86C（『メノン』加来彰俊・藤沢令夫訳　全集9　岩波書店　一九八〇年　二七七～二九四頁）
(3) ピアジェ『行動と進化』芳賀純訳　紀伊國屋書店　一九八七年　第六章
(4) Merleau-Ponty, *La Structure du Comportement*, P.U.F.,1972, pp.113-133（『行動の構造』滝浦静雄・木田元訳　みすず書房　一九六七年　一六一～一八五頁）

〔なお、本文の引用・言及箇所で、註にあげた邦訳文献の訳に必ずしも従わなかったところがあることを断っておかねばならない。また、本書第三章初めの色彩論についての記述では、特に、村田純一氏の『色彩の哲学』（岩波書店　二〇〇二年）を参照した。〕

用語・人名解説（本文中で＊を付した用語・人名の解説、五十音順）

アインシュタイン　（一八七九〜一九五五）二十世紀を代表する理論物理学者。特殊相対性理論や一般相対性理論の構築のほか、光量子論やブラウン運動論でも顕著な業績を残した。マッハの哲学の影響を受けて、ニュートンの絶対時間や絶対空間を否定、晩年は統一場の理論の構築に努力した。スピノザに依拠し、最後まで決定論的自然観を堅持、量子力学のコペンハーゲン解釈に異論を唱えつづけた。

アルカロイド　主に高等植物中に存在する窒素を含む複雑な塩基性有機化合物の総称。植物体中では多くの酸と結合して塩を形成。少量で毒作用や感覚異常など特殊な薬理作用を呈し、毒性をもつ。

アプリオリ　a priori　経験に先立つという意味。

アポステリオリ　a posteriori　経験的あるいは感覚経験に基づくという意味。

ウォディントン　（一九〇五〜一九七五）イギリスの動物学者。生物の形態形成に関する発生学的研究や生物学の理論的考察で、顕著な業績を残した。

エッシャー　（一八九八〜一九七二）オランダの版画家。独特の幾何学的方法論を駆使して、幻想的な多義図形を製作した。

オペラント条件づけ学習　特にスキナーによって研究された自発的行動に対する条件づけ学習のこと。生活体が環境に対して自発的に行なう行動をオペラント行動といい、その行動は、環境変化によって、その後の出現頻度が強化されたりされなかったりする。ラットのレバー押し行動はオペラント行動に当たり、餌は環境の強化子に当たる。

開放系　外部の環境と、物質・エネルギー・情報をやり取りしているシステム。

カオス　非線形運動方程式の解には、予測不可能で複雑な振舞いをする運動形態があり、それをカオスという。そこには、初期値鋭敏性があるために、決定論的方程式の解が非決定論的な予測不可能性を引き起こすという矛盾した様相が見られる。

カント　（一七二四〜一八〇四）ドイツの哲学者。科学的認識の成立根拠を吟味、認識は主観が感覚の所与を秩序づけることによって成立すると考えた。そのため、カント哲学では、超経験的な〈物自体〉は科学的認識の対象ではなく、信仰の対象とされた。著書に『純粋理性批判』『プロレゴーメナ』『実践理性批判』『判断力批判』などがある。

ギブソン・J　（一九〇四〜一九七九）アメリカの知覚心理学者。視覚の研究を通して、推論や情報の処理とは関係なしに世界の不変の要素を直接感知することが知覚にほかならないと主張した。著書に『生態学的視覚論』などがある。

系統発生　それぞれの生物の種あるいは群が進化の過程で経てきた形質変化。特に、形態の進化の歴史をいう。

ゲーテ　（一七四九〜一八三二）ドイツの疾風怒濤期の作家、詩人。形態学など自然科学の分野でも研究成果をあげた。著書に『形態学序説』『植物学』『色彩論』などがある。

ゲーデル　（一九〇六〜一九七八）チェコ生まれの数理論理学者。後、アメリカに渡る。一九三一年の論文で〈不完全性定理〉を証明、学会に衝撃を与える。

ゲノム　配偶子または生物体を構成する細胞に含まれる染色体の中のＤＮＡの総体。

恒常性　方向、距離、照度、その他の外的影響や要因の変化によって感覚刺激のパターンが変化しても、知覚された対象や知覚の質が同じものとして知覚される傾向。特に、位置、色、大きさ、形などの恒常性が研究される。

後成的過程　生物の個体発生の過程は先在する構造の展開だとする前成説に対して、後成説は、これを、後から順次各器官が形成されていく過程だとする。

コギト　cogito　〈われ考える〉の意。デカルトは、『方法序説』で、あらゆることを懐疑したあげく、疑っているわれの存在は疑いえないと考え、コギトを哲学の第一原理とし、確実な認識の出発点とした。

悟性　Verstand　感性に与えられる所与を認識へと構成する概念能力。理性と感性の中間にあり、科学的思考の主体をなす。カントの用語。

三体問題　三個の物体相互の間に力が作用し合う場合の運動を研究する理論。ポアンカレによって、完全には解けないことが証明されたこの問題は、カオス現象の最も早い時期の発見であった。

自己組織化　外界と物質・エネルギー・情報をやり取りしている開放系は、自己自身で秩序を形成する能力をもっている。この秩序形成能力を自己組織化という。

シュレーディンガー　（一八八七〜一九六一）オーストリアの理論物理学者。波動力学の理論を構築。量子力学でシュレーディンガー方程式と呼ばれる基礎方程式を導く。後、生物物理学をも先導した。

純粋経験　反省や分析を含まず、主観・客観が区別される以前の直接的な経験。W・ジェームズ、ベルクソン、西田幾多郎らの基本概念。

初期値鋭敏性　非線形方程式で記述される系において、初期条件のわずかな誤差がその後指数関数的に増幅され、結果が予測不可能になること。流体の運動や生態系の変動など、多くの分野に見られる。

ストラットン　（一八六五～一九五七）アメリカの実験心理学者。網膜像の倒立像が正立像として知覚される現象の研究で有名。特に、逆さ眼鏡実験を通して、物が正立して見えるために網膜像の倒立は必要ないことを証明した。

絶対空間　ニュートン力学で、物体の運動に影響されずに、無限・一様・均質に広がるとされた不動な空間。

絶対時間　ニュートン力学で、物体の運動に影響されず、無限・一様・均質に、永遠の過去から永遠の未来へと流れるとされた時間。

ゼノン　（前四九〇頃～前四三〇頃）古代ギリシアのソクラテス以前の哲学者。エレア学派のパルメニデスの弟子。背理法の創始者として有名。

先験主義　経験に由来しない認識が可能なのは、主観の先天的直観形式および思考形式によって感覚的所与が構成されるからであるという認識論上の立場。特にカントの立場。

先験的カテゴリー　カントは、人間の経験一般の可能性を制約する基本的な悟性概念として、十二種類の範疇（はんちゅう）を導出し、それらを経験に先立つものとした。その範疇を先験的カテゴリーという。

ダーウィン　（一八〇九～一八八二）イギリスの生物学者。進化論を提唱。生物学、社会科学、一般思想界にも、画期的な影響を与えた。著書に『種の起源』『人類の起源』『ビーグル号航海記』などがある。

タルヴィング　（一九二七～　　）カナダの心理学者。エストニア生まれ。記憶研究の第一人者。特に、記憶を〈エピソード記憶〉と〈意味記憶〉に区分したのはよく知られている。

超越論的主観性　それ自体は世界を超越していながら世界の存在の可能性を基礎づける主観性。カントでは、経験を可能にする先天的な条件となる主観の機能の統一体を意味する。フッサールにおいては、自然的・世界内部的思考習慣を一旦遮断して、それをはぎ取った後もなお残る純粋意識をいう。カント同様、フッサールにおいても、この超越論的意識から世界は構成されると考えられている。

直観形式　カントは、空間と時間を先天的な直観形式とし、感性の積極的側面を強調した。

定向進化　生物の形態の進化が一定の方向に向かう現象。また、その要因を生物体の内に求める説。

ディルタイ　（一八三三～一九一一）ドイツの哲学者。生の哲学の代表者の一人。精神科学の基礎づけを試み、歴史的世界をとらえるための方法として、体験・表現・了解を基礎とする解釈学を提唱した。著書に『精神科学序説』『解釈学の成立』などがある。

デカルト (一五九六～一六五〇) フランスの哲学者・数学者。後、オランダで思索に専念。スウェーデンで没。あらゆる知識の絶対確実な基礎を求めて一切を方法的に疑った後、それでも疑いえない確実な真理として〈考えるわれ〉を見出し、そこから神の存在と外界の存在を証明。精神と物体を互いに独立した実体とする二元論の哲学体系を樹立した。形而上学、自然哲学、医学、解析幾何学、屈折光学などの分野で業績をあげた。著書に、『方法序説』『第一哲学についての省察』『哲学の原理』などがある。

統覚 カント哲学では、感覚的多様性を自己の内で結合させて統一する主観の根源的な働きを指す。

ナイサー (一九二八～二〇一二) アメリカの認知心理学者。認知過程を構成過程とみなしながらも、その機能面を重視。認知研究における生態学的アプローチの重要性を強調する。著書に『認知心理学』『認知の構図』などがある。

西田幾多郎 (一八七〇～一九四五) 日本近代を代表する哲学者。西田哲学といわれる体系的哲学を展開。〈純粋経験〉〈場所的論理〉〈絶対矛盾的自己同一〉〈行為的直観〉と、その立場は変遷してきた。しかし、一貫して、仏教をはじめとする東洋的思惟の伝統の上に、これを西洋哲学の論理で説明しようと努めてきた。著書に『善の研究』『働くものから見るものへ』『一般者の自覚的体系』『無の自覚的限定』『哲学論文集』(第一～第七) などがある。

ニュートン (一六四二～一七二七) イギリスの数学者・自然哲学者。古典力学の体系を建設。万有引力の発見、微積分学の確立、光の研究などで、独自の業績を残す。近代科学の創設者。著書に『自然哲学の数学的諸原理』『光学』がある。

バークリ (一六八五～一七五三) イギリスの経験論哲学者。主観的観念論を展開。一切の物は感覚の結合にほかならず、物が存在するとは知覚されてあること以外のなにものでもないと主張。著書に『視覚新論』『人知原理論』などがある。

ハイゼンベルク (一九〇一～一九七六) ドイツの理論物理学者。〈不確定性原理〉を提唱。量子力学建設の中心人物。場の量子論の基礎をつくる。

パルメニデス (前五一五頃～前四五〇頃) 古代ギリシアのソクラテス以前の哲学者。エレア学派の創始者。哲学の目標を〈存在〉の探究に置く。〈存在〉は思惟によってのみ把握され、不生不滅、唯一不可分と説き、あらゆる変化を仮象とみなした。

ピアジェ (一八九六～一九八〇) スイスの発達心理学者。子供の知能を、その乳幼児期にまで遡って発生的に明らかにするとともに、発生的認識論を提唱、哲学的認識論にも貢献した。著書に『発生的認識論』『行動と進化』などがある。

非線形 要素と要素が共振しつつ相乗的に変化する反応を非線形反応という。ここでは、生み出された結果がまた原因に回帰してきてハイパーサイクルを描き、螺旋的に大域的変化が起きる。そのため、結果の予測は初期条件では決めることができない。

ヒューム　（一七一一〜一七七六）イギリスの哲学者。経験論の立場から従来の形而上学に破壊的な批判を加え、実体や因果などの観念は習慣による主観的な確信にすぎないと主張した。著書に『人性論』などがある。

表現型　生物の形態や形質で後天的に現われ出てきた型。

フッサール　（一八五九〜一九三八）ドイツの哲学者。現象学の創始者。心理主義を批判して、論理学的研究を行なう。後、前提のない基礎の上に哲学を確立する現象学を展開。後期は、間主観性に基づく日常の生活世界の構成にかかわった。著書に『論理学研究』『イデーン』『デカルト的省察』などがある。

プラトン　（前四二七〜前三四七）古代ギリシアの哲学者。ソクラテスの弟子。個物の範型としての〈イデア〉を真の実在とする。著書に『国家』『パイドン』『饗宴』『テアイテトス』『ティマイオス』『法律』などがある。

プロティノス　（二〇五頃〜二七〇頃）帝政ローマ期の哲学者。新プラトン学派の祖。神的一者から種々の存在段階を通じて流出してくる世界を説く。人間精神の究極の目的は、この神的一者との神秘的な合一にあるとした。著書に『エンネアデス』などがある。

ベーコン　（一五六一〜一六二六）イギリスの哲学者。科学方法論と経験論の先駆者。一切の先入見すなわち偶像（イドラ）を去り、観察と実験を唯一の源泉とし、帰納法を唯一の方法とすることによって、自然を正しく認識する必要を説く。そして、この認識を通じて自然を支配することが学問の最高課題だとした。著書に『ノヴム・オルガヌム』などがある。

ヘッケル　（一八三四〜一九一九）ドイツの動物学者。ダーウィンの進化論に基づいて、個体発生は種の系統発生の短縮されたものであるという反復説を提唱した。

ヘラクレイトス　（前五〇〇頃）古代ギリシアのソクラテス以前の哲学者。永遠の〈生成〉を説き、事物の変化の相を強調し、それを燃える〈火〉に象徴させた。しかし、同時に、相互に転化し合うものの緊張的調和によって、普遍の秩序（ロゴス）が保たれているという洞察も示している。

ベルクソン　（一八五九〜一九四一）フランスの哲学者。空間化された物理学的な時間概念を批判、時間の本質を純粋持続にみ、そこに真の自由があると考えた。さらに、万物の根源を宇宙的な生の躍動としてとらえ、世界を不断の創造的進化の過程としてとらえた。著書に、『意識に直接与えられたものに関する試論』『物質と記憶』『創造的進化』などがある。

ベルンシュタイン・N　（一八九六〜一九六六）ロシアの生理学者。現代運動科学の基礎をつくった科学者の一人。パブロフの反射学説に反対したために、スターリン政権から職を追われたが、失職後も運動科学についての原稿を書き続けていた。西側の科学者たちに知られるようになったのは死後であった。

ボーア　（一八八五〜一九六二）デンマークの理論物理学者。量子論の立場から初めて原子構造を解明し、相補性原理を提唱した。量子力学建設の指導者。

ホワイトヘッド　（一八六一〜一九四七）イギリスの数学者・論理学者・哲学者。後、アメリカに移住し、独自の哲学を展開。近代の機械論的自然観を批判し、有機体論的自然観を提唱した。著書に『自然の概念』『相対性原理』『科学と近代世界』『過程と実在』『観念の冒険』などがある。

メルロ＝ポンティ　（一九〇八〜一九六一）フランスの哲学者。現象学を基礎に、ゲシュタルト心理学を批判しながら、新たに知覚や身体の現象学的研究を開拓した。著書に『行動の構造』『知覚の現象学』などがある。

モナド　monad　ギリシア語で単位とか一なるものを意味するモナス（monas）に由来する言葉。ライプニッツは、このモナドを、空間的広がりをもたない不可分の単純者とし、宇宙の生命的活動の原理とした。モナドは互いに異なった性質をもち、その作用は自己の内的原理にのみ基づく。しかも、表象作用をもち、他を映し、それぞれの視点から宇宙を表出すると、ライプニッツは考えた。

物自体　カントの哲学で、認識主観に現われた現象ではなく、認識主観とは独立にそれ自体として存在すると考えられたもの。経験の彼方にありながら、現象の根底に存在する真実在。ただし、物自体は考えることはできても、認識の対象とはなりえないとされた。

ユクスキュル　（一八六四〜一九四四）ドイツの動物学者・比較心理学者。主体としての動物が知覚し作用する環境世界がそれぞれの動物の世界をなすという学説を提唱。著書に『理論生物学』などがある。

四次元連続体　空間の三次元に時間の一次元を加えたものを四次元時空というが、その空間と時間が連続したものとしてとらえられたものを四次元連続体という。

ライプニッツ　（一六四六〜一七一六）ドイツの数学者・哲学者・神学者。哲学をはじめ、微積分学・記号論理学・力学・地質学・言語学・各国史・社会政体論・中国研究など、広範囲の分野で業績を残す。存在の能動的で多様なあり方に目を向け、デカルトの物体即延長説に反対。質的に異なる無数の実体（モナド）からなる宇宙像を考え、これを、多様性の中に調和をみるモナドロジーに結実させた。著書に『形而上学叙説』『弁神論』『モナドロジー』などがある。

ラマルク　（一七四四〜一八二九）フランスの博物学者。無脊椎動物学を開拓。その著『動物哲学』で、獲得形質の遺伝を主張、進化論の先駆を成す。

量子力学　現代物理学の基本をなす理論体系の一つ。分子・原子・原子核・素粒子などのミクロの世界を支配する物理法則を中心とするが、最近では、宇宙も含めてマクロの世界も視野に収める。観測対象と観測者は独立していないと考える〈不確定性原理〉を基本とするため、観測値の予言は一般に確率論的にのみ与えられる。

ルビン　（一八八六～一九五一）デンマークの心理学者。彼が導入した多義図形は、図と地の反転を示す古典的な例である。

ローレンツ・K　（一九〇三～一九八九）オーストリアの動物学者。鳥類や魚類の行動の観察から、行動の生得的開発機構や刷り込み現象を研究、動物行動学を確立した。著書に『ソロモンの指輪』『攻撃』『動物行動学』などがある。

ロック　（一六三二～一七〇四）イギリスの哲学者。経験論の代表者。経験主義的認識論の端著を開く。著書に『人間知性論』『国政二論』『寛容についての書簡』などがある。

〔なお、この専門用語・人名解説に当たっては、以下の辞典類を参照した。『哲学思想事典』（一九九八年）『理化学事典』（一九九八年）『生物学辞典』（一九九六年）『広辞苑』（第五版）以上、岩波書店。『心理学辞典』（有斐閣・一九九九年）『複雑系の事典』（朝倉書店・二〇〇一年）『科学者人名事典』（丸善・一九九七年）などである。〕

あとがき

ここ十数年来、私は、生命論的世界観とでもいうべきものの構築の努力をしてきた。自然哲学や宗教哲学、実践哲学や文明理論などの諸分野にわたるいつかの著作が、その成果である。さきに上梓した『複雑系の哲学』は、これらの基礎にある私なりの存在論を明らかにしたものであったが、『続・複雑系の哲学』と題する本書は、その認識論的基礎を明らかにしようとしたものである。

〈認識とは何か〉という問題は、哲学上でも、〈存在とは何か〉という問題同様、昔から論じられてきた問題である。私は、この伝統的問題を、無数の要素の相互作用から自己自身を形成していく世界、つまり複雑系の方から追究してみた。

本書の中でも繰り返し語ってきたように、われわれは、世界の外から世界を認識しているのではなく、世界の中から世界を認識している。とすれば、当然、自己と世界、主観と客観を分離して考えた近代哲学や、それに基づく近代科学のパラダイムを根底から転換せざるをえなくなる。デカルトやカントの立場は、世界を超越する〈考えるわれ〉を基盤に、そこから世界の認識を説こうとするいわば世界外存在の認識論であった。その基本図式は、フッサールまで続いていたと言わねばならない。

しかし、世界内認識の立場に立ち、主観―客観図式を廃棄するかぎり、この世界外存在の認識論からは脱却する必要がある。本書の後半部分で、特に〈動物はものをどのように認識しているか〉という点に注目しながら、行為を中心に感覚や知覚を考えてみようとしたのはそのためである。動物は、主観―客観図式でものを見ているのではなく、むしろ、身体行為を通して、主客分離以前の渦中を生きているのである。そのような行為的認識から、世界の自己形成は起きてくる。認識を行為と生成からとらえようとするのが、私の立場である。本書は、私なりの生成の哲学の認識論的展開だと言えよう。

しかし、このような立場からの認識論は、今に始まったわけではない。二十世紀の哲学者でも、ベルクソンやメルロ＝ポンティ、ホワイトヘッドや西田幾多郎は、すでに、このようなデカルト・パラダイムから脱却した認識論を展開していた。彼らの思索は、また、それ以前のゲーテやライプニッツなどにも遡ることができるであろう。

さらに、このような認識論は、今日の複雑系の科学で言われている内部観測の問題や記述不安定性の問題とも通じてくる。本書の中で、先行する哲学者の業績を概観しながら、それを、複雑系の科学と結びつけて論じてみたのはそのことによる。結果としては、古い酒を新しい壺に入れ直したにすぎなかったとも言えるが、今日の複雑系の科学の中に、近代の哲学や科学がもっていた基本パラダイムを突破する重要な考えが潜んでいることを指摘しておく必要はあるであろう。この方面に興味のある読者の方々の参考になれば幸いである。

平成二十一年（二〇〇九年）早春

付　論

情報宇宙論覚書

情報宇宙論覚書

共鳴宇宙とコミュニケーション

例えば、海の中を泳いでいる魚たちも、音波や超音波を使い、海水という媒質の振動を通して相互に結合し、相互に影響を及ぼし合っている。また、魚たちが泳ぐことによっても、その媒質には振動が生じ、その振動は他の魚たちにも影響を及ぼす。ちょうどそれと同じように、宇宙のあらゆる要素は感受し合い、認識し合っているのではないか。それどころか、この相互感受によって、物質世界も生命世界も、新しい構造や組織を創発していくのではないか。われわれの社会同様、宇宙そのものが、情報の交換によって絶えず新しい形態をつくりだしていく創造的系であり、自己組織系なのではないか。

現に、超弦理論によれば、この宇宙は、バイオリンの弦と弦が共振するように、共鳴する弦の振動によって成り立っていると言われる。多くの弦が振動し合うように、宇宙の出来事は響き合っている。宇宙は、いわば、無数の和音によって奏でられる音楽なのである。銀河、星、太陽、月、地球、物質、生命など、この宇宙に生成してくるすべてのものは、それぞれが多くの種類のリズムをもって共鳴し合い、それを交換し合っている。

ミクロの世界でも、素粒子と素粒子は非局所的に共鳴し合い、振動し合っている。そして、素粒子同士が同調するとき、一定方向への凝集が起き、一定のパターンが生じる。粒子と粒子は情報を交換し、認識し合っているのである。原子と原子、分子と分子も一定の振動数を発信し、共振しながら相互に結合する。この共鳴が共鳴を呼び起こすとき、結晶も生じる。電気振動や機械振動の場合でも、その振動数の位相が一致する場合はもちろん、たとえ振動数が少し異なっていても、相互励起によって自律的に同調現象が起きてくる。物質世界も社会をつくっており、そこでは、各要素が相互に認識し合って協調し、様々なパターンを形成し続けているのである。

生命世界でも、各要素は共振し合っている。一個の生命体の中でも、分子と分子、細胞と細胞、器官と器官が互いに共鳴し、瞬間的に生命個体の一貫性をつくりだしている。この共役関係は、各要素が離れていても存在する。生命体の中では、絶え間なく共鳴する波動が行き交っているのである。心臓細胞も同期して脈動し、筋肉細胞も協調して一定パターンの運動を可能にする。このとき、要素間のリズムは歩調を合わせ、一定のリズムをつくる。それが生きているということである。それどころか、われわれの身体は、地球の自転周期や公転周期、さらに月の公転周期などとも共鳴している。われわれの身体は、宇宙のリズムを自分自身の中に感受し、それと共鳴しているのである。

アメーバ状をなしていた粘菌も、突如として協調行動をとり、集合体をつくる。海の中の魚たちや空を飛ぶ鳥たちも協調行動をとる。生命体は、その内部においても、その外部においても、各要素が互いに認識し合い、情報を交換し合いながら、調和をつくりだしているのである。

宇宙の全現象が相互に共鳴し合っている状態では、単純な原因―結果の図式は成り立たない。ここでは、どの要素も原因でもあり結果でもあり、原因が結果になり、結果が原因になる。原因と結果は循環し、因果律は崩壊する。共鳴とか共振という現象は、原因―結果の線型思考ではとらえられないのである。

無数の要素が共鳴し合っている世界では、いわば、要素間にコミュニケーションがなされているのだとも言える。コミュニケーションは、同時的な共起現象であり、同期現象である。そして、この同期が成り立つときに、情報は伝達され、認識が成り立つ。コミュニケーションとは、何かあるエネルギーなり物質があるシステムから別のシステムへと転送されることではなく、システムとシステムが共起することなのである。

その意味では、素粒子から分子まで、物質世界でも、要素間の共振が成り立っている以上、要素と要素は交信し、コミュニケートし合っているとも言える。まして、より高度に組織化された生命世界では、コミュニケーションなしては、どの系も成り立たない。単細胞生物も、化学的信号を使ってコミュニケートしている。多くの細胞が集まった多細胞生物においてはなおのこと、それが統一あるまとまりとして調節されるには、細胞間のコミュニケーションがなくてはならない。各細胞は、認識し合って、統一ある系をつくっているのである。さらに、生物が高度になればなるほど、分子認識を使った免疫系、ホルモンによる内分泌系、電気信号を使った神経系など、コミュニケーション・システムはより高度化し、それが生体機能の協調と環境への適応を可能にしている。

宇宙に生まれてくるものは互いに切り離されて存在するのではなく、相互に連関している。素粒子から銀河まで、あらゆる事物は、どんなに遠く離れていても、動的に結びついている。この事物の相互連関と相互結合の中にこそ、情報と認識の問題はある。

このような、あらゆる要素が互いに連動している相互連関性の世界では、一つの要素は他の要素と共鳴し合っている。ここでは、一つの要素の振動が他の要素の振動を励起し、共鳴が共鳴を生み出していく。しかも、この要素間の共振において、発信機と受信機が同調するように、情報が生まれ、情報が伝達される。共鳴による情報の受信こそ、認識にほかならない。宇宙の諸要素は互いに共鳴し、情報を交換し合い、認識し合っているのだと言わねばならない。

物質・エネルギー・情報

情報は物質の構造や秩序をつくりだし、宇宙の自己組織化をもたらす。情報が与えられるとき、エントロピーは減少し、組織性は増大する。Aと非Aに分かれることによってエントロピーは減少し、物の秩序は増大するが、その分かれるところにこそ情報が働いている。この宇宙はより複雑なものへと自己組織化してきたが、この自己組織化のためには、相互作用がなければならない。しかも、その相互作用のためには、物質やエネルギーだけでなしに、情報が必要である。

船が信号によって暗礁を避け、安全な航路を形成していくように、物質も、情報によって自らのパターンを形成していく。情報（information）は多くの要素を結びつけ、結びつけることによって、形（form）を与える。プラズマの形成や結晶の生成にも、情報は必要である。そして、その情報を受け取ることが認識にほかならない。情報伝達は、自然の新しい構造の創発にとって大きな役割を果たしている。

この宇宙を記述するには、物質やエネルギーという概念だけでは十分ではなく、情報という概念が加わらねばならない。情報は、物質やエネルギーとともに、宇宙の重要な側面である。事実、今日の物理学では、物質はエネルギーの海の波として記述され、そのエネルギーは情報に転換して、仕事が生まれる。例えば、電子と陽電子が衝突すると光のエネルギーに転換し、その光のエネルギーを吸収することによって、原子内の電子はより外側に移動する。それだけ、原子は構造情報を獲得したことになる。吸収された光のエネルギーは、原子の情報の増大をもたらしたのである。とともに、原子に、より複雑な構造が生み出されたことになる。光は電磁波の一種であるが、これはエネルギーの一形態であるとともに、情報の媒体でもあり、物質の自己組織化を引き起こす。

植物や動物など生命体も、物質をエネルギーに転換し、エネルギーを情報に転換する高度な系である。実際、植物の光合成でも、光のエネルギーを情報としても使い、炭素や水素を結びつけ、より高度な構造と組織をつくりだしている。物質はエネルギーに転換し、エネルギーは情報に転換し、情報は物質の構造に転換する。そして、その逆も可能である。自然は、物質・エネルギー・情報の相互転換として記述することができる。

近代の自然科学は、世界の記述をできるだけ少ない基本概念で記述することに目標を置き、まず物質に焦点を当てた。しかし、実際には、物質のみでは記述しきれず、エネルギーという概念を導入しなければならなかった。ところが、物質とエネルギーという二つの概念だけでも世界は記述しきれず、情報概念を導入せざるをえなくなったのが、現代の自然科学の現状である。銀河、星、惑星、原子、分子、細胞、生物と、宇宙や物質や生命の自己組織化を記述するには、物質やエネルギーだけでなく、情報とその受信、つまり認識とか観測という要因を入れて考えねばならないであろう。情報宇宙論の必要な理由がそこにある。

シャノンによれば、情報とは、いくつかの選択しうる状態の中から、ある一つの状態を選択することである。選択するとき、その系には差異が生じ、その差異が情報となる。情報は、差異の記号化したものである。しかも、差異はエントロピーの減少をもたらす。選択が行なわれ、差異が生じるとき、情報が生まれ、その分だけ、その系の無秩序さは減る。つまり、エントロピーは減少し、秩序が増大する。さらに、そこで生まれた情報は他の系に伝達され、他の系の選択を生む。そこからまた差異が生まれ、秩序が生成してくるのである。このように、選択—差異—情報—秩序の循環と遣り取り、すなわちコミュニケーションによって、宇宙は生成してくる。

銀河や星、素粒子や原子、分子や有機体、どれも、それぞれが情報の発信者でもあり、受信者でもある。宇宙の諸要素は、情報を介して互いに自己実現していく。しかも、物質世界から生命世界へ組織性が増大するに従って、この情報も、信号から象徴へとより高度化してくる。例えば、犬にベルの音を聞かせるという場合、それを物質段階で理解しても、ベルから発する音波は犬の鼓膜の共振を結果し、何らかの信号の役割を果たす。さらに、これを生命レベルで理解するなら、犬は、このベルの音を肉片の象徴として受け取り、涎《よだれ》を出す。組織性の増大とともに、情報には、その受信者の側からの意味や価値の解釈が含まれてくるのである。

存在は関係である。情報は、この関係の部分を担っている。情報の伝達があって、はじめて物質間の関係も維持され、生物の集団も成り立つ。関係のあるところに相互作用はあり、相互作用のあるところに物事は生成してくる。この相互作用を可能にするのが情報であり、その情報を読み取ることが認識なのである。認識なくして存在はない。

自己組織化と情報

生命はもちろん物質も、機械論的世界観で考えられているような受動的なものではない。物質も、自発的に自己組織化していく。そして、この自己組織化には情報が必要である。情報は物質の振舞いを編集し、有機的に組織化していく。仕事がなされるためには、情報の供給がなければならない。ある系に情報を供給すると、物質やエネルギーの条件が十分であれば、その系はより組織化し、新しい構造を生み出す。ある段階に達したとき、まったく異なる別のレベルへと一気に飛躍する相転移という現象が自己組織系には見られるが、これも、情報の観点から考察すべきであろう。物質から生命まで、情報による組織化によって、より複雑な構造が形成されてきたのである。

新しい秩序は、物質やエネルギーだけでなく、情報が入力されることによって生み出される。情報は秩序を与え、形をつくりだす。しかも、生み出された秩序は、また、それ自身情報を含んでおり、情報を発信し伝達する能力をもつ。情報は新しいパターンを形成していく。情報概念を導入すれば、近代科学の中にも、古典的な形相因や目的因を復活させることができるであろう。

宇宙にしても、物質にしても、生命にても、自己組織化していく系では、ある分岐点に差しかかると、どの方向に行くのか決まらないことがある。このとき、情報がある状態を選択する上で重大な働きをし、対称性が破れる。そして、系の一定方向への高度な組織化がもたらされ、新しい秩序が生成してくる。情報による組織化は、選択によって決定される。したがって、ここでは偶然の果たす役割が大きく、因果の法則が成り立たない。因果の法則は、すべては初期条件で決定されると考えるが、情報による組織化の場合には、非決定論的な多義性が出現する。実際、生み出される新しい秩序は最初から予測されたものではない。そこにまた自己組織系の創発性もある。情報はもともと創造的宇宙に内在するのである。

新しい秩序は、情報なしにはつくりだせない。情報は、より単純な単位をより複雑な系に結合していく関数である。だから、この関数が与えられるとき、関係が変えられ、新しい秩序が生み出される。しかも、新しい秩序が形成されるとき、また新しい情報が生まれる。情報は情報をつくりだす。自己組織系では、初期条件を決めても、その後に出現する結果が因果律的に一義的には定まらない。それは、この系が、自律的に情報を創出する動的系だからである。かくて、この宇宙は、新しい構造や形態を次々と生み出し、階層化する。この自己超出的な宇宙の構造に、情報とその認識の果たす役割は大きい。

情報とエントロピー

エントロピーは常に増大するというのが熱力学第二法則であったが、自己組織系では、逆にエントロピーは減少する。ただし、このとき、自己組織化するためには、情報が必要である。あるグループの中に一つの情報を加え、選択すれば、もともとあった乱雑さがその分だけ減る。つまり、エントロピーは減少する。情報を加えれば、エントロピーは減少し、組織性はより高まるのである。

別の言い方をすれば、情報を受け取ることは負のエントロピーを受け取ることだと言える。そして、負のエントロピーを獲得することが、組織性を獲得することなのである。また、エントロピーが減少すれば、それだけ情報量は多くなり、秩序立っていることにもなる。逆に、情報がなければ、物質やエネルギーがあっても組織化せず、秩序づけられない。情報という概念には秩序や形を与えるという意味が含まれているからこそ、これを、逆に、無秩序を表わすエントロピー概念から追究していくことができるのである。

例えば、シュレーディンガーが『生命とは何か』(岩波新書 一九七五年　第六章)で言っているように、生命は、情報を摂取し、負のエントロピーを食べて、低いエントロピーの水準に自分自身を保っている系である。生命は、分子から細胞、組織、器官、個体をつくりあげ、さらに進化していくが、その過程は、負のエントロピーを食べ、秩序を増加させる過程である。そのためには、情報がなければならない。生命は、情報を獲得して、自分自身のエントロピーを減少させ、余分のエントロピーを外界に捨て、組織を保ち進化していく自己組織系であり、複雑系である。

生命は物質系でもありエネルギー系でもあるが、同時に情報系でもある。生命は、物質を組織化するために、エネルギーばかりでなく、情報を必要とした。生命の本質は、部分と部分の関係および環境との関係によって理解されねばならないが、その関係を司るのが情報である。情報によって、関係の秩序はつくりだされる。生物が進化するに従って、遺伝子系、内分泌系、免疫系、神経系など、情報とその伝達機構をつくっていったのは、関係の秩序をつくるためであった。新しい情報の獲得が、生命の進化を可能にしてきたのである。だからこそ、情報の獲得つまり認識は、生命の維持と進化にはなくてはならない機能なのである。認識は、生命現象の本質に属している。

もちろん、エントロピーの減少つまり秩序の形成は、生命だけに見られる特徴ではない。物質世界でも、熱力学的な非平衡系では、エントロピーの生成が最小となる経路をとって、秩序が形成される。この場合も、秩序をつくりだすためには、情報が不可欠である。自己組織系は、情報を獲得して、内部のエントロピーを減少させ、秩序をつくりだしているのである。原子や分子の形成、対流や結晶の形成など、単純なシステムがより複雑化していく過程では、そのような現象がいつも起きている。そこでの情報を受け取ること、つまり認識の役割は重要である。

逆に言えば、物質系でも、生命系でも、結晶の溶解、液体の蒸発、生命体の死などに見られるように、エントロピーが増大すれば、情報も減少し、組織性も失われる。また、情報が失われれば、エントロピーも増大し、組織性も消失する。極端な場合、情報がゼロになれば、エントロピーは無限大になり、組織性もゼロとなる。組織性は、要素と要素のつながりによって形成されている。そのつながりをつくるものが、情報である。

この宇宙は、膨張し続けるかぎり、全体としてみれば、やはり熱力学の第二法則の言うように、エントロピーは常に増大し、遂には熱死に至ることになる。しかし、その過程では、また、その分、局所的には絶えずエントロピーの減少が起きる。物質は自己形成し、生命をも生み出していく。このような宇宙の秩序形成と進化の過程で、情報と認識の果たす役割は大きい。

生命と情報

生命は、宇宙の秩序形成と進化の一過程を担っているエントロピー減少系である。したがって、生命は、秩序形成のために、情報による組織化という戦略をとった。遺伝子戦略や免疫機構や記憶機能に現われているように、われわれが〈生命〉と呼ぶ物質やエネルギーの複雑な組織性は、情報の蓄積・保存・伝達なくして形成されない。遺伝子暗号にせよ、神経インパルスにせよ、情報の変換と記号化とその圧縮が必要なのも、情報による組織化のためである。生命が物理的系をより組織化するには、より高度な情報処理機構が必要だったのである。

生命は、物理的な作用力や化学的素材だけでは生み出されず、それに情報が加わらねばならない。生命を理解するには、動力因と質料因だけでなく、目的因や形相因をも考えなければならないが、ここにこそ情報の果たす役割がある。情報によって支配される系は、選択によって決定されていく。ゾウリムシも、対象が餌か障害物かによって、食いつくか逃避するかを選択しなければならない。認識能力は、対象の意味を解釈する能力であり、行動の選択をする能力である。あれかこれか、選択することから、目的も形相も生まれる。

生命は、情報を獲得し認識し、保存し交換し、変換し代謝しながら、秩序を形成していく。ここでの情報の意味と価値を解釈する能力つまり認識能力は、生命の維持や進化にとって不可欠である。認識能力の向上とともに生命の進化も起き、生命の進化とともに情報処理能力も複雑になる。

生命にとっての情報の特徴は、それが再帰的であるということであろう。生命体は、外界から情報を獲得すると、それに対して反応し、反応したことそのことをも情報として自らに回帰させ、恒常性の維持や進化さえ司ってきた。生命は、情報を獲得することによって秩序を選択し、その選択したことをも自らにフィードバックさせ、次の秩序を選択していく。そのような円環的な情報循環の中で、生命個体の自己も成立する。動物が、酸素の希薄なところでは呼吸を速めたり、障害を受けてもバランスを回復して生きのびていくように、情報の再帰性と循環がなかったら、生物は生き残れなかったであろう。

生物は、環境に開かれた動的開放系である。情報は、その系を、それが置かれた環境との関係において測定する役割をもつ。だから、生物は、物質やエネルギーだけでなく、情報を代謝する。生物は、環境から情報を受け取り、これを選択判断し、環境に対して積極的に応答する。生物は、この過程を繰り返しながら、恒常性の維持や進化など、環境の変化に対する能動的で自発的な適応をはかる。環境に対して積極的に適応していくには、情報の受容と認識はなくてはならないのである。

生物は、化学反応系をはじめとして、細胞の再生産や形態形成を可能にする遺伝子系、恒常性維持や成長を可能にする内分泌系、外界からの異物の認識を可能にする免疫系、感覚や知覚を可能にする神経系など、様々な認識機構を備えている。それは、変化する環境に対する積極的適応のためである。生物は、これらの情報伝達系を相互に連関させながら、自己保存と自己改造を行なっていく。例えば、最も原始的な生物である細菌でさえ、目前に特定の糖が現われると、化学反応系を使って、どの糖が出現したかを認識し、それに適合した酵素をつくり、これに接近し摂食する。生物が自己維持をはかっていくには、情報の認識と伝達の機構は必須である。

それどころか、生命は自ら情報をつくりだしてもきた。生命は、単に環境に適応するだけでなく、環境を新しく解釈し直し、新しい意味を創出してきた。そして、その新しい意味によって自らを再統合し、進化を果たしてきた。生命進化での情報創出の働きにも着目しなければならない。

生命の遺伝子戦略でも、遺伝子は、単に情報を保存し伝達するだけでなく、自ら外部の環境情報を取り込み、自分自身を組み換え直して、新しい意味を創出し、進化を可能にしてきた。遺伝子のランダムな突然変異と自然選択だけでは、環境の変化に対する整合的な適応はできず、十分な進化もできない。環境の変化とその情報は、逆に、遺伝子によって積極的に読み込まれ、その情報が形態の変異の決定に重要な役割を果たす。遺伝子は絶えずゆらいでいるが、それは、環境の変化の情報を敏感に受け取り、素早く一定方向へ組み変わっていくための生命の戦略であろう。遺伝子は、変化する環境をまえもって予測しているのではなく、その場その場で環境の変化を読み込んで遺伝子を組み換え、意味の再構成を行なって、一定方向に組織替えしていくのである。

その意味では、遺伝子は、情報を新しく解釈し、つくり直していく能力をもっていると言わねばならない。自律的な進化は、遺伝子の再組織化能力によって可能なのである。確かに、遺伝子は、環境情報や形態情報を貯蔵し保存するための一種の記憶装置ではある。しかし、それは、単なる情報蓄積装置にのみとどまらず、積極的に環境に適応し進化していくための情報組み換え装置ともとらえねばならない。

生命の進化は、この宇宙で、熱力学第二法則に反して、単純なシステムから複雑なシステムへ組織性を増大させる方向を担っている。その意味で、生命は自己超出的な系であるが、この自己超出には、情報とその認識、さらに情報の再組織化がなければならないのである。

生態系と認識

地球生態系も情報と認識の体系である。生態系とは、植物や動物や微生物などの生物的要素、さらに水や空気や土壌や岩石、水素や酸素や炭素や二酸化炭素などの非生物的要素が密接に連関し合って、全体として変動していく有機的な体系のことである。生物的要素や非生物的要素は、物質やエネルギーの交換を通して相互作用している。小さな水溜まりから、森林、草原、河川、湖、海洋、地球全体まで、幾重もの入れ子構造のようになった地球生態系は、各要素が物質の循環やエネルギーの流れによって連動し合うシステムである。

しかも、生態系は、外部からの変動に対しても、内部からの変動に対しても敏感に反応し、絶えず変動している。地球の周期変動からくる日周期や月周期や季節周期など、周期変動はもちろん、遷移といわれる非周期的な変動もある。太陽黒点の変動や地球磁場の変動、気候変動や土壌の変化、栄養供給の変化や生物個体群の移動など、多くの要素が影響して、生物群落は様々の遷移を見せる。生態系は常に変動し、片時も止まってはいない。それは微妙な要素の変動でも変化していくから、その過程の予測は困難である。一つの生態系の中に新しい種が入ってくる順番の違いによっても、その後の生態系の変動過程は変わる。したがって、生態系はそれ独自の歴史と履歴をもつ。過去にどのような変化を辿ってきたかということも、生態系の変動にとっては大きな要因になるから、その変動は本来不可逆である。

生態系は本質的に相互連関の世界であり、その相互連関の場において、各要素は縦横に相互作用し、互いに影響し合う。そのため、生態系の内外の要素のわずかな変動でも、それは、相互連関の場を通って全体に波及し、全体の変動をもたらす。こうして、要素間の相互連関から自己自身を形成し常に生成変化していくのが生態系である。

だが、この生態系においては、単に物質が循環しエネルギーが流れているだけでなく、情報も循環している。生態系の中の各要素は、それが置かれている環境から情報を読み込む開放系であり、認知系である。情報を受け取り、それを認識することによって、各要素は秩序を作り出す。だから、生態系においては、個体は環境から切り離して見ることができない。個体は、環境から情報を得て、それを感知し選択し、環境に適応していく。かくて、生態系内の要素は環境に大きく影響されるとともに、また、環境に大きく影響を及ぼす。この環境との相互作用の中にこそ、情報の流れと認識作用がある。

言い換えるなら、生態系においては、要素と要素の相互作用から場が形成され、その場との関係によって、各要素はその働きや性質や表現を変えていく。生態系の場では、各要素は自分の置かれている場を読み込み、場と共鳴しながら変化していく。生態系においては、どの一つの事象も残りの事象から切り離すことができない。そのような場の形成に、情報と認識の果たす役割は大きい。バクテリアから人間まで、生物は情報なくして生存し得ない。情報代謝があるからこそ、生物は環境に適応していくことができるのである。そこに、生命にとっての認識という役割がある。

情報と宇宙

物質世界も、情報とその認識による自己組織化の世界である。素粒子は、それぞれの場を通して、互いに相互作用する。素粒子と素粒子は、場の振動とともに共鳴し、相互励起する。素粒子と素粒子は、いわば相互に情報を伝え、認識し合っているのである。素粒子も、他の素粒子から情報を受け取り、それを認識し、次の状態をとる。そして、このことから、原子や分子への自己組織化も起きてくる。さらに、この原子や分子も相互に情報を伝え、互いに認識し合い組織化する。現に、遺伝子系や免疫系も、分子認識を利用している。

情報は場を通して伝えられ、それを受け取った素粒子や原子や分子は、それを引き金として運動を開始する。そして、その運動は、共通の場を通して全要素に波及していく。古典物理学のように、事物を相互連関性から切り離して考察するのでないかぎり、どんな物体でも、それが置かれている場所や連関性から影響を受けている。影響を受けるということが感受することであり、認識することである。

物質と精神は実在の両面であり、最初から分離することはできない。しかも、物質が、素粒子、原子、分子、細胞、植物、動物と、より上位の階層に発展するに従い、その認識能力もより顕在化し、増大する。物質は、デカルトやニュートンの機械論的世界観で想定されたような死んだ物体ではなく、情報によって自己組織化する活動体なのである。

実際、この宇宙は、誕生以来、重力、電磁力、弱い相互作用、強い相互作用と諸力を分岐させ、素粒子、原子、分子、結晶、有機物と、より複雑な物質を生み出し、最後に生命を誕生させてきた。この物質進化の過程で、情報の果たした役割は大きい。この宇宙は、単に物質とエネルギーだけによって、単純なものから複雑なものへ、自己自身を組織化してきたのではない。そこには、エネルギーの他に、物質に秩序と形態と構造を与える情報が働いていた。物質も宇宙も、情報によって複雑化し進化していく。

この宇宙は、エネルギーの海であるだけでなく、情報の海でもある。情報は宇宙のあらゆる部分から生み出され、あらゆる部分に伝達される。情報創出なくして、秩序の形成はありえない。この宇宙の諸要素は、情報によって自らの将来を選択していくのである。例えば、超新星爆発の衝撃波を受けるか受けないかは、星にとって大きな情報である。そのことによって、その星の将来は、人生同様、別の道を歩むこともある。しかも、その選択によって、星の形態も変わるのである。だから、この宇宙のプロセスは不可逆であり、非対称であり、非決定である。

宇宙のあらゆる要素は緊密に結びついている。情報は、この結びつける役割を果たす。宇宙は、情報によって常に生成発展しているのである。宇宙から、物質世界、生命世界まで、どの世界も、対象に情報交換や認識作用を認めない機械論では解けないのである。

新・モナドロジー

存在について

存在は関係である。主語や述語は、関係によって立ち現われてくるものだとみなければならない。実体も関係である。関係の離合集散によって生成変化する過程の一断面が実体と見えるにすぎない。あらゆる事物は、他とのつながりの中で自己自身を決定する。

すべてのものが関係性によって生じてくるものだとすれば、すべてのものは生起してきたものであり、出来事である。存在するということは、出来事として立ち現われてくることである。世界は、物によって構成されているのではなく、出来事によって形成されている。

実在は、むしろ、現象としてのみ表出されるものと考えねばならないであろう。

存在は生起し、生成する。存在は生成に還元されねばならない。

存在は生成の瞬間の軌跡である。不断に動く実在を一瞬一瞬止めて見るとき、存在として立ち現われてくるにすぎない。

すべてが生成変化する世界では、〈ある〉ことは〈なる〉ことであり、存在することは生成することである。

この世界は生成の世界であり、流動の世界である。この世界は、川の流れのように、瞬時も止まることなく変化していく。世界は不動の存在ではなく、絶えず運動し、時々刻々と生成変化する活動である。

個体は関係においてある。関係を離れて個体はない。個体は、自己自身に関係しながら、同時に、他の個体と関係している。個体の状態は、個体と個体の関係性からしか把握できない。

ここでは、事物の個体性も、実体としてではなく、出来事としてとらえられる。出来事が、事物の個体性を一時的に形成するにすぎない。しかも、出来事と出来事は相互に重なり合い、相互に流れ込み合う。一個の孤立した出来事というものはない。諸々の出来事が絡み合い、互いに関係し合っている。そのような出来事の連関から、一つの出来事がすべての出来事を統合しつつ生起してくることを、われわれは、事物の生成として理解しているのである。

この世界に存在するものは、諸事象の関係の結節点として、その都度出来事として現出してくる。諸事象の関係は集合して、一つの出来事として生成し、離散すれば、一つの出来事は消滅する。

あらゆる事物は関係によって成立している。多様な要素の多様な関係が複合して、多様な関係の網の目を作り、多様な相互連関の世界を成立させている。

世界は、無数の出来事の相互連関の世界である。だから、任意の一つの出来事のうちには、他のあらゆる出来事が相入している。世界は、無数の出来事が相互に他を含みつつ生成する世界である。

個体は、相互連関性の網の目の連結点であり、独立した実体ではない。個体は常に他とのかかわりを含み、すべての個体は連なっている。個体と個体は非連続であると同時に、連続している。

世界は、万華鏡のように、無数の事象が映し合いながら生成し続ける場であり、事象と事象が相交わり合いながら不断に自己を生み出していく世界である。世界における諸事象は、他の事象との連関によって動的に変化し続ける運動そのものである。

相互連関の世界では、一つの事象は、他のすべての事象との連関性において、それ自身である。だから、すべての事象には、他のすべての事象が含まれる。

ここでは、存在するものは独立して存在することはできず、すべて連関し合っているから、一つのものの存在にもすべてのものが参加している。自己と他者も、分離することはできない。

事象と事象が互いに働き合う動的相互連関から、世界は不断に形成されていく。無数の事象の相互作用を通して新たな関係が発現し、世界は刻々として新たに創造されていく。

相互作用からの自己形成、これが生成する世界の本質である。要素と要素、要素と全体の相互作用から、新しい組織や形態が創り出されてくる。世界は、絶えず自己自身を創出しながら、瞬時も同じ一つのものであることはなく、川の流れのように、常に新しい。

ここでは、部分と部分の相互作用から全体が形成されるとともに、その全体がまた部分部分に反映し、全体と部分の相互浸透が繰り返されることによって、秩序形成がなされる。全体の中に部分があるとともに、部分の中に全体があって、それぞれ影響し合いながら、世界は形成される。

多様な諸要素が相互に作用し合って世界を形成するとともに、その世界が諸要素に映し取られて、世界は変動してやまない。われわれは、このような不断に変化し続ける世界の一部である。世界は、刻々として新たな世界であり、片時も一つところにとどまることはない。世界は、間断なく自己自身を再配置し続ける動的世界である。存在するとは、このような世界の自己形成の一瞬の軌跡に参加することである。

世界は運動であり、変化であり、生成であり、創造である。動くことこそ、実在である。生成する世界は、絶え間なく新たなものを生み出し、変化し続ける。そこには、予見不可能な創造性と不確実性があるが、しかし、その予見不可能性と不確実性にこそ、自由がある。

宇宙について

宇宙も生成変化そのものであり、流動そのものである。宇宙は、絶えず自己自身を創造していく過程である。世界の中のすべてのものは、この無限の過程の出来事である。出来事と出来事は互いに作用し合って、宇宙の生成変化を担っている。

物質を構成する基本要素は、むしろ、エネルギーをもった各種の場の振動つまり波動である。物質の根源は、共鳴する場の振動によって奏でられる交響曲のようなものとしてとらえねばならない。宇宙は、もはや堅固な物質から構成されているのではなく、根源的な活動力とその相互作用によって形成されている。

しかも、物質は、自分自身の中に秩序形成能力をもっている。そのため、物質は、絶えず複雑さと多様性を増加させていく。

宇宙は、相互に連関し合った諸事象から出来ている。事象と事象は互いに結合し合って、全体を形づくっている。宇宙の中のどんなに小さな事象も、宇宙のすべてのものと密接につながっている。しかも、この事象間の相互連関によって動的調和を保ちながら、宇宙は常に生成変化していく。

世界は、偶然の出会いから一つの方向を定め、もはや歴史的に逆戻りのできないものにまで拡大してしまう。宇宙や物質、生命の形成や進化そのものが、常に偶然に左右されている。

世界は絶え間ない流れのうちにある。世界は、自己自身を生産し、千変万化する生成する世界である。世界は、〈ある〉のではなく、〈なる〉のである。

自然は、自己自身を形成してゆく創造的自然である。

生命について

生命は一つの形成力であり、その力によって物質が編成され、秩序ある構造がつくられて、一つの統一ある形態が出来上がる。その形成力は、質料に形相を与える力である。それが、物質を形成して、様々な形態を生み出す。形の背後には力がある。生命とは、物質を組織し、個体を形成し、種を形成し、どこまでも自己を創造していこうとする形成力なのである。

生命体は、どれも、周囲の環境と物質やエネルギー、情報を出し入れして自己を維持していく開放系である。しかも、生命体を一つ一つの細胞や遺伝子に分割しても、それ自身がまた周囲の環境と物質・エネルギー・情報の交換をして、一つの秩序立った組織を形成していく開放系である。

主体と環境の相互作用によって常に自らを変化させながら、生命体は自己自身を維持していく。機械論的な生命観では、生命体を各部品から出来ている自動機械ととらえ、周囲の環境との複雑な相互作用を無視して考えがちであるが、これでは、生命体の全体をとらえることはできない。生物は、主体と環境の相互作用によって、自己自身を環境に適合させるとともに環境を自己自身に適合させ、自らを維持していく。

宇宙の創造的な力は、動物も植物も含めたあらゆる生命体の身体として表現され、その中に働き出ている。

生命は、何よりも多種多様な形として現われ、そして、それが誕生し、成長し、老化し、死んでいく流動的な過程である。生命は形であり、変化であり、生成である。

動物の行動様式は、その形態同様、絶えず変化する主体と絶えず変化する環境の相関によって決定される関数であり、解がほとんど無限にある関数である。

生命は、絶えず変化するまわりの環境に対して自己自身を改変し、進化という形でも自由に新しい形態を創造し、たくましく生きていく。

生命体の生きんとする方向性そのものは必然であるが、生命体の取りうる形態や方向は偶然性に満ちている。しかし、偶然性を内包しているがゆえに、生命は自由でもある。生命の根源的流れにおいては、偶然と必然と自由は一つである。

進化をモデルに考えるなら、生命現象は逆戻りや再現の不可能な現象である。生命は、常に変化し、常に発展していく動的秩序であり、いつも、一方向的に不可逆に変化していく。条件を同じくしても、完全に同じものが、全く同じしかたで繰り返されるということはない。不可逆な生命の時間のどの瞬間をとっても、生成発展していく世界の断面が現われる。

生命の時間が不可逆で一回限りのものであるとすれば、生命進化の道が将来どのような道筋を通って、どのような新しい形態を生み出すかは予知することができない。生命進化が取りうる道は無数にあり、樹木のように、どの方向にでも枝分かれしていくことができる。どのような方向へ流れていくかは、その時々の環境と生命主体の相互作用による。そこには、偶然性が含まれる。そこに、生命進化の不確定性、あるいは非決定性もある。

生命体は、時間と空間の接触点において絶えず生成変化していく。生命体は、時間的には持続として、空間的には身体として、宇宙を表現する。この時間と空間の接点のところで、不断の生成は生起してくる。それは、生成することが存在することに他ならない宇宙の自己表現なのである。

宇宙は、休むことなく変化流動している。すべては、水の流れのように変化し、とどまることがない。生成こそ宇宙の原理である。生命体は、流動変化してやまない宇宙そのものの表現である。

死とは、宇宙生命への帰還に他ならない。肉体も魂も、ともに死を通して宇宙生命へと回帰する。そこから生まれ、そこへと死す以上、生と死は一つである。万物は、そこから生まれ、そこへ消滅し、永遠の循環を繰り返す。

精神について

宇宙は絶えざる生成であり、それは、物質として自己を表現し、生命として自己を表現し、精神として自己を表現する。物質と精神を一つに内包しているこの地上の生命体は、活動してやまない根源的宇宙の象徴である。

物質は自分自身を秩序化し、自分自身を形成していくが、この物質の自己形成過程の中に意識の根は内在する。物質の中に意識はあり、物の中に心がある。意識されるものが意識するものになり、意識するものが意識されるものになる。それが宇宙の構造である。

この宇宙は、心をもった物、物をもった心によって成り立っている。宇宙は、物と心が一つになっている世界である。物質と精神は、同じ一つの過程の二つの面である。物質と精神は、表裏一体をなして、同じ一つの宇宙の働きを働いている。

脳があるから、知覚や認識、記憶や判断、情動や思考が可能なのではない。知覚し、認識し、記憶し、判断し、思考し、情意を働かそうとするから、脳が出来、それがより高度化するのである。認識し判断しようとする意志が、脳を生み出す。脳の進化の背後には、生命のより向上しようとする志向性があり、より秩序化していこうとする宇宙の自己形成力が働き出ていると考えねばならない。脳は心の表現なのである。

認識について（1）

感覚は刺激に対する反応ではない。感覚には運動が伴う。動物は、環境の中で動きながら、自分自身の生き方を選択する。それに応じて、動物は、自分にとって必要なだけの情報を環境から抽出するための機能を感覚器としてもっている。

体性感覚は諸感覚の統合の基礎であり、しかも、この体性感覚の根幹は運動感覚にある。もしも、運動感覚を含む体性感覚の統合がなかったなら、あらゆる感覚はバラバラになり、統一したものをもたないであろう。

動物は、環境内を動き回ることによって、環境の意味を把握する。動物は、単に対象を見て観察するだけでなく、行動して、対象が自分にとってどのような意味をもっているかを知る。動物は、多様な環境の中を、行為しつつ知覚し、知覚しつつ行為し、これらを調整しながら、環境に対して柔軟に適応していっているのである。

知覚は行為である。行為から知覚は出発するのであって、知覚から行為が出発するのではない。しかも、行為の変化とともに知覚も変化する。

知覚は、主体と環境の循環的相互作用である。しかも、主体も変化し、環境も変化する。動く主体と動く環境の循環的相互作用の中に、知覚は生成してくる。

われわれは、行為することによって認識し、認識することによって行為する。認識するから行為が生み出されるのではなく、行為するから認識が生み出されるのである。

行為は身体を通してなされる。身体は認識の生み出される場であり、認識の背景である。同時に、身体は動く。身体は、何より運動する身体である。この身体の運動性から、知覚は生じる。

過去の経験の記憶は、今ここでまさに起きつつあることにいかに対処するかということと深くかかわっている。記憶は単なる保存ではなく、環境の中でどのように行動していくかということと直結している。環境との相互作用の中で生きるということ、つまり、行為し認識する過程の中に、記憶という機能もある。

思考と行動は一体である。動物は行動しながら考え、考えながら行動する。身体行動を通した思考こそ、本来の思考である。

識別や予見、推理や洞察など、思考は、心や脳の中だけで行なわれているのではない。思考も、環境との相互作用の中でとらえねばならない。主体と環境の相互作用の中で、主体が環境に対して柔軟に適応していこうとするところに、思考は働き出ている。主体と環境を媒介するところに、身体があり、行為がある。思考は、その身体行為と深く結びついている。

行為によって、環境はその意味を変え、新しい環境の意味が発見される。それが発明とか発見と呼ばれるものである。そのことによって、また、環境そのものも改変されていく。

認識とは活動である。主体が行為を通して環境に働きかけ、環境を切り取り、その新しい意味を創造する働きが認識である。認識は、環境の中での主体の行為である。行為と認識は不可分である。環境の中で主体が生きるということから、行為も認識も創発してくる。

発達も、主体と環境の相互作用の中で考えねばならない。環境の中で、行動することによって認識し、認識することによって生き方を獲得する。それが発達である。

生物は、生きのびるために、環境に応じて自己自身を変化させる能動性をもつ。それどころか、生物は環境に対して積極的に適応し、環境を作り変えてさえいく。生命は、よりよく生きようとする能動的系である。そこでの生物の側の自発性と能動性を無視することはできない。

認識は、環境から受動的に情報を得る過程ではなく、むしろ環境に対して能動的に働きかけ、環境から積極的に情報を見出す過程である。環境の認識には、生命主体の能動性がなければならない。よりよく行動し、よりよく認識しようとすることから、進化も起きる。

行動の進化は認識の進化をもたらし、認識の進化は形態の進化をもたらし、形態の進化は行動の進化をもたらす。行動・認識・形態の循環的な進化によって、動物はより創造的に生きようとしてきた。

人間ばかりでなく、動物の視野は、道具の使用によって拡大する。環境の認識とは、行為の可能性についての気づきであり、それは、道具の発明によって大きく広がる。行為によって世界は開かれるのである。

道具の発明によって、環境の意味や価値が大きく変化する。その面から言えば、環境の意味や価値は、環境の中に客観的にあるのではなく、主体によって積極的に創り出されてくるものである。

人間が技術的能力を飛躍的に開発したことと、人間が世界を自覚したこととの間には深い対応がある。人間が火を発見したとき、人間にとって世界は一変したに違いない。技術を通して、対象は、われわれ人間に新しい相貌をもって迫ってくる。

人間にしても、動物にしても、それがもつ図式や仮説は道具の発見や製作によって変化し、それとともに世界の意味も変化する。人間も、動物も、身体や道具や介在物を通して外界に探りを入れ、外界を知り、図式や仮説を修正する。特に、動物が高度化するに従って、図式や仮説の変更はより柔軟になり、世界の意味がより自由に変更されるようになる。図式や仮説の変更可能性にこそ、自由がある。

環境の意味と価値は、その中で行為する主体の変化によって変わる。動物主体の発達や進化という事実を考えるなら、環境の意味や価値はそこに客観的にあるものではなく、主体と環境の相関の中で積極的につくりだされてくるものだと考えねばならない。主体は、環境の中で行為することによって進化し、環境の新しい意味を生み出していく。意味や価値は、主体と環境の循環的な相関から創発してくるのである。

主体と環境の相互作用の中にこそ、認識は生成する。主体と環境は相互に限定し合い、連関し合っている。認識は、認識する主体と認識される環境の関係である。しかも、主体も動き、環境も動き、関係も動くから、動く主体と動く環境の呼応にこそ認識は成り立つのだと言わねばならない。

主体は環境から切り離された存在ではなく、環境の中で経験を積み成長する生きた主体である。主体は、環境の中で活動することによって、環境を認識する。認識者は認識される世界の中にあって、認識される世界との相互作用の中で、認識を成立させている。主体と環境は別々に存在するものではない。

主体は、行為によって認識し、認識することによって発達し進化する。しかも、この発達と進化によって新しい世界が開かれ、行為も認識も新しい段階に飛躍する。こうして、主体は環境を創造する。環境が主体をつくると同時に、主体が環境をつくる。環境が主体を形成するとともに、主体が環境を形成する。この相互作用から、主体も環境も自己形成していくのである。

認識について（2）

認識も、世界の相互連関性の中でとらえねばならない。相互連関性の世界では、どの出来事も連関の網の目の中に置かれているから、一つの事象の中には他の無数の事象が映し出されている。世界は、万華鏡のように、無数の事象が相互に映し合う世界である。認識は、事象と事象、事象と世界の相互射映の事態の中に成り立っている。各事象が各視点から世界と事象を映し取ることが、認識である。事象と事象の関係の中に、認識は働き出ているのである。

素粒子、原子、分子、生命、惑星、星、銀河など、宇宙の中のすべての事象は他のすべての事象を映し、かくて宇宙全体を映す。万物は認識し合い、感知し合いながら、生成しているのである。

万物の映し合いの世界としての相互連関性の世界では、一が多を映すとともに、多が一を映すから、まったく同じ一つのものでも、それを見る視点の違いによって、それは異なった相で立ち現われてくる。

知覚が成立する関係性の中には、知覚されるものも知覚するものも含まれている。知覚されるものと知覚されるもの、知覚されるものと知覚するもの、知覚するものと知覚するものなどの諸連関の中で、知覚は成立するのである。知覚は、知覚者自身をも含む事物の関係性の認知なのである。

知覚は出来事である。知覚するものも、知覚されるものも、それらの関係も、それらを取り囲む状況や場所も、すべてが含まれている出来事である。それは、それら多くの出来事の諸連関から創発してくる出来事なのであって、その中に世界の生成過程そのものがある。

認識とは、客観が主観に投射されることでもなく、主観が客観を構成することでもない。むしろ、客観が客観を感受すること、それが認識である。眼が光を見るのではなく、光が光を見るのである。

出来事は、事象間関係の結節点に生じるものである。出来事がまず先にあって、そこから主観も生じ、客観も分かれ出てくると考えねばならない。

われわれは、世界の外に立って世界を観測しているのではなく、世界の内にあって世界を観測している。しかも、身体や観測装置を通して観測しているから、その観測が観測事実に影響を及ぼす。

われわれは、世界の中で行為しつつ認識し、認識しつつ行為し、現実に参加している。認識は行為であり、行為は形成である。行為によって世界は変わる。

運動する身体を通して世界に働きかけ、その中に自己自身を投入することによって、世界は立ち現われてくる。われわれは、世界内で身体を通して行為している生きた主体である。だから、行為の変化に応じて、世界も変化する。

どんなにわずかであっても、行為は仕事をする。そして、仕事は、宇宙の構造に変化を引き起こす。私がものをちょっと拾い上げただけでも、それだけ私は仕事をし、宇宙の構造を変化させたことになる。われわれは、世界の中で行為することによって、世界の生成に参加しているのである。

世界を動かすものが、世界の中にいる。しかも、そのような行為者を世界自身が生み出しつづける。そのような世界では、世界が変わることによって自己が変わるとともに、自己が変わることによっても、世界は変わる。自己自身の行為は、無限の事象の相互連関性を通って、世界全体に及ぶからである。ここでは、自己は世界に包まれつつ世界を包み、世界に組み込まれつつ世界を組み込んでいる。

宇宙が宇宙自身を認識する者を生み出したのも、宇宙が自己自身を自覚するためであったであろう。われわれが世界内認識者として世界を認識しようとしているのは、世界の自己認識でもある。われわれが宇宙の中に生きているとともに、宇宙もわれわれの中に生きている。

大海原に波が立つことによって舟が動く。と同時に、舟が動くことによっても波が立つ。道があるから私は歩く。だが、私が歩くことによっても道は出来る。世界が動くことによってわれわれは動く。しかし、われわれが動くことによっても世界は動く。われわれは、そのような世界内行為者なのである。

春が来ることによって、花が咲く。しかし、花が咲くことによっても、春が到来する。

この世界は、自己自身を絶え間なく形成していく創造的世界である。世界がそうであるのは、世界自身の中に、世界を認識する世界内認識者が含まれているからである。

相互作用から自己自身を形成する世界においては、各要素は互いに感知し、互いに知覚し、互いに認識し合っている。この相互認識なくして、自己形成はありえない。ここでは、認識することは認識されることであり、認識されることは認識することである。

多様な要素の相互連関によって成り立つ世界では、あらゆる要素は相互に映し合い、相互に浸透し、相互に共鳴し合っている。そこでは、海の中で音波を出し、互いに連絡し合いながら集団行動をとっている魚たちのように、各要素は相互に認識し合い、相互に結合している。そのことによって、世界は刻々として新たに創造されているのである。

このことを突き詰めていくなら、主観と客観、意識と対象は分離することができないということに至り着く。つまり、客観とか対象といわれるものそのものにも、感受作用や知覚作用、認識能力や判断能力を、組織化の階層の程度に応じて認めていかなければ、自己創造的な世界はとらえることができない。主観と客観、意識と対象を分離したデカルト的二元論を克服しないかぎり、生きた世界は理解できないのである。

在ることは知ることであり、知ることは為すことであり、為すことは成ることである。為すことによって知る。それが、在ることを成ることたらしめている。知ることなくして在ることはなく、為すことなくして成ることはない。

歴史について

歴史は、間断なく生成する出来事から形成されている。ただ、出来事だけが生起してくる。歴史は起こったことと起きることによって成り立ち、しかも、起きることは、それまでの起こったことすべてを含んで立ち現われてくる。ある一つの出来事が生起してくるには、それ以前のすべての出来事が縦横に関係し、孤立した出来事は存在しない。そして、出現してきた一つの出来事は、それ以前の出来事を集約するとともに、新しい要因を一つだけ付け加え、次の出来事に連なっていく。

歴史は、不断に自己自身を形成し変転してやまない過程であり、新たなものを絶え間なく創造していく働きである。歴史は果てしない途上にあり、常に新たな創造に向かって自分自身を駆り立てる生命の活動である。

二つ以上の事象が因果性という必然的関係なしに出会うことを、われわれは、また、偶然と呼んでいる。歴史的事件は、多くの場合、このような因果系列相互の偶然の出会いから起きる。その出会いからどのような新しい出来事が生じるかは、誰にも予測することができない。

片隅で偶然に生じた事件、片隅で偶然になされた発明や発見など、わずかなゆらぎが、結果として、戦争や革命など歴史の大変動をもたらす。われわれの歴史においては、すべての出来事が連動し反応し合っているから、片隅の些細な動きでも、相互連関性の網の目を通って増幅され、大きな変動となって現われる。

歴史にはいくつもの分岐点があり、それぞれの分岐点で、どのような道が選択されるかは前々から確定されているわけではない。分岐点ではあらゆる可能性があり、どの可能性を選ぶかによって、その後の歴史の方向は大きく変わる。現実には一つの可能性しか実現されないが、歴史の進む方向は、その時その時の分岐点では一つだけではない。

歴史のあらゆる時点で偶然が大きな働きをしているとすれば、歴史は非決定的に動いていくことになる。どの出来事も他のすべての出来事との連関によってその方向を決定するから、未来は非決定的であり、それがどのような構造をつくるかは、確定的ではない。歴史は、無数の出来事の相互作用から自発的に新しいものを創造していく不断の過程である。決定論はこの自発性をつかむことができないため、歴史の次の段階に創発してくる新しいものを予測することができない。

歴史の流れは不可逆である。歴史は、人生同様、逆戻りすることも、繰り返すことも、やり直すことも、取り返すこともできないものである。歴史がどこまでも創造的である以上、歴史現象は再現されることのない一回きりの現象である。無数の原因や条件から思いがけないものが創発してくることを考えれば、歴史は、二度と同じことを繰り返すことはない。

歴史は選択と選択の連続であり、偶然と偶然の累積である。その偶然が、歴史に消し去ることのできない影響を残す。偶然こそ、歴史的不可逆性と一回性を引き起こす。歴史的事実は、過去において作用した無数の出来事の複雑な絡み合いと偶然の競合の結果であり、それ自身は一回的なものである。

歴史は、法則から外れた例外的偶然事や違った系列の偶然の出会い、別様でもありえた偶然の選択などによって、掻き乱されていく。しかし、それこそ、歴史の生成変化と創造的進化を引き起こす原動力である。偶然は歴史の生命である。歴史は偶然によって一変する。

もともと存在そのものが偶然である。出来事が生起し、今このように在ることとそのことが偶然である。歴史は、そのような偶然によって貫かれている。

歴史は、創造と破壊を繰り返しながら飛躍する。歴史においてエポック（画期）をなす革命や戦争は、そのような非連続的飛躍の契機である。それは飛躍だから、規則的に起きるものではなく、不規則的に起きる。そこでは、歴史は、それ以前の段階を組み込みながらも、それを超克して、新しい構造や形態を創発していく。それとともに、新しい法則やルールが創造される。歴史は、自己の中から自己でない自己を生み出し、自己自身を超出する力をもっている。

歴史においては、多くの要素の相互作用から、新たな特性や形態、より複雑な構造や機能が、ごく短い期間で、自発的に、そして急激に創発してくる。それは、多くの場合、連続的変化ではなく、非連続的な飛躍によってなされる。

歴史は絶え間ない流れのうちにある。歴史は間断なく変化しながら、瞬時もとどまることなく流動していく。変転していく定めなさ、それが歴史である。しかも、その歴史の流れは、途切れることなく何ものかを創造しようとする流れである。日に日に新しく創造されていく過程の中で、飛躍が行なわれる。

歴史は、変わるものと変わらないもの、新しいものと古いものの対立を同時に含んでいるが、矛盾対立を含むがゆえに生成していくのが歴史である。矛盾は、あらゆる運動と発展の根源である。矛盾を含むかぎり、歴史は命を保つ。

歴史の時間は絶えざる創造の時間であり、非決定的な時間である。各瞬間ごとに新たな世界が生まれている。歴史的出来事は、瞬間において発生する火花である。過去と未来は、この現在の瞬間において接触する。現在は、過去を含み未来を孕むと言われるが、過去から未来への推移には、瞬間の断絶がある。

歴史家が、ある時代やある事件のまとまった像を描きあげるには、事実の海から、それに必要なものだけを選び、他を省略する必要がある。われわれが読んでいる歴史は事実に基づいてはいても、実際には、歴史家の手によって多くの選択がなされてできた歴史である。選択のしかたによって、歴史像は変わる。歴史家は、自分なりの価値判断に従って、多くの史料から重要と思うものを選び、重要でないものを捨てる。そこには、否応なく、歴史家の主観的な価値観が入り込んでくる。

歴史家は、選択し解釈することによって、歴史家であることができる。事実は語らず、語るのは歴史家である。歴史家は、自分自身では経験しなかった事実を、多くの推測を用いて再構成する。歴史的事実は、歴史家によって物語られたものである。

歴史においては、叙述されるものと叙述するものを分けることができない。もともと、歴史的史料そのものの中に、すでに、史料によって語られる歴史的事実と、それを通して語る記述者とが、同時に重なり合って含まれている。さらに、その史料を用いて語られる歴史叙述の中にも、叙述されるものと叙述するものが同時に重なり合って含まれている。事実と記述は互いに重なり合って、歴史をつくるのである。

歴史は、過去・現在・未来の映し合いである。過去は現在に流れ込み、現在は未来に流れ込むが、逆に、未来は現在に反映し、現在は過去に反映する。未来への関心は、現在において、過去への関心と接続されている。

歴史事実は一つの経験なのである。過去を想起するということは、現在の経験の中に過去を蘇らせることである。その想起の中には、過去も現在も未来も含まれている。現在は過去に働きかけ、過去は現在に働きかけ、両者とも、螺旋的に未来に向かっていく。そして、絶えず歴史を形成していく。歴史を認識しながら歴史を形成しながら歴史を認識していくのがわれわれなのである。

歴史学もそれ自身歴史の中の出来事であり、歴史の内部に息づき、歴史をつくっている。歴史解釈者は歴史の傍観者ではなく、歴史の中で歴史を解釈することによって、歴史に参画している。解釈者は、解釈によって行為しているのである。歴史学は、いわば歴史自身の自己観察なのである。

歴史記述も、歴史家が歴史的事実をどう処理するかによって、どのような物語にでもなりうる。素材をどう料理するかは、歴史家に任されている。歴史家は事実を作り変えて、物語にする。こうして、物語としての歴史は、歴史的事実とは異なるものとなる。しかし、そういう物語がなければ、出来事に意味を与えることもできず、歴史を認識することもできない。

われわれは、歴史の中にあって歴史を観測する歴史内観測者である。歴史を歴史の内から見ること、歴史内観測なくして、歴史をとらえることはできない。歴史を歴史の外から見ることはできない。

歴史を歴史の外から客観的に認識することができると考え、歴史の必然的法則を打ち立てようとしたところに、近代の歴史哲学の誤りがあった。その近代の歴史哲学も近代という時代の産物にすぎなかったように、たとえ歴史を歴史の外から見ようとしても、それ自身がまた歴史の中に組み込まれてしまう。

われわれは、歴史の内にあって歴史を観測しているのだから、観測するという行為は、観測される歴史の性質を変える。観測は一つの行為であり、その観測は歴史内で行なわれているために、歴史において観測を行なおうとすると、それ自身が歴史に反映してしまう。観測者を抜きにして、歴史事実は確定できない。

行為は歴史を開く。歴史は、ただ単に眺められるのではなく、生きられねばならない。生きるということは、ある一定の状況の中に行為を投げ入れ、状況をつくっていくということである。行為し活動することが、生きるということである。行為して活動する人間によって、歴史はつくられていく。

その意味では、状況を切り開き、状況を変革していく行為こそ、歴史を動かす行為として評価しなければならない。行為によって状況は打開され、時代は開拓されていく。だから、時代の流れに抗して、その流れを転換していく行為を、歴史を動かす積極面に位置づけねばならない。

自己の可能性に向けて自己自身を投げ出すという行為が、歴史に対する問いかけを呼び起こし、それが歴史理解となる。われわれは、行為することによって理解し、理解することによって行為する。われわれは、前に向かって生き、後ろに向かって理解する。

われわれは、日々、歴史のただ中を生きている。われわれは、歴史の中で行為しながら、歴史を形成している。誰も歴史の外にとどまることはできない。われわれは、歴史の中にいて歴史を動かす歴史内行為者である。歴史の単なる傍観者ではない。

歴史は、絶えず新しい創造に向かって生成発展していく。だからこそ、状況に変化を起こし、事態を切り開き、まったく新たなものをつくり出す創造的行為を評価しなければならない。歴史は、ひとりでに変化していくのではなく、個々人の苦闘を通して形成されていくものなのである。

歴史は、歴史法則に支配されてはいない。人間は、行為によって、歴史法則を破る自由をもっている。法則を破る自由な行為が、歴史を新しく形成していく。歴史がすでにつくられていることに注目すれば、そこに必然と運命があると言わねばならないが、歴史をつくっていくことができることに注目すれば、そこに自由の地平が開かれてくる。

われわれは、必然と自由との戦いを通して、未来を開拓していくのである。

為すことは成ることであり、為すことなくして成ることはない。生成の中に行為があるとともに、行為の中に生成がある。

倫理について

無限の相互連関性からなる人間の社会は、常に変化する流動であり、生成である。それは、多くの相互作用によって常に動いてやまない生成する世界である。社会の各部分、各要素は絶えず動いており、その動きが全体に広がり、社会は絶えず変化し流動していく。

われわれの社会は、秩序ある状態と混沌とした状態の狭間にあって変動している。というより、秩序と混沌の狭間にあるとき、社会は変動する。この変動の過程では、いつも、秩序と混沌が混在している。秩序から混沌へ、混沌から秩序への二つの動きが相交わって、社会は変動している。

社会の秩序崩壊にしても、秩序形成にしても、どちらも、諸要素の相互連関性の場に個人の行為が投げ込まれることによって起きてくる。ある一人の個人の行為が、重々無尽の相互連関性の場で、次々と他に影響を及ぼし、それが相乗的に作用して、社会の自己形成は起きてくる。

行為は関係によって規定されるとともに、関係は行為によって規定される。社会の変化と創造は、この行為と関係の相互限定から生じる。この点に注目するなら、関係に合わせて行なわれる行為ばかりでなく、関係から逸れて、逆に関係を動かす行為も考えなければならない。そのことによって、関係の変動は起きるのである。関係によって行為が変わるだけでなく、行為によっても関係が変わる。

行為の意味は、行為が置かれる連関性によって絶えず変換されていく。ある動作がある行為を意味するということは、必ずしも一義的に決まることではない。同じ行為であっても、同じ意味を表わすとは限らない。投げ込まれる場や関係に応じて、行為の意味は常に変動するのである。行為の意味は関係によって決定されるのであり、自己の側にも、他者の側にも、還元することはできない。

行為と関係の相互限定関係から、社会の生成は起きてくる。その意味では、社会の生成・変化にとって、相互連関性における個人の行為は不可欠である。相互連関性における個人の行為は、どんなにささやかなものでも、その相互連関性を変化させていく。相互連関性における行為こそ、社会の変動をもたらすのである。

われわれの行為は、社会の生成変化を行為しているのであり、大きくは、世界の生成に参加しているのである。

行為が投げ出される場は、諸要素の相互連関によって成り立っているから、一つの要素のわずかな動きも、全体に波及して、全体の変動を呼び起こす。かくて、状況は刻々と変わっていく。相互連関の場は、常に変化し、片時も同じであることはないから、そこに投げ出される行為の意味や価値も、場の変化に応じて絶えず変動する。

行為は無限の相互連関性の中にあり、その中で、評価され、意味づけられる。だから、行為が投げ出される場や状況を考慮しなければ、それがどのような意味をもつ行為かということが決定できない。

投げ出された行為は、相互連関性の世界の中に組み込まれ、現実化する。ここでは、私の行為は、私を離れて、もはや、私のものではない事実となる。私の行為は、相互連関性の中で、多くの他者によって、それぞれの視野から解釈され、あるいは称賛され、あるいは誤解され、あるいは批判され、あるいは糾弾されて、事実として一人歩きしていく。われわれの行為は、現実の障害にぶつかり、偶然事や運命的事柄に翻弄され、多くの他者に別様に理解されながら事実化していく。

われわれの行為は、状況や時代、さらに自然万物の大きな流れに支えられている。しかし、それは、また、そのような場でわれわれが行為するということと別物ではない。生成の中に行為があると同時に、行為が生成を起こす。生成によって行為はあると同時に、行為によって生成は起きる。

この世界は絶えざる変化であり、生成である。われわれは生成の中にあり、生成を行為しているのである。

相互連関性の場は、そこに投げ出されるわれわれの行為によっても変動し、その変動とともに、われわれがもつ価値の表も変動する。そのため、われわれの行為の価値は、変動する連関性とともに、絶えず変動する。

われわれは、ものごとが相互に連関した複雑な状況のもとに、一つの行為を投げ出す。一つの行為をそのような場に投げ出すということは、現実の状況とそこでの規則に身を委ねることである。それは一つの冒険であって、どのような結果が生じるかは分からない。意志し意図し企図した通りの結果になるとは限らない。

行為によって状況は打開され、社会は変革され、時代は切り開かれていく。だから、状況に適合していく行為だけでなく、逆に、状況をつくっていく行為にも注目しなければならない。

生成こそ価値の源泉である。常に変転し常に創造する活動性こそ、価値の源泉でなければならない。

われわれは、生成変化する世界において行為しているとともに、このわれわれの行為によって、世界の生成変化そのものが起きてくる。行為のあるべきあり方も、生成の世界においてとらえねばならない。

生成する宇宙にあっては、善悪の区別はなくなる。人間の本性が生成する宇宙にその根源をもっているとするなら、そこには善も悪も存在しない。生成する宇宙の根源は善悪の彼岸にある。むしろ、相対的な善と悪はこの根源から派生してくるものだと言うべきであろう。

宇宙の限りない創造活動の表現として、われわれの行為がある。われわれの行為は、単におのれ一個の意志だけから成し遂げられるのではなく、生成変化する社会や自然や宇宙そのものの支えがあって成り立つ。行為の価値の源泉も、最終的には、この生成変化する宇宙の根源に求めねばならない。

流れに任す行為と、流れを起こす行為は、一つにならねばならない。流れを起こす行為が流れの中にあり、流れに任す行為が流れを起こす。生成の中に行為があるとともに、行為の中に生成がある。

芸術について

芸術は、神々を祀る祭祀から始まり、祝祭から生み出されてくる。古代にしても、中世にしても、絵画や彫刻など、芸術作品そのものがこのような祭式から生み出されるとともに、その芸術作品自身が、神々への奉納品として、祝祭的意味をもっていた。芸術作品を祝祭空間が取り囲み、その祝祭空間はより大きな宇宙観に支えられていたのである。

芸術作品は宇宙的なものの表現であり、宇宙的なものの顕現でなければならない。われわれは、それを通して宇宙創世の力に与り、宇宙万物と一つになる。

芸術の表現行為そのものが、宇宙の命の顕現でもある。行為することなくして、宇宙の真生命は働き出てこない。行為は宇宙の働きであり、宇宙の働きは、行為を通して現われる。芸術という表現行為それ自身が、すでに宇宙の真理の中で行なわれている。

創作には、芸術家の意思や意図を超えた力が加わっている。芸術家は、いわば宇宙の創造力に助けられて創作している。宇宙的力が芸術家を通して作品を作らせているとも言える。その意味では、芸術家の創作それ自身が、宇宙の形成作用の一環の中にある。植物や動物の形がそうであるように、芸術家の生み出す形も宇宙の命の表現なのである。

芸術作品は大いなるものの象徴であり、大いなるものの顕現である。われわれは、それを通して大いなるものとつながり、大いなるものに帰一する。

花にこそ春は宿るように、一つの芸術作品は根源的生命の象徴として現われる出るものであり、いわば宇宙生命の表現である。花が咲いて春は到来し、花の中に春が咲く。花の中に春を描く、それが芸術なのである。

芸術は、物のリアリティの表現であり、物の生命の表現である。万物は移ろい行き、同じ所にとどまらない。生成変化であり、流動である。芸術は、この生命を表現する。

どんな芸術でも、最後は、天地に通じる根源的なものの表現でなければならない。目に見えない世界を目に見えるものとして表現すること、それが芸術である。芸術に感動があり、カタルシスというものがあるのも、芸術作品を取り囲む世界に、その芸術作品以上の目に見えない世界があるからである。

芸術のつくりだす空間は、確かに、日常の現実生活からみれば仮想の空間であり、虚構の世界である。しかし、人間は、そのような幻想の空間、虚構の世界なくして生きていけない。しかも、その幻想、虚構が現実以上に実在的だというところに、芸術の真実がある。虚こそ実を表わすのである。

この世界に現われるものは生成消滅を繰り返す。しかし、その生成消滅それ自身が宇宙の命の働きである。春、花が咲き、秋、木の葉が散ること、そのことが、そのまま真理の現われである。芸術は、この存在の真理を表現する。

芸術は、物の真理の表現であり、認識でなければならない。表現そのもののうちに主観を越えた真理が現われ出ているもの、それが偉大な芸術である。主観でも客観でもない真理の表現が芸術である。

芸術制作は、一つの表現活動である。それは、存在の本質の再現であり、現前化である。芸術は、物のリアリティを形や像として表わし、存在の真実を表現する。表現するとは、存在の真理をあらわにすることであり、明るみに出すことである。そのとき、存在の真理が生起し姿を現わす。そして、そのとき、真理は再認識される。宗教も哲学もそこから出てくる存在の根源、それが芸術の根源でもある。

芸術は再現であり、再提示であり、再現前化である。再現することによって、物の本質は眼前に現われ出てくる。再現前化による真実の表現と認識、それが芸術である。真に迫る巧みな描写とは、物がその本質において抽出されているものをいう。

芸術の営みは、象徴となる形象の中に無限なものを表現することである。シンボルを創造できれば、象徴的手法による認識は、製作者を越えて、それ以上のものを表現することができる。目に見える一つ一つの形象に、目に見えないものを表わし出すことができる。

あらゆる出来事の結節点のところに創発してくるものが、創作と言われるものである。その創発の瞬間は、過去のあらゆる出来事を含んでいるとともに、次の新しい創造を含んでいる。芸術作品の創作は、あらゆる出来事の出会いから現われ出てくる一回限りの歴史なのである。表現とは、そういう生起をいう。その意味で、一つの芸術作品にはあらゆるものが参加している。一の中に一切が集約されて生起してくるもの、それが芸術作品である。

芸術は、もともと単なる個人の作品ではなかった。芸術は世界に開かれている。芸術作品は、本来、生成途上にあり、未完成である。芸術は不断の活動であり、刻々と流転してやまない世界を象徴している。

形は変化する。刻一刻として同じ形であるものはない。常に変化する形、それが命である。すべては、流れゆく水のように、無限な流動から新しい形を創り、また別の形に変わっていく。世界は、流動的なものである。形は生命である。生み出されつつ生み出すもの、それが形である。形の中には生成と消滅が同時に含まれている。この生成する形の一瞬をとらえて、これを形象化するとともに、その中に永遠なものを表現する、それが造形芸術のなそうとするところである。

自然は無限の形成力であり、その創造力は極まりなく、宇宙誕生以来のあらゆる造形の試みがなされている。そして、それを、芸術家は、時間的にも空間的にも形として再現前化してきた。芸術の造形の源泉も、芸術家の創造力の源泉も、自然の中にある。自然も、芸術も、自ら創造されるとともに創造し、形成されるとともに形成する。世界の内にもう一つの世界を創造する力、それが芸術である。

何ものかを描こうとする衝動は、行為そのものである。もはや単なる主観ではない。この創作行為には、単なる芸術家の意思や意図を越えた大きな力が加わっていると言わねばならない。芸術家は、いわば宇宙の創造力に駆り立てられるように創作しているのである。芸術の根底にあって、それを推進し動かしているのは、むしろ、大自然の創造意欲なのではないか。

芸術家は、世界の中で世界を再現する。世界は、芸術家の制作行為を通して再創造され、再現される。世界は、芸術家という役者によって絶えず再創造され、再現されている劇である。芸術家は、世界の中にあって世界を映す世界の鏡なのである。

芸術家は、素材に形を与え、物質を変貌させて、新しい形を作り出す。この面から言えば、芸術は技術である。生物も、物質を素材として自らの形態を創造し続けてきたが、人間の技術や芸術も、その延長上での働きであろう。芸術家も、それ自身、その創作活動を通して、大きく言えば、宇宙の創造に参加しているのである。芸術家が作品を創作するということは、新しい形を生み出すことであり、創造するということなのである。

画家は、小さなキャンバスに山や木、水や石、動物や人を描くことによって、いわば新しい天地創造に臨んでいる。芸術作品の創造は、一つ一つが新たな出来事なのである。芸術は世界の再創造なのである。芸術家の創造の喜びは再創造の喜びである。

芸術は、自然が創り出す形を再現前化する。芸術は作品となって現われ、自然そのものを一層明瞭化し、自然の本質を開示する。自然は、人間の創造活動の原点であり、形を生み出す原型である。

芸術は表現である。芸術は存在の再現であり、再現前化である。芸術の表現行為によって、森羅万象は再び意味をもってくる。造形という行為を行なってこそ、宇宙の働きは現われ出てくる。芸術とは、そういう行為なのである。芸術の創造と宇宙の創造はつながっている。

画家は、描きながら見、見ながら描く。身体行為を通して見るのである。作ることが見ることである。制作することによって、物が迫ってくる。制作とは、活動の過程から現われ出てくる物の本質を表現することなのである。はじめに行為がある。

芸術は、趣味でもなければ、快不快の感情でもなく、認識である。それは、表現を通しての認識である。身体を通して制作するということ、対象と格闘し、素材の制限を受けつつ創作することによって、認識は得られる。制作しつつ物を見る、作りつつ見ることこそ、芸術の本質なのである。

無私な目で、突然そこに見出したもの、その瞬間われわれは感動を覚える。その感動の一瞬、いわば〈もののあはれ〉を感じた一瞬、そこから歌が生まれ、絵が生まれ、音楽が生まれてくる。それが直接経験である。芸術は、そういう直接経験の表現なのである。

直接経験のもとでは、主観的なものと客観的なものとの区別はなく、対象と自己は隔てられていない。「ああ美しい」と思う詠嘆や感動も、主客の出会いから生まれてくる出来事であって、単なる主観でも、単なる客観でもない。

表現は身体行為を出発点にしている。どんな芸術でも、制作しなければ表現はありえない。そして、制作には身体を必要とする。身体を通して表現すること、それが芸術である。そして、芸術家が自らの技を尽くすところに、世界のリアリティは現われてくる。

感動すること、それは、能動と受動の呼応するところに生起してくる出来事である。表現の源泉である深い感動は、それ自身は主観でも客観でもない根源、能動的で同時に受動的な直接経験からわき出てくるものなのである。

芸術家が、身体とその延長である道具を通して、対象の中に自分自身を投げ込むとき、対象の方からも応答してくる。この能動的受動、主観的なものと客観的なものの呼応のところに、表現は成立する。芸術は、主客が分かれないところから生まれてくるのだから、芸術は、主観主義からも客観主義からもとらえることはできない。主観と客観の出会いにこそ、生命の根源はある。その生命の営みが芸術なのである。

一つの芸術作品は、気候や風土や素材など自然の条件、季節や時刻や置かれる場所など時間・空間、それ以前の古典的作品や古代から現代までのあらゆる地域の文化など、多くの出来事の参加によって出現してくる出来事であり、その中には世界の生成過程そのものが集約されている。

芸術制作は、宇宙的・歴史的・社会的生成過程の流れの中に制作という行為を投入して、それに参加することである。そして、そこからおのずと現われ出るものを表現する世界内行為、それが表現という行為である。存在は所有ではなく、参加である。存在は、参加することによって生成してくる。

芸術作品は後の時代に開かれており、その成立には、後の人々も参加している。また、一つの作品を異なった文化圏の文脈の中へ移し入れるためにも、新しい解釈が必要である。演奏や上演、翻訳や批評は、そういう別の時や場所に作品を置き換える働きである。そこには解釈変えがあり、意味変換作業があり、再創造がある。

特に、古典的な作品は何度も再創造されていく。時代は変わっていくから、常に新たな理解がなされることによって、その時代と古典の間の緊張関係が埋め合わされていく。現在の経験に向かって意味を解き明かすためには、解釈と理解という再創造的作業が必要である。

芸術作品は、作者と鑑賞者の相関関係の中から生起してくる出来事である。その意味では、芸術作品は、作者のみによって作られるものではなく、鑑賞者の作るものでもある。芸術作品の価値が鑑賞者の違いによって様々に変化するのも、このことによる。鑑賞者の鑑賞という働きは、新たに意味を作り出す創造的な活動である。鑑賞は一つの行為であり、作品への積極的参加である。

同じ作品でも、それを演じる演奏者や上演者、それを見る鑑賞者の視点の違いによって、異なった相で立ち現われてくる。また、一人の受容者に限っても、探究すればするほど視野が変わっていくから、作品は、それに応じた多様な様相を見せる。一つの作品は、無数の異なった視点から眺められることによって、無数の見えが現われてくる。一は多として現われ、多によって映されるのである。

芸術作品においては、一般に、見られるものと見るものは分離することができない。芸術作品は、表現者をも鑑賞者をも映し出す鏡なのである。表現者も鑑賞者も、作品という鏡に自己を映し出して、自己自身を知る。見るものも見られるものもそこに参加し、互いが自己を発見する鏡、それが芸術作品なのである。

作品の意味や価値はそれ自身によって決まるのではなく、それが置かれる諸関係、時や所、機会や鑑賞者によって規定される。作品の意味や価値は、場の変化とともに変化するから、一義的には決まらない。作品の置かれる場や連関、文脈や時代が、むしろ意味や価値の源泉なのである。

宗教について（1）

宗教は、大いなるものへの畏怖に源泉をもつ。万物に宿る宇宙の不思議な力への畏怖こそ、宗教の本質である。天地に宿る自然万物は偉大な力をもち、その偉大な力によって、人間に豊かな恵みを授けてくれると同時に、恐ろしい猛威も振るった。この大自然の力の前で、人間は無力であった。人々は、この大いなる自然の力を恐れ、大自然の人智を越えた力に畏怖の念を懐いたのである。

宗教とは、大いなるものへの畏怖と帰一、他ならぬ宇宙生命への畏怖と帰一の感情である。

大地の霊力、生命力は、大地から出て、あらゆる生きものの中を通って大地に帰り、これが永遠に繰り返される。この生命の永遠回帰、永遠の循環こそ、原初の人々が信じて疑わなかったことであった。この世界に存在するものがどんなに変転しようとも、宇宙の目に見えない生命力は果てしない循環の中で保存される。

生と死をはじめとして、人間のすべての営みは、宇宙の循環の中で営まれる。人間が人間として大地に立ったとき以来、諸儀礼は、人間の生そのものが宇宙秩序の中にあり、宇宙秩序が人間の生そのものの中に宿っているということを表現してきた。

宗教について（2）

死の自覚を通して、あらゆる存在の時間性、有限性、虚無性が自覚され、世界そのものが一つの問いと化したとき、われわれは、自己自身と世界のより根源的な根拠を求める。宗教が生まれ出てくるのは、このような場面においてである。死の自覚がなかったなら、宗教は生み出されなかったであろう。

人生は、また、常に何かを求めながら、それが得られない苦に満ちている。このとき、われわれは、自分自身の人生を重荷と感じる。さらに、自分の力ではどうすることもできない無力感に襲われ、悩まされる。人間存在の負荷性の自覚も、また、そこを超えて、絶対の自由と永遠なる生を求める宗教心の湧き出てくる源泉である。

解脱とか悟りと言えば、自己の努力や自力の行によって、煩悩の渦巻くこの世の自己を乗り越えて、一切の煩悩が消えた彼岸に到達することだと受け取られがちであるが、しかし、真の解脱や悟りはそのようなものではない。真の解脱や悟りは、煩悩の渦巻くこの世の自己をそのままにして、より大きな世界におのずと生かされることでなければならない。

生も死も、宇宙の根源的生命の場に生かされて一つである。生は宇宙の根源的生命からの現われであり、死はそこへの帰還であって、この根源的場では、生死は一つである。自己は、生においても、死においても、この大いなる真生命に生かされ、その働きを働く。生も死も、それ自身が宇宙の真生命の働きである。

どの宗教も、宇宙の根源的力への依存を表明している。だが、宇宙の根源的力は目に見えるものでもなく、形あるものでもない。それでいて、それは万物を生み出し、われわれを内から支えている偉大な力である。宗教とは、この宇宙の根源的力に、われわれが全面的に依存しているということへの自覚である。

この宇宙に存在するすべての個体は、大宇宙を映す小宇宙である。万物は宇宙の中に働き出ているとともに、宇宙は万物の中に働き出ている。万物は宇宙の命の表現であり、宇宙の根源的生命の活動である。

宇宙の根源的生命は無限の活動であり、不断の創造であり、永遠の生成である。それは、相互に連関する無限の事象として表現される。

われわれは、無始無終の無限の時の流れのほんの一息のような短い時の中に生まれ、行為し、そして、死す。しかし、それでも、われわれは、時の中で行為し、時をむしろ形成している。死ぬことさえも一つの行為であり、時の流れを変えている。時はそこにあるのではなく、行為によって形成されるのである。

宇宙の中に存在するあらゆる個体は、それ自身、常に運動し、変化し、行動し、行為することによって、生成変化する大宇宙を表現する。人間の行為も、常に生成流転する大なる宇宙の働きの表現である。われわれは、行為することによって、宇宙の自己形成に参与している。宗教の実践行為、つまり行は、このことを象徴的に表現している。

人間存在は常に生死に迷う存在であるが、その迷いそのものが、宇宙の真生命の表現である。迷いの世界の中にこそ、悟りの世界を見なければならない。宗教的世界は、迷いを包み込む世界でなければならない。解脱や悟りと言われるものは、迷いそのものから解放されることではなく、迷いそのものの中に宇宙の真生命の働きを見ることなのである。

悟りや解脱の世界は、この世での日常的生から遠く離れた彼岸にあるのではない。むしろ、この世の日常的生そのものの中にこそ、宇宙の大なる働きは働き出ている。日常的生そのものの中に帰ることが、宗教の終着点である。日常的生における一挙手一投足こそ、宇宙の表現なのである。

宗教について（3）

宗教心は、また、自己の無力や弱さの自覚から湧き出てくる。人間は、悪に走りやすく、罪に溺れやすく、煩悩に埋没する存在である。それを自覚するとき、人は自己自身の惨めさを知る。だが、このことは、人間にとって幸いである。人間が自己の無力や惨めさを自覚して、はじめて自己を超えるものに祈り、任すということが出てくるからである。このとき、自己は、自己を超える大いなるものに生かされてあることを知る。この自覚こそ宗教なのである。

世界の多くの神話が語る人間の楽園喪失の物語や堕罪の物語も、人間が世界から離反し、世界から見放されてあるということ、世界から離脱し遠ざかってしまったということの自覚を表現しているとみなければならない。神話が創造された原初において、すでに、人間は、もとの全一な世界から分離し、完全さと充足を失った存在とみられている。そして、それを、原初の人々は、罪と受け取ったのである。その意味では、人間は、罪を背負うことなくして、人間ではありえない。世界から離反することなくして、人間ではありえない。

宗教的真理は、いつも背理を含んでいる。宗教的真理が、逆説でしか表現されないのはそのためである。罪ある者こそ救われるとされるのも、一つの逆説である。しかし、逆説ゆえに、真理は語られる。罪を知る者こそ、神の愛や仏の慈悲を知ることができる。人間は常にその内に罪悪性をもっているが、それゆえにこそ救いがある。ここに、道徳的理性を超える宗教的真実がある。

われわれのこの世での生は罪悪生死の凡夫の生であるが、その有限な生そのものが無限なものに包み込まれているということを、絶対的なものへの信仰の中で自覚するとき、罪悪生死の生はそのままで永遠の生となる。

人間は、煩悩に惑い、生死に迷う存在である。人間は、煩悩や迷いに遮られて、常に真理を見ることができない。

だが、この真理の世界は、煩悩や迷いの世界の裏側に、常に存在している。煩悩生死の世界と救いの世界は、矛盾しながらも接している。煩悩に惑い生死に迷う人間は、同時に、真理の場で惑い迷っているのである。

現代は、得体の知れない盲目の意志に支配されて、どこまでも突き進み、暗い闇の中に突入していこうとしている。その潜勢力は巨大であって、それほど容易に救い出せるものではない。しかし、それでもなお、この無明によって支配されている現代も、大地へと帰還し、宇宙的生命のもとへ帰ることによって、浄化されねばならない。

現代の無明も、これまでの無明の歴史も、すべてが包まれる世界がなければならない。人間の無明の歴史は、そこから生まれ、そこへと帰る。そこでは、すべてが赦されねばならない。人間のすべての罪や悪が赦され浄化される場、宇宙の根源的生命の場は、なお働いていなければならない。

哲学入門

哲学とは何か

哲学の出発点

よく知られていますように、プラトンやアリストテレスは、哲学は〈驚き〉から始まると考えています。例えば、プラトンは、『テアイテトス』（155A）の中で、

「なぜなら、実にその驚きの情こそ哲学者の情なのだからね。つまり、哲学の始まりはこれよりほかにはないのだ。」

と言っています。また、アリストテレスも、『形而上学』（982b12）の中で次のように言っています。

「けだし、驚きによって、人間は、今日でもそうであるが、あの最初の場合にも、あのように哲学し始めたのである。」

他方、これもよく知られていますが、デカルトは、哲学は〈懐疑〉から出発すると考えています。実際、デカルトは、『方法序説』（第四部）の中で、

「いささかでも疑わしいところがあると思われそうなものはすべて絶対的に虚偽なものとしてこれを斥けていき、かくて結局において疑うべからざるものが私の確信のうちには残らぬであろうか、これを見とどけねばならぬと私は考えた。」

と言っています。

しかし、驚きや懐疑から始まるということは、哲学に限らず、すべての学問に通じることです。それは、およそ知識を求めることがそこから始まる出発点です。現に、哲学（philosophia）という言葉は、もともと、広く知識を愛求することを意味し、今日の学問分類で言いますと、人文、社会、自然のあらゆる学問を含んでいました。学問認識は、事柄に対する驚異の感情や事柄に関する知識への懐疑から出発するのです。

なるほど、自然科学では、実験的方法にしても、観察的方法にしても、帰納的方法にしても、演繹的方法にしても、それぞれの分野に応じて、真理を探究する方法は定められていて、一定の方法論が確立しています。ですから、自然科学は、哲学ほど、方法論そのものを問題にはしません。しかし、だからといって、自然科学であっても、ただ単に与えられた一定のルールに従って探究して行けば、自動的に真理が見出されるというわけのものでもありません。自然科学でも、最初にどこに疑問を懐いたかということは、一つの結果を得るための重要な出発点になります。そして、その疑問は、その最も奥深くでは、自然現象に対する深い驚異の感情に裏づけられています。自然科学の発見でも、従来の考え方への懐疑が大きければ大きいほど、また、事柄そのものへの驚異の感情が深ければ深いほど、その発見は一時代を画するような大きなパラダイム（枠組み）転換をもたらすものです。

としますと、知識を求めることは驚きや懐疑から出発するという昔からよく言われてきたことは、今日でも、哲学ばかりでなく、人文、社会、自然のすべての学問に通じるはずです。わたしたち人間の知的探究は、何事につけ、事柄に対する素朴な驚きや既成の知識への懐疑から出発して、それがいろいろな学問的認識を生み出していくのです。なかでも、哲学は、この出発点の驚きや懐疑に絶えず戻りながら、諸学問の知識を吟味し、それらを総合して、一つの世界観にまとめていこうとします。

ところで、今日のわが国の大学でも、学生たちは、少なくとも、大学で教育される学問にはほとんど白紙の状態で入学して来ます。そして、さしあたり、一般教育で諸科学の全般的な方向を広く浅く学び、その後、専門分野の研究に入っていきます。この大学での知的探究の方向は、知識を求めるという人間の営みに適《かな》ったものと言えるでしょう。知識を求めることの出発点で驚きや懐疑というものが重要な要《かなめ》になることを考えるなら、一般教育でこそ、この知識を求めることの出発点が自覚される必要があります。そして、そのあらゆる知識を求めることの出発点を伝えるのは、特に、哲学というものの役割です。その点では、一般教育でこそ哲学を活かす道はあり、哲学は不可欠だということになります。西洋でも、リベラル・アーツ（自由学芸）は哲学と深く連関していました。

さらに、今日の大学での学問体系は流動化しており、これまでの専門分化の弊害を克服することを目指して、総合化の方向に向かってもいます。人文、社会、自然という従来の学問区分の垣根を破って、さまざまの科学が、〈情報〉とか〈環境〉とか〈生命〉とか、種々の共通問題を通して学際的に接触してきていることは否定できません。このような学問の総合化の方向に哲学の果たすべき役割も大きいと思います。

よく知られていますように、もともと、哲学は、諸学問が分化してきた母体でもありました。ですから、今でも、哲学はあらゆる学問に関係しています。これだけ諸科学が細分化し、それらのもたらす情報が膨大なものになったとはいっても、それでもなお、哲学は、諸科学に共通するものを通観して、それを一つの世界像にもたらす役割を失ってはいません。諸科学が総合化の方向に向かっている現在、その流れの中から一つの世界観を構築していくことは、哲学に課せられた重要な課題です。人文、社会、自然の諸科学の最後の基盤には、なお哲学が必要です。

もちろん、一口で諸科学の総合と言っても、言うことは容易ですが、実際に実行することは容易ではありません。しかし、それでもなお、哲学には、昔から、諸学問を統一して共通の世界観を構築するという役割があったのです。この本来哲学に課された役割を忘れることなく、例えば、今日諸科学の共通項になりつつある〈情報〉〈環境〉〈生命〉などについて深く考察を重ねていけば、哲学は、その本来果たすべき役割を、一部ではあっても果たすことができるでしょう。

自己と世界、そして両者の関係を理解しようとする人間の知的営みは、人間が無自覚の世界に埋没したあり方から離脱し、世界を自己の外なるものとして自覚し、自己自身を世界の外なるものとして自覚したときから始まりました。この世界の破れとその自覚は、何よりもまず、世界と自己の内奥への驚きの感情として現われます。それが、自己と世界を理解しようとする人間の知的営みを引き起こす原動力となります。あらゆる学問は、この同じ樹の幹から分岐していきます。哲学が諸学問の統一の役割を背負っているのも、諸学問がそこから生成してくる根源的な驚きや問いに、哲学が絶えず身を置いているからです。

しかし、果たして、今日のわが国で行なわれている哲学は、このような哲学の本来の役割を果たしていると言えるでしょうか。これからさまざまの学問を追究していこうとする青年たちに、その出発点での驚異の感情を自覚させ、さらに、総合化の方向に向かっている諸科学の流れにそって、共通な世界観を見出す努力をしていると言えるでしょうか。このことができるようになるためには、何よりも、人間が人間として地上に立ったときの原初的な驚異の感情に絶えず身を置くとともに、そのことによって、諸学問の統一の方向を身をもって探究すること以外にありません。

道化の野蛮性

ところが、今日のわが国の大学の現状を見ますと、なによりもまず、大学の大衆化という現象が見られます。大学進学率の増大とともに、一般に、目的や動機が曖昧なままで、ただ皆が行くから行くというだけの平均人特有の行動様式で大学に入ってくる学生が急増しました。彼らは、学問追究でも全く受動的態度で臨み、問題意識をもたず、自ら追究していく意欲に欠けています。彼らにとっての関心は、多くの場合、短いモラトリアムの期間、いかに人生を謳歌して生きていくかということに向けられています。真剣な関心と言えば、せいぜい成績の可否と就職程度のことです。卒業や就職に有利か不利かというだけで動き、それ以上のものを自分自身で追究しようとは必ずしもしません。このように、生の謳歌と人生への実利主義的な態度が支配しているところでは、人間と自然の本質に深く思いを馳せ、世界の根源について深く思索しようとする哲学など必要としないように思われます。

もっとも、単なる生の謳歌と人生への実利主義的な態度だけでは、人生に伴う不安は解消しません。何とはなしの不安の解消を保証し、安上がりな救いを約束する新宗教や新新宗教が若者の心を時にとらえたりするのは、そのためでしょう。しかし、これは、ものごとを深く思考するのではなく、手っとり早く思考停止してしまうことにほかなりません。ここでも、持続ある思考を要求する哲学は必要ないように思われます。〈ものごとを深く考える〉〈哲学する〉ということは、どこまでも、事柄に対する最初の驚きの感情を持続し、すでにある知識に対して懐疑を重ねながら、深く思考し続けようとすることでなければなりません。

このような時代に、いくらか哲学らしきものが流行するとすれば、それは、この大衆化した社会に適合した間に合わせの思想だけです。ここでは、単なる世代感覚の代弁に過ぎない思想や、その時々の単なる風潮や流行の代弁にすぎない思想などがもてはやされます。しかし、このような傾向は、プラトンが『ゴルギアス』（463A 以下）の中で繰り返し言っていますように、単なる〈迎合〉にすぎません。ただ、大衆の言って欲しそうなことを、気の利いた言葉で言うだけにすぎません。現に、プラトンは、弁論術について次のように言っています。

「いずれも、何が最善かということにはすこしも意を用いず、ただ、そのときそのときにできるだけ快い思いをさせることによって、無知な連中の心をつかみ、彼らをあざむいて、いかにも大したものであるかのごとく思わせているのです。」（464D）

このような傾向がはびこるとき、本来展開されねばならない哲学の営みは、大衆化の大波をこうむって、底無しに引き下げられ低落していきます。勢い、このようなところで演じられる思想は、その時々に流行してはすぐさま廃れていくファッションにすぎなくなります。そこで思想らしきものを語る者は、流行のファッションを身につけて歩いて見せる単なる道化と化してしまいます。哲学者もタレント化してしまうのです。しかし、このような道化の野蛮性が横行するのが、大衆化時代の行き着く先なのです。ここでは、コマーシャリズムの波に乗せられて、おびただしい数の思想がたやすく生産されると同時にたやすく消費され、使い捨てられていきます。

専門化の野蛮性

今日の学問の現状のもう一つの特徴は、従来から言われていることですが、学問の細分化という現象です。確かに、最近では、この細分化の弊害を克服するために、諸科学の総合化の流れが起きています。しかし、それでも、学問の細分化による全体像の喪失という弊害は、今日でもなお根強く残存しています。本来総合の学であり、諸学問の統一を目指さねばならなかった哲学も、また、その例外ではありません。今日、わが国で行なわれている哲学研究は、多くの場合、過去の偉大な哲学者の文献の注釈や解釈、再構成や解説に終始し、それを講じていさえすれば、少なくとも哲学していると思われています。

しかし、このように哲学が専門化し、文献学化して、哲学者が単なる専門家になってしまうとき、哲学の頽落《たいらく》は始まります。過去の哲学者の文献へのこだわりは、それが行き過ぎると、やがて、事柄そのものの追究よりも、文献そのものの追究が重んじられる結果を招いてしまいます。そして、哲学が本来追究しなければならなかった事柄そのものの追究は忘れられていきます。事柄そのものについて自分自身がどのように考えるかということよりも、過去の哲学者がどう考えたかということだけが重んじられるようになってしまうのです。過去の偉大な哲学者自身は、文献研究よりも、何よりも事柄そのものを全人格をかけて追究しようとしたのにです。

ここでは、当の研究者がどう考えるかということは免除され、研究者は、ただ、過去の偉大な哲学者の思想を繰り返すか、再現するか、せいぜい適当に脚色して演奏していればよいことになります。ニーチェが『ツァラトゥストラはこう語った』(第一部一二) で言っていることですが、これは、他人の創造物なら何でも上手に演じる俳優の仕事にすぎません。このような俳優的な仕事の中でも、一種の思考停止が起きます。哲学するということは、とりもなおさず、事柄そのものに関して自ら深く考えることにほかなりませんが、この持続ある思考が、専門的な文献研究に埋没している間に、知らず知らずのうちに放棄されてしまうのです。ニーチェは、『ツァラトゥストラはこう語った』(第二部一六) の中で、このような学者の仕事をクルミ割りにたとえ、労多くして、それでいて獲得できる中身の少ない作業とみ、さらに、あらゆる複雑な縫い方を心得てはいるが、せいぜい靴下ぐらいしか編み出せないような仕事だとみています。彼らは、他人の思想という穀物を細かく砕く術を知ってはいるが、しかし、自分でそれを生み出そうとはしないと、ニーチェは言っているのです。

その結果、度を過ぎた文献への埋没は、過去の哲学者の頭でしか考えられない研究者を大量に生産することになり、本来の創造的哲学の生まれくる場を奪ってしまいます。哲学が単なる文献学に堕し、単なる哲学史研究に終始してしまうとき、哲学の創造性は失われます。哲学が細かな文献解釈に終始し、もはや大きな世界観や人間観を提出しえなくなるからです。実際、第二次大戦後のわが国では、哲学が大きな世界観や人間観の提出を怠っているうちに、逆に、経験科学の方法を駆使した社会学や心理学や人類学から、新しい世界観や人間観が提出されてきた傾向は否定できません。社会学や心理学や人類学が、哲学の代理を果たしたのです。これは、哲学の怠慢だったと言わねばなりません。オルテガは、『大衆の反逆』(第一部12) の中で、現代の科学者が自己の専門分野のことについてはよく知っているが、他のことについては知らないことをむしろ美徳とすることによって、専門化の野蛮性に陥ってしまう危険性を指摘しています。ところが、本来は総合の学であったはずの哲学までもが、この野蛮性に埋没してしまったのです。

無知に帰れ

大衆化と専門化という現代社会の大波から、哲学も逃れられてはいません。一方では、大衆化の波に呑《の》まれ、哲学がファッション化するとともに、他方では、専門分化の弊害に陥り、哲学が単なる文献学に堕して、世界の全体像が見失われてきています。今日の哲学に最も必要なことは、この道化の野蛮性と専門化の野蛮性という二つの堕落方向を克服することです。そして、哲学がそこから始まり、過去の偉大な哲学者もそこから出発した事柄そのものへの驚きの感情へと帰り、そこからもう一度、自分の思索を始めるのでなければなりません。つまり、真に哲学するのでなければなりません。デカルトにしても、ニーチェにしても、当時の学校哲学や文献学への懐疑から、自己の哲学を始めたのです。

今日の哲学が陥っている二つの頽落傾向を克服するためには、何よりも哲学研究者自身が哲学の出発点に帰って、自ら哲学する必要があります。自ら哲学する哲学者が少なくなったことこそ、哲学の存在理由を危うくするものではないでしょうか。哲学することは、時代や社会から全く超絶したことではなく、時代や社会の中で哲学者自身が生きているということと深く結びついています。もちろん、単なる時代迎合になってしまってはいけませんが、時代や社会との緊張関係を保ちながら、真に哲学することはなされねばならないことだと思います。

歴史があまりにも長くなりすぎ、過去の人々の考えをあまりにも多く知りすぎたことは、かえって、哲学がそこから出発した人間の本来的無知を忘却させてしまいます。ニーチェが、『生に対する歴史の利害について』（一〜三）の中で、骨董学的な歴史探究がかえって生命ある創造性を失わせてしまうことを指摘し、逆に、過去の〈忘却〉を奨励しさえしたのは、このことを自覚してのことだったのでしょう。

人間はなお事柄の本質についてはよく知っていないということ、つまり、本来的無知の状態に帰って、そこから再び知恵を求めていくのでなければなりません。ソクラテスは、とりもなおさず、このことを指示していました。よく言われますように、哲学は哲学すること以外にありえません。わたしたちは、過去の偉大な哲学者の思想をも踏み台にして、事柄への新鮮な驚きの感情に立ち返り、自分で考え、懐疑し、世界と人間の根源的真理について深く思索するのでなければなりません。

輸入哲学からの脱却

しかし、もう一つ、わが国独自の問題が残されています。わが国では、明治以来、西洋化の流れとともに、哲学でも、西洋哲学が主流を占めたために、哲学は、一般に、西洋哲学の翻訳や解説、解釈に終始してきた面は見逃すことができません。もちろん、その間、西洋哲学の論理や方法を深く会得しながら、独自の哲学を打ち立てたすぐれた哲学者が出てこなかったわけではありません。しかし、それでもなお、一般に、わが国の大学で講じられてきた哲学が西洋哲学の輸入に堕していた傾向は否定できません。

わが国の大学で哲学を講じてきた研究者は、大概、西洋の偉大な哲学者を一人か二人専攻し、その思想の解説や普及、解釈や再構成をしていれば、ひとかどの哲学者ででもあるかのように、その地位を保つことができました。わたしどもが、一応哲学している形をとれているのは、自分が専門とする西洋の特定の哲学者のことを知り、その思想を解説しているからです。ちょうど太陽の光でようやく輝く月のように、わたしどもは、自分の専攻する西洋の偉大な哲学者に仮託し、ようやく哲学しているかのような恰好をとることができたのです。

このように、単なる輸入哲学にすぎなかったという点こそ、いくつかの例外を除いて、一般に明治以来の疾弊でもありました。ここでも、西洋の哲学者の思想の解説や解釈に急なあまり、哲学本来の出発点である事柄そのものへの驚きや知識に対する懐疑は忘れられ、自分で哲学するということはなおざりにされる傾向にありました。

それればかりか、わが国の知的大衆は、次々と輸入されてくる欧米の哲学者のその時々の思想を頭に戴いていれば、安心もしました。そして、このような傾向が行き過ぎると、わが国の思想界は、まるで最新のパリモードを追いかけるファッション界のように、次から次へと登場してくる欧米の思想の新しい流行を追いかけることに血眼になるというような浮ついた傾向さえ示したのです。二十世紀末のわが国でのポストモダニズムの風潮も、つまるところ、今まで何度も繰り返されてきた西洋の流行思想の輸入にすぎなかったようにも思われます。しかも、それは単なる流行にすぎませんから、意外と早めに飽きられもし、廃れてもいきます。それなのに、また、飽きもせず、次の西洋の新しい流行思想を輸入してきたのが、わが国の明治以来の思想界の風潮ではなかったでしょうか。

夏目漱石は、すでに、明治の段階で、この日本人の皮相さを見抜いていました。彼は、明治四十四年に行なった講演「現代日本の開化」の中で、まず、日本人が西洋文化を追うのに急なあまり、自己本位の能力を失ってしまったことを指摘しています。そして、次から次へと押し寄せてくる西洋文化の波は、まるで、食膳に向かって皿の数を味わい尽くすどころか、どんな御馳走が出たかはっきりと目に映じない前に、もう膳を引いて新しいのを並べられるようなものだと述べ、このような風潮の影響を受ける国民は、どこかに空虚と不満と不安を懐かなければならないと言っています。このように、次々と西洋からやってくる新曲の楽譜を演奏し、これを鑑賞しているだけでよいところでは、もちろん、自分で作曲する必要はありませんから、いくつかの例外を除いて、当然、創造的なものは出てこなかったと言わねばなりません。

なるほど、わが国では、古代の昔から、いつも、世界観や人間観など思想のパラダイムは、儒教にしても、仏教にしても、中国や朝鮮など海外からやって来ました。しかし、かつての日本人は、それらを絶えずわがものとし、自家薬籠中のものにして、そこからまた独創的な思想を生み出してもきたのです。この点では、ヨーロッパも同じことで、古代のギリシアやローマの文化、さらにキリスト教の精神やイスラムの影響を受け入れて、それを自分のものにするとともに、そこから独創的な思想を生み出してきました。

ところが、わが国の場合、明治以後の西洋化が始まってからというもの、文化は常に借物文化で済まされ、外からやってくる思想を自分のものにして独自のものを生み出すという動きが、時代が降《くだ》れば降るほど少なくなっていったように思われます。

わが国の場合、このような輸入哲学的あり方からも脱却しなければなりません。そして、西洋由来の論理や思考法を踏まえながらも、なお、独自にものを創造していかねばなりません。それは、また、哲学の出発点である事柄への驚きとあらゆる知識への懐疑に立ち帰り、主体的に、世界と人間の根源的真理について思索することによってのみできることなのです。

哲学への歩み

時代批判の試み

晩秋から初冬にかけての日本海側は、大陸から北西の強い季節風が吹き始め、やがて霰《あられ》まじりの時雨ともなり、薄ら寒さが一層肌に沁み込んできます。そして、水蒸気をたくさん含んだ季節風は、列島の褶曲山脈にぶつかって大量の積雪をもたらし、日本海側は冬籠りの季節に入ります。たとえ雪の少ない年でも、冬告げ雷が鳴ってから早春の陽差しが戻ってくるまでの日本海側は、鉛色の曇天が延々と続きます。列島の日本海側は、どことなく陰鬱さをただよわせた裏寂しい気候風土なのです。

しかし、それだけに一層、日本海側に育った人々にとって、春の訪れはひとしおうれしい命の復活の季節です。早春の陽差しに輝く残雪の切れ間に顔を出した緑色の草々の中に、オオイヌノフグリの真っ青な小さな花々を発見したときの感動は、太平洋側の人々には、その実感を十分伝えることができないほどです。

そのような憂愁の気をたたえながらも命の芽吹きへの感受性を育ててくれる風土に、わたしは生まれ育ち、人生のほとんどを過ごしてきました。わたしの思想の中に、なにがなしの憂鬱さとともに、命あるものへの讃嘆の情感が潜んでいるとすれば、その背景には、このような日本海側の気候風土が横たわっているかもしれません。

しかし、そういう風土の土地にも、ここ半世紀ほどの間、時代を追うに従って、現代の情報洪水は否応なく押し寄せ、古きよき風習の名残りをまだなお保っていた共同体は瞬く間に崩壊していきました。

確かに、現代は、消費物資としてのおびただしい数の出版物をはじめ、大量の断片化した情報が、どこからともなく吐き出され、どこへともなく消え去っていく空しい時代です。このような情報の大量生産と大量消費の時代には、ただ時代受けするにすぎない軽佻浮薄な思想が、次々と生み出されては、消費されていくだけです。現代において流行するものは、なんら不易なものの痕跡もとどめていません。

現代の情報洪水の中では、学問は孤独です。哲学思想の分野でも、今日では、それ自身が専門分化し、文献学化してしまい、まるで独り言をいっているかのように、その業績はほとんど時代的な意味をもっていません。わたしどもがいささか学問を志し、研究者への道を歩み始めたころから、すでにそうでした。現に、わたしどもが師事した哲学教師たちも、なるほど、専攻する西洋の哲学者の文献には事細かく通じている立派な研究者ではありましたが、自らの哲学を語る人はひとりもいませんでした。そうこうしているうちに、哲学研究は、まるで博物館に陳列した方がよいような骨董学と化してしまったのです。

他方、その後、二十世紀も末くらいになってからのことだと思いますが、今度は逆に、哲学思想分野でも、ただ時代の波に乗って気の利いたことを言うだけにすぎないタレントのような〈思想家〉が登場してきたことも確かです。一般に、現代では、知識人の世界が、自分の専門分野にのみ閉じ籠って他を省みない単なる専門家か、大衆化の流れに迎合して、大衆の言って欲しそうなことを言うにすぎない単なる道化か、いずれかになってしまう傾向が見えます。

このような時代に、果たしてものごとについて深く思いを巡らし、それを表現することに、どれほどの意味があるのでしょうか。現代は、たとえ深い哲学的思索や深遠な思想が提示されても、すぐにどこかへ追いやられていってしまう空虚な時代です。

わたしは、そのような時代にあって、真にものごとを深く考えること、つまり哲学するということは可能なのかという問題にぶつかり、さしあたり、〈現代とはどのような時代なのか〉という問題から、自分自身の哲学的思索を始めねばなりませんでした。

わたしが現代文明論に関するいくつかの著作を発表していった背景には、以上のような時代認識があったのです。現代人が直面している精神状況について冷厳な批判的考察を加えた一連の著作は、一種の時代批判の試みであったと言えるでしょう。これらの著作で意図したことは、十九、二十、二十一世紀と、世紀を重ねるごとに拡大してきた精神の散乱のさまざまな様相をとらえ、現代文明の全体像を明らかにすることでした。

しかし、これらの厳しい時代批判の中でも、わたしは、現代文明がそこから生い立ち、そこへと帰り行くところを見つめながら、なお確固とした地盤を見出し、なお変わらないものは何かを見定めようともしてきました。この現代という精神的終末の時代を先取的に終わりまで生き抜いて、これを思想的に包み越える道を、わたしは求めてもいたのです。

生命論的世界観の展開

その後、現代の対極にある日本や世界の原始古代に帰って、古代人の世界観や人生観、宇宙観や自然観、霊魂観などについて考察してみたのは、そのような現代の諸問題を思想的に包み越える道を見出すためでもありました。そして、生命感あふれる古代の人々のものの見方、考え方を探っていく過程で、わたしが見出した思想は、〈大地と生命の永遠〉という思想でした。「あらゆるものは大地から生まれ大地に帰る」という生命の再生と循環、永遠回帰の信仰こそ、宇宙の偉大な生命力を信じていた古代人の世界観であり、現代人が忘れてきた思想でした。

こうして、〈大地と生命の永遠〉という思想に至り着いたわたしは、次に、この思想に基づいた生命論的世界観を展開するために、一転して、現代の宇宙論や物理学、生物学や生態学などを素材とした新しい自然観の追究に向かいました。それは、現代の自然科学の成果をも取り入れながら、〈生きた自然〉を明らかにしようとするものでした。そして、この自然哲学の展開の中で得られた思想は、「この宇宙は常なる生成の世界であり、純粋の活動力であり、無限の創造力であり、その生命《いのち》は永遠である」という思想でした。

この思想を基軸にして、その後、わたしは、生命の本質から宇宙の真理にまで及ぶ独自の世界観を、自然ばかりでなく、社会、歴史、倫理、芸術、宗教、文明、存在、認識一般に及ぼし、自分なりの哲学を展開してきたのです。それは、一言で言えば、生命論的世界観の構築ということになるでしょう。

実際、実践哲学を展開するときも、この生命論的世界観から、人間社会を常に変動する〈生きた社会〉とみて、そこでの行為の意味や価値を考えてみました。当然、行為の意味や価値も状況に応じて動いていくことになりますから、わたしの倫理学は、行為の意味や価値を生成変化の中でとらえる〈動く倫理学〉の展開となりました。

しかし、わたしの哲学の根幹にあるものは、宗教哲学です。ここでも、わたしは、仏教やキリスト教で語られた宗教思想を生命論的世界観から解釈しました。仏教で求められた解脱の境地を〈根源的生命への帰一〉と理解し、浄土系仏教やキリスト教の救いの境地を〈根源的生命への絶対信頼〉として理解したのは、そのことによります。宗教は宇宙生命への畏怖から出発し、宇宙生命への帰一によって完成します。宗教的世界の中に生命論的世界観を深ろうとしたのが、わたしの宗教論です。

わたしがこのような宗教論を展開し、それを最後の基盤とした背景にも、まだ宗教的雰囲気をただよわせていた幼い日々の北陸の風土が影響しているかもしれません。わたしの生まれ育ったところは、厳しい気候風土の中、道元が日本曹洞宗を開いた土地でもあり、蓮如が浄土真宗本願寺派を広めた土地柄でもあります。わたしの宗教思想の源には、確かに道元と蓮如、そしてその源泉である親鸞の思想があります。さらに、わたしは、十五歳のとき父の死にあい、学問を志してからも自分の無力に悩むことが多く、若いうちからいろいろ彷徨を重ねたこと、四十歳のとき、第二子を喪ったことなども、この宗教論には深くにじみ出ていると思います。

どんなに長い人生でも、一言で要約することができます。わたしの哲学への歩み、思想の来歴を一言で要約するとすれば、「現代文明の批判的考察を通して、それを包み越える方向で、生命論的世界観を構築してきた」ということに尽きるでしょう。

現代文明の考察が非真理についての考察であり、生命論的世界観の展開が真理についての考察だったとすれば、今後は、この非真理と真理の二つの方向をなんらかの形で結合することが、わたしにとっての最後の課題となるでしょう。

後記

このコレクション5に収めた『複雑系の哲学』と『続・複雑系の哲学』は、それぞれ、二〇〇七年と二〇〇九年に麗澤大学出版会から上梓したもので、私なりの存在論と認識論を展開したものである。今回、コレクション収録に当たって、両著とも、構成を改めるとともに、いくらか加筆訂正を行なった。また、付論として収録しておいた「情報宇宙論覚書」は、『続・複雑系の哲学』の補論に当たるもので、麗澤大学比較文明文化研究センター発行の『比較文明研究』第十五号（二〇一〇年）に発表したものである。

近代科学は存在と認識の切断に基礎を置いていたが、それを批判するとともに、現代科学の新しい方向と結びつけながら、存在と認識の深いつながりについて論じているのが本書である。その意味で、存在論と認識論を一書に収めえたことを幸いと思っている。

このコレクションの1から4までは、自然哲学や実践哲学、歴史哲学や芸術哲学、宗教哲学の展開であったが、本巻は、それらの基礎にある存在論と認識論の展開である。そこには一貫して生命論的世界観の展開があるが、方法論的観点からみれば、私の哲学は〈解釈学的生の哲学〉（hermeneutishe Lebensphilosophie）と言えるであろう。この巻までで、私なりの哲学体系の全体像を、一応、叙述しえたと思っている。

なお、本巻末に収録しておいた『新・モナドロジー』は、コレクション1から5までに展開した私の哲学的著作から、その精髄を抽出してきたもので、ライプニッツの『モナドロジー』に倣って作ったものである。

また、『哲学入門』と題して採用した二つの論考は、二〇〇八年に人文書館から出した精選集『生命《いのち》の哲学』のプロローグとエピローグを基にしたもので、哲学のあるべき姿と、私なりの哲学への歩みを語ったものである。

《著者紹介》

小林道憲（こばやし・みちのり）

1944年　福井県生まれ。

1963年～1972年　京都大学文学部、同大学大学院文学研究科で哲学（西洋哲学史）を専攻。

1972年～2010年　福井大学教育学部（後・教育地域科学部）講師、助教授、教授、および、同大学大学院教育学研究科教授。

1999年～2011年　麗澤大学比較文明文化研究センター客員教授。

主　著　〈哲学研究〉

『ヘーゲル「精神現象学」の考察』（理想社）、『生命と宇宙』『複雑系社会の倫理学』『歴史哲学への招待』（ミネルヴァ書房）、『宗教とはなにか』『宗教をどう生きるか』（日本放送出版協会）、『複雑系の哲学』『続・複雑系の哲学』（麗澤大学出版会）、『生命（いのち）の哲学』（人文書館）、『芸術学事始め』（中央公論新社）

〈現代文明論〉

『欲望の体制』（南窓社）、『われわれにとって国家とは何か』（自由社）、『近代主義を超えて』（原書房）、『20世紀を読む』（泰流社）、『二十世紀とは何であったか』『不安な時代、そして文明の衰退』（日本放送出版協会）

〈比較文明論・日本研究〉

『古代探求』（日本放送出版協会）、『古代日本海文明交流圏』（世界思想社）、『文明の交流史観』（ミネルヴァ書房）

小林道憲〈生命《いのち》の哲学〉コレクション5

複雑系を哲学する

――〈生成〉からとらえた〈存在〉と〈認識〉――

2017年1月10日　初版第1刷発行　〈検印省略〉

定価はカバーに
表示しています

著　者　小　林　道　憲
発行者　杉　田　啓　三
印刷者　藤　森　英　夫

発行所　株式会社　ミネルヴァ書房

607-8494　京都市山科区日ノ岡堤谷町1
電話代表　(075)581-5191
振替口座　01020-0-8076

亜細亜印刷

ISBN978-4-623-07730-4

Printed in Japan